Wuppertaler Studienbibel

Ergänzungsband

Wuppertaler Studienbibel

begründet von

Fritz Rienecker und Werner de Boor

Ergänzungsfolge

der Reihe

Neues Testament

herausgegeben von

Fritz Laubach, Adolf Pohl, Claus-Dieter Stoll

in Verbindung mit

Rolf Hille, Gerhard Hörster, Gerhard Maier,
Christoph Morgner, Rolf Scheffbuch

R. BROCKHAUS VERLAG WUPPERTAL

Der Brief des Paulus an die Römer

erklärt von

Adolf Pohl

R. BROCKHAUS VERLAG WUPPERTAL

Satz: OLD-Satz digital, Neckarsteinach
Druck: Breklumer Druckerei Manfred Siegel KG
ISBN 3-417-25026-9

INHALTSVERZEICHNIS

Abschnitt B
Die Offenbarung der Gerechtigkeit Gottes für den Glauben (3,21-4,25)

Abschnitt C
Der im Glauben Gerechte wird leben! (5,1-8,39)

RICHTLINIEN
FÜR DIE BENUTZER DER WUPPERTALER STUDIENBIBEL

In Bezug auf den Bibeltext:
Der Bibeltext ist fett gedruckt. Wiederholungen aus dem behandelten Bibeltext sind fett gedruckt.
Kursiv nur im Sinne der Verdeutlichung bei Betonung.

In Bezug auf die Parallelstellen:
Mit Absicht wird eine große Fülle von Bibelstellen als Parallelstellen geboten. Für diese Parallelstellen ist am Rand eine Spalte freigelassen.

In Bezug auf die Handschriften:
Zu den wichtigsten vom Text abweichenden Lesarten, die sich im Allgemeinen in den Fußnoten/Anmerkungen finden, sind folgende Zeichen gesetzt, die der Erklärung bedürfen:

Der hebr. Text des Alten Testaments (der so genannte »Masoretische Text«): Die genaue Überlieferung des alttestamentlichen Textes lag den jüdischen Schriftgelehrten sehr am Herzen und wurde seit dem 2. Jahrhundert n.Chr. von den so genannten Masoretenschulen (Masora = »Überlieferung«) zu einer besonderen Wissenschaft entwickelt. Ursprünglich bestand der hebr. Text nur aus Konsonanten; die Masoreten setzten seit dem 6. Jahrhundert n.Chr. Vokalzeichen in Form von Punkten und Strichen unter dem Wort hinzu. MT

Wichtige Handschriften des Masoretischen Textes:

Handschrift:	*geschrieben:*	*aus der Schule des:*
Codex Cairensis	895 n.Chr.	Mosche ben Ascher
Kodex der Synagoge von Aleppo (jetzt wahrscheinlich verbrannt)	nach 900 n.Chr.	Mosche ben Ascher
Codex Leningradensis	1008 n.Chr.	Mosche ben Ascher
Erfurter Kodex Nr. 3	11. Jh. n.Chr.	Ben Naftali
Codex Reuchlianus	1105 n.Chr.	Ben Naftali

Die Texte aus Qumran: Die in Qumran gefundenen Handschriften stammen meist aus vorchristlicher Zeit, sind also rund 1000 Jahre älter als die soeben genannten Texte. Allerdings gibt es unter ihnen keine vollständige Handschrift des ganzen AT. Wichtige Handschriften sind: Qumran
die Jesaja-Handschriften 1 QIs^{3} und 1 QI^{b}
der Habakuk-Kommentar 1 Qp Hab

Der samaritanische Pentateuch: Die Samaritaner haben die fünf Bücher des Gesetzes in althebräischer Schrift überliefert. Ihre Handschriften gehen auf eine alte Textform zurück. Sam

Die mündliche Übersetzung des hebräischen Bibeltextes im Synagogengottesdienst (da viele Juden kein Hebräisch mehr verstanden) führte seit dem 3. Jahrhundert zur schriftlichen Festlegung im so genannten Targum (= »Übersetzung«). Diese aramäischen Übersetzungen sind allerdings oft recht frei und müssen mit Vorsicht benutzt werden. Targum

LXX

Die älteste griechische Überlieferung des AT wird »Septuaginta« (LXX = »Siebzig«) genannt nach ihrer traditionellen Entstehungsgeschichte. Sie soll nämlich von 72 jüdischen Schriftgelehrten übersetzt worden sein. Die Septuaginta ist eine Übersetzungssammlung: Die ältesten Teile, darunter der Pentateuch, entstanden im 3. Jahrhundert v.Chr., wahrscheinlich in Ägypten. Da diese Übersetzung auf eine vormasoretische hebräische Textform zurückgeht, ist sie eine wichtige Ergänzung für alle Arbeiten am Text des AT.

Andere

Gelegentlich werden noch andere alte Übersetzungen des AT herangezogen, die aber von geringerem Wert für die Textforschung sind, da sie entweder Tochterübersetzungen aus dem Griechischen (wahrscheinlich der Septuaginta) sind oder (so die Vulgata) zumindest stark von daher beeinflusst wurden:

die altlateinische Übersetzung	um 150 n.Chr.
die Vulgata (die lateinische Übersetzung des Hieronymus)	seit 390 n.Chr.
die koptische Übersetzung	3.-4. Jahrhundert n.Chr.
die äthiopische Übersetzung	4. Jahrhundert n.Chr.

ABKÜRZUNGSVERZEICHNIS

Die Abkürzungen folgen weitgehend dem von S. Schwertner für die Theologische Realenzyklopädie (TRE) zusammengestellten Abkürzungsverzeichnis.

Die Schreibweise der bibl. Bücher und – mit wenigen Ausnahmen – der bibl. Orts- und Personennamen folgt der Luther-Übersetzung 1984.

1. Abkürzungen der biblischen Bücher

a) Altes Testament

1Mo = 1. Mose
2Mo usw. = 2. Mose usw.
Jos = Josua
Ri = Richter
Rt = Rut
1Sam = 1. Buch Samuel
2Sam = 2. Buch Samuel
1Kön = 1. Buch der Könige
2Kön = 2. Buch der Könige
1Chr = 1. Buch der Chronik
2Chr = 2. Buch der Chronik
Esr = Esra
Neh = Nehemia
Est = Ester
Hi = Hiob
Ps = Psalter
Spr = Sprüche
Pred = Prediger
Hld = Hohelied
Jes = Jesaja
Jer = Jeremia
Klgl = Klagelieder
Hes = Hesekiel
Dan = Daniel
Hos = Hosea
Joel = Joel
Am = Amos
Obd = Obadja
Jona = Jona
Mi = Micha
Nah = Nahum
Hab = Habakuk
Zef = Zefania
Hag = Haggai
Sach = Sacharja
Mal = Maleachi

b) Neues Testament

Mt = Matthäus
Mk = Markus
Lk = Lukas
Joh = Johannes
Apg = Apostelgeschichte
Röm = Römer
1Kor = 1. Korinther
2Kor = 2. Korinther
Gal = Galater
Eph = Epheser
Phil = Philipper
Kol = Kolosser
1Thess = 1. Thessalonicher
2Thess = 2. Thessalonicher
1Tim = 1. Timotheus
2Tim = 2. Timotheus
Tit = Titus
Phlm = Philemon
1Petr = 1. Petrus
2Petr = 2. Petrus
1Joh = 1. Johannes
2Joh = 2. Johannes
3Joh = 3. Johannes
Hebr = Hebräer
Jak = Jakobus
Jud = Judas
Offb = Offenbarung

2. Abkürzungen der außerkanonischen Schriften

Apk.Petr.	Petrus-Apokalypse
Apk.Eliae	Elias-Apokalypse
äthHen	äthiopisches Henochbuch
grBar	griechische Baruch-Apokalypse
1.2Clem	1./2. Clemensbrief
Did	Didache
3.4Esr	3./4. Esrabuch
grHen	griechisches Henochbuch
hebrHen	hebräisches Henochbuch
	Brief des Ignatius
IgnMagn	– an die Magnesier
IgnPhld	– an die Philadelphier
IgnRöm	– an die Römer
Jdt	Judit
Jub	Jubiläenbuch
1-4Makk	1.-4. Makkabäerbuch
OrMan	Gebet Manasses
Sir	Jesus Sirach
slHen	slawisches Henochbuch

syrBar	syrische Baruch-Apokalypse
TestJud	Testament Judas
TestNaph	Testament Naphtalis
Tob	Tobias/Tobit
Weish	Weisheit Salomos
ZusDav	Zusätze zu David
ZusEst	Zusätze zu Ester

3. Sonstige Abkürzungen

a.a.O.	am angegebenen Ort
ägypt.	ägyptisch
Anm.	Anmerkung
arab.	arabisch
aram.	aramäisch
Art.	Artikel
assyr.	assyrisch
AT	Altes Testament
ATD	Altes Testament Deutsch
AThANT	Abhandlungen zur Theologie des Alten und Neuen Testamentes
äthiop.	äthiopisch
atl.	alttestamentlich
babylon.	babylonisch
BAT	Botschaft des Alten Testaments
Bd.(e.)	Band (Bände)
BDR	Blass/Debrunner/Rehkopf, Grammatik des ntl. Griechisch
BHH	Biblisch-historisches Handwörterbuch
Bill. H.L.	Strack, P. Billerbeck: Kommentar zum Neuen Testament aus Talmud und Midrasch
BKAT	Biblischer Kommentar Altes Testament
BSt	Biblische Studien
BWAT	Beiträge zur Wissenschaft vom Alten Testament
BZAW	Beihefte zur Zeitschrift für die alttestamentliche Wissenschaft
bzgl.	bezüglich
bzw.	beziehungsweise
ca.	circa
christl.	christlich
cm	Zentimeter
d.h.	das heißt
d.i.	das ist
d.s.	das sind
dt.	deutsch
eig.	eigentlich
EKK	Evangelisch-katholischer Kommentar zum Neuen Testament
erg.	ergänzend
EvTh	Evangelische Theologie
evtl.	eventuell
Evv.	Evangelien
EWNT	Exegetisches Wörterbuch zum NT
EÜ	Einheitsübersetzung
f(f)	folgender/(folgende)
griech.	griechisch
ha	Hektar
Hs(s.)	Handschrift(en)
HAT	Handbuch zum Alten Testament
hebr.	hebräisch
hrsg.	herausgegeben
Hrsg.	Herausgeber
HThK	Herders Theologischer Kommentar
JBL	Journal of biblical literature
Jt.	Jahrtausend(e)
Jh.	Jahrhundert(e)
jüd.	jüdisch
Kap.	Kapitel
KAT	Kommentar zum Alten Testament
KEK	Kritisch-exegetischer Kommentar über das Neue Testament
km	Kilometer
KNT	Kommentar zum NT
latein.	lateinisch
LÜ	Luther-Übersetzung, revidierte, 1984
LXX	Septuaginta (griech. Übersetzung des AT)
LzB	Lexikon zur Bibel, hrsg. von F. Rienecker
m	Meter
MT	Masoretischer Text
n.Chr.	nach Christus
NF	Neue Folge
nördl.	nördlich
NS	New Series (Neue Reihe)
NT	Neues Testament
NTD	Das Neue Testament Deutsch
ntl.	neutestamentlich
o.	oder
o.g.	oben genannt
östl.	östlich
palästin.	palästinisch
par.	parallel und Parallelstelle(n)
Pers.	Person
Peschitta	syrische Bibelübersetzung
pl.	Plural
RAC	Reallexikon für Antike und Christentum
RevEB	revidierte Elberfelder Bibel
röm.	römisch
S.	Seite(n)
s.	siehe
s.a.	siehe auch
semit.	semitisch
sg.	Singular

s.o.	siehe oben
sog.	so genannte
Sp.	Spalte
s.u.	siehe unten
südl.	südlich
syr.	syrisch
TBLNT	Theologisches Begriffslexikon zum NT
THAT	Theologisches Handwörterbuch zum Alten Testament
ThB	Theologische Bücherei
ThBeitr	Theologische Beiträge
ThBl	Theologische Blätter
ThWAT	Theologisches Wörterbuch zum Alten Testament
ThWNT	Theologisches Wörterbuch zum Neuen Testament
ThR	Theologische Rundschau
ThZ	Theologische Zeitschrift
TRE	Theologische Realenzyklopädie
übers.	übersetzen
u.a.	unter anderem(-n)
u.a.m.	und andere mehr
u.ä.	und ähnliche
u.ö.	und öfter
u.U.	unter Umständen
V.	Vers(e)
v.a.	vor allem
v.Chr	vor Christus
Verf.	Verfasser
vgl.	vergleiche
VT	Vetus Testamentum
Vulg.	Vulgata (lateinische Übersetzung der Bibel)
wörtl.	wörtlich
westl.	westlich
WB	Walter Bauer, hrsg. von Kurt und Barbara Aland, Griechisch-deutsches Wörterbuch zu den Schriften des Neuen Testaments und der frühchristlichen Literatur, Berlin [6]1988
WStB	Wuppertaler Studienbibel
WUNT	Wissenschaftliche Untersuchungen zum Neuen Testament
Z.	Zeile(n)
ZAW	Zeitschrift für alttestamentliche Wissenschaft
z.B.	zum Beispiel
ZBK	Zürcher Bibelkommentar
ZNW	Zeitschrift für neutestamentliche Wissenschaft
z.St.	zur Stelle
z.T.	zum Teil
ZÜ	Zürcher Bibel
z.Zt.	zur Zeit

VORWORT DES VERFASSERS

Als Adolf Schlatter 1935 als 83-Jähriger in hoher Abgeklärtheit seinen Kommentar zum Römerbrief erscheinen ließ, stellte er ihn unter die Überschrift »Gottes Gerechtigkeit«. Für sich genommen könnte dieser Hauptbegriff des Briefes wie ein fern leuchtendes Gestirn vor sich hinflimmern, keinen von uns so richtig erfassend. Anders, wenn er im Sinne von Römer 1, Vers 5 vervollständigt wird: »Gottes Gerechtigkeit und unser Gehorsam des Glaubens«. Sofort ist Spannung im Raum.

Das Studium dieses Briefes wühlt uns auf und wühlt uns um. Vor seiner durchdringenden Macht wird jedermann ein Schüler. Sollten sich schon Preise für gutes Bescheidwissen im Glauben angesammelt haben, gibt man sie, wenn man diesen Brief studiert hat, zurück. Gestandene Lehrer des Wortes stehen vor der Leere ihrer Lehre und sind froh, noch einmal lernen zu dürfen.

Der Römerbrief steht nicht umsonst an der Spitze der neutestamentlichen Briefsammlung. Was ihn heraushebt, ist schon sein Anlass. Diesmal bemühte Paulus sich weniger um Probleme einer Ortsgemeinde. Seine eigene Lage trieb ihn zum Schreiben. Für ihn war sozusagen »Halbzeit«. Er stand vor der Wende zum missionarischen Vorstoß in den Westen des Reiches. Ein geplanter Zwischenaufenthalt in Rom sollte ihm dabei weiterhelfen. Aber dieses Unterfangen wurde mit unendlichen Beschwernissen aus den eigenen Reihen behängt. Sie eigentlich gebaren den Römerbrief als klassisches Dokument evangeliumsgemäßer Weltverantwortung, wobei »Weltverantwortung« nicht tief und weit genug genommen werden kann und keine Schmalspur verträgt.

Nun können wir Menschen nicht alles auf einmal denken, nicht einmal alles Wichtige. Noch weniger können wir alles auf einmal sagen. Das galt selbstverständlich auch für Paulus, als er sich anschickte, »sein« Evangelium darzulegen. Da er kein Wirbelwind war, schuf er ein ordentliches Nacheinander. Nacheinander widmete er sich großen Gedankenblöcken. Themabewusst im Ganzen und planvoll im Einzelnen, schreibt er in erstaunlicher Konzentration. Diese Eigenart fordert seine Leser heraus, ihren Sinn für Gliederung, Beziehungen und Zusammenhänge zu entwickeln. Verwenden wir dieses Schreiben nur als Zettelkasten, aus dem wir schöne Sprüche herausziehen, geht das ganze wunderbare Werk an uns vorbei. Nicht anders, wenn wir schon damit zufrieden sind, zentrale Vokabeln nacheinander abzuklopfen.

So einfach der Zuschnitt dieser Auslegung ist und so knapp ihr Umfang, möchte sie darum gerade auch den Gedankenfaden aufzeigen, an dem uns der Apostel Vers für Vers, aber auch Abschnitt für Abschnitt entlangführt. Wer die Auslegung notgedrungen nur zu einem begrenzten Abschnitt nachlesen kann, sollte sich nicht sofort auf die Versauslegung stürzen, sondern auch die Einführungen in die Abschnitte und in die größeren Abteilungen mitnehmen. Vor allem die Einleitungsfragen zum ganzen Brief sollte man nicht überschlagen: Was führte Paulus zu dem doch recht ungewöhnlichen Schritt, gerade einer Gemeinde, die ihm als Ganze nur aus der Ferne bekannt war, den Brief der Briefe zu schreiben?

Die Auseinandersetzung mit der Geschichte der Auslegung und mit der gegenwärtigen Forschung ist mir selbstverständlich, muss hier aber fast ganz hinter dem Vorhang bleiben. Wer aber einen Blick dafür hat, merkt, dass der Vorhang sich ständig bewegt.

Der beschränkte Raum für eine so umfangreiche Aufgabe nötigte auch zu einem sonst nicht üblichen Verfahren. Ich habe verhältnismäßig häufig auf meine eigene Auslegung des Galaterbriefs, die 1995 in der gleichen Reihe erschien, hingewiesen (in dieser Weise: »s. Galater, WStB, S.«). Die Briefe an die Galater und Römer gehören zeitlich und sachlich besonders eng zusammen und erläutern sich gegenseitig. Den Exkurs auf S. 238-240 verdanke ich dem Herausgeberkreis.

Im Herbst 1998 Adolf Pohl

A. Einleitungsfragen

Beginnen wir unsere Annäherung an den Römerbrief mit einer Episode aus Apg 28: Paulus war in Süditalien gelandet, um jetzt auf dem Landweg Rom zu erreichen. Für ihn ein großer Augenblick! Er kam viel später als geplant. Etwa fünf Jahre waren vergangen, seit er der römischen Gemeinde schrieb: »Ich komme!« Und er kam anders, als er sich das vorgestellt hatte: mit einem Gefangenentransport. Noch ein ganzes Stück von Rom entfernt stießen sie auf eine Gruppe von Männern, die sich als Abordnung der römischen Gemeinde vorstellte. Sie waren ihm sage und schreibe 65 Kilometer entgegengekommen, um ihm das Ehrengeleit zu geben. Lukas hält fest: »Als Paulus sie sah, dankte er Gott und gewann Zuversicht.« Also mitten auf der Straße erst einmal beten und dann überquellend danken. Was hat es mit diesem auffälligen Verhalten auf sich? Er hatte in der römischen Gemeinde Verleumdungen befürchtet, aber jetzt wusste er sich dort angenommen. Anders gesagt: Sein Römerbrief hatte seinen Zweck erfüllt.

Von hier aus versuchen wir, diesen Apostel in seinem Wollen und Ringen so in den Blick zu bekommen, dass es uns reizt, dieses gewaltige Schreiben zu studieren.

1. Der Römerbrief gehört an die Spitze aller Paulusbriefe

a) Die Briefmission des Paulus

Rund drei Jahrzehnte Wirksamkeit waren ihm vergönnt, nämlich von etwa 33 an (Berufung vor Damaskus) bis spätestens 67 (Martyrium in Rom). Die von ihm überlieferten Briefe stammen sämtlich aus der zweiten Hälfte dieser Zeitspanne, beginnend mit dem 1Thess etwa aus dem Jahre 50. Briefe aus den Jahren davor sind entweder verloren gegangen oder erst die Ausweitung seines Werkes hatte ihn auf dieses Mittel gelenkt. Auf diese Weise ersetzte er notwendige, aber nicht durchführbare Apostelbesuche durch öffentlich zu verlesende Apostelschreiben.

Vier spätere Briefe aus den Jahren 54 bis höchstens 58 rückten im NT an die vorderste Stelle und somit auch an die Spitze, seine so genannten »Hauptschriften«: Röm, 1+2Kor und Gal. Sie begründeten seinen besonderen Rang für die Gemeinde Jesu Christi aller Zeiten.

b) Die vier Hauptbriefe enthalten die antijudaistische Grundentscheidung des Paulus

Nach Gal 1,13-14 lebte Paulus in seiner vorchristlichen Phase selbst im »Judaismus«. Er bezeichnete damit seinen maßlosen Eifer, seine zu Christus bekehrten Brüder, ob aus dem Judentum oder aus dem Heidentum stammend, unter das Gesetz zu zwingen. Ähnlichem Eifer begegnete er dann auch innerhalb der christlichen Gemeinde (Gal 2,14). So etwa lautete das Programm: Das Mosegesetz ist Gottes Zentraloffenbarung für Zeit und Ewigkeit. Selbst die Sendung Christi war nur Hilfsmaßnahme Gottes zugunsten des Sinaibundes, so dass der Christusglaube dem Sinaibund einzuordnen ist. Selbstverständlich handelte es sich bei diesem christlichen Judaismus um ein Gebilde eigener Art. Er mutete der Christusgemeinde nicht den ganzen pharisäischen Gesetzesapparat zu, sondern als Minimalforderung nur die drei alten bekennerhaften Rituale Israels: Beschneidung, Sabbat und Speisereinheit.[1] Doch schon darin gab es örtlich unterschiedliche Gewichtung. Während die Judaisten z.B. in Galatien mit Nachdruck die Beschneidung forderten (5,2f; 6,12), schien dieser Punkt in Rom keine besondere Rolle zu spielen. Nach Röm 14,2.5 standen dort Sabbatfeier und Speisereinheit im Brennpunkt (14,2.5).

c) Die Antwort des Paulus

Kein Mensch, auch Paulus selbst nicht, hätte das Mosegesetz außer Kraft setzen dürfen, denn es ist heilig, gerecht, gut, geistlich und schön (7,12.14). »Aber Gott offenbarte seinen Sohn in mir«, bekennt er Gal 1,15f, nämlich als seine endgültige Offenbarung, als die wahre Zentralsonne. Der Sohn steht hoch über Mose und sämtlichen Propheten. Wie die Sterne erbleichen, wenn die Sonne erscheint, so verblassen vor dem offenbaren Christus alle anderen Größen: das Mosegesetz, das Gewissensgesetz, das Staatsgesetz, jede Norm, jedes System, jede Macht. Herr ist Jesus! Mit diesem Ruf war Paulus in die Heidenmission gezogen. Natürlich war er nicht der einzige Heidenmissionar, nicht einmal der erste (16,7; Apg 11,20-23). Aber ausgerüstet mit einem charismatischen Tiefblick für die »Wahrheit des Evangeliums« (Gal 2,5.14), verlieh er der gesetzesfreien Mission das gültige Profil, so dass er »mein Evangelium« sagen konnte (2,16; 16,25). Für diese Schau setzte er sich auch in einer bei ihm sonst selten zutage tretenden Schroffheit ein (Gal 1,8). Kein Wunder, dass gerade dieser Mann Zielscheibe der Judaisten wurde.

d) Die Reaktion der christlichen Judaisten

Nicht alle bekehrten Juden oder Proselyten (zur Synagoge übergetretene Heiden) schafften den Schritt in die Gesetzesfreiheit. Besonders in der Jerusalemer Gemeinde meldeten sich zunehmend Gegenkräfte. Diese erachteten es schließlich als ihre Sendung, zur gesetzesfreien Heidenmission dieses Paulus ein Kor-

[1] S. Galater, WStB, S. 24-25.

rektiv zu bilden. Wo er Gemeinden hinterlassen hatte, erschienen auch ihre Sendboten und verkündeten den an Christus Glaubenden aus dem Heidentum: Damit alles seine Ordnung hat, müsst ihr euch auch noch beschneiden lassen! Sonst seid ihr nicht wirklich Abrahams Kinder und darum auch nicht Gotteskinder. Was Paulus euch gesagt hat, war mindestens unvollständig, es muss komplettiert werden. – Diese Versuche zur Nachmission lassen sich nachweisen in Antiochia, Galatien, Philippi, Thessalonich, Korinth und Rom. In Galatien gelang es fast, das ganze Werk des Paulus zu kippen.

e) Der Kampf des Paulus

Dagegen kämpfte Paulus also den Kampf seines Lebens, den Kampf um das Herrsein Jesu. Wer Christus zwar verehrt – und das taten die judaistischen Brüder ohne Frage –, ihn aber zum nur Zweithöchsten macht, also Mose über ihn stellt, stürzt ihn in Wahrheit vom Thron und streicht damit das Evangelium wieder durch (Gal 1,7; 5,2.4). Dieser antijudaistische Kampf wurde das gemeinsame Anliegen der vier paulinischen Hauptbriefe. Schon die Häufigkeit gewisser Vokabeln kennzeichnet sie. Z.B. findet sich »beschneiden, Beschneidung« in den vier Hauptbriefen 30-mal, in den restlichen neun Briefen nur noch 9-mal; oder »Gesetz« in den Hauptbriefen 113-mal, sonst nur noch sechsmal. In den Briefen vorher und nachher standen andere Gefahren und andere Themen im Mittelpunkt, was sich auch am anderen Wortschatz zeigt.

f) Der Römerbrief als Glücksfall

Das Auftreten der Judaisten zwang Paulus also, sein Evangelium noch einmal neu[2] und gründlich zu durchdenken und zu begründen. Diese Denkarbeit gipfelte schließlich im Römerbrief, und zwar in keiner Weise beiläufig. Während sonst Gemeindenöte seine Briefe bestimmten[3], schrieb er diesmal in eigener Angelegenheit. Längst sah er einen Auftrag, auch in Rom offen das gesetzesfreie Heil zu vertreten. Das musste die auch in Rom in der Luft liegende Kontroverse mit den Judaisten, ob nun in der Gemeinde oder in der Synagoge, verschärfen. Um die römischen Christen dafür zuzurüsten, schrieb er diesen »prophylaktischen« Brief (Burton). Wir haben hier also eine ausdrückliche und ausführliche theologische Rechenschaftslegung des Heidenapostels, und zwar auf der Höhe seines Wirkens, ausgereift in Jahren der Auseinandersetzung.

[2] Auffällig ist z.B., dass der tragende Begriff des Röm »Gerechtigkeit Gottes« in seinen vorangegangenen Briefen fast völlig fehlt; er findet sich sonst nur 2Kor 5,21.

[3] Dieses Merkmal fehlt zwar auch hier nicht ganz, erscheint aber erst weit hinten, ab Kap. 14.

2. Die christliche Gemeinde in Rom war für Paulus eine echte Herausforderung

a) Ihr Entstehen

In der Hauptstadt des Reiches hatte sich im 1. Jh. das stärkste Judenzentrum der Alten Welt entwickelt. Man schätzt es auf zigtausend Glieder. Mindestens dreizehn Synagogengemeinden konnten in der Stadt nachgewiesen werden. Sie hielten rege Verbindung mit Jerusalem. Als Händler, Handwerker und nicht zuletzt als frommer Pilger reiste man hin und her (vgl. Apg 2,10). In dieses Bild fügt sich gut ein, dass in römischen Synagogengottesdiensten eines Tages auch zu Christus bekehrte Juden aus Jerusalem auftauchten. Sie bekannten ihren Glauben und es entwickelte sich eine vitale christliche Bewegung. Somit geht die römische Christenheit auf das Wirken für uns namenloser Gläubiger zurück. Was den Zeitpunkt anbetrifft, wird sich sogleich zeigen, dass diese Anfänge mindestens[4] schon in den vierziger Jahren lagen, also ein ganzes Jahrzehnt vor der ersten Missionsreise des Paulus. Nicht er war der erste Missionar in Europa, nicht etwa Philippi die erste europäische Gemeinde.

Als in den römischen Synagogen das christliche Zeugnis erscholl, wird sich Ähnliches abgespielt haben wie nach der Apg auch in Damaskus, Antiochia, Kleinasien, Mazedonien oder Griechenland: Nach unvermeidlichen Auseinandersetzungen kam es bei Juden und Proselyten zu Entscheidungen für Christus und infolgedessen zu Scheidungen. Die Kämpfe müssen dort so heftig gewesen sein, dass sie die ganze römische Judenschaft alarmierten, ja sogar die öffentliche Ordnung gefährdeten. An dieser Stelle gewinnen wir festen historischen Boden unter den Füßen, denn sowohl der römische Geschichtsschreiber Sueton als auch Apg 18,2 berichten, Kaiser Claudius habe im Jahre 49 verfügt, alle Juden müssten Rom wegen Unruhestiftung verlassen. Der Text des Sueton ergibt, dass es sich mit größter Wahrscheinlichkeit um jenen Konflikt mit den dortigen Christen handelte. Übrigens vermittelten die vertriebenen Judenchristen in den Gemeinden des Ostens ein gutes Bild über die römische Gemeinde (1,8; 16,19), Paulus selbst durch das hoch qualifizierte Ehepaar Aquila und Priscilla (16,3f; Apg 18,2).

b) Die Umformung der römischen Christenheit

Durch die Ausweisung der Juden aus Rom wurde dort der heidenchristliche Teil der Christenschar ihrer jüdischen Führungsschicht beraubt und war notge-

[4] Eine Entstehung bald nach Pfingsten (im Blick auf Apg 2,10) oder nach der Vertreibung der hellenistischen Christen aus Jerusalem (Apg 8,1-4) ist denkmöglich, ohne mit Gewissheit behauptet werden zu können.

drungen auf sich selbst gestellt. Als aber Kaiser Claudius im Jahre 54 starb, unterließ es sein Nachfolger, das Edikt zu erneuern, und die römischen Juden kehrten wieder zurück. Doch hatte sich in der Zwischenzeit von fünf Jahren das Bild der Gemeinde erheblich gewandelt. Die Heidenchristen waren missionierend in die heidnische Bevölkerung hineingestoßen, wodurch sich ihre Zahl stark vermehrte.[5] So fanden sich die heimkehrenden Judenchristen als Minderheit vor.[6] Leider hatte sich auch ein heidenchristliches Selbstbewusstsein entwickelt, nach 11,17-25 nicht ohne die Gefahr der Überheblichkeit.

c) Die Gemeinde zur Zeit des Römerbriefs

Die mehrheitlich heidenchristliche Gemeinde bot sich für einen Vertreter einer beschneidungsfreien Mission als natürliche Bundesgenossin an, war die Beschneidung doch für erwachsene Männer eine bewusst erlebte Tortur.[7] Aber darüber hinaus hatten sich die Römer dem Evangelium auch von Herzen angeschlossen; dafür sprechen die Äußerungen in 1,8.12; 6,17; 7,4; 15,14; 16,19. In 15,1 schließt er sich mit ihnen als den »Starken« zusammen, nach 15,24 freute er sich darauf, sich an ihrem Glauben zu »erquicken«.

Die Christen in Rom bildeten vielleicht die traditionsreichste Gemeinde außerhalb Palästinas, hatten offenbar auch missionarische Kraft bewiesen.[8] Jedermann wusste um ein blühendes christliches Zentrum dort. Es bedeutet etwas, dass später auch Petrus gerade dieser Gemeinde schrieb, dazu vermutlich auch Hebr und Mk ihnen gewidmet waren. Paulus zollt dieser Gemeinde hohen Respekt:

- In 16,16 sendet er ihr einen auffallenden Gruß: Als einzelne Gemeinde wird sie von sämtlichen anderen gegrüßt, was ihre Vorrangstellung beweist.
- Nach 1,13; 15,22 hat er sie auch nicht erst jetzt entdeckt, wo er sie brauchte (s.u.), sondern schon seit Jahren den Besuchswunsch gehegt.
- Er maßt sich nicht an, dieser unabhängig von ihm gewachsenen Gemeinde etwas grundsätzlich Neues zu bringen, sondern möchte sie nach 15,14-15 nur an Bekanntes »erinnern«. Er will ihr dienen, sich aber nach 1,11-12 auch von ihr dienen lassen. Im Übrigen versichert er ihr in 15,20 seinen Grundsatz der Nichteinmischung.

[5] Die Verfolgung durch Nero im Jahre 64 setzt in Rom eine christliche Gemeinde als stadtbekannte Größe in ansehnlicher Zahlenstärke voraus.

[6] Paulus spricht seine Leser insgesamt als Heidenchristen an (1,5-6.13; 10,1-3; 11,13.17-25.30-31; 15,14-15). Auf die Anwesenheit von Judenchristen muss er ausdrücklich aufmerksam machen (16,3.7.11). Für Vertreter jüdischer Traditionen innerhalb der Gemeinde sprechen auch Kap. 14 und 15.

[7] S. Galater, WStB, S. 198ff.

[8] Aus Apg 28,14 erfahren wir, dass in Puteoli (200 km von Rom entfernt) »Brüder« lebten. Rom war also nicht mehr die einzige Gemeinde in Italien. Nach Hebr 13,24 grüßten die »Brüder aus Italien«.

3. Paulus schrieb den Brief um die Jahre 55/56 von Korinth aus

Er schrieb, d.h. diktierte diesen Brief dem Tertius (16,22) unmittelbar vor seiner eigenen Abreise nach Jerusalem (15,25). Dabei befand er sich nach 16,23 in Korinth bei seinem Gastgeber Gaius.[9] Dieser letzte Korinth-Aufenthalt vor seiner Jerusalemreise währte nach Apg 20,2-3 drei Monate und fiel auf den Winter 55/56. Diese Angabe für die Abfassungszeit wird von der Forschung mit nur geringen Abweichungen allgemein geteilt.[10]

4. Paulus hatte die römische Gemeinde in weit reichende Pläne einbezogen

a) Die besondere Bedeutung des Briefschlusses

Im Rahmen des Briefeingangs (1,9-15) stellt Paulus einen einzigen Briefzweck breit in die Mitte: Ankündigung eines geplanten Apostelbesuchs in Rom. Aber es gilt, den *ganzen* Rahmen des Briefes zu beachten. Gerade persönliche Dinge gehörten im Altertum in den Schluss eines Briefs (hier ab 15,14). Nachdem der eigentliche Briefinhalt seine Wirkung getan hatte, schuf der Schluss für den Schreiber noch einmal eine ganz besondere Nähe zum Empfänger. Nehmen wir also Briefeingang und Briefschluss zusammen, ergibt sich, dass der Röm einer *doppelten* Reisevorbereitung dienen sollte, einer Reise über Rom nach Spanien, aber vorher erst noch einer Reise von Korinth nach Jerusalem. Machen wir den Briefschluss im Einzelnen fruchtbar:

b) Die innere Situation des Paulus

Paulus stand vor einem tiefen Einschnitt seines Wirkens. Die Mission in der östlichen Reichshälfte lag hinter ihm, der Absprung in eine Westmission vor ihm. Zur Begründung erklärt er 15,23: »Ich habe keine Aufgabe mehr in diesen Ländern.« Wieso konnte er sich angesichts so vieler Heidenvölker im Osten ar-

[9] Vgl. 1Kor 1,14. Das Neue Testament kennt vier Träger des Namens Gaius. Was spricht dafür, dass der 16,23 genannte Vertreter dieses Namens in Korinth lebte? Der neben ihm erwähnte Erastus scheint Korinther gewesen zu sein (2Tim 4,20). Ferner heißt es in 16,1-2 von der Gemeindeschwester Phoebe, der er offenbar den Brief mitgab, dass sie in Kenchreä Dienst tut, wobei es sich um den Hafenvorort Korinths handelte. So weist alles auf Korinth als Absendeort.

[10] Die Jahresangabe entsteht so: Bei seinem ersten Korinthbesuch stand Paulus nach Apg 18,12-17 vor dem Gericht des Gallio. Ein glücklicher Fund, die sog. Gallio-Inschrift, die 1905 veröffentlicht wurde, besagt, dass dieser Statthalter von Frühjahr 52 bis Frühjahr 53 (oder 51/52) im Amt war. Von diesem festen Punkt aus rechnet man die folgenden Ereignisse bis zum zweiten Korinthbesuch des Paulus hinzu und kommt auf die Jahre zwischen 55 bis höchstens 58. Da Lukas oft nur ungefähre Angaben macht, sind gewisse Schätzungen notwendig.

beitslos melden? An dieser Stelle ist zu bedenken, dass Paulus nicht flächendeckend, sondern schwerpunktmäßig missionierte, d.h., er sah sich speziell als Großstadtmissionar. Wie die Apg zeigt, blieb er auf den Hauptverkehrsstraßen und ging an den Dörfern vorbei, bis er, teilweise nach Hunderten von Kilometern, wieder in die nächste größere Stadt kam. Dort gründete er eine Gemeinde, die sofort für ihr Umland missionarisch verantwortlich war (vgl. 1Kor 1,2; 1Thess 1,6ff). Die Entstehung einer Gemeinde an einem zentralen Ort bedeutete für ihn schon die Gewinnung des Umlandes, beseelte ihn doch das Vertrauen: Feuer breitet sich von selbst aus. Für ihn stand Philippi für Mazedonien (Phil 4,15), Thessalonich für Mazedonien und Achaia (1Thess 1,7f), Korinth für Achaia (1Kor 16,15; 2Kor 1,1), Ephesus für Asia (Röm 16,5; 1Kor 16,19; 2Kor 1,8).

Zwei Gesichtspunkte machen dieses Verfahren verständlich. Da war zunächst seine Berufung nach Apg 22,21 (vgl. Gal 1,16): »Ich will dich ferne zu den Völkern senden.« Er war Völkermissionar, der im Welthorizont dachte, in Völkern und Ländern, nicht in Dörfern und Häusern. Zweitens hatten auch die sprachlichen Verhältnisse ihr Gewicht. Zwar verstand man überall, wo Zivilisation hingelangt war, das Griechische. So musste Paulus z.B. nach Galatien nicht auf Galatisch und nach Rom nicht auf Lateinisch schreiben. In Stadtgemeinden konnten alle der gottesdienstlichen Verlesung griechisch geschriebener Briefe folgen. Aber daneben lebte eine Unzahl von Lokalsprachen weiter, die für den Missionar, wie Apg 14,11-15 beweist, zum Problem werden konnten. Besonders in ländlichen Gegenden benötigte er Dolmetscher. Auch von daher war Paulus an die Städte gewiesen.

In diesem Sinne war für ihn die Arbeit im Osten getan. Es drängte ihn zu neuen Völkern und Ländern. Italien kam dafür nicht in Frage, dort gab es schon mit Rom ein auch von ihm anerkanntes Zentrum (vgl. Punkt 2). Also sofort der Sprung nach Spanien! An Rom hatte er kein direkt missionarisches Interesse (1,12; 15,20-21), sondern Erwartungen anderer Art:

c) Rom auserwählt als neue Trägergemeinde

Die bisherigen Zentren und Stützpunkte lagen extrem im Osten, während sich die römische Gemeinde für die Spanienpläne schon verkehrstechnisch anbot. Rein geographisch war sie für den, der vom Osten nach Spanien wollte, überhaupt nicht zu umgehen, denn alle Wege führten nach Rom und wieder von Rom aus hinaus. Was die Seefahrt anbelangt, segelte man im Altertum – tausend Jahre vor der Einführung des Kompasses! – nicht einfach quer durchs Mittelmeer, sondern immer mit Sichtverbindung zur Küste. Dabei also kam man auf dem Weg nach Spanien unvermeidlich an Rom vorbei. Dort erwartete der Apostel geistlich-praktische Hilfe zur Weiterfahrt (15,24).

Aber die Romfahrt (mit Weiterreise nach Spanien) war für Paulus nicht einmal sein nächstes, sondern erst sein übernächstes Ziel. Davor lag eine Reise in entgegengesetzter Richtung.

d) Die römische Gemeinde als Mitkämpferin des Paulus in Sachen Jerusalembesuch

Damit kommt die für ihn weit schwierigere Aufgabe zur Sprache. Erst im Briefschluss, als er annehmen konnte, die Herzen und Gedanken der Römer durch seine Darlegungen gewonnen zu haben, rückt er damit heraus (15,25ff): »Jetzt aber fahre ich hin nach Jerusalem, um den Heiligen zu dienen.« Dieser »Dienst« bestand in der Übergabe einer gemeinsamen Kollekte der von ihm gegründeten Gemeinden.

Diese Reise war für ihn so problematisch, dass er flehentlich um Fürbitte ersuchte, V.30: »Helft mir kämpfen durch eure Gebete für mich zu Gott!« Nach V.31 fürchtete er in Jerusalem einerseits Nachstellungen der dortigen jüdischen Behörden, andererseits Missverständnisse bei den Gläubigen. Er fürchtete, dass die Gruppe der Judaisten inzwischen einen solchen Einfluss in der Urgemeinde bekommen haben könnte, dass man das Gemeinschaftszeichen in Gestalt der großartigen Kollektenaktion (15,27) ablehnen würde. Ja, dort rüstete man sich schon, ihn bei seinem Kommen zur Rechenschaft zu ziehen, anzuklagen, niederzuringen und ihn so vor allen Tochtergemeinden in den Provinzen gründlich und endgültig unmöglich zu machen. Ihr Ziel war, ihn mit geistlicher und theologischer Vollmacht in aller Form der »Beschämung« preiszugeben (s. zu 1,16a).

Und was hatte die ferne Gemeinde in Rom damit zu tun? Bei den traditionell regen Beziehungen der Stadt zu Jerusalem musste er voraussetzen, dass der innerchristliche Streit um seine Person auch diesen Gläubigen nicht verborgen geblieben war (vgl. Röm 3,8). Als ihnen persönlich Unbekannter machte er sich bei ihnen umso mehr auf negative Rückwirkungen gefasst. Ob man dort über den angekündigten Besuch eines so umstrittenen und streitbaren Mannes so glücklich war? Gewönnen in Rom die Verleumdungen an Boden, fiele damit aber auch die Westmission ins Wasser. Romreise und Jerusalemreise waren eben miteinander verschränkt. Unter diesen Umständen bedeutete die Aufforderung zur Fürbitte: Tretet in diesem großen Streit vor Gott und Menschen auf meine Seite! Dieses Ansinnen konnte er übrigens unmöglich an den Briefanfang stellen. Zuerst galt es, Rechenschaft zu geben, was er nun wirklich lehrte.

e) Die Auswirkung auf die Gestalt des Briefes

Erklärt ist damit die auffallende Erscheinung, dass Paulus gegenüber dieser mehrheitlich heidenchristlichen Gemeinde so ausführlich und tiefgründig jüdische (und damit auch christlich-judaistische!) Einwände aufgreift, ferner sehr reichlich den Schriftbeweis verwendet und in drei langen Kapiteln der Israelfrage nachgeht. Man hat den Röm deswegen schon einen verkappten Jerusalembrief genannt.[11] Aber seine Zielgruppe bildeten tatsächlich die Römer, mit

[11] Jervell, J., S. 61-73; vorher schon andeutend E. Fuchs, bei Bornkamm, S. 138.

denen ihn in Zukunft eine Arbeitsgemeinschaft verbinden sollte und die er deswegen bis ins Gewissen hinein gewinnen musste. Die Grundlage dafür konnte nur das Evangelium selber schaffen. Weil der Vorgang aber in eine gespannte Situation traf, musste er seine Leser zugleich befähigen, die erkannte Wahrheit gegenüber kontroversen Einwürfen vertreten zu können.

f) Das Testament des Paulus?

Es ist üblich geworden, diesen Brief das »Testament« des Paulus zu nennen.[12] Fraglos ist der Brief zu seinem theologischen Testament *geworden*. Aber entsprach diese Sicht dem Selbstverständnis des Verfassers bei der Abfassung? Zu einem »Testament« gehört die Überzeugung: Mein Werk ist getan, ich gebe hiermit mein Erbe weiter. Doch das war damals noch nicht die Lage des Paulus. Er stand nicht am Endpunkt, sondern an einem Wendepunkt, war voller Pläne und Hoffnungen und lieferte in denkwürdiger Stunde ein Dokument seiner missionsstrategischen und heilsgeschichtlichen Schau.

g) Zusammenfassung

Obwohl seine beiden bevorstehenden Reisen geographisch in die entgegengesetzte Richtung führten, gehörten sie für ihn eng zusammen. Und obwohl Spanien weit weg von Jerusalem lag, vermochte er es nicht, sich von den Jerusalemern leichthin unabhängig zu machen. Der Geist der Spaltung unter den Verkündern und unter den Glaubenden war für ihn eine Katastrophe (1Kor 1,13). Um diese abzuwenden, hatte er sich gegen alle Warnungen zur lebensgefährlichen Reise nach Jerusalem entschieden. Die Jerusalemer waren gewiss missionstheologisch »unterentwickelt«, ohne wirklichen Durchblick für die Wahrheit des Evangeliums. Aber sie waren »Heilige« (15,26), sicherlich sehr anstrengende Heilige, jedoch geheiligt durch das Blut Christi und durch den Glauben. So gab es für Paulus kein gesegnetes Spanien ohne aufrichtiges Bemühen um die Heiligen in Jerusalem.

[12] Zuerst Günther Bornkamm, aber ähnlich schon W. Sandy, 1895.

B. Auslegung

Briefeingang (1,1-17)

Im Altertum lag auf Buchanfängen größtes Gewicht. Als wegweisend für das ganze Werk wurden *sie* besonders gestaltet. Nun ist der Röm gewiss ein Brief, aber fraglos mit Übergängen zum Buch, so dass auch für ihn jenes Gesetz in Kraft trat. Auch dieser Briefkopf legt Gleise für alles Folgende und will sorgfältig gelesen sein. Der damals übliche kurze Briefkopf von oft nur drei Wörtern[1] dehnt sich in diesem Fall zu einem einzigen überdimensionalen und überaus gehaltvollen Satz, der hier in der Übersetzung nicht geglättet und nicht in kurze Sätze umgebrochen wurde.

a) Absender, Empfänger und Segenszuspruch (Präskript) (1,1-7)

1 **Paulus, Knecht Christi Jesu, berufener Apostel, ausgesondert für das Evangelium Gottes,**
2 **welches er vorher angekündigt hatte durch seine Propheten in den heiligen Schriften**
3 **(und das) von seinem Sohn (handelt), der geboren ist aus dem Samen Davids nach dem Fleisch,**
4 **eingesetzt als Sohn Gottes in Kraft nach dem Geist der Heiligkeit aufgrund der Auferstehung der Toten – (das Evangelium also über) Jesus Christus, unsern Herrn,**
5 **durch den wir empfangen haben Gnade und Apostolat, (Menschen zu führen) zum Gehorsam des Glaubens, (und zwar auch) in allen (nichtjüdischen) Völkern für (die Verherrlichung) seines Namens,**
6 **unter denen auch ihr seid Berufene Jesu Christi,**
7 **an alle, die in Rom sind, den Geliebten Gottes, den berufenen Heiligen, Gnade euch und Friede von Gott, dem Vater unseres Herrn Jesus Christus.**

Paulus will die Gläubigen in Rom gewinnen. Darum verweist er als Erstes auf den gemeinsamen Boden des »Evangeliums«[2], auf dem sie und er und alle christlichen Gemeinden Fuß gefasst haben, von dem aus sich gewiss auch strittige Fragen klären lassen.

[1] S. Galater, WStB, S. 32-34.
[2] Dieses Stichwort durchzieht die ganze Brieferöffnung (V. 1.9.15.16).

1 Ohne wie meist in seinen Gemeindebriefen die Namen von Mitarbeitern zu erwähnen, stellt er sich selbst vor. Die Umstände erforderten es, dass es diesmal vordringlich um ihn selbst ging: **Paulus**. Nicht, dass man in Rom nichts über ihn gewusst hätte. Auch an Orten, wo er nicht missioniert hatte, kannte und besprach man seine Lebensgeschichte (Gal 1,22f; Apg 21,21). Aber die Judaisten hatten ihn in den Ruf eines Abtrünnigen gebracht. Dagegen verwahrt er sich dreifach.

Er ist zunächst ein **Knecht Christi Jesu**, wörtlich »Sklave«. Käme diese Selbstbezeichnung aus dem Mund eines Griechen, wäre sie als übertriebene Demutsgebärde zu werten, denn im Griechentum hatte das Wort fast ausschließlich entwürdigenden Sinn. Hier aber spricht ein Jude, geprägt durch das AT, das mit diesem Wort höchsten Dienst bezeichnen kann, nämlich Indienstnahme durch Gott selbst. So waren Mose, Josua, David und vor allem die Propheten »Knechte Gottes«.

Diesen Sinn bestätigt hier die zweite Beifügung: **ein Berufener**. Wie von den atl. Gottesknechten war auch von Paulus eine Berufungsgeschichte bekannt. Mit ihr fiel seine Bestellung zum **Apostel** zusammen. Hier liegt wie bei der Masse der ntl. Stellen eine speziell christliche Verwendung dieser Vokabel vor. Sie geht über den Wortsinn »Abgesandter«, »Bote« hinaus, indem sie eine lebenslängliche und gar heilsgeschichtliche Aufgabe einschließt. Träger dieses Titels sind die Garanten des unverfälschten Evangeliums, auf dem die Gemeinde aller Zeiten gründet.[a] Als solche bilden sie einen einmaligen Personenkreis.

[a] Mt 16,18 Eph 2,20 Offb 21,14

Eine dritte Bestimmung greift noch hinter das Damaskusgeschehen zurück. Schon vor seiner Geburt war er ein durch Gott **Ausgesonderter**. Zur Abtrennung gehört sofort eine Zuordnung: **für das Evangelium Gottes.** Mit dem Stichwort »Evangelium« spricht schon der erste Satz des Briefes das Weltkonzept von Jes 52,7-9 an (vgl. Anm. zu V. 16a): Gott tritt am Ende der Zeit wie nie zuvor aus sich heraus und wendet sieghaft und heilschaffend den Lauf der Menschheit zu sich. »Dein Gott hat die Herrschaft angetreten!«, jubeln dort die Freudenboten, eben die »Evangelisten«. So versteht Paulus sich. Damit ist klargestellt, dass er nicht als Privatmann nach Rom kommt, nicht als interessanter Theologe, nicht als Paulinist, sondern eben in dieser Apostelfunktion als Garant des Evangeliums.

Das alles aber stellt er nicht, jeder Überprüfung enthoben, einfach in den Raum. Eingedenk des Grundsatzes von Mt 18,16 bringt er zwei Zeugen bei, die auch den römischen Christen vertrauenswürdig waren.

2 Als erster Zeuge bestätigt das AT das Evangelium des Paulus, **welches er**, also Gott, **vorher angekündigt hatte**. Das Evangelium

ist kein unvermittelter, zusammenhangsloser Einfall Gottes, sondern war längst in Lehre und Logik der **Heiligen Schriften** verankert.[3] Sie bilden ein nach vorn schauendes, auf Christus wartendes Buch. Seine Verfasser galten allesamt als **Propheten.** Gott ließ ihre Prophetie Schrift werden, damit sie für die, die die Erfüllung erleben würden, als Zeugen bereitständen. Man sollte Erfüllung neben Verheißung legen können und dadurch umso gewisser werden (2Petr 1,19). Somit ist das AT gerade für Christen geschrieben, wie Paulus sehr deutlich betont.[b] Gerade im Zusammenhang mit seinen entscheidenden Thesen[c] benennt er Schriftstellen als »Zeugen«.[d] Sein Heidenapostolat[e] ist keine schriftwidrige Unternehmung.

[b] 1Kor 9,9-10; 10,11 Röm 4,23f; 15,4
[c] Röm 3,21 Apg 10,43

Paulus stellt die Summe des im AT verheißenen Evangeliums **3a**
fest: Es handelt **von seinem Sohn**. Nicht eine Lehre, auch nicht die Rechtfertigungslehre ist Evangelium, sondern der Sohn. Die ganze Urchristenheit stimmte damit überein, dass die Mitte der Schrift Christus selber ist.[f] Als Sohn ist er mehr als Abraham, Mose, David, Salomo oder irgendein Prophet. Er ist die Fülle Gottes leibhaftig.

[d] Röm 1,17 3,4.10-18 4,3.7f. 17f.22
[e] Joh 5,39 Lk 24,27.44 Apg 8,35 2Tim 3,15 2Kor 1,20
[f] Apg 2,36 13,33 Phil 2,8f Röm 14,9

Aber waren und sind die Juden nicht zu Recht über diese christologische Vereinnahmung ihrer Schriften empört, die doch nicht einmal den Namen »Jesus Christus« enthalten? Paulus selbst stand einst als jüdischer Rabbi Modell für diesen Protest. Aber er verdankte die Erkenntnis der wahren Aussageabsicht der Schrift einer »Enthüllung« im Sinne von 2Kor 3,14-16. Von da ab legte ihm der lebendige Herr die Schrift aus, und die Schrift bezeugte ihm diesen Herrn.

Als zweiten Zeugen bietet Paulus ein urchristliches Glaubensbe- **3b-4**
kenntnis auf. Um dieses Vorgehen aufzuhellen, machen wir uns ein Ergebnis der neueren Forschung zunutze. Zunehmend setzt sich die Einsicht durch, dass er hier und an so manchen anderen Stellen nicht selber formuliert, sondern einen alten urchristlichen Kernsatz zitiert.[4] Auch nach 6,17 und 15,15 hatten die Christen in Rom bei ihrem Christwerden einen Fundus solcher Glaubenssätze übernommen, der sie mehr oder weniger mit der gesamten Christenheit verband. Indem Paulus sich jetzt eines solchen gemeinchristlichen Stücks bedient, schließt er sich mit seinen Lesern zu einer Glaubensgemeinschaft zusammen, und genau das war der Zweck des Briefs.

[3] Insofern ist das Neue am NT nicht ganz neu. Wiederum geht es darin über das AT hinaus, dass es dessen Verheißungen nicht einfach wiederholt, sondern zusätzlich das inzwischen ergangene Ja und Amen Gottes dazu bezeugt (2Kor 1,20). Erfüllung aber ist unfasslich mehr als Verheißung.

[4] Dies Urteil gründet sich auf das Ebenmaß der Sätze (drei Stücke in V. 3 entsprechen drei Stücken in V. 4), auf den hymnologischen Stil, auf den unpaulinischen und altertümlichen Wortschatz und auf den Vergleich mit der Parallele 1Tim 3,16, wo ebenfalls deutlich ein Hymnus erklingt.

Mit Hilfe dieses Bekenntnisses entfaltet Paulus in V. 3-4a die Geschichte des Evangeliums vom Sohn, und zwar in zwei aufeinander folgenden Abschnitten. Der erste betrifft das Dasein des Sohnes »nach dem Fleisch«, der zweite sein Dasein »nach dem Geist der Heiligkeit«. Dieses Nacheinander von »Fleisch« und »Geist« in der Geschichte Christi erscheint ähnlich 1Petr 3,18.

Zum ersten Abschnitt: **der geboren ist aus dem Samen Davids nach dem Fleisch**. Wie in 9,3.5.8 bezeichnet »Fleisch« an dieser Stelle neutral die geschöpfliche Wirklichkeit, in der sich menschliches Leben abspielt. Der ewige Sohn wurde Menschengeschöpf. Genauer: Er wurde Jude (vgl. 9,4f). Man kann sogar seinen Stammbaum angeben: aus dem Samen Davids. Doch dies Stichwort führt zugleich weiter. War er Davidide, erweckte er nach 2Sam 7,10-16 die glühendste Erwartung auf den messianischen König der Juden.

Dem Wortlaut nach fehlt in diesem Bekenntnis die so wichtige Verkündigung des Todes Jesu. Aber obwohl hier nur das Stichwort »Geburt« erklingt, wäre es unsinnig, die Sache bei Weihnachten enden zu lassen. Selbstverständlich lag zwischen Geburt (V. 3) und Auferstehung (V. 4) auch sein Lebens- und Leidensweg bis hin zum Tod. Dies Bekenntnis wurde ja von Menschen gesprochen, die – wenn auch noch vor der Niederschrift unserer vier Evangelien – die Jesusüberlieferung von Geburt bis Auferstehung im Sinn hatten. Diese aber berichtet glaubensvoll, dass gerade über dem Haupt des Gekreuzigten zu lesen stand: »König der Juden«, Davidssohn! So umschloss dieses erste Stück vom Heilskönig nach dem Fleisch auch seine Selbstentäußerung, Schwachheit, Schande und Gottverlassenheit. In diesem Sinne ist es Gegenstand ergriffenen Bekennens.

Dann aber die zweite Station nach V. 4a: **eingesetzt als Sohn Gottes in Kraft nach dem Geist der Heiligkeit.**[5] Ein Eingriff des gerechten Gottes wendete alles. Er erhob den sanftmütigen und leidensbereiten, scheinbar widerlegten und nach dem Gesetz fluchbeladenen (Gal 3,13) Sohn aus der tiefsten Tiefe in die Sphäre Gottes (vgl. Phil 2,6-11). Dass an Ostern zu denken ist, fügt das Satzende mit Gewicht hinzu: **aufgrund der Auferstehung der Toten.** Auf diese Weise wurde aus dem Sohn in Schwachheit der Sohn in Kraft.[6]

Dieses alte Glaubensbekenntnis stützt vorzüglich den Zielgedanken des Paulus: das machtvolle Herrsein des Sohnes in Weltmaßstab. So spricht er es am Versende volltönend aus: Das Evange-

5 Ein atl. Ausdruck für »Heiliger Geist«: Jes 63,16f; Ps 51,13 im hebr. Text.

6 Häufig im NT steht »Kraft« im Zusammenhang mit der Auferstehung: Mk 12,24f; Röm 15,19; 1Kor 6,14; 15,43; 2Kor 13,4; Eph 1,19-21; Phil 3,10; Kol 2,12.

lium handelt von **Jesus Christus**[7], **unserm Herrn**. Der Wechsel von »Sohn« zu »Herr« geschieht absichtsvoll. »Sohn« ist Jesus in Bezug auf Gott, »Herr« in Bezug auf die Welt und alle Menschen und Mächte. Auf diese österliche Machtfülle des Erhöhten »über alles« (9,5), wie sie gegenwärtig greifbar wird in der Heidenmission[g], wollte Paulus ja zu sprechen kommen.

[g] Röm 1,16 1Kor 1,18.24 Gal 2,8 Apg 15,12 Mt 28,18-20

5

Nach der wichtigen Einlage V. 2-4 setzt Paulus seine Selbstvorstellung von V. 1 fort. Jetzt kann er beziehungsreicher von seinem Apostolat sprechen. Seine Berufung war eine Entscheidung des eben genannten »Herrn«: **durch den wir empfangen haben Gnade und Apostolat**. Offensichtlich beschreibt er hier *eine* Sache mit zwei Ausdrücken. Das Begriffspaar Gnade – Apostel bildet er an vielen Stellen.[h] »Gnade« heißt im Griechischen *charis* und ergibt *charisma*. So sieht er sich als einen besonderen Charismatiker-Apostel in geschichtlich zugespitzter Stunde. Nach Gal 2,9 haben ihn auch seine Mitapostel als solchen erkannt und anerkannt.

[h] Röm 12,3 15,15 Gal 2,9 1Kor 1,18 15,10 2Kor 1,12 12,9 Eph 3,7-9

Doch rüstete ihn dieser Herr nicht nur mit Gaben und Vollmacht aus, sondern bestimmte auch Zweck und Ziel seines Wirkens. Er erhielt den Auftrag, die Heiden **zum Gehorsam des Glaubens** zu führen. Diese Angabe empfängt durch ihren Platz in der Selbstvorstellung ein hohes Gewicht, das sich durch die gleich lautende Wiederholung im Briefschluss 16,26 (vgl. 15,18; 16,19) noch erhöht. Wie eine Klammer legt sie sich um das ganze Schreiben. Darum verdient sie besondere Beachtung[8]. Ohne Frage hätte es auch schlicht heißen können, Paulus wolle die Heiden »zum Glauben« führen. Was also hat die Zuspitzung »*Gehorsam* des Glaubens« auf sich? In 9,16 heißt es: »*dem Evangelium* gehorsam sein«, noch ausführlicher in 2Kor 9,13: »euer Gehorsam *im Bekenntnis zum Evangelium* Christi«. Der Gehorsam besteht also in der zustimmenden Unterwerfung unter das gehörte Evangelium, im erstmaligen *Anrufen des verkündigten Christus als Herrn*.

In diese Richtung lenkt auch hier der Zusammenhang. Ausgangspunkt war nach V. 4 das Herrsein des Auferstandenen. In der Mission wird sein Herrenname ausgerufen, um von Glaubenden angerufen zu werden (10,9-13). Wenn das der wesentliche Vorgang in der Erfahrung des Heils ist, ist Gehorsam tief in den Glauben eingelassen. Abstoßende Erfahrungen mit menschlichen Gehorsams-

[7] Der Eigenname »Jesus« gehört in den Bereich der hebr. Sprache (*Jehoschu'a*, »Gott hilft«), während der Amtstitel »Christus« ein griech. Wort ist (der »gesalbte« Heilskönig). Die Doppelbezeichnung umschreibt also den Weg Gottes von Israel zu den Griechen, d.h. zur ganzen Welt.

[8] »Um diesen Gehorsam des Glaubens geht es im ganzen Römerbrief« (Michel, S. 329). »Gehorsam, gehorchen« *(hypakoä)* ist nicht nur beim Eintritt in den Glauben unverzichtbar, sondern auch für den Christenalltag (fünfmal in 6,12.16.17). Der gesamte dogmatische Teil mündet in diesen Begriff (viermal *apeitheia* in 11,30-32). Beachte auch 5,19.

forderungen müssen hier ganz außen vor bleiben. Auch an Verzicht auf Verstandesgebrauch zugunsten eines krampfhaften »Glaubens« etwa an schwierige Bibelstellen (*sacrificium intellectus*) ist nicht zu denken. Weil der Gehorsam sich auf den offenbaren Herrn bezieht, geschieht er nicht blind, sondern einsichtig, und weil das Gehörte Freudenbotschaft ist, nicht erzwungen, sondern dankbar.

Dieses Ergebnis ist dreifach auszuwerten. Erstens liegt darin schon eine Antwort an die Judaisten, die doch argwöhnten, Paulus vertrete ein nicht zu verantwortendes Billigangebot.[i] Dagegen ist jetzt klargestellt: Der Glaubensakt ist ganzheitlicher Herrschaftswechsel, Herz und Lippen umfassend (10,9-10). Wer daran vorbei »glauben« würde, bliebe in der Sklaverei der Sünde (6,12.16.17).

[i] Gal 1,10 Jak 2,14-20

Zugleich ist diese Zuspitzung auch die einzige Weise, wirksam abzusichern, dass der Glaube sich nicht zu einem verdienstlichen Werk verzerrt.[9] Glaube ist keine auf Gott gerichtete menschliche Anstrengung, sondern Beugung unter das von Gott angestrengte Verfahren in Christus, wie es uns kundgetan wird. Gerade das horchende Gehorchen ist radikaler Verzicht auf Selbstruhm (3,27).

Schließlich verweist diese Formel auch auf die menschliche Verantwortung bei der Entstehung des Glaubens. Der Hörer des Evangeliums soll nicht lauern, ob der Glaube wohl von selber kommt, an ihm hochkriecht oder ihn überfällt, vielmehr ist ihm Glauben geboten.[10] Als gefallener Mensch erfährt er vor Gott seinen eigenen Widerstand, also seinen Unglauben. Mit dieser Not soll er zu Gott fliehen, indem er sich ihm und seinem Wort unterwirft: »Ich glaube, hilf meinem Unglauben!« (Mk 9,26). Diese letzte Beugung unter den Allmächtigen wird dem Ohnmächtigen nicht erlassen. Wenn auch in größter Vornehmheit, ersucht ihn das Evangelium dann doch um eine eigene Antwort (2Kor 5,20). Es gilt Offb 21,17: »*Wer da will*, der komme!«

Aus dem universalen Herrentum Jesu ergab sich für das Apostolat des Paulus ferner ein universaler Geltungsbereich: **in allen (nichtjüdischen) Völkern für die Verherrlichung seines Namens** zu wirken.

6-7a Davon leitet Paulus die Berechtigung ab, sich auch den Römern zuzuwenden: **unter denen auch ihr seid.** Innerhalb des Briefschemas ist er damit bei der Angabe der Empfänger angelangt. V. 7

9 So missdeutete das Judentum den Glauben Abrahams als vorbildliches Frommsein, das Gott mit Gerechtsprechung prämierte (Galater, WStB, S. 121f).

10 Oder ist unser Glaube einfach Gottes Entscheidung, »alleiniges Werk und ausschließliche Gabe Gottes« (O. Hofius, S. 304)? Fr. Neugebauer verweist dazu (S. 165ff) auf die Tatsache, dass Paulus nie auffordere: »Glaubt!« Doch diese Folgerung ist kurzschlüssig. Ja, er schreibt auch nie: »Hört auf das Evangelium!« Er schreibt Gemeindebriefe an Hörende und Glaubende.

bringt sie in aller Form: **an alle, die in Rom sind,** nämlich die gleich ihm selbst (V. 1) **Berufene Jesu Christi** sind. Aber das wird nun vertieft: Sie sind **Geliebte Gottes**, wie in 5Mo immer wieder Israel bezeichnet wird, klassisch dort in 7,7-8. Zu diesem Gottesvolk sind sie hinzuberufen. Gottes Liebe enthüllte sich ihnen reinigend im Sühnetod Christi. Damit sind sie »gottfähig«, »heilig« sagt die Bibel[11], also **berufene Heilige**.

Dass sie für ihn Gemeinde im Vollsinn sind, besiegelt er schließ- **7b**
lich dadurch, dass er sie, ganz wie er es in den Briefanfängen an die von ihm selbst gegründeten Gemeinden regelmäßig zu tun pflegt, segnet. Damit ist alles Folgende Segensrede. **Gnade euch und Friede von Gott, dem Vater unseres Herrn Jesus Christus.** Durch diesen Zuspruch sind sie über einen Vorgang, der von Gott über Christus und den Apostel herbeikommt, göttlicher Gnade übergeben. Der Gnadengruß steht dem Fluchwort gegenüber. Während Letzteres nach Mt 25,41 bedeutet: »Geht hinweg!«, hat Ersterer nach Lk 1,28 den Grundsinn: »Der Herr ist mit dir!« An den Zuspruch einer solchen Gottesgemeinschaft schließt sich sinnvoll an: »und Friede!« Auf dem Hintergrund des hebr. *schalom* schwingt hier ein reicher Wortgehalt mit. Herausgenommen aus der Fluchgeschichte weitet sich vor ihnen verheißungsvoll ein weites Feld: Heilwerden, allseitiges Wohlergehen, freudevolle Fülle des Lebens.

b) Dank, Besuchspläne und ihre Begründung (Proömium) (1,8-15)

8 **Zuerst danke ich gleich von vornherein meinem Gott durch Jesus Christus euer aller wegen, dass euer Glaube verkündigt wird in der ganzen Welt.**
9 **Denn mein Zeuge ist Gott, dem ich diene in meinem Geist am Evangelium seines Sohnes, dass ich euch unablässig erwähne,**
10 **jedes Mal bei meinen Gebeten, flehend, ob mir vielleicht endlich einmal der Weg gebahnt werde, durch Gottes Willen, zu euch zu kommen.**
11 **Ich habe nämlich Sehnsucht, euch zu sehen, damit ich euch irgendeine geistliche Gnadengabe mitteile zu eurer Stärkung,**
12 **das heißt: um in eurer Mitte mitermutigt zu werden durch den wechselseitigen (Austausch des) Glaubens, sowohl des euren als auch des meinen.**

[11] Heiligkeit ist in diesem Zusammenhang Ausdruck ihres Bei-Gott-sein-Dürfens, nicht ihres sittlichen Zustandes, obwohl Heiligkeit sich selbstverständlich sittlich fruchtbar erweisen wird.

13 Ich will euch nicht unwissend lassen, Brüder, dass ich mir häufig vorgenommen habe, zu euch zu kommen – wurde nur bisher gehindert –, damit ich auch unter euch irgendeine Frucht hätte wie auch unter den anderen Heiden.
14 Sowohl den Griechen als auch den Barbaren, sowohl den Weisen als auch den Ungebildeten bin ich Schuldner;
15 so (bestand) meinerseits Bereitschaft, auch euch, denen in Rom, das Evangelium zu verkünden.

Ein Teil der Kommentare zu diesem Abschnitt könnte fast den Eindruck erwecken, als habe sie gegenüber der ausnehmenden Höflichkeit des Paulus in diesem Abschnitt ein Misstrauens-Virus befallen. Ist denn Höflichkeit immer Schmeichelei und Anpassung an die Konvention immer nur hohle Form? Ist Wahrung des Taktes immer Taktik? Hat derjenige, der Brüderlichkeit betont und um ein günstiges Gesprächsklima bemüht ist, immer nur autoritäre Absichten? Sollte der, der in 16,18 beschwörend vor den unwahrhaftigen Schönrednern und Schmeichlern warnt, selber so arbeiten? Lebenswerk und Persönlichkeit des Paulus geben keinen Anlass zu solchen Vorurteilen. Es ist nur zu begründet, von der Ernsthaftigkeit dieser Sätze auszugehen. Sie sind vom Willen geprägt, vor dem geplanten Besuch, ja vor dem Lesen des Folgenden eine persönliche Beziehung aufzubauen.

8 Paulus kehrt heraus, dass ihn das christliche Werk in Rom nur mit Dank erfüllen kann. **Zuerst danke ich gleich von vornherein meinem Gott … euer aller wegen.** Vorbehaltlos gesteht er: Es ist zwar nicht mein Werk, aber es ist »mein Gott«, der sich unter euch verherrlicht hat. Das Dankgebet wird wie alles christliche Beten **durch Jesus Christus** vermittelt.[a] Christus bedeutet nicht nur Einfluss von Gott her auf uns zu, sondern auch Rückfluss zu Gott hin, eben lebendiges Fließen zwischen Gott und Mensch. Der Gegenstand des Dankes besteht darin, **dass euer Glaube verkündigt wird in der ganzen Welt.** Er wurde zur Anrede, zur zeichenhaften Verkündigung, die Außenstehende vor Gott[b] stellte. Diese Ausstrahlung[12] hatte auch ihn selbst berührt.

[a] Röm 7,25 16,27

[b] Röm 15,14 16,19

9-10 Seine Leser sollen wissen, wie stark ihn der Wunsch beseelt, sie in Rom zu besuchen. **Denn mein Zeuge ist Gott, dem ich (priesterlich) diene in meinem Geist am Evangelium seines Sohnes, dass ich euch unablässig erwähne, jedes Mal bei meinen Gebeten.** Weil er etwas glaubhaft machen will, was mit seinem äußeren Verhalten nicht zusammenzupassen scheint (V. 13), muss er sich auf

12 »In der ganzen Welt« darf man nicht pressen. Joh 12,19 zeigt den sprichwörtlichen Charakter der Wendung.

das höhere Wissen Gottes berufen. Wie wir es von den Uraposteln lesen (Apg 6,4), diente Paulus seinem Gott nicht nur durch seine missionarischen Aktivitäten, sondern auch »in meinem Geist«. Der äußeren Unermüdlichkeit entsprachen regelmäßige Gebetszeiten. Er vergleicht sich da mit einem Priester (ähnlich 15,16), der Tag und Nacht im Tempel die fälligen Opfer zelebriert. Eben das war Gott von Paulus wohl bekannt.

Bemerkenswert, dass hier im Unterschied zu sonstigen Brieferöffnungen keine Fürbitte für die Gemeinde folgt, wohl aber eine Bitte für sich selbst: **flehend, ob mir vielleicht endlich einmal der Weg gebahnt werde, durch Gottes Willen, zu euch zu kommen.** Der Satz spiegelt wider, wie elementar ihn sein Anliegen bewegt: Fragende Abhängigkeit (»ob mir vielleicht«), mischte sich mit ungeduldigem Drängen (»endlich einmal«). Seit vielen Jahren[c] erfüllte ihn der Wunsch, »zu euch zu kommen«.

[c] Röm 1,13 15,23. 29.32 Apg 19,21 23,11

11 Der Zweck der angestrebten Reise ist die Abstattung eines förmlichen Apostelbesuchs. **Ich habe nämlich Sehnsucht, euch zu sehen.** Schon dieses »euch zu sehen«[13] spricht dafür, dass er sich dort nicht niederlassen und einnisten will. Dann der positive Zweck: **damit ich euch irgendeine geistliche Gnadengabe mitteile zu eurer Stärkung.** Er kommt also amtlich, im Rahmen seiner Sendung und seines Sendungsbewusstseins, das er in V. 1-7 oder 15,15f.29 oder etwa 1Kor 15,10 unverhohlen zeigt. All diese Stellen sind wie auch dieser Satz um das Stichwort »Gnade« gruppiert. Es ist seine Apostelgnade[14], mit der er kommen will, »zu eurer Stärkung«. Der Ausdruck setzt keine sonderliche Schwäche der Christen in Rom voraus, sondern hat seinen Platz in der allgemeinen Missionssprache und bedeutet: Christen im Glauben zu befestigen, und zwar als eine Tätigkeit, die neben der missionarischen Aufgabe ebenfalls zum apostolischen Dienst gehört (Lk 22,32).[15]

12 Paulus muss den Charakter seines Besuchs in Rom sicherstellen. **»Das heißt«** meint nicht: Ich muss mich korrigieren. Wäre der letzte Satz falsch gewesen, hätte er ihn nicht erst diktiert. Aber etwas anderes mag in der Luft gelegen haben. Sein kürzlich geschriebener 2Kor zeigt, wie er sich anderer Apostel-Leitbilder erwehren musste. Vielleicht waren auch in Rom Superapostel mit Starallüren be-

[13] In 15,24 steht dieses Sehen für einen begrenzten Besuch auf der Durchreise.

[14] In 15,15ff wird er sie definieren.

[15] Lukas schildert den Vollzug in Apg 14,22; 15,41; 18,23: Eine Christenschar, die aus einem Gründungsbesuch eines Apostels hervorgegangen war, empfing nach angemessener Zeit diesen apostolischen Stärkungsbesuch. In diesen Rahmen fügt sich z.B. 1Thess 3,2 ein. Nach dem Entstehen des Glaubens geht es um das Bestehen im Glauben, und zwar unverrückt auf dem apostolischen Grund und in Abwehr von Irrlehren, vgl. 16,25; 1Thess 3,13; 2Thess 2,17; 3,3; 1Petr 5,10; 2Petr 1,12; 3,17.

kannt, die »das Amt verlästerten«: ruhmsüchtig, herrisch, selbstherrlich und anspruchsvoll (2Kor 6,3 und Kapitel 11-12). Dort in 1,24 setzt er dagegen: »Nicht dass wir Herren wären über euren Glauben, sondern wir sind Gehilfen eurer Freude; denn ihr steht im Glauben.« Genau das trifft hier den Sinn, wenn er schreibt, wie er sich den Verlauf seines Besuchs wünscht: **um in eurer Mitte mitermutigt zu werden durch den wechselseitigen (Austausch des) Glaubens, sowohl des euren als auch des meinen.** Auch nach 12,3-8 hat er von einer christlichen Gemeinschaft die Vision einer allseitig begabten Körperschaft, wenn auch mit unterschiedlichen Maßen des Glaubens. Von daher kommt es zum wechselseitigen Geben und Nehmen. Jeder gibt, was er hat, und empfängt, was ihm fehlt – auch der Apostelbruder. Aposteltum und Brudertum durchdringen einander.

13 Paulus beteuert auffällig, dass sein Reisevorsatz schon seit Jahren besteht. **Ich will euch nicht unwissend lassen, Brüder.** Misstrauen in Rom könnte so sprechen: Wenn er wirklich diese Sendung hat und wenn es ihn wirklich so arg drängt, auch uns in Rom einen Apostelbesuch abzustatten, warum war er dann nicht schon längst da? Warum besinnt sich der Heidenapostel nach Jahren augenscheinlicher Uninteressiertheit plötzlich auf dieses Zentrum in Rom?[16] Dazu versichert Paulus: **dass ich mir häufig vorgenommen habe, zu euch zu kommen, damit ich auch unter euch irgendeine Frucht hätte wie auch unter den anderen Heiden.** Längst hatte er Rom im Visier. Am eigenen Antrieb fehlte es nicht, in 15,22-23 wird er näher begründen, warum er ihm nicht folgen konnte. Das Bildwort von der Frucht ist ähnlich offen für irgendeine Konkretion wie der recht allgemeine Ausdruck »irgendeine geistliche Gabe« (V. 11).

14 Nachdrücklich stellt er fest, dass er sich dem Heidentum uneingeschränkt verpflichtet weiß. **Sowohl den Griechen als auch den Barbaren bin ich ein Schuldner.** Mit »Griechen und Barbaren« umschrieb man damals gern die gesamte Menschheit. Die unterschiedlichen Volkstümer verblassten zugunsten einer modernen Einheitskultur. Entscheidend war, ob jemand an dieser Kultur Anteil hatte oder nicht, d.h. praktisch, ob er die Zivilisationssprache Griechisch beherrschte. Das brachte ihm dann die Bezeichnung »Grieche« ein. Diejenigen, die nicht Griechisch sprachen, waren Barbaren.[17] Ihnen fehlte ja mit dieser Sprache die »Eintrittskarte« zur herrschenden Kultur, sie galten als roh und unzivilisiert. Entsprechend erläutert

[16] Möglich wäre auch, dass ihn die Judaisten in den Ruf der Feigheit gebracht hätten, vgl. 2Kor 10,1.2.11. Dazu dann hier die energische Zurückweisung in V. 16: »Ich schäme mich des Evangeliums nicht!«

[17] Dieser ursprüngliche Sinn zeigt sich auch noch in 1Kor 14,11; Apg 28,2.4.

Paulus diesen Doppelbegriff mit einem zweiten: **Weise – Ungebildete.** Aber diese Unterscheidung ist für ihn in diesem Fall kein Gesichtspunkt. Überall, unabhängig von Sprach- und Bildungsgrenzen, gibt es Menschennot und ist damit das Evangelium am Platz. Für sie ist es ihm anvertraut, ihnen ist er es schuldig. Darum war der Rombesuch nie Sache seines Beliebens.[d]

[d] 1Kor 9,16

15 Damit sind Missverständnisse um sein bisheriges Fernbleiben ausgeräumt. **So (bestand) meinerseits Bereitschaft, auch euch, denen in Rom, das Evangelium zu verkünden.** Der Satz hat kein regierendes Verb. Da Paulus aber ab V. 13 in die Vergangenheit blickt, sollte das in Gedanken zu ergänzende Verb auch in die Form der Vergangenheit gesetzt werden. Dass er in der Gegenwart auf einen Besuch in Rom brannte, galt nach V. 9 sowieso. Aber schon in den Jahren zuvor hatte er dies Zentrum des Heidentums nie außer Acht gelassen.

Es könnte befremden, dass Paulus der Gemeinde in Rom »euch«, statt etwa »bei euch«, noch das Evangelium verkünden wollte. Aber der Ausdruck hatte damals noch nicht den schmalen Sinn von Erstverkündigung, sondern umfasste die apostolische Sendung überhaupt, sowohl die Gründung von Gemeinden mit dem Evangelium als auch ihre Festigung mit dem Evangelium (s. zu V. 11). Das Evangelium bleibt auch innergemeindlich zentral.[e]

[e] 1Kor 9,14 2Kor 9,13 Phil 1,27 2Tim 4,5

c) Aufstellung der Hauptthese: Das Evangelium ist Gottes Kraft zur Rettung (1,16-17)

16 Denn nicht schäme ich mich des Evangeliums, denn Kraft Gottes ist es zur Rettung für jeden Glaubenden, sowohl – zuerst! – für den Juden als auch für den Griechen.
17 Denn Gerechtigkeit Gottes wird in ihm (dem verkündigten Evangelium) offenbart aus Glauben zum Glauben, wie geschrieben ist (Hab 2,4a): »Der Gerechte aber wird aus Glauben leben.«

1. *Das Briefthema.* Nach den persönlich gehaltenen Ausführungen von V. 1-15 gleitet Paulus jetzt zur eigentlichen Sache hinüber, indem er in Form von genau überlegten Sätzen sein Briefthema liefert. Es handelt sich wohlgemerkt nicht um eine Bestimmung des Evangeliums selber; dazu fehlen zentrale Aussagen über Jesus Christus, wie sie etwa der Bekenntnissatz V. 2-4 brachte. Vielmehr geht es um Folgerungen aus dem Evangelium.

Wie in den Einleitungsfragen (1) dargestellt, war es im Zuge der Heidenmission zum großen Streit zwischen Paulus und den christlichen Judaisten gekommen. Er betraf nicht die Christologie; beide verstanden sich als Verkünder des Evangeliums, aber nach dem Urteil des Paulus zogen seine Widersacher daraus soteriologische[18] Folgerungen, die nicht der »Wahrheit des Evangeliums« (Gal 2,5.14) entsprachen. Dabei kam rückwirkend ein »anderes Evangelium« (Gal 1,6-9) heraus.

Man kann den Gekreuzigten predigen, aber mit solch einer Missions- und Gemeindepraxis verbinden, dass Christus wie umsonst gestorben ist (Gal 2,21). Man kann Jesus Christus verehren und doch schon aus seinem Macht- und Segensbereich herausgefallen sein (Gal 5,2). Dies ist die besondere Problematik, in die Paulus und darum auch der ganze Röm hineingerissen sind. Darin bezieht er gleich zu Beginn Position.

2. *Entscheidende Weichenstellungen.* Die Ausleger werten diese beiden Verse einmütig als das Programm des Paulus für den ganzen Brief. Tatsächlich werden hier die Weichen gestellt und Gleise gelegt, die Paulus dann nirgendwo mehr umstellt. Die Bestandteile des Textes liefern im Kern die Antworten auf acht Fragen:

1. Wem gilt der Dienst des Apostels? »die Juden zuerst«
2. Und die übrigen Völker? »auch die Griechen«, sprich: Nichtjuden
3. Worin besteht für beide das Angebot? »Rettung«
4. Durch welche Wirkursache ? »Macht Gottes«
5. Durch welche Sachursache? »Offenbarung der Gerechtigkeit Gottes«
6. Auf welcher Grundlage? »das Evangelium«
7. Unter welcher Zeugenschaft? »wie geschrieben steht«
8. Auf welchem Wege? »jedem Glaubenden«, »aus Glauben zu Glauben«

3. *Ergänzungsbedürftigkeit.* Wir vermeiden es an dieser Stelle, hier allzu aufwendige Begriffsarbeit zu betreiben. Vieles rundet sich nämlich erst im Laufe der folgenden Kapitel. Besonders ist auf 3,21-26 zu verweisen. Vorbereitet durch den großen Vorbau 1,18-3,20 kommt Paulus dort ausführlich auf das zurück, was er hier in formelhafter Kürze voranstellt, bezieht es dort aber ausdrücklich auf Sünde und Schuld und verbindet es mit christologischen Aussagen. Dort ist dann auch der Platz, auf die Zentralbegriffe »Gerechtigkeit Gottes« und »Glaube« näher einzugehen.

16a Paulus charakterisiert sein Verhalten in dem großen Streit, der um seine gesetzesfreie Heidenmission entbrannt ist. **Denn nicht**

[18] Soteriologie: Lehre vom Heil und seiner Annahme

schäme ich mich des Evangeliums. Die psychologische Auslegung spricht so: Der Gedanke an den bevorstehenden Besuch in Rom, dieser großmächtigen, glanzvollen Metropole, zusammen mit dem Selbstbewusstsein der Hauptstädter und dem Spötteln der Intellektuellen hätten den kleinen Asiaten erst einmal eingeschüchtert. Diese Empfindungen habe er niederringen müssen. Aber Paulus hat hier überhaupt nicht die heidnische Bildungswelt Roms im Sinn (im Unterschied zu V. 14). Unmittelbar vor dem Aufbruch nach Jerusalem (15,25) bewegte ihn etwas anderes. In Jerusalem und anderswo begann sich Jesu Voraussage von Joh 16,2 zu erfüllen: schärfster Widerstand von jüdischer Seite! Er erging mit theologischer Wucht, mit Pochen auf die Schrift und als vermeintlicher Dienst für Gott. Das traf tief. Woher nahm er demgegenüber seine Standhaftigkeit? Nicht aus seiner Psyche, sondern aus seiner Theologie.

Aus gutem Grunde werfen wir hier einen Blick auf die Botschaft des jesajanischen Trostbuches mit seinen Gottesknecht-Abschnitten. Paulus zitiert nämlich in seinen Briefen häufiger als jede andere atl. Schrift gerade Jesaja.[19] Dort nach Jes 53,1 findet der Gottesknecht in der eigenen Volksgemeinde keinen Glauben. Ihm wird der Prozess gemacht. Besonders Jes 50,4-9 ist zu beachten: Das in V. 6 erwähnte Schlagen auf die Wange, Bespeien und Haareraufen gehörte als Ritual der körperlichen *Beschämung* zu den Elementen des altisraelitischen Prozesswesens.[a] Es sollte den Schuldspruch auch in öffentlicher Schande sichtbar machen.[20] Aber der geschmähte Knecht bietet mit hochgehaltenem Antlitz die Stirn (V. 6b). Er bejaht dieses Leiden als zugehörig zu seiner Sendung. Die Kraft dazu verleiht ihm der unmittelbaren Umgang mit Gott (V. 5): »Nahe ist mir mein Rechtshelfer. Wer will mit mir prozessieren? Sieh, der Herr hilft mir, wer ist der, der mich schuldig sprechen könnte?« (V. 8).[21] Darum dann V. 7: *»Ich weiß, dass ich nicht beschämt werde«*, bzw. *»dass ich mich nicht schämen muss«*. Der Gottesknecht vertraut, dass sein Rechtsstreit vor der höheren In-

[a] 4Mo 12,14 5Mo 25,9 Jer 20,2 Hi 17,6 30,10 Mk 14,65

19 Insgesamt 21-mal, vgl. schon zu V. 1. Otto Betz hat gezeigt, wie Jes 53,1 auch die Kernbegriffe für Röm 1,16-17 liefert, und fasst S. 63 zusammen: »Paulus hat nicht nur den Inhalt des Evangeliums, sondern auch die Praxis der Verkündigung mit Hilfe von Jes 52-53 reflektiert und geordnet.« Beachte außer der oben behandelten Stelle 50,4-9 die gemeinsamen Stichpunkte »Rettung«, »Gerechtigkeit«, »Offenbarung« mit Jes 45,8; 46,13; 51,5.6.8, besonders 56,1. Offenbar hatte die urchristliche Botschaft dort ihren wesentlichen Anhalt. Die Verkündiger bezogen den Auftrag zur Heidenmission, der nach Jes 49,6; 52,10.15 dem Gottesknecht erteilt ist, auch auf sich selbst (Apg 13,47). Nach Röm 10,15 waren sie die Freudenboten von Jes 52,7.

20 Vgl. unser Wort »anprangern«: Im Mittelalter wurden Verurteilte auf dem Marktplatz an den Pranger gestellt, um sie der tätigen Verachtung durch die Bevölkerung preiszugeben (vgl. Mk 8,31; Hebr 12,6).

21 Schon hier also der Ton, den Paulus in 8,31-39 voll anschlagen wird.

stanz, eben vor Gott, zu seinen Gunsten entschieden werden wird. Deswegen zieht er sich vor den Anschuldigungen nicht zurück (V. 5), sondern fährt unbeirrbar fort mit der Heilsbotschaft für alle Heillosen (V. 4).

In diesen Rahmen zeichnet Paulus seine eigenen Erfahrungen ein. Über ihnen lag Notwendigkeit, aber auch Verheißung.[b] Als Gerechter öffentlich Unrecht und Schmach erleiden und dennoch seine Feinde segnen – das war nach jener Prophetie die Missionspraxis des Gottesknechtes. Diese Schau sollte Paulus auch in Jerusalem die Maßstäbe liefern, doch genauso jetzt bei der Abfassung dieses Briefes und seinem erhofften Kommen nach Rom. Von Gott nicht beschämt, schämte er sich nicht.[22]

[b] Mk 8,38 2Tim 1,8.12

16b Ihn bestärkte die bereits erwiesene Wirkung des Evangeliums: **Denn Kraft Gottes ist es zur Rettung.** Im Unterschied zu V. 20 spricht er hier nicht etwa von der »ewigen Kraft« Gottes in der Schöpfung[c], auch nicht wie in V. 4 von jenem »Kraftakt« Gottes zu Ostern, sondern ganz ähnlich wie in 1Kor 1,18 von einem *Wort*geschehen. »Kraft« bezieht sich nämlich auf »es«, auf das zuvor erwähnte Evangelium, die urchristliche Missionspredigt. Gott gab der Welt nicht nur den Christus, sondern auch die kraftgeladene Predigt von Christus. Christus und Christuspredigt verhalten sich dabei wie Gabe und unentbehrliche Beigabe, denn »wie sollen sie an den glauben, von dem sie nichts gehört haben? Wie sollen sie hören, wenn niemand verkündigt? Wie aber soll jemand verkündigen, wenn er nicht gesandt ist?« (Röm 10,14). Die Urchristenheit stand staunend vor den Wirkungen des Wortes, vor seiner Ausbreitung über alle Grenzen.[d]

[c] Hebr 1,3

[d] Apg 15,12 Gal 2,8b 2Kor 4,6 10,4-5 Joh 14,12

Als ihr Zweck erscheint wieder wie 1Kor 1,18: »zur Rettung«. »Rettung« ist ein biblisches Hauptwort mit der Grundvorstellung: jemanden aus einer Bedrohung heil davonkommen lassen (darum auch oft mit »Heil«, übersetzt, vgl. »Heiland«). Bei Paulus ist die Wortfamilie 63-mal vertreten. Aber nur ein einziges Mal verwendet er den Begriff für Rettung aus irdischer Not (2Kor 1,8-10), wenige Male für gegenwärtige Rettung aus Sündennot, in der großen Überzahl jedoch für zukünftige(!) Rettung im Endgericht.[e][23]

[e] 5,9f 1Kor 3,12-15 5,5 2Kor 5,10

Dieses Evangelium gilt universal (vgl. schon V. 5b): **für jeden Glaubenden**. Das NT bezeugt die Zusammenstellung von Rettung

[22] Die beste Parallele findet sich Phil 1,20: »Ich warte sehnlichst und hoffe, dass ich in keinem Stück *beschämt werde*, sondern in aller Freimütigkeit, wie allezeit so auch jetzt, Christus verherrlicht werde an meinem Leibe ...«, vgl. 1Tim 1,8.12.

[23] So unmissverständlich 8,24: Was der Glaubende gegenwärtig erfährt, ist erst »Rettung auf Hoffnung« (vgl. 1Joh 4,17), also aus der bisherigen Hoffnungslosigkeit. Zuversichtlich erwartete man für die eigentliche Rettung den Beistand Jesu im letzten Gericht (8,34), gab aber nicht leichthin Entwarnung (1Kor 3,12-15; 4,5; 2Kor 5,10; Gal 6,7).

und Glaube in großer Breite.[f] Während der folgende Vers hervorhebt: Glaube *allein*!, liegt hier der Ton auf totaler Entschränkung: Glaube und darum Rettung für ausnahmslos jeden. Paulus scheut auch nicht die Nagelprobe und wendet dieses »Für alle!« ausdrücklich auf den tiefsten Unterschied an, der die Menschheit durchzieht, weil er im Erwählen Gottes verankert ist: **sowohl – zuerst! – für den Juden als auch für den Griechen**[24].

[f] Röm 10,9 Eph 2,8 Mt 9,22 Mk 5,54 10,52 16,16 Lk 7,50 8,12 17,19 Joh 3,16.18 Apg 15,11 16,31

Zunächst: Die einfache Wendung »Juden *und* Griechen« wäre schlicht eine Zusammenfassung. Das »sowohl – als auch« aber ruft Gegensätzlichkeit ins Bewusstsein, um diese dann unter bestimmten Bedingungen aufzuheben. Diese Aufhebung feiert Paulus in 10,12-13: »Es ist hier *kein Unterschied*[g] zwischen Juden und Griechen; es ist über alle *derselbe Herr*, reich für *alle*, die ihn anrufen, denn *jeder*, der den Namen des Herrn anrufen wird, wird gerettet werden.« Damit wölbt sich schon von hier an ein Bogen zum letzten Satz des lehrhaften Briefteils in 11,32: Gott will sich aller, sowohl seines erwählten Volkes als auch der nicht erwählten Völker, erbarmen![25]

[g] Röm 3,22.29f 4,9-12 9,24

Nun aber das dazwischengerufene »zuerst«[h] für den Juden! Trotz seines Universalismus war für Paulus die Menschheit keine uniforme Masse. Die gesonderte Behandlung der Heiden in 1,18-32 und der Juden in 2,1-3,8 spricht eine deutliche Sprache. Es lag ihm fern, einen im Gesetz lebenden Juden genauso wie einen Heiden anzusprechen (1Kor 9,20-22). Bevor Heiden durch das Evangelium Wortoffenbarung empfangen, tragen sie in ihrem Inneren nur einen Schatten von Gott, vordergründig aber dienen sie Götzen. Dagegen erfuhren die Juden längst vor dem Erschallen des Evangeliums die Wortoffenbarung des wahren Gottes und damit eine lange und reiche Geschichte mit ihm (3,2). Das »zuerst die Juden« ist dreifach zu werten:

[h] Röm 2,9.10 Apg 13,46 26,20 Mk 7,27

- Es würdigt erstens den geschilderten *geschichtlichen Vorsprung*. Sie waren schon vorbereitet und darum auch sofort an der Reihe (vgl. Apg 3,26; 13,46).
- Zweitens besitzen sie auf Grund ihrer Erwählung auch eine *sachliche Erstbestimmung für das Heil* in Christus. Wem, wenn nicht ihnen gilt die rettende Kraft des Evangeliums[26] (11,14)?! Paulus kennt kein »die Juden zuletzt«, auch nicht in 11,26a. Dies Vor-

24 »Grieche« verkörpert hier im Unterschied zu V. 14 nicht den zivilisierten Menschen, sondern, wie an der Gegenüberstellung zu »Jude« deutlich wird, den Nichtjuden, die Heidenwelt.

25 Im ganzen Röm ist »alle« Vorzugswort (71-mal), z.B.: 1,5.16.18; 2,9.10; 3,9.12.22.23; 4,11.16; 5,12; 8,32; 9,17; 10,4.12.18; 11,32; 12,17.18; 14,10; 15,11; 16,26.

26 Von hier aus ist auch die Frage nach der Judenmission zu beantworten, vgl. den Exkurs »Judenmission?« im Anschluss an 11,11-16.

recht zieht allerdings nach 2,9 und 10 auch eine erhöhte Verantwortung nach sich.

– Schließlich ergibt sich drittens auch ein *Ehrenvortritt* für dieses Volk. Paulus erwartete nach 15,27 von den Heidenchristen, dass sie sich bleibend als Schuldner der »Heiligen in Jerusalem« empfänden (vgl. Joh 4,22). Heidenchristliche Überheblichkeit war für ihn einfach ein Unding.[i] Wer Gott liebt und ehrt, liebt und ehrt auch die Wege, die Gott mit der Berufung Abrahams ging (11,28).

[i] Röm 11,18.20. 25; 15,27 Joh 4,2

17 Endlich bestimmt Paulus das rettende Evangelium auch inhaltlich. **Denn Gerechtigkeit Gottes wird in ihm offenbart.** Die Bibel kennt eine Mehrzahl von Weisen Gottes, aus sich herauszutreten, durch mannigfache Kräfte und Gaben, Worte und Wunder, Hilfen und Strafen. Doch keine dieser Offenbarungen schöpfte aus, was er ist, will und kann. Immer blieb da ein Rest. Damit blieben all diese Offenbarungen das schuldig, wonach der verzweifelte Zustand unserer Welt schreit, nämlich das letzte, ungetrübte Offenbarsein Gottes, sein volles und richtiges Gottsein. Eben dies strahlt nun auf mit dieser Gerechtigkeit Gottes.

Es ist zuerst an einen Vorgang zu denken, der an Gott geschieht, und an eine Gerechtigkeit, die die seine ist. »Gott erwies seine(!) Gerechtigkeit, *dass er selbst gerecht ist*«, so legt die maßgebliche Parallele 3,26 den Begriff aus. Dann gilt es allerdings weiterzulesen: »und dass er gerecht *macht* den, der an Jesus glaubt.« Gottes Rechtsein ist nicht etwas, was bei sich selbst bleibt. Es breitet sich machtvoll aus über Menschen und letztlich über die ganze Schöpfung (Jes 11,9). Diesen Bezug auf diese sich mitteilende Gottesgerechtigkeit stellt hier Paulus sofort her, wenn auch in äußerster Kürze: Es ist eine Gerechtigkeit, die auch Menschen zuteil wird[27], **aus Glauben zum Glauben.** Das erste Element »*aus* Glauben« kehrt im Brief immer wieder.[j] Das »*zum* Glauben« dagegen scheint hier einem besonderen Interesse zu dienen, indem es absichert, dass es immer wieder in den Glauben hineingeht und beim Glauben bleibt. Glaube ist nicht nur Anfangsstadium, vielmehr kennzeichnet Glaube die Art, fortan überhaupt Mensch zu sein. Der Doppelausdruck ließe sich umschreiben: lauter Glaube, Glaube von A-Z, ununterbrochen und grundsätzlich.

[j] Röm 3,26.30 4,16; 5,1 9,30.32 10,6 14,23

Ein Bibelwort aus Hab 2,4a belegt in schriftgelehrter Gepflogenheit die dargelegte These: **Wie geschrieben ist: »Der Gerechte aber wird aus Glauben leben.«** Der Satz bringt die beiden bisherigen Stichworte »Gerechtigkeit« und »Glaube« mit einem dritten in Be-

[27] Luther setzte sofort bei dieser Folgerung für die Glaubenden ein und versah darum »Gerechtigkeit Gottes« sogleich mit dem Zusatz: »die vor Gott gilt«.

ziehung, mit »Leben«. Es entsteht ein fruchtbares Begriffsdreieck. Aufgrund seiner Kürze ist es allerdings offen für unterschiedliche Betonung:

a) Zunächst lenkt das Gefälle des Gedankens[28] den Nachdruck auf »aus Glauben«. Damit findet die Gegenposition zur judaistischen Gesetzesgerechtigkeit eine abschließende Stütze in der Schrift: Allein aus Glauben gibt es Leben!

b) Aber auch »wird leben« lässt sich betonen.[29] Dann verharrt der Gedanke nicht mehr bei der Notwendigkeit des Glaubens zur Rettung, sondern schreitet fort zu einer Zusage für den Geretteten. Gottes Gerechtigkeit macht auch lebensfähig, sie will sich lebenschaffend offenbaren. Dieser Sicht widmet Paulus den Briefteil Kap. 5-8 (s. dort die Einführung).

[28] Viermal »Glaube, glauben« in V. 16f!

[29] So bei Habakuk und in der Auswertung durch Hebr 10,38-39.

Der lehrhafte Briefteil (1,18-11,36)

Volles Heil für Juden und Heiden durch den Glauben an den Herrn Jesus Christus

Abschnitt A

DIE NOTWENDIGKEIT EINER OFFENBARUNG DER GERECHTIGKEIT GOTTES: ALLE MENSCHEN UNENTSCHULDBAR UNTER DER ANKLAGE (1,18-3,20)

Paulus tritt also nach V. 16a unbeirrbar für das Evangelium ein, ob in Jerusalem oder in Rom oder sonst wo. Einen ersten Grund dafür hatte er schon ab V. 1 vorangestellt: Göttliche Berufung liegt auf ihm. Jetzt liefert er eine zweite Begründung: Diese Botschaft wird angesichts der Misere der Menschheit einfach gebraucht. Um deren Umfang zu beschreiben, stellt er die Entfaltung seiner eben genannten These für 64 Verse zurück. Abgesehen von einer beiläufigen Erwähnung in 2,16 erscheint in diesem langen Abschnitt nicht einmal der Name Jesu Christi. Die Empfänger treten in den Mittelpunkt. Der Apostel treibt »Bedarfsforschung«. Sie ergibt, dass die Menschen das Evangelium nicht nur nötig haben, sondern sogar übernötig. Da ist nicht nur eine kleine »Marktlücke«, sondern ein Riesenbedarf. Dabei wird das Evangelium genau so gebraucht, wie es ist. Es dürfte kein bisschen anders sein.

In 3,9 bezeichnet Paulus den Abschnitt rückblickend als eine Anklageerhebung. Unter den Menschen herrschen viele Nöte, aber die Not aller Nöte ist die, dass sie ihr Leben unter der Verurteilung Gottes führen müssen. Über Juden und Heiden schwebt das Urteil: »unentschuldbar!« (1,20 und 2,1).

1. Die Heiden unter dem Zorn Gottes (1,18-32)

18 Denn offenbart wird (schon jetzt) der Zorn Gottes vom Himmel her über alle Unfrömmigkeit und Ungerechtigkeit der Menschen, die die Wahrheit durch Ungerechtigkeit niederhalten.
19 Denn das Erkennbare an Gott ist offenbar unter ihnen. Gott offenbarte es ihnen.
20 Sein Unsichtbares wird nämlich seit der Erschaffung des Kosmos durch die Werke – vernünftig begriffen – geschaut,

sowohl seine ewige Kraft als auch seine Göttlichkeit, so dass
sie unentschuldbar sind.
21 Denn im Wissen um Gott haben sie (ihn) nicht wie einen Gott
verherrlicht oder ihm gedankt, sondern sie sind in ihren Überlegungen der Nichtigkeit verfallen, und es wurde verfinstert
ihr unvernünftiges Herz.
22 Während sie (prahlerisch) behaupteten, weise zu sein, wurden sie zu Toren,
23 und sie verwechselten die Herrlichkeit des unvergänglichen
Gottes mit dem Abbild der Figur des vergänglichen Menschen und der Vögel und der Vierfüßler und Kriechtiere.
24 Darum gab Gott sie dahin durch die Begierden ihrer Herzen
an die Unreinheit, so dass ihre Leiber durch sie entehrt
wurden.
25 Sie vertauschten die Wahrheit Gottes mit der Lüge (der heidnischen Religiosität) und verehrten und dienten (kultisch)
dem Geschöpf anstelle des Schöpfers, welcher gepriesen (ist)
in Ewigkeit. Amen.
26 Deswegen gab Gott sie dahin an entehrende Leidenschaften, denn ihre Frauen vertauschten den naturgegebenen (geschlechtlichen) Umgang mit dem widernatürlichen.
27 Gleicherweise ebenfalls die Männer verließen den naturgegebenen Umgang (mit) der Frau und entbrannten gegeneinander, Männer mit Männern Schandtat verübend und den gebührenden Lohn für ihre Verirrung empfangend.
28 Und weil sie es nicht für wertvoll einschätzten, Gott in der
Erkenntnis zu haben, gab Gott sie dahin an einen wertlosen
Verstand, so dass sie das (moralisch) Unstatthafte taten:
29 erfüllt mit aller Ungerechtigkeit, Bosheit, Habgier, Schlechtigkeit – voll von Neid, Mord, Streit, List, Tücke – (sie sind)
Zuträger,
30 Verleumder, Gotthasser, Gewalttäter, Überhebliche, Prahlhänse, Erfinder von Schlechtigkeiten, den Eltern unbotmäßig,
31 unvernünftig, unzuverlässig, lieblos, erbarmungslos.
32 Sie kennen (durchaus) die Rechtsordnung Gottes, dass die,
die so etwas praktizieren, den Tod verdienen, aber sie tun
Derartiges nicht nur, sondern sie spenden auch noch Beifall
denen, die (es) praktizieren.

1. *Die besondere Eigenart des Abschnitts.* Gäbe man heute bei einer neutralen Kommission eine Studie über den Zustand des Heidentums im 1.Jh. in Auftrag, käme sicher ein völlig anderer Bericht heraus. Lauschten wir einem weisen Mann jener Zeit, der sich über das gleiche Thema meditativ ausbreitet, hörte sich das wieder an-

ders an. Wir besitzen übrigens solch ein Zeugnis in der »Weisheit Salomos« aus dem 1.Jh. v.Chr., das sich sogar bis in bestimmte Vokabeln hinein mit Paulus berührt (z.B. 11,15; 12,23-24.27; 13,1-9; 14,12-14.22-31). Doch Paulus führt weder eine empfindungsreiche Meditation vor, noch liefert er einen neutralen Bericht zum Stand der Dinge. Seine Darstellungsweise erinnert eher an die Anklagen der atl. Propheten: streng themagebunden, plakativ, summarisch, radikalisierend, typisierend. Ohne Einfühlung in diese besondere Form des Abschnitts verrennen wir uns in lauter »Widersprüche« bei Paulus:

- Hier erscheint die Heidenwelt als durch und durch homosexuell (V. 26-27) und als einzige Lasterhöhle (V. 28-32), aber nach 2,10 und 14-15 kennt Paulus auch edles Heidentum.
- Hier strahlt Gottes gute Schöpfung in jedes Gewissen hinein, so dass jedermann dankbar sein könnte (V. 20-21), dagegen stöhnt nach 8,19-22 alle Kreatur unter Knechtschaft und Angst.
- Hier zeigt sich die Gesellschaft prahlerisch, ja sündenbegeistert (V. 32), dagegen bezeugt 7,14-24 die qualvolle Ich-Befindlichkeit des Individuums.
- Hier stehen die Menschen allein ihrer eigenen Schuld gegenüber (V. 18-20), dagegen ist es nach 8,38-39 eine ganze Hierarchie dämonischer Mächte, die von Gott trennen will.

Paulus äußerte in seinen Briefen mehrfach, dass er verständige Leser erwartet. Diese Erwartung ist nur recht und billig. Wir sollten uns in seine Aussageabsicht hineinhören und ihn mit kurzschlüssigen Einwänden verschonen.

18 V. 18 fasst überschriftartig den Zustand des Heidentums zusammen. Freilich gab es »Unfrömmigkeit und Ungerechtigkeit« und die in V. 29-31 aufgelisteten Unarten auch im Judentum. Schon die Propheten haben solche Dinge unermüdlich Israel vorgehalten. Dementsprechend findet sich die Rede von »Ungerechtigkeit« und »Zorn Gottes« auch im folgenden Abschnitt über die Juden.[a] Trotzdem zeigt *ein* Merkmal, dass Paulus hier noch nicht an die Juden denkt: Nicht ein einziges Mal fällt das Wort »Gesetz«, das er aber in Kap. 2 gleich 23-mal benennt. Also geht es hier tatsächlich um die »Gesetzlosen«. Diese **Menschen** leben in **aller Unfrömmigkeit und Ungerechtigkeit** dahin. Der Doppelausdruck[1] soll einen Gesamteindruck vermitteln. Dabei rückt das Schwergewicht auf den zweiten Begriff, denn »Ungerechtigkeit« wird am Versende und dann immer wieder aufgenommen: V. 29; 2,8; 3,5; 6,13. **Sie halten die**

[a] Röm 2,5.8 3,5

[1] Vgl. im Deutschen Wendungen wie »Kummer und Sorge« oder »Mühe und Arbeit«, die auch nicht spitzfindig auseinander zu nehmen sind.

Wahrheit (s. zu 2,2[b]) **nieder.** Mit einer Unzahl[2] von Übeltaten knüppeln sie auf dieses Wissen ein (V. 20f) und lassen es nicht hochkommen.[3] Sie sperren es in den Keller ihres Bewusstseins. Die Freude am Unrecht (V. 32; 2Thess 2,12) verdrängt die Liebe zur Wahrheit.

[b] Röm 1,25 2,8.20; 3,7

Über dieser heidnischen Lebensart wird **der Zorn Gottes offenbart,** und zwar als gegenwärtiger, sich unablässig wiederholender Vorgang[4], wie sich ja auch nach V. 17 unter der Verkündigung des Evangeliums (»in ihm«) immer wieder die Gerechtigkeit Gottes offenbart.[5] Allerdings offenbart sich der Zorn Gottes wortunabhängig **vom Himmel her.**[6] Überall unter dem Himmel, auch wo das Evangelium noch nicht hingekommen ist[7], enthüllt er sich über den Völkern. Er dringt in die Schicht ihres Bewusstseins ein: Sie »wissen« (vgl. V. 19.20.21.32), dass das Nein Gottes über ihnen hängt wie ein Schwert. Nach 2,15 ist die Welt voller Gewissen, nur räumt sie ihm in kollektiver Verstocktheit nicht den gebührenden Stellenwert ein (V. 28.32).

Jenes Wahrheitsempfinden, gegen das das Heidentum rebelliert, ist zu erläutern. Es verdankt sich einer dritten »Offenbarung«[8], nämlich der der Schöpfergüte Gottes. Die vorsichtige Ausdrucksweise ist jedoch sprechend. Nicht Gott selbst **ist unter ihnen offenbar**, sondern lediglich etwas an ihm, nämlich **das Erkennbare an Gott. Gott offenbarte es ihnen.** So ist er ihnen prinzipiell nicht fern (Apg 17,27). Sie führen ihr Dasein »umgeben von der Weisheit Gottes«[c]. **19**

[c] 1Kor 1,21 Joh 1,4-9

[2] Durch »*alle* Unfrömmigkeit« entsteht der Eindruck massenhafter Verstöße. Beim Einzelverstoß kann das Gewissen reagieren, aber bei einer Unsumme von Untaten bleibt die Ampel ständig auf »Rot«, so dass man sich daran gewöhnt, bei Rot über die Kreuzung zu gehen. Man lebt praktisch ohne Gewissen.

[3] Dass die Wahrheit »dämonisch niedergehalten« werde (Käsemann, S. 241), ist hier durch nichts angedeutet.

[4] S. zu V. 22-32, »Das Zorneswalten Gottes«.

[5] In beiden Fällen, in V. 18 wie in V. 17, Präsens! Also nicht: wird offenbart *werden*; der Zorn wird nicht erst angedroht, sondern herrscht schon.

[6] Auch die Gaben des Schöpfers kommen nach Ps 76,9 »vom Himmel her«, d.h. für die Allgemeinheit; ähnlich Mt 5,45; Apg 14,1. Ist der Himmel Herkunftsort des Gerichts, tritt der Gedanke der Unentrinnbarkeit hinzu (1Mo 7,11; 19,24; Jos 10,11).

[7] Die Auslegung, wonach der Zorn Gottes erst in der Begegnung mit dem gekreuzigten und auferstandenen Herrn erkannt wird (Wilckens I, S. 102f, mit Käsemann S. 31), trifft kaum die Meinung des Paulus. Schon das AT bezeugte diesen Zorn über dem Heidentum, ebenso jüdische Schriften. Paulus geht noch einen Schritt weiter: Auch das dahingegebene Heidentum selber weiß sich unter Gott und unter seiner Anklage (vgl. Apg 14,16-17). Die Frage ist wichtig, denn daran hängt das Urteil von V. 20: »Unentschuldbar!« Freilich wird dies Wissen erst durch das Wort vom Kreuz entfesselt. Doch das eigentlich Neue durch Christus ist eben nicht schon die Sündenerkenntnis, sondern das Sünden*gericht*: mit Christus gekreuzigt, gestorben, begraben und – auferstanden!

[8] Das NT verwendet das Wort »Offenbarung« nicht exklusiv für die Christusoffenbarung. Zwar erscheint für »offenbaren« diesmal nicht wie in V. 17 und 18 *apokalyptô*, sondern *phaneroô*, aber auch diesen zweiten Ausdruck verwendet Paulus 3,21 für die Offenbarung Gottes in Christus.

20 V. 20 bringt Näheres über dies an Gott Erkennbare. Zwar hat noch nie jemand Gott selbst gesehen, deswegen lügen alle Gottesbilder, aber **sein Unsichtbares wird geschaut.** Das scheint paradox: Unsichtbares sichten? Man sieht es indirekt am Sichtbaren, buchstäblich »durch die Blume«, nämlich **durch die Werke** in Natur und Geschichte. »Ohne Sprache und Worte« »erzählen die Himmel die Ehre Gottes«, sprudeln sie nur so hervor (Hi 12,7-10; Ps 19,2-5). Diese Offenbarung gibt es **seit der Erschaffung des Kosmos** und dann immer weiter. Der Schöpfer gleicht nicht einem Uhrmacher, der sein Werk nach Vollendung aus der Hand gibt, damit es selbsttätig weiterlaufe. Vielmehr hält er das Geschaffene von einer Sekunde zur anderen in Betrieb.[9] Der nie erschöpfte Schöpfer wird »nicht müde und matt« und »trägt das All«[d].

[d] Hebr 1,3 Jes 40,28

Paulus bringt dies Geschehen auf den Punkt. Da wirkt **eine ewige Kraft** herein, die innerweltliche Kräfte übersteigt. Um anschaulich zu werden: Wir können das Wachstum eines Grashalms in jeder Phase filmen, seine Funktionen erklären, seine chemischen Zusammenhänge bestimmen, können eine täuschend ähnliche Imitation herstellen, wir können es auch vernichten. Aber was wir Könner nicht können: Wir können es nicht erschaffen. So demonstriert uns schon jedes Grashälmchen, was wir nicht können und was wir nicht sind, nämlich nicht Schöpfer. Laufend spiegelt sich in seiner offenbaren Allmacht unsere Ohnmacht. Menschsein heißt, ständig himmelhohe Überlegenheit erfahren und ständig an seinen eigenen Grenzen entlanggehen. Das gilt auch abgesehen von den klassischen Grenzerfahrungen wie Krankheit und Sterben. Schon im gewöhnlichen Alltag sind wir nicht immer stark und können uns nicht immer selber helfen. Jeder braucht laufend Erbarmen. Da ist auch viel zu vieles, was unsere Wissenschaft nicht weiß. Jede neue Erfindung grenzt an noch mehr Unerforschtes. Und auch unsere Mächtigen sind gar nicht so mächtig.

Angesichts so vieler für uns unbeherrschbarer Dinge können wir darum unmöglich Herr sein. Eine unsichtbare **Göttlichkeit**[10] erhebt ihren Herrschaftsanspruch. Vor ihr haben wir uns zu verantworten. Aus keinem Menschenherzen lässt sich diese Pflicht zur Verantwortung löschen (2,14-16). Dabei erleben wir diese Überlegenheit nicht als blanke Unterwerfungsmacht, sondern als Segensmacht.

9 Das »von selbst« von Mk 4,28 meint nicht einen naturgesetzlichen Automatismus, sondern die Unabhängigkeit des Schöpfers von Menschenhand und Menschenschläue. Er interveniert in jedem Augenblick und entsendet laufend seine Impulse.

10 Paulus wählt hier eine unpersönliche Bezeichnung für Gott (»Göttlichkeit«, im NT nur hier). Das ist kein Zufall. Er spricht den Heiden kein personales Verhältnis zum lebendigen Gott zu. Sollte es darum gehen, heißt es: Sie kennen Gott nicht; s. Galater, WStB, S. 179f.

Sie gewährt uns Lebensraum, Speise und Daseinsfreude[e]. Ihr gebührt unabweisbar Dankbarkeit (V. 21).

[e] Apg 14,17; 17,26; 1Mo 1,28-29; 2,8.18; Ps 104,27-30; Jes 45,18

Unser Vers enthält noch eine wichtige Klausel. Die Schöpfungsoffenbarung wird nur **geschaut**, sofern sie **vernünftig begriffen** wird. Vernunft verbindet zwei Vorgänge miteinander, einen empfangenden mit einem verarbeitenden.

Zum ersten Akt: »Vernunft« kommt von »vernehmen«, und damit beginnt sie auch immer. Sie beweist geöffnete Sinne für die ganze Breite des Daseins. Zweitens aber nimmt sie diese Eindrücke verlustlos in ihr Nachdenken hinein, um es zu achten, zu umkreisen, zu bewegen, bis sie sie zu angemessenen Schlussfolgerungen führt. Auf diese Weise kommt es zu jenem **Erschauen** im Sinne eines echten Zugewinns. Bei einer vernünftigen Verarbeitung der realen Welterfahrung ist Gott ganz schwer wegzudenken, so leicht es ist, ihn wegzureden. Aber kaum etwas gehört, wenn es mit rechten Dingen zugeht, so eng zusammen wie Menschsein und Gottesverehrung.

Zwei Verse lang legte Paulus dar, dass die Heiden Wissen um Gott, um seinen Herrschaftsanspruch und um ihre Verantwortung haben. Der Schlusssatz verrät, worum es ihm dabei ging: **so dass sie unentschuldbar sind**. Der Gerichtszorn von V. 18 ist rechtmäßig. »Die Menschen hatten durchaus die Möglichkeit, sich Gott gegenüber gebührlich zu verhalten … der Verurteilte kann nicht auf Unwissenheit plädieren. Er kann sich nicht herauswinden.«[11] Auch nach Berücksichtigung mildernder Umstände gibt es nirgendwo berechtigtes, entschuldbares Heidentum.[12]

V. 21 leuchtet den schuldhaften Umgang mit der Offenbarung 21
Gottes in der Schöpfung tiefer aus. Die Menschen folgten nicht, wie V. 20 forderte, dem »Gesetz der Vernunft« (7,23); sie waren nicht bei Vernunft. Das zum Greifen Naheliegende ergriffen sie nicht. Dafür taten sie das tief Unnatürliche. **Denn im Wissen um Gott haben sie (ihn) nicht wie einen Gott verherrlicht oder ihm gedankt.** Ihre Sünde besteht im Ansatz in einer Unterlassungssünde. Ein doppeltes »nicht« klagt sie an (»nicht verherrlicht, nicht gedankt«). Also nicht das Neinsagen steht am Anfang, sondern dies Nichtssagen, das Wegsehen (V. 21), das Nichtachten (V. 28), das Vorbeihören (*parakoä*, 5,19), das Vergessen (3,11; 10,20).

[11] Wiard Popkes, Aufbau, S. 490-501.

[12] Unsere Stelle galt oft als Beleg für eine angeborene »natürliche« Gotteserkenntnis, die der Mensch nicht erst empfangen muss. Paulus aber spricht hier deutlich genug von Offenbarung, die von außen einwirkt. Unablässig bezeugt Gott sich den Menschen. Leider halten sie die Wahrheit am laufenden Band nieder (V. 18), so dass die Möglichkeit der Gotteserkenntnis nie fruchtbar wird, sondern sich ihnen auch laufend entzieht (V. 21-22) und es heißen muss: »Sie kennen Gott nicht« (Apg 17,23.30; 1Kor 1,21; Gal 4,8; Eph 4,18; 1Thess 4,5; vgl. 1Petr 1,14). Diese Unkenntnis ist Schuld, Gegenstand der Anklage.

Zur ersten Unterlassung: Sie verherrlichten Gott nicht als Gott, d.h. die Kenntnis seines Herrschaftsanspruchs wurde nicht Anerkenntnis. Statt zusammen mit allen Geschöpfen Gott zu huldigen und zu loben[f], leugnen sie ihre Geschöpflichkeit und beginnen den Aufschwung zum Übermenschen und zur eigenen Gottgleichheit (1Mo 3,5). Ein enormer Kraftakt! Man bedenke: Angesichts der täglichen Erfahrung, nicht allmächtig und unsterblich, also ganz bestimmt nicht Gott zu sein, gebärden sie sich dennoch wie ein Gott! Daran überhebt sich nun die Menschheit.

[f] 1Mo 1,31 Ps 104; 145; 148

Die andere Unterlassung: Und sie haben ihm nicht gedankt. Auch Lk 6,35 dient der Ausdruck »die Undankbaren« als Sammelbezeichnung für die Sünder. Während sich die Verweigerung der Ehre auf den Geber selbst bezieht, bezieht sich Undank auf das Tun seiner Hand. Wenn wir aber Gott nicht für das Gute, das er uns getan hat, danken, vergessen wir es und bald beherrscht uns sentimentales Selbstmitleid. Am Ende müsste sich eigentlich Gott bei uns entschuldigen.

Der Schlussteil des Verses schildert die unmittelbare Kehrseite, eben das, was übrig bleibt, wenn die Gottesverehrung fehlt (vgl. die Parallele Eph 4,17-18). Verursacher der ganzen Misere ist das **Herz**[13] des Menschen. Nie ist es abwesend, immer ist es dabei, wenn er Böses tut. An seiner Verantwortlichkeit wird festgehalten. Das Herz war **unvernünftig** (vgl. V. 31). Es wusste um Gott, aber wollte ihn nicht. Es hasste ihn (V. 30; 5,10), und zwar ohne Ursache[g]. Wer jedoch hasst, kann nicht mehr klar denken. Er hat sich selbst das Licht ausgeschaltet, sein Dasein **verfinstert.** Nun ist nichts Gutes mehr zu erwarten. **Sie sind in ihren Überlegungen der Nichtigkeit verfallen.** Bei allem Zustrom von Segnungen Gottes und trotz ihrer unbestrittenen Denkfähigkeit können Menschen, wenn es um das Eigentliche geht, um letzte Sinnsuche und Lebenserfüllung, erstaunlich anspruchslos werden.[14] Schon der Ausdruck »Nichtigkeit« verweist auf Götzendienst. Im AT heißen Götzen oft »Hauch«, »Nichtse«[h], weil es mit ihrer angeblichen Göttlichkeit nichts ist, ge-

[g] Joh 15,25 3,20 13,18
[h] 5Mo 32,21 1Kön 16,13 2Kön 17,15 1Chr 16,26 Ps 31,7 96,5 Jes 44,9 Jer 2,5 1Kor 8,4 10,19

[13] »Herz« noch V. 24, »unvernünftig« noch V. 31

[14] Zur Dürftigkeit der Philosophiegeschichte schrieb Kurt Tucholsky auf Berlinerisch (bei Gollwitzer, Denken und Glauben, S. 250):
»Da jibt et n' Waschkorb voll Philosophen.
Dat liest man, und haste det hinta dir,
dreihundert Pfund bedrucktes Papier,
dann lechste die Weisen
bei't alte Eisen
un sachst dir, wie Kuhle, innalich:
Sie wissen es nich! Sie wissen es nich!«

hören sie doch in den Bereich des Geschaffenen. Damit sind die anschließenden Verse vorbereitet.[15]

V. 22-32 bringen Inhaltliches zum in V. 18a bezeugten Zorngericht. Um die Eindringlichkeit zu steigern, verwendet Paulus das Mittel der Wiederholung: dreimal diese gen Himmel schreiende Verwechslung von Gott mit den Götzen (V. 22-23.25 und 28a)[16]; dreimal die Auslieferung durch Gott an die Konsequenzen ihres Verhaltens (V. 24a; 26-27a und 28b-31) und dreimal die daraus sich ergebende Misere (V. 24b; 27b und 32). Dabei gerät die Darstellung der Schuld von Stufe zu Stufe immer kürzer und die ihrer Folgen immer ausführlicher, bis sich vor unsern Augen gleichsam eine Sintflut von Lastern ergießt und die ganze Innenverschmutzung der menschlichen Gesellschaft aufplatzt. Zunächst überschriftartig zu den Gedankenkreisen: **22-32**

- V. 22-24: Überhebung über Gott führt zum Absturz in die kaum zu beschreibende Torheit des Götzendienstes.
- V. 25-27: Entehrung Gottes führt zu erbärmlicher Selbstliebe.
- V. 28-32: Undank gegen Gott führt zu einer menschenverachtenden Gesellschaft, die sich selbst zerstört.

Wir behandeln hier summarisch drei Themen aus diesem Abschnitt:

Das Zorneswalten Gottes. Das Wort **»dahingeben«**, das den Abschnitt refrainartig durchzieht (V. 24.26.28), zeigt, was Paulus in der Überschrift V. 18 bei »Zorn« im Sinn hatte: ein aktives Verfügen Gottes. Die Bibel bezeugt nicht einen Gott, der gegenüber der Unsumme von Ungerechtigkeit stillhält und sich zwar ärgert, aber nichts tut. Er ist nicht nur der Zuschauer, der sich die Fälle nur merkt, um im Endgericht darauf zurückzukommen. Vielmehr wird aus seinem inneren Widerwillen schon heute tätiger Widerstand. Dabei treibt ihn nicht Lust zur Rache, sondern Leidenschaft zum Recht. Diese flammt überall auf, wo die Welt nicht mehr »richtig« ist. Er wollte Leben, schuf Leben, bewahrt Leben und ist ein Gott des Lebens. Darum ist er ein Gott des Zorns, wo immer Leben geschädigt wird.[17] Er reagiert also auf die Verweigerung der

[15] Sie entfalten das Thema Götzendienst. Das in V. 23 mit »Figur« übersetzte Wort (*eikôn*, »Bild«) meint wahrscheinlich die Kultstatue, vor der man huldigend niederfällt. So häufig in Dan 3 und zehnmal in Offb (z.B. 13,14.15; 14,9.11; 16,2).

[16] Dreimal Formen von *allassô*, »vertauschen« (V. 23.25.26), dreimal *paradidonai* (V. 24.26.28).

[17] Die Bibel spricht ungeniert vom »Zorn« und »Grimm« Gottes, gelegentlich sogar von seiner »Rache« – für heutige Leser manchmal schwer anhörbar. Zum Teil liegt das an der Sprachentwicklung. Wir füllen solche Ausdrücke anders. Ein Zornesausbruch gehört z.B. nicht in den Gerichtssaal. Ein Richter tobt nicht. Wiederum kommt für »Zorn« und »Wut« heute ein Sprachgebrauch auf, der sich dem biblischen Sinn wieder annähert: kompromisslose Empörung gegen das Böse, die man auch bewusst zur Kenntnis gibt: »Wir empfinden Wut, wir sind zornig!«

Gottesverehrung und den daraus folgenden Götzendienst aktiv mit gerichtlichen Maßnahmen, die den weiteren Weg des Heidentums mitgestalten.

Im Dahingeben[18] liegen zwei Momente, wie auch Apg 7,42 zeigt: zuerst *los*lassen (a), um dann einer anderen Instanz zu *über*lassen (b). Zum richterlichen Preisgeben (a) vgl. das Tun des Pilatus nach der Verurteilung Jesu Mk 15,15, aber auch den Verlassenheitsschrei Mk 15,34. Dort sind es Gottes Hände, die sich zurückziehen. Nach unserer Stelle ist dem Heidentum der schützende Verbund mit Gott entzogen, es verliert ein Stück (!) Bewahrung. Dann geschieht (b) dieses Weiterreichen und Ausliefern an gerichtliche Vollzugsorgane. Im Heidentum, das immer wieder die göttlichen Impulse aus der Schöpfung veruntreute, verspielte, verachtete, können jetzt andere Größen ihre Macht entfalten. Welche Größen sind das? Paulus spricht an dieser Stelle nicht von Satan und Dämonen (s. zu 16,20). Gott überlässt diese »Kinder des Zorns« (Eph 2,3) ungeschützt sich selbst, nämlich der **Unreinheit** ihrer Herzen (V. 24), den **entehrenden Leidenschaften** (V. 26), dem **wertlosen Verstand** (V. 28), eben ihrer selbst gewählten Weise zu leben. Das ist überaus bemerkenswert für Gottes zeitliches Strafen. Er lässt nicht Feuer vom Himmel fallen, entsendet nicht irgendwelche Dinge aus überweltlichen Räumen, sondern gibt irdische Entwicklungen frei. Die Menschen erleben einmal die Konsequenzen und Potenzen, die ihrer eigenen Entscheidung innewohnen. Sie schmecken, was sie sich eingebrockt haben.[19] Nun ganz unter sich, beginnt ihre Selbstschädigung (V. 29-31). Dass sie es weithin herrlich und befreiend finden, »ohne Gott in der Welt« zu leben (Eph 2,12; vgl. hier V. 32), ist dabei ihr Geheimnis. Paulus sieht sie in einer Sackgasse: »Gott hat sie alle verschlossen unter dem Ungehorsam« (11,32).

Ein erster Zusatz: Gott ist im Allgemeinen nicht »schnell zum Zorn« (Mi 2,7), nur ungern lässt er ihm »freien Lauf« (Ps 78,49f), aber es kann der Augenblick kommen, wo dem Menschen mit Geduld nicht mehr gedient ist, weil er sich sonst daran gewöhnt, dass es schlechten Menschen gut geht. Dann muss er einmal zur Ader

[18] Dieses Wort findet sich auch häufig in der prophetischen Gerichtsrede des AT. »Der so Dahingegebene ist im wahrsten Sinn des Wortes gottverlassen; Gott hat ihn aus seinem Schutz herausgestellt in die Gewalt feindlicher Mächte« (W. Popkes, S. 25).

[19] Der Mensch steht Kopf, und Gott bindet ihn nun an diese Stellung. Wer Sünde tut, wird der Sünde Sklave (Joh 8,39). Nach 5Mo 4,19 hat Gott selbst den Heidenvölkern (im Zorn) z.B. den Gestirnsdienst »zugewiesen«. Nach Eph 4,19 ging dem Dahingegeben*werden* die Selbstübergabe an die Ausschweifungen voraus, nach 2Thess 2,10-11 der Auslieferung an die Lüge das eigene Liebgewinnen der Lüge.

gelassen werden, muss seinen Willen bekommen, und zwar faustdick (Jer 2,19 und 17).

Zweitens will jetzt noch einmal die Aussage von V. 20 bedacht sein: Die Welt ist noch keine Hölle, denn Gottes Schöpfergüte läuft weiter, solange die Erde steht (1Mo 8,22). Darum leben auch die Menschen weiter, obwohl sie nach V. 32 den Tod verdient haben. Die innergeschichtlichen Gerichte sind also noch nicht Totalgerichte. Sie ergehen gleichsam mit angezogenen Bremsen, untermischt mit einem Reichtum an Geduld und Langmut (2,4). Sie haben einen pädagogischen Sinn, wie es auch in der Offb wiederholt anklingt (Ruf zur Umkehr: 9,20f; 16,9.11). Das ist auch für diesen Gerichtsabschnitt der zutreffende Horizont: Die Offenbarung seines Zorns verwahrt die Welt für die Offenbarung seiner Gerechtigkeit im Evangelium (1Tim 2,4; 2Petr 3,9).

Des Menschen Götzendienst. So töricht er wirkt, hat er andererseits seine Logik. Der Mensch war geschaffen zur Gottesverehrung. Das war für ihn das Allernatürlichste. Flieht er nun von Gott weg, nimmt er diese Wesensstruktur, eben dies Verehrungs- und Hingabebedürfnis mit. Er hält es nicht aus, vor nichts zu knien. Er kann nicht einfach vor sich hinleben, er lebt nicht von Brot allein. Er braucht irgendetwas, was ihn selbst überragt. Ein »Gott« muss her. Aber dazu kniet er jetzt an falscher Stelle, da nämlich, wo er nach 1Mo 1,26 als zur Herrschaft Berufener aufrecht stehen sollte. Stattdessen greift er sich Geschaffenes, »Elemente des Kosmos« (Gal 4,3.8-10), die er nun überhöht. Hier stehen wir an der Wurzel des Götzendienstes. Er hat viele Spielarten, aber immer ist es Geschaffenes, was in den Rang des Schöpfers gehoben und vergöttert wird. Unermüdlich umkreist man es, weiht ihm die besten Kräfte, opfert ihm alles – bloß weg von Gott.

a) In den primitiven Religionen ist es vielleicht ein Baumstamm, aus dem ein Götze geschnitzt wird, **ein Abbild der Figur des vergänglichen Menschen** oder **der Vögel und Vierfüßler und Kriechtiere** (V. 23f; besonders eindrucksvoll in Jes 44,9-20 gegeißelt).

b) Im Fall der Philosophien und Weltanschauungen nimmt der Mensch Denkelemente, Ideen, ethische Prinzipien oder geistige Gesetze, aus denen er sich ein herrschendes System »schnitzt«. In dieses System begibt er sich dann hinein wie in eine luftdicht zugelötete Dose. Treten Erstickungsanfälle auf, steigt er um in eine neue Dose; so etwas lässt sich in der Gesellschaft etwa alle dreißig Jahre beobachten.

c) Oder das »Material«, aus dem man sich kleine Götter »schnitzt«, sind andere Menschen. Man überhöht Künstler, Wissenschaftler, Sportler, weltliche oder kirchliche Obere und baut um sie einen Personenkult auf.

Drastisch stellt Paulus in V. 23 den Tiefpunkt dar: Menschen, zum Stellvertreter Gottes auf Erden bestellt, knien vor Kriechtieren! Man stelle sich das praktisch vor: vor Kriechtieren auch noch kriechen! Welch haarsträubende **Verwechslung der Herrlichkeit des unvergänglichen Gottes**! Aber die Akteure stellen sich noch der allgemeinen Bewunderung. **Während sie (prahlerisch) behaupteten, weise zu sein, wurden sie zu Toren**[i] (V. 22, vgl. V. 32).

[i] 1Kor 1,20; 3,19

Zur Homosexualität.[20] Natürlich behauptet Paulus nicht homosexuellen Umgang unter den Heiden als Regel, sonst wären die Völker längst ausgestorben. Vielmehr erkennt er hier ein besonders augenfälliges Zeichen, das die Erkrankung der Allgemeinheit anzeigt. Damit ist auch gesagt, dass der einzelne Homosexuelle nicht besonders schuldig sein muss. Jeder Fall liegt anders. Es gibt Verführer und Verführte und auch krank machende Verhältnisse. Sachlich geht es darum: Eine Gesellschaft, die ihr primäres Gegenüber, also Gott, für uninteressant erklärt (V. 28), bekommt ihre entsprechende Quittung: Sie bewältigt nicht mehr das Leben mit dem Du. Sie hat jetzt wirklich nur noch sich selbst, kann nichts mehr lieben außer sich selbst und nichts mehr suchen als sich selbst und die eigene Art. Unter diesem Blickwinkel sind die Homosexuellen als die ins eigene Geschlecht Verliebten und bis ins Sexuelle hinein auf ihre eigene Art Zurückgebogenen Symptomträger einer Gesellschaft.

Paulus bleibt hier also im Gedankenzusammenhang. Das Thema ist nicht an den Haaren herbeigezogen, ging es in diesen Versen doch um den Abfall vom Schöpfer. Gottes Schöpfung aber ist uns nirgendwo so nahe wie im eigenen Leib. Unsern Leib jedoch erfahren wir nicht geschlechtsneutral, sondern im Rahmen männlich-weiblicher Paarung (1Mo 1,27). Damit ist uns unsere sexuelle Bestimmung nicht zur Wahl gestellt. Sie ist nicht auswechselbar, höchstens zerstörbar. In der Homosexualität geschieht Letzteres. Die Instinkte stehen Kopf, die Urordnung der Schöpfung wird beiseite geschoben, die Urform bereichernder Nächstenschaft wird vertan, gemieden und verachtet.

[20] Die Erscheinung gab es auch im Judentum (vgl. 3Mo 18,22; 20,13), dort allerdings heftig verpönt. Dagegen wurde sie im Umkreis griechischer Mentalität als selbstverständlich hingenommen, verbreitet besonders in gehobenen Schichten der Gesellschaft, unter Philosophen und Künstlern. Von den fünfzehn römischen Kaisern sollen vierzehn homosexuell gewesen sein. Dabei wurde diese Praxis als die weit höhere Form der Liebe gerühmt. Schon seit alters gab sie sich als »modern« und wies gesunde Kritik als spießbürgerlich zurück.

2. Die Juden unter dem Zorn Gottes (2,1-3,8)

Den Fall der Heiden hatte Paulus wie im Vorlesungsstil abgehandelt.[21] Ungestört konnte er seine Aussagen treffen, denn dass der Zorn Gottes auf der Heidenwelt liegt, war auch seinen judaistischen Kritikern aus dem Herzen gesprochen. Aber der Zorn Gottes gleicherweise über den Gesetzesfrommen? Erst mit dieser Behauptung stellt Paulus sich der eigentlichen Auseinandersetzung, was sich schon am veränderten Stil zeigt. Schon zu Anfang ein lebhafter Redewechsel. Gleich in V. 1 fünfmal »du« und dann laufend Dialogstil: Einwürfe und Gegenfragen bis zum Schluss, mit nur kurzen lehrhaften Einlagen. Man vergleiche auch die Länge der beiden Abschnitte: nur 15 Verse über die Heiden, aber 45 Verse über die Juden.[22] Eigentlich hatte sich der Abschnitt über die Juden schon mit 2,11 gerundet, aber zäher Widerstand von judaistischer Seite macht vier Anhänge notwendig (vgl. Inhaltsverzeichnis).

a) Keine Sonderbehandlung für Juden im Endgericht (2,1-11)

1 Darum: Unentschuldbar bist du, o Mensch, jeder, der richtet. Denn worin du den andern richtest, verurteilst du dich selbst. Du praktizierst nämlich dasselbe – als der Richtende.
2 Wir wissen aber, dass das Gerichtsurteil Gottes gemäß der Wahrheit ist über die, die all Derartiges praktizieren.
3 Rechnest du aber damit, o Mensch, der du diejenigen richtest, die Derartiges praktizieren, und es selber tut, dass gerade du dem Urteil Gottes entfliehen wirst?
4 Oder verachtest du den Reichtum seiner Güte, (seines) Zuwartens, (seiner) Langmut, missachtend, dass Gottes Güte dich zur Umkehr leitet?
5 Aber bei deinem Starrsinn und (deinem) unbußfertigen Herzen speicherst du dir selbst Zorn auf für den Tag des Zorns und der Offenbarung des gerechten Urteilens Gottes,
6 »der vergelten wird einem jeden nach seinen Werken«:
7 Denen zwar, die mit Beharrlichkeit eines guten Werkes suchen Herrlichkeit und Ehre und Unvergänglichkeit, (erteilt er) ewiges Leben;

[21] Als über Abwesende sprach er fortwährend über »sie«. Der Heide ist »der andere« von 2,1, der »Blinde, Unmündige, Unverständige« von V. 19-20.

[22] Die Überschriften in der LÜ lassen die Hinwendung zu den Juden erst mit V. 17 beginnen. Aber schon V. 1-10 mündet aus: die »Juden zuerst« (V. 9f), und bereits V. 12-16 spricht elfmal vom Gesetz, so dass die Judenproblematik schon längst vor V. 17 die Gedanken regiert.

8 denen aber, die aus der Selbstsucht (sind) und nicht Gehorchende der Wahrheit, aber der Ungerechtigkeit Gehorchende (sind), (gilt) Zorn und Grimm.
9 Bedrängnis und Angst über jede Menschenseele, die das Böse bewirkt, Juden zuerst und (auch) die Griechen;
10 Herrlichkeit aber und Ehre und Frieden jedem, der das Gute wirkt, dem Juden zuerst und (auch) dem Griechen.
11 Denn es gibt kein Ansehen der Person für Gott.

Der gegenwärtige Zorn Gottes über alle Ungerechtigkeit der Menschen nach 1,18 gilt auch den Juden, obwohl deren Geschichte nach V. 4 unbestritten auch von einem »Reichtum seiner Güte, Geduld und Langmut« geprägt ist. Hierin stimmt Paulus mit seinen jüdischen Brüdern überein. Auch er nimmt die besondere Gnade über dem erwählten Volk wahr. Doch werden sie ihm zustimmen, dass erfahrene Gnade nicht vom Endgericht befreit, ja ihm sogar ein besonderes Gewicht verleiht: »*zuerst* die Juden«? (V. 9 und 10). Folgerichtig mündet dieser Abschnitt in die gewaltige Ausrufung des allgemeinen Endgerichts (V. 7-11). Dafür möchte er ihr Gewissen wecken und auf diese Weise auch in ihnen einen Resonanzboden für das Evangelium von der rettenden Gerechtigkeit Gottes bereiten.

1 Im Unterschied zur allgemeinen Rede von den »Menschen« ab 1,18 geht Paulus mit 2,1 zur Einzahl über: **o Mensch!** Es handelt sich um einen besonderen Menschen, nämlich: **der du richtest.** Damit tritt ein völliger Stimmungswechsel ein. Gerade noch standen die Lasterhaften vor uns, die das Böse nicht nur tun, sondern auch noch amüsiert denen applaudieren, die es ebenso tun (1,32). Jetzt wendet Paulus sich an den moralischen Menschen, bei dem Gut und Böse noch etwas gilt und der deswegen auch »nicht sitzt, wo die Spötter sitzen« (Ps 1,1). »Richten« ist in diesem Zusammenhang nicht schon Verdammen, wovon erst die nächste Zeile spricht.[23] Vielmehr bezeichnet das Richten hier wie oft in der Bibel das Prüfen (12,2; 14,22), Urteilen, Mahnen, Erziehen und Lehren, wie V. 18-20 anschaulich macht. Paulus spricht hier einen besonders gesegneten (V. 4!) und zum Dienst berufenen Menschen an.[24] Damit ist hier

[23] Statt *krinô* dort *katakrinô*. Es ist ein Missverständnis, hier das urchristliche Verbot des Richtens ins Feld zu führen (Mt 7,1-5; Röm 14,4.10.13; Jak 4,11-12).

[24] Vergleichbar ist die Anrede Gottes an Hesekiel: »Du Menschenkind!« (93-mal in Hes, allein siebenmal in der Berufung des Propheten, Kapitel 2-3). Gott macht einen Menschen zu einem Einzelnen, stellt ihn vor sich hin und beauftragt ihn mit dem Wächterdienst für die anderen (Hes 33,7-8).

beispielhaft[25] der gesetzestreue Jude aufgerufen. Ihm lag der frivole Grundzug von 1,32 fern. Die Offenbarung vom Sinai, dann in den Jahrhunderten die unentwegten Wortmeldungen Gottes durch die Propheten und schließlich die flächendeckende religiöse Erziehung hatten in Israel eine intakte Werteordnung geschaffen. Angewidert wandte man sich von Unmoral ab. Gegenüber dem »Unstatthaften« (1,28) erhob sich unweigerlich das mahnende: »Du sollst nicht!«[26]

Erfahrungsgemäß lässt uns die Ausübung der moralischen Funktion leicht vom Boden abheben. Immerzu ermahnen, erziehen und predigen schafft unwillkürlich ein gehobenes Selbstgefühl. Das Urteil über den andern: »*Du* hast gesündigt!« verdrängt das Bekenntnis: »*Ich* habe gesündigt!« (2Sam 12,13; Lk 15,21). Auch das Ansehen, das dem Mann des Gesetzes aus seiner Umgebung zuwächst, tut ein Übriges. Und schließlich: Ist jahrzehntelange Ausübung solcher Dienste etwa nichts? Was mag Gott wohl besser gefallen: das Tun des Bösen mit Applaus begleiten oder es in Übereinstimmung mit dem göttlichen Gesetz verurteilen? Wird er nicht ein Leben, das als erhobener Zeigefinger gelebt wurde, im Endgericht honorieren und ihm eine Sonderbehandlung angedeihen lassen?

Dies Selbstverständnis wird durch Paulus erschüttert. Nein, **»unentschuldbar!«** antwortet er mit derselben Vokabel, die er 1,20 auf die Heiden anwandte, und bringt damit diese moralischen Kreise tatsächlich mit den Heiden auf denselben Nenner. Da ist etwas, was bei Gott unbedingt durchschlägt: **Du praktizierst nämlich dasselbe.** Du tust gewiss nicht dauernd Böses, in deinem Leben ist fraglos viel Bewahrung (s.o. und V. 4), aber du tust es ab und zu. Du tust nicht auf allen Gebieten Böses (V. 10.14), aber du tust es hier und da. Also ab und zu und hier und da – das genügt schon. Da sind Augenblicke in deinem Leben, die dir blitzartig zeigen, wer du in Wahrheit bist. Was aber wahr ist, ist nicht nur für eine Sekunde wahr. Das bleibt wahr, bis in alle Ewigkeit. Das hat Wahrheit so an sich.

Unrecht ist für Gott unter keinen Umständen erträglich. In keinem einzigen Fall geht Böses gut, sondern der Zorn Gottes enthüllt

[25] Israel ist das Vorführmodell Gottes vor den Völkern, an dem Gott dreierlei vorführt: *Erstens*, wie Gott ist, vgl. V. 4 und als überwältigenden Beleg dafür das ganze AT; *zweitens*, was Gott will, nämlich in seinem heiligen Gesetz; *drittens*, was der Mensch ist: Auch bei größter Anstrengung ist er verloren und des Evangeliums bedürftig. Gerade das Gesetz vermittelt Selbsterfahrung, so dass sich gerade beim Juden der Widerspruch zwischen Wissen und Tun besonders deutlich zeigt.

[26] Allerdings kennt Paulus auch moralische hoch stehende Kreise im Heidentum (2,14-15). Ohne Frage sind auch sie hier mit angesprochen. Vor allem tun intensiv christliche Kreise gut daran, sich dem zweiten Kapitel zu stellen.

sich darüber (1,18). Es ist nicht kompensierbar durch Gesetzesstudium Tag und Nacht, nicht durch unbeirrbares Eintreten für die Rechte Gottes in der Öffentlichkeit. Im Gegenteil: Die Logik läuft andersherum. Die Schuld des Gesetzesmenschen verschärft sich sogar durch die weit klarere Kenntnis des Gotteswillens (V. 21-23). Was 1,32 von den Heiden gesagt wurde: »Sie wussten« und taten es doch, gilt von den moralisch denkenden und urteilenden Menschen noch viel mehr.[27]

2 Paulus untermauert seinen Gedankengang mit einer Grundlehre[a] des Volkes Gottes: **Wir wissen aber, dass das Urteil Gottes gemäß der Wahrheit ist über die, die all Derartiges praktizieren.** Willkür scheidet im Endgericht aus. Dort herrscht nichts als der Maßstab der Wahrheit. Wahrheit ist wie in 1,18.25 Wahrheit Gottes, Gottes eigenes Wahrsein, sein Sich-selbst-treu-Sein. Gott hält sich an sich selbst. Niemals wird Gott von Gott abweichen. Ein Mensch, der vor diesem Gericht auf Sonderbehandlung spekuliert, müsste sie schon gegen die gesamte Offenbarungsgeschichte Gottes erhoffen.[b]

[a] Röm 3,19 5,3; 7,14 8,22.28

[b] Röm 2,16 Gal 2,5.14

3 V. 3 zieht die fragwürdige Logik ans Licht, mit der der Jude diesem Richter entgehen will: **Rechnest du aber damit, o Mensch, der diejenigen richtet, die Derartiges praktizieren, und es selber tut, dass gerade du dem Urteil Gottes entfliehen wirst?**[28] Diesen Zusammenhängen ging schon die Auslegung zu V. 1 nach. Vergeblich erhofft man als Mitrichter Gottes »kollegiale« Behandlung.

4 V. 4 ertappt ihn bei einer zweiten Ausflucht. Jetzt führt man nicht die eigene Tätigkeit ins Feld, sondern reiht die empfangenen Segnungen Gottes völlig falsch ein. **Oder verachtest du den Reichtum seiner Güte, (seines) Zuwartens, (seiner) Langmut, missachtend, dass Gottes Güte dich zur Umkehr leitet?** Gottes Güte gegen Israel war Tatsache. Er gab sie nicht dahin wie die Heiden (1,24.26.28). Seine Langmut ließ seinen Zorn nicht herausfahren. Er behandelte

[27] Die Wahrheit, dass das Zu-Gericht-Sitzen über andere nicht entlastet, sondern die eigene Schuld zusätzlich aktiviert, hat sich in 2Sam 12 verdichtet. Dazu Pred 3,16: »Auf dem Richterstuhl sitzt der Schuldige.«

[28] Auch Mt 3,7 erwähnt die Lehre der Schriftgelehrten, wonach man dem Zorn Gottes »entfliehen« kann, wenn man Abraham zum Vater hat. Tatsächlich wurde mit wenig Widerspruch und seit 70 verstärkt gelehrt, dass Israel im Endgericht allein übrig bleibe. Gottes Regungen würden sich verteilen: Zorn und Hass den Völkern, Israel aber Gnade. Aus dem heilsgeschichtlichen »zuerst die Juden« wurde ein ewiges »allein die Juden«, und zwar die Judenschaft geschlossen. Wie immer sich die einzelnen Israeliten auch zu Gott stellen mögen, für sie gäbe es Gnade. Aufgrund ihrer Abstammung von Abraham blieben sie Kinder Gottes in Ewigkeit. Die wenigen Ausnahmen, nach denen auch Juden vom ewigen Leben ausgeschlossen blieben, haben die jüdischen Gelehrten sorgfältig festgestellt; sie heben den Satz nicht auf: »Ganz Israel hat Anteil an der zukünftigen Welt« (Bill IV, S. 1152-57; III, S. 81.263f.293. Die Formulierung geht vermutlich auf Rabbi Akiba um 120 zurück, ist aber Ergebnis langer Vorgeschichte.)

sie ständig besser, als sie es verdienten.[c] Doch geschah das selbstverständlich in der Absicht[d], Zeit zum Selbstgericht und zu einer von Herzen kommenden Umkehr zu gewähren. Doch der Mensch, verdorben bis in sein Denken hinein, folgert: Reichtum an Güte – also bin ich gut. Keine Strafe – also keine Schuld. Darum weitermachen! Aber nur ganz oberflächlich kann man so schlussfolgern. Wer zwar Gnade will, aber eine Gnade, die nicht zur Buße führt, verachtet Gnade.

[c] Röm 3,26 Ps 103,8-13 145,8-16 Hes 20,44 Mt 5,45 Lk 6,35b
[d] 2Petr 3,9.15

Die beiden Fragen zur Selbstverteidigung in V. 3 und 4 bedurften keiner Antwort. Sobald man sie sich bewusst macht, sind sie auch schon widerlegt. Als theologische Argumente waren sie nur Leichtgewichte. Aber letztlich regiert hier gar nicht die Theologie, sondern das Herz, das nicht will, wie Gott will. Dazu wiederholt Paulus ein altes Scheltwort gegen Israels Fühllosigkeit während der Wüstenwanderung.

**Aber bei deinem Starrsinn und (deinem) unbußfertigen Her- 5
zen.** Beharrlich antwortete das Volk auf die unermüdlichen Angebote des göttlichen Heils mit Trotz.[29] Dennoch müht sich der Apostel, in die Gewissen einzudringen. Dazu verwendet er die im Judentum gut bekannte Rede vom Verdienstschatz im Himmel[30], allerdings ins Negative gewendet: **Du speicherst dir selbst Zorn auf**. Jedes Unrecht bewirkt, dass Gottes Zorn sich regt, anhäuft, staut, auch wenn er sich im äußeren Lebensgang noch zurückhält, bis er am **Tag des Zorns** mit seiner **Offenbarung des gerechten Urteilens Gottes** losbricht.

V. 6 liefert zu diesem »gerechten Urteilen Gottes« ein Schrift- 6
zeugnis: **»Er wird vergelten einen jeden nach seinen Werken.«** Ähnliche Wendungen finden sich verstreut in der ganzen Bibel.[31] Zu betonen ist, dass nur Gott so richtet, im Unterschied zu irdischen Gerichten. Menschliche Richter urteilen streng genommen nicht nach den Werken selber, waren sie doch nie dabei. Sie müssen sich schon auf die Aussagen verlassen, die der Angeklagte selber oder die Zeugen machen (mit all ihren begreiflichen Fehlerquellen!). Sie richten nur nach dem Hörensagen. Gott aber ist der, der da war und der da ist und der da sein wird, so dass er keines Zeugen bedarf. Er ist sein eigener Zeuge. Er kann somit nach den Tatbeständen selbst gehen, nach den Werken.

29 LÜ dafür meist »Halsstarrigkeit«, »Verstockung«, »Unbußfertigkeit«: 2Mo 33,3.5; 34,9; 5Mo 9,6.13.27; 10,16. Der Ausdruck auch bei den Propheten, bei Jesus (Mk 10,5; 16,14) und Stephanus (Apg 7,51).

30 »Wer rechtschaffen handelt, speichert sich Leben auf beim Herrn« (4Esr 6,5; vgl. Mt 6,19f; 1Tim 6,19).

31 Am genauesten entsprechen hier Ps 62,13 und Spr 24,12. Häufig auch bei Paulus, z.B. 1Kor 3,13-15; 2Kor 5,10; 9,6; Gal 5,21; 6,7-10

Im Judentum spielte dieses »Gericht nach den Werken« eine große Rolle, wurde aber folgendermaßen abgefälscht. Ein Engel trägt ständig das Tun des Menschen in Listen ein, sei es gut oder böse. Im Endgericht wird eine Waage aufgestellt und gewogen, ob die guten oder die bösen Werke überwiegen. Bleibt die Waage in der Schwebe, ist Gott, falls es sich um einen Nachkommen Abrahams handelt, nicht kleinlich, sondern zerreißt einige Schuldbriefe. Rettung also durch Verdienste plus Gnade. Unter dieser Voraussetzung musste der Jude alle Tage seines Lebens darauf achten, dass er für jedes böse Werk möglichst auch ein gutes tat, um mindestens für eine ausgeglichene Bilanz zu sorgen (vgl. Lk 18,12).

In dieser Werkgerechtigkeit stecken zwei Fehler. *Erstens:* Durch die Konzentration auf jedes einzelne Werk übersieht man ihre Zwischenräume: ihre Vorgeschichte, ihre Motive, die zu dieser Tat führten, die Ziele, die eigentlich gewollt und angestrebt worden waren; ferner die Widerstände, die zu überwinden waren, oder welche Hilfen zur Verfügung standen. Das alles ist für eine gerechte Beurteilung erheblich. Gott berücksichtigt nicht nur die Spitze des Eisbergs. Er sieht nach V. 7 auch die **Beharrlichkeit** und das aufrichtige **Suchen**, nach V. 16a auch das verborgene Tun. *Zweitens* geht bei der Werkgerechtigkeit der übergreifende Zusammenhang der Werke verloren. Man sieht *das* Werk vor *den* Werken nicht. Paulus ersetzt gern »Werke« durch die Einzahl »Werk«, z.B. 1Kor 3,13; Gal 6,4; Phil 1,6. Wir Menschen haften an Teilaspekten und schaffen uns daraus Phantombilder, mit denen wir dann leben. Gott aber hält sich im umfassenden Sinn an den Befund unseres tatsächlichen Lebens. Die ganze Menschenwirklichkeit muss der ganzen Gotteswirklichkeit standhalten.

7-11 Unter Abbruch des Dialogstils gibt Paulus jetzt machtvoll eine Grundsatzerklärung über Gottes Richten. Es folgt Lehre, nicht Prophetie. Paulus benennt die Prinzipien des göttlichen Richtens, sagt aber nicht Ergebnisse voraus. Stahlhart zieht er den Gedanken durch, indem er V. 7-8 in V. 9-10 wirkungsvoll wiederholt.[32] V. 11 schließt dann mit einem dicken Schlussstrich: Gott hält sich an die Tatbestände, einerlei wer der Täter ist. Demgemäß öffnet sich auch für die einen der Eingang ins **ewige Leben,** während die anderen durch **Bedrängnis und Angst** eingekesselt werden. Die Rede vom

[32] Dabei kehrt er die Gedankenfolge um. Das erste Mal folgert er aus der gegenwärtigen Lebensweise für die zukünftige Vergeltung (V. 7-8), das zweite Mal schlussfolgert er von der Zukunft auf die Gegenwart (V. 9-10). Zugleich wechseln gute und böse Werke die Reihenfolge.

Zorn wird nicht ermäßigt, sondern noch verstärkt durch die Häufung **Zorn und Grimm** (bei Paulus nur hier).[33]

Zweimal kehrt hier in V. 9f das **»zuerst die Juden«** von 1,16 wieder. Ihr heilsgeschichtlicher Vorrang gilt nach Paulus also dreifach: *erstens* für das Angebot einer Rettung durch den Glauben (1,16; 10,12), *zweitens* für die Zusicherung unbestechlichen Gerichts als gerechter Lohn (V. 10) oder eben *drittens* als gerechte Strafe (V. 9). Keiner dieser drei Punkte ist herauszubrechen. Sie entscheiden für Paulus die Frage nach der Judenmission.

b) Verschafft ein Leben unter dem Schall des Gesetzes wirklich keine Sonderbehandlung im Endgericht? (2,12-16)

12 **Wie viel nämlich in der Weise der Gesetzlosen gesündigt haben, werden auch in der Weise der Gesetzlosen umkommen, und wie viel im (Geltungsbereich) Gesetz gesündigt haben, werden durch das Gesetz gerichtet werden.**
13 **Nicht nämlich die Hörer des Gesetzes (sind) gerecht bei Gott, sondern die Täter des Gesetzes werden gerechtgesprochen werden.**
14 **Jedesmal nämlich, wenn Heiden, die nicht das (mosaische) Gesetz haben, von Natur das (Geforderte) des Gesetzes tun, sind diese, obwohl sie das Gesetz nicht haben, sich selbst (das) Gesetz;**
15 **dieselben erweisen ja das (geforderte) Werk des Gesetzes als geschrieben in ihren Herzen, indem ihr Gewissen Zeugnis gibt und ihre Gedanken sich wechselseitig beschuldigen und verteidigen.**
16 **(Folglich: Das Endgericht wird stattfinden) am Tage, an dem Gott richten wird das Verborgene der Menschen nach meinem Evangelium durch Christus Jesus.**

Die judaistischen Kritiker nehmen die Behauptung von Gottes Unparteilichkeit, mit der V. 11 ausmündete, so nicht hin. Muss da nicht für Israel ein »Reichtum seiner Güte« in Anschlag gebracht werden, den Paulus doch selbst nach V. 4 zugesteht? In den folgenden Abschnitten sieht Paulus sich genötigt, sich diese Vorteile Punkt für Punkt vorzunehmen und zu prüfen, ob sie tatsächlich

[33] Die Lehre, nach der es nach dem angeblich nur pädagogisch gemeinten Endgericht und nach Verstreichen von genügend Zeit endlich doch zur Allbeseligung aller Menschen und Geschöpfe kommt, bricht solchen Worten einfach die Spitze ab.

Argumente gegen eine Gleichbehandlung der Juden im Gericht hergäben. Zuerst geht es um den Besitz des Gesetzes.

12 Es steht fest, dass der Sünde in jedem Fall der Tod folgen muss. **Wie viel nämlich in der Weise der Gesetzlosen gesündigt haben, werden auch in der Weise der Gesetzlosen umkommen, und wie viel im (Geltungsbereich) Gesetz gesündigt haben, werden durch das Gesetz gerichtet werden.** Nach beiden Seiten hin ist Gerechtigkeit zu fordern. Weder darf dem heidnischen Sünder aus seiner Unkenntnis des mosaischen Gesetzes ein Nachteil noch dem jüdischen Sünder aus dem Besitz des Gesetzes ein Vorteil erwachsen. Paulus fasst beide Seiten gesondert ins Auge:

13 Der Jude ist nur an das zu erinnern, was er schon weiß[a]: **Nicht nämlich die Hörer des Gesetzes (sind) gerecht bei Gott, sondern die Täter des Gesetzes werden gerechtgesprochen werden.** Anders war das Gesetz nie gemeint. So kann der Jude nur verstummen, wenn er als Gesetzesübertreter sein Urteil empfängt. Schwieriger ist es mit den Heiden. Wo bleibt der gleiche Maßstab, wenn Heiden, obwohl ohne Gesetz, in gleicher Strenge verurteilt werden?

[a] 5Mo 27,26 Gal 3,10.12 Jak 1,22

14 Die Heiden kennen das Gesetz, ohne es zu haben! **Jedes Mal nämlich, wenn Heiden, die nicht das (mosaische) Gesetz haben, von Natur das (Geforderte) des Gesetzes tun …** Paulus weiß, dass in den Völkern je und je Taten geschehen, die fraglos den Forderungen des mosaischen Gesetzes entsprechen. Offensichtlich ist Gottes Wille niemandem völlig unbekannt. Dabei denkt Paulus natürlich nicht an die Ritualvorschriften, sondern an Kernaussagen wie die Zehn Gebote, an Taten der Nächstenliebe.[b] Sie geschehen[34] ohne künstliche Beeinflussung durch Religion oder Ideologie. Davon leitet er ab: **Diese sind, obwohl sie das Gesetz nicht haben, sich selbst Gesetz.**

[b] Röm 13,8-10 Gal 5,14

Dabei gehört Paulus nicht zu den Gleichmachern heilsgeschichtlicher Unterschiede. Nicht umsonst heißt es zweimal: Die Heiden **haben nicht das Gesetz.** Israel allein empfing die Sinai-Offenbarung. Um die Heiden aber für das Heil in Christus aufzubewahren, lief die Schöpfergüte weiter, so dass auch der gottentfremdete Mensch immer noch Mensch ist. Selbst in einem unmenschlichen System *muss* er nicht Unmensch sein, sondern kann nachweislich Taten des Guten, des Wahren und des Gerechten tun. Es wäre voreilig, in der menschlichen Gesellschaft nur ökonomische Gesetze am Werke zu sehen, um sich ihnen zu ergeben. Auch moralische Maßstäbe sind in Kraft. Weil der Mensch aber menschenwürdig handeln kann, soll er es auch. Auf diesen Um-

[34] Auch nach Mt 7,11 können Böse einmal Gutes tun. Trotzdem kommt Paulus zum Gesamturteil: Kein Gerechter! (3,9.19.23; 5,12).

stand zielt Paulus. Er setzt das moralische Empfinden der Heiden nicht mit dem Sinaigesetz gleich, vergleicht aber die beiderseitige Verantwortlichkeit. Sie ist vergleichbar, weil es derselbe Gott ist, der, wenn auch in unterschiedlichen Ordnungen, unter Juden und Heiden wirkt. Jedem bezeugt sich Gott[c], wenn auch den Heiden nur indirekt, nur schattenhaft, ohne feste Schriftform (V. 20). So unterschiedlich die Verantwortlichkeit deswegen graduell sein mag, ist sie und damit auch die Unentschuldbarkeit grundsätzlich gegeben.[35]

[c] Röm 1,19-20 Apg 14,17 17,27f

15 Paulus lässt es bei dieser kompakten Aussage nicht bewenden, sondern hilft noch einmal erläuternd nach. Was bekunden denn diese Heiden mit ihrem gewissenhaften Tun? Dass ihnen eine objektive Norm gegenübersteht! Gute Taten unter ihnen **erweisen ja das (geforderte) Werk des Gesetzes als geschrieben,** gewiss nicht auf Steintafeln, sondern auf einem völlig anderen Beschreibstoff, eben **in ihren Herzen.**[36] Sie tragen sozusagen einen kleinen Mose in sich. Auf diese »Schrift« bezieht sich ihr Gewissen als eine Art Lesegerät: **ihr Gewissen gibt Zeugnis.** Das Gewissen ist also nicht selbst diese objektive Norm, aber dadurch, dass es sich regt, lässt es erkennen, dass es um eine solche weiß und sich als deren Anwalt versteht. Das aber führt während, vor oder nach der Tat zum Streit im menschlichen Ich. Der innere Gerichtshof tagt: **und (zwar) beschuldigen und verteidigen sich ihre Gedanken wechselseitig.** Offensichtlich sind sie nicht so leicht steuerbar. Sie stimmen untereinander, vor allem aber mit dem Gewissen nicht immer überein. Sie empfinden jenen kritischen Begleiter als einen quälenden[37] »Mitwisser« (so der Wortsinn der griech. Vokabel für Gewissen!). Oft führen dessen Anklagen zum übersteigerten Rechtfertigungsdrang[38].

16 Nach diesem Seitenblick auf den Gewissensstreit im Menschen kann Paulus wieder zum Thema zurücklenken und beteuern, dass das Endgericht für jedermann unparteiisch stattfinden wird. Es ge-

[35] Es gibt also nicht nur nach 1,19-20 eine geschöpflich mögliche Gotteserkenntnis, sondern auch einen geschöpflich möglichen moralischen Ansporn (vgl. ferner 2,26). Darum respektierte Paulus auch das, was außerhalb der Gemeinde als wohlanständig galt: 1Kor 5,1; 11,13-16; Phil 4,8; 1Tim 3,7.

[36] Einige Ausleger meinen, dies »erweisen« geschehe erst beim Endgericht. Dann werde auch die eigene Gewissensstimme Zeugnis geben. Aber V. 15 hängt sprachlich an V. 14, so dass von Vorgängen während des Erdenlebens die Rede ist.

[37] Das unterscheidet die Verwendung des Bildes hier von der in Jer 31,33. Dort geschieht zusammen mit der Beschriftung des Herzens auch die Umwandlung des Herzens durch den Heiligen Geist, so dass der Wille Gottes gern getan wird.

[38] Dass das Gewissen diesen komplizierten Bedingungen ausgeliefert ist, zeigt zur Genüge, wie wenig es einen blanken Spiegel des Willens Gottes darstellt. Oft besteht zwischen Gewissen und Gewissen ein himmelweiter Unterschied. Oft ist es schwach und befleckt (1Kor 4,4; 8,7) – ein Hinweis für diejenigen, die ganz und gar auf Gewissenskultur setzen.

[d] 1Kor 4,5

[e] Röm 14,10-12 1Kor 1,8 3,12-15 4,4f; 5,5 2Kor 5,10 1Thess 1,10; 4,6

schieht **am Tage, an dem Gott richten wird das Verborgene der Menschen.** Dann wird sich alles lichten[d], denn Gott richtet nicht nach unserm Gewissen, sondern nach seinem vollkommenen Wissen, und zwar aufgrund unserer Werke. Damit bleibt es bei der in V. 11 aufgestellten These: Abweisung jeder Günstlingswirtschaft.

Paulus ist sich nicht bewusst, mit diesen Ausführungen vom Evangelium abgewichen zu sein. Die Verkündigung des Gerichts nach den Werken[e] ist in der christlichen Gemeinde kein Fremdkörper, sondern gehört mit der Verkündigung der Gerechtigkeit aus dem Glauben zusammen, **nach meinem[39] Evangelium durch[40] Christus Jesus.** Das könnte ein Christentum verwirren, das eine Art Hintertürchen erwartet, jenen Gerichtssaal vor Beginn erlöst zu verlassen. Gott habe eben an die Stelle der guten Werke den Glauben gesetzt. Oder es sei gar unchristlich, vor dem Gericht zu warnen.

Wir bedenken kurz die unbedingte Notwendigkeit des Gerichts. Es gibt keinen unmerklichen, gleitenden Übergang von der Ungerechtigkeit zur Gerechtigkeit. Einen solchen könnte man sich höchstens vorstellen, wenn Ungerechtigkeit nur ein Mangel an Gerechtigkeit wäre. Dann wäre eine langsame Auffüllung des Mangels denkbar. Aber Ungerechtigkeit ist der Gerechtigkeit feind (5,10; 8,7; 2Kor 6,14). Zwischen zwei unvereinbaren Gegensätzen aber kann es auf dem Wege vom einen zum anderen nur einen Zusammenprall geben, in diesem Fall: ein unerbittliches Gericht über die Ungerechtigkeit. Sonst stände am Ende Scheinseligkeit und damit die endgültige Niederlage des Lebens. Dagegen ist schon der Gedanke, dass Lüge und Gewalt gerichtet werden, eine Wohltat. Letztendlich wird auch der Vorgang selber zu den großen Wohltaten gehören. Darum in der Bibel das ewige Lob der Gerichte Gottes (z.B. Offb 16,5-7).

c) Sichert dem Juden die Berufung zum Lehrmeister der Nationen wirklich keine Vorrechte im Endgericht? (2,17-24)

17 Wenn du dich aber »Jude« nennen lässt und ruhst auf dem Gesetz und rühmst dich Gottes
18 und kennst den Willen (Gottes) und prüfst, was (jeweils als Wille Gottes) zu tun ist, unterwiesen aus dem Gesetz,

[39] »mein Evangelium« bei Paulus noch 16,25; 2Tim 2,8; »unser Evangelium« 2Kor 4,3; 1Thess 1,5; 2Thess 2,14. Vgl. dazu Einleitungsfragen 1b und ausführlich Galater, WStB, S. 77-81 zu 2,9.

[40] Beide Auslegungen dieses »durch Christus« sind möglich, a) Gott richtet durch Christus, er hat ihm die Richterfunktion übertragen (1Kor 4,5; 2Kor 5,10; Eph 6,8; 2Tim 4,8; Joh 5,22f.27; Apg 10,42; 17,31), aber auch b) dies Evangelium ist durch Christus gestiftet (2Kor 5,19; Hebr 2,3).

19 bist (also) überzeugt, ein Führer der Blinden zu sein, ein Licht derer in Finsternis,
20 ein Erzieher der Unverständigen, ein Lehrer der Unmündigen, im Besitz der (festen Schrift)form der Erkenntnis und Wahrheit des Gesetzes –
21 der du den anderen lehrst, dich selbst lehrst du nicht? Der du predigst: Nicht stehlen!, du stiehlst?
22 Der du sagst: Nicht die Ehe brechen!, du brichst die Ehe? Der du die Götzenbilder verabscheust, du begehst Tempelraub?
23 Der du dich des Gesetzes rühmst, durch die Übertretungen des Gesetzes entehrst du Gott.
24 Denn: »Der Name Gottes wird durch dich verlästert unter den Heiden« (Jes 52,5; Hes 36,20), wie geschrieben steht.

Nicht nur der Besitz des Gesetzes konnte gegen eine Gleichbehandlung von Juden und Heiden im Endgericht ins Feld geführt werden, sondern auch die missionarische Existenz Israels aufgrund dieser Segnung. Es ist berufen, Leiter, Licht, Erzieher und Lehrer der Völker zu sein (V. 19f). Ein köstlicher Kranz, den Paulus da dem Gesetzesjuden flicht und aufs Haupt setzt! Er macht ihnen diese Würde überhaupt nicht streitig. Aber hinsichtlich des Endgerichts hebelt er auch dieses Argument aus, indem er ihn wieder ungerührt auf das eigene Tun festnagelt (V. 21-23).[41]

17a Paulus greift die Selbstbezeichnung auf, mit der sich die Erwählten ihre Sonderstellung innerhalb der Völkerwelt bewusst machten: **Wenn du dich aber »Jude« nennen lässt**. Zwar als »Juden« verrufen, nahmen sie diesen Namen zum Trotz als Würdenamen.[a] Auf Grabinschriften konnte z.B. ehrend einem jüdischen Eigennamen noch beigefügt werden: »Jude«. Vielleicht füllte man damit den Begriff aus 1Mo 49,8-12: »Juda, dich werden deine Brüder rühmen«, und dir »gehört der Gehorsam der Völker«. Freund und Feind werden dir huldigen. Du wirst Sieger der Geschichte sein!

[a] Röm 2,28f Offb 2,9 3,9

17b-18 Paulus umreißt wahres Judesein. Nach 5Mo 4,6-8 ist vor allem das mosaische Gesetz zu nennen, das Israel von allen übrigen Völkern unterscheidet. **»Gesetz«** erscheint hier am Anfang (V. 17), in der Mitte (V. 18) und am Schluss (V. 20). **Und ruhst auf dem Gesetz,** wie die Taube Noahs vom ruhelosen Flug über die Sintflutlandschaft zu-

[41] Wer die erste Hälfte dieses »rhetorischen Meisterstücks«, also V. 17-20, zur Ironie, zur bitteren Spottrede erklärt, entzieht der zweiten Satzhälfte von V. 21 an die volle Wucht. Die zehn Aussagen über den Schriftgelehrten sind vielmehr Stück für Stück genauso ernsthaft zugestanden wie etwa die Aufzählung in 9,4-5. So haben wir hier jedes Fädchen billiger Pharisäer-Kritik zu verbannen. Vor uns ersteht nicht »der stolze Turm des jüdischen Selbstbewußtseins« (Bornkamm), der dann in der zweiten Hälfte wonnevoll umgestoßen wird. Über dem Ganzen liegt des Paulus »große Trauer und unablässiger Schmerz« (9,2).

rückkehrte und sich endlich auf sicherem Platz niederließ (1Mo 8,9).[42] Im Gesetz befestigte der Schriftgelehrte seine Zeltpflöcke, um Wand an Wand mit dem Gesetz zu wohnen und es Tag und Nacht zu meditieren (Ps 1,2).[43]

In der gütigen Gabe des Gesetzes ist er sich zugleich Gottes sicher: **und rühmst dich Gottes.** Solch Rühmen bekennt auch Paulus von sich[b], so dass hier noch kein Tadel aufklingt. **Und kennst den Willen (Gottes).** Was der Höchste nämlich im Einzelnen will oder nicht will, was gut oder böse ist, liegt in den seltensten Fällen sortiert da. Auch lässt es sich nicht immer so einfach aus der Bibel ablesen. Oft erkennt man es erst, indem man es suchend findet. In diesem Vorgang hat der Gesetzeskundige eine Schlüsselstellung inne: **und prüfst, was (jeweils als Wille Gottes) zu tun ist**[44], unterwiesen aus dem Gesetz. Sein Studium der Offenbarungsurkunde macht ihn unentbehrlich. Er kann mit dem »Kompass« umgehen.

[b] Röm 5,11 1Kor 1,31 2Kor 10,17 Phil 3,3 Gal 6,14

19-20 Zum Erwähltsein Israels gehört aber auch ein Auftrag. Er bestand von der Wurzel her im Segensdienst für die Völker.[c] Das Judentum hatte diesen Auftrag in Gestalt seiner Schriftgelehrsamkeit verinnerlicht. **Du bist (also) überzeugt** – und es muss darin keine Anmaßung liegen! –, **ein Führer der Blinden zu sein, ein Licht derer in Finsternis, ein Erzieher der Unverständigen, ein Lehrer der Unmündigen.** Plastisch entwirft Paulus das Leitbild des Schriftgelehrten, wobei er sich auf reiches atl. Material berufen kann.[45] Soeben hatte Paulus auch dem Heidentum gewisse Gesetzeskenntnisse zugestanden (V. 14f), jetzt hebt er jedoch die besondere Form des Gesetzes hervor, die der Synagoge tatsächliche Überlegenheit verschafft: **Du bist im Besitz der (festen Schrift)form der Erkenntnis und Wahrheit des Gesetzes.** Auch Jesus bestätigte diesen Männern eine propagandistische Kraft im ganzen Raum des Mittelmeers (Mt 23,15a).

[c] 1Mo 12,1-3 2Mo 19,5-6

21-22 Grammatikalisch gesehen bricht nach V. 20 der Satz zusammen. Vier rhetorische Fragen setzen ein. V. 23 ließe sich als zusammenfassende fünfte Frage verstehen. Fassungslos wird festgestellt, dass

[42] Die Wendung wird an dieser Stelle gern als falsches Ausruhen verstanden, z.B. LÜ: »Du verlässt dich (sträflich, wie etwa Mi 3,1!) auf das Gesetz«. Die Vokabel *epanapauomai* ist höchst selten, häufig dagegen ihre Grundform *anapausis* (bzw. *katapausis*). Für sie ist der positive Ruhegedanke wichtig, vgl. die davon abgeleiteten Begriffe in 15,24; Mt 11,29. Auch das Gesetz wurde als Ruheort angeboten.

[43] Nach Sir 24,8.24f; 51,27 sollte der Rabbinenschüler dort seine Wohnung aufschlagen, d.h. die weisen Gesetze beständig studieren.

[44] »Was zu tun ist«, wörtlich: »das Unterscheidende«, das sich bei einer Prüfung als wichtig, wesentlich und notwendig vom eher Gleichgültigen abhebt (Phil 1,10).

[45] Auch in der christlichen Gemeinde kehren Dienstämter wie Leiter, Verkündiger, Erzieher und Lehrer wieder. In diesem Sendungsbewusstsein an sich liegt noch nichts Verwerfliches.

sich dieser Missionar um die Gebote, für die er sich mit allen professionellen Mitteln einsetzt, selber nicht kümmert. **Der du den anderen lehrst, dich selbst lehrst du nicht? Der du predigst: Nicht stehlen!, du stiehlst? Der du sagst: Nicht die Ehe brechen!, du brichst die Ehe? Der du die Götzenbilder verabscheust, du begehst Tempelraub?** In der Synagoge sind Lehrsatz, Predigtwort
und exegetisches Zitat fleißig in Gebrauch[d], beherrschen das Den- [d] Mt 23,3
ken, bewegen die Lippen, füllen die Gottesdienste – aber in der eigenen Praxis verflüchtigen sie sich ins Wesenlose. Der Eiferer da vorn ist nicht wahrer Jude, er spielt nur Jude.[46] Paulus will dem Juden, wie oben vorausgeschickt, nicht die Gewissheit seiner Erwählung und Sendung rauben. Aber er beharrt darauf, dass Gott, so wahr er Gott ist, kein Spielchen mit sich treiben lässt, sondern »nach der Wahrheit richtet« (V. 2).

Paulus belegt hier V. 1: »Du tust dasselbe!« Aber waren die Rabbinen wirklich so schlimm? Waren sie alle notorische Diebe, Ehebrecher und Schieber? Statt hier unsachliche Polemik zu unterstellen, gilt es, einen Sinn für diese Redeform zu entwickeln.[47] Den beispielhaft genannten Verstößen gegen das 7., 6. und 1. Gebot[48] ließen sich ähnliche Vorkommnisse aus damaliger jüdischer Selbstkritik anreihen (Bill III, S. 105-115). Aber dort verarbeitete man sie anders, eben als bedauerliche Entgleisung Einzelner. Paulus erkennt sie in ihrer Symptomatik und in ihrem Stellenwert für Gesetzlichkeit überhaupt. Die Macht der Sünde ist dort eben nicht gebrochen (3,20). Heiligste Lehre, höchstes Wissen und äußerster Einsatz machen's nicht. Auch noch ein bisschen gesetzlicher werden als bisher macht's nicht; einzelne gute Taten brechen nicht den Bann.

Die Missstände sind verursacht durch eine Verschiebung des 23
Sichrühmens von Gott (V. 17) auf das Gesetz. **Der du dich des Gesetzes rühmst, durch die Übertretungen des Gesetzes entehrst du Gott.** Das Sichrühmen hat bei Paulus oft einen speziellen Sinn: sich im Kampf um Sein und Nichtsein als Sieger erklären, gewissermaßen demonstrativ die Hand zum Victory-Zeichen hochrecken. Zugleich bekennt man preisend vor den Umstehenden, worauf allein

46 In diesem Sinn nennt Jesus die Schriftgelehrten *hypokritäs* (z.B. Mt 6,2.5.16; 23,13.15.23.25.27.28.29). Das Wort wird gewöhnlich mit »Heuchler« übersetzt, hat jedoch in der biblischen Sprache zumeist nicht den Sinn subjektiver Verstellung, sondern objektiver Verfremdung. Ihr Herz ist weit weg von ihrem Mund (Mk 7,6), so dass sie wie der Blinde von der Farbe sprechen. Gott bestimmt nicht ihr Dasein, sie leben im praktischen Atheismus.

47 Vgl. die Einführung zu 1,18-32. Auch die Schärfe Jesu in der Beurteilung schriftgelehrter Frömmigkeit z.B. nach Mt 6,2.5; 23,2-3.5 ist hier einzubeziehen.

48 In Übereinstimmung mit dem ersten Gebot war Teilnahme am Götzendienst in heidnischen Tempeln verpönt. Aber wenn es ums Geld ging, machte so mancher Jude auch Geschäfte mit heidnischen Tempeln und ihren kostbaren Edelmetallen, trotz 5Mo 7,25f.

[e] Jer 9,22f 2Kor 5,12 10, 12f.16 Gal 6,13f Phil 3,3 Eph 2,8f Jak 1,9f

und im Gegensatz zu anderen Größen[e] Heil und Überleben zu finden sei. Kann der Mensch so mit dem Gesetz triumphieren? Im Gesetz selber kommt der Mensch nur als Täter vor. »Tue das und das«, sagt es, ohne noch etwas hinzuzufügen (Gal 3,12). Es schenkt nicht den Geist. Es fordert nur und stellt am laufenden Band die Übertretungen fest: Nicht alles getan! Du entehrst Gott, lebst also nicht im ersten Gebot. Es stopft den Mund, stellt unter Anklage (3,19) und nimmt bis zur Aburteilung in Haft (Gal 3,23). Darum ist der Weg des Gesetzes als Mittel des Heils ein grandioser Irrtum (10,2-3).

24 Ein Schrifthinweis belegt, dass Paulus nicht übertreibt. **Denn: »Der Name Gottes wird durch dich verlästert unter den Heiden« (Jes 52,5; Hes 36,20[49]), wie geschrieben steht.** Das Judentum nahm Entheiligung des Gottesnamens überaus ernst. Während man aber verborgen begangene Übertretung milder betrachtete, wog öffentliche Sünde schwer. Hier im Zusammenhang geschieht die Übertretung durch einen Missionar, der das Gesetz allen, die es hören wollen, als seinen »Ruhm« vorzeigt und anpreist. Wo erwartet man das Tun des Gesetzes, wenn nicht bei ihm! Aber bei genauerem Hinsehen erleben die Hörer das Schauspiel gespielter Gesetzesstrenge und wenden sich mit richtigem Instinkt entschieden ab, nur bestärkt in ihrem bisherigen Heidentum. Diese Mission ist das Gegenteil von Mission.

Damit ist widerlegt, was zu widerlegen war: die mildere Behandlung des zum Dienst erwählten Juden im Gericht. Eher gilt das Gegenteil, vgl. Jak 3,1: »Ihr wisst, liebe Brüder, dass wir (Lehrer, Missionare, Seelsorger) im Gericht strenger beurteilt werden.« Die unerhörte Härte des Paulus ist nicht Selbstzweck. Sie steht im Dienst seines Anliegens von 1,18-3,20: Alle Menschen, Heiden und zuerst auch die Juden, sind evangeliumsbedürftig.

d) Gewährleistet das Beschnittensein etwa nicht die Errettung im Endgericht? (2,25-29)

25 Beschneidung nützt allerdings, wenn du das Gesetz praktizierst; wenn du aber ein Übertreter des Gesetzes bist, ist dein Beschnittensein Unbeschnittenheit (»Vorhaut«) geworden.

26 Wiederum: Wenn der Unbeschnittene (»die Vorhaut«) die Rechtsforderungen des Gesetzes beachtet, wird (dann) nicht (im Endgericht) seine Unbeschnittenheit (»seine Vorhaut«) als Beschnittensein angerechnet werden?

[49] Paulus nahm offensichtlich den Wortbestand mehr aus Jes 52,5 (nach der LXX), aber die Sache liegt Hes 36,20 näher.

27 **Und (so) wird der physisch Unbeschnittene (»die Vorhaut«), der aber das Gesetz erfüllt, dich (im Endgericht) richten, der du bei Buchstabe und Beschneidung Übertreter des Gesetzes bist.**
28 **Nicht nämlich, wer (es) im Sichtbaren (ist), ist Jude, und nicht im Sichtbaren am Fleisch (vollzogene Beschneidung ist) Beschneidung;**
29 **vielmehr der im Verborgenen Jude (ist, der ist Jude), und Beschneidung des Herzens durch den Geist, nicht durch den Buchstaben, (ist Beschneidung). Dessen Lobpreis (kommt im Endgericht) nicht von Menschen, sondern von Gott.**

Nicht erst das Beobachten von Gesetzesvorschriften sondert den Juden von den Heiden ab, sondern schon seine Beschneidung, vollzogen acht Tage nach seiner Geburt. Sie galt als das Eigentliche, als das, was zum Juden machte, so dass »Beschneidung« das jüdische Volk bezeichnen konnte. Die restlichen Völker hießen danach geringschätzig »Vorhaut«. Auf diese Weise gruppierte sich für Juden die gesamte Menschheit gerade um diese Handlung.[50] Deren Wertschätzung kannte keine Grenzen. Um ihretwillen ging man sogar ins Martyrium. Ihren größten Segen aber würde sie im Endgericht entfalten. Die Beschneidung »hatte als solche die Kraft, jeden Israeliten (ausgenommen waren nur wenige Kategorien) aus dem Feuer des Gehinnoms (der Hölle) zu erretten und zu einem Sohn der zukünftigen Welt zu machen«. »Beschnittene fahren nicht in die Hölle hinab.«[51] Unzerstörbare Heilkraft schrieb man ihrem Vollzug zu. Als geschulter Schriftgelehrte kannte Paulus diesen Hintergrund genau. Er wusste, dass sich für Juden beim Thema Gericht unweigerlich das Stichwort »Beschneidung« einstellt und alles zuspitzt.

Paulus verwahrt sich gegen die Unterstellung, dass er die Be- 25
schneidung für schädlich halte.[52] **Beschneidung nützt allerdings.** Sie ist jedoch mit einem »wenn« verbunden: **wenn du das Gesetz praktizierst. Wenn du aber ein Übertreter des Gesetzes bist, ist dein Beschnittensein Unbeschnittenheit (»Vorhaut«) geworden.** Die Beschneidung gleicht einem Zeigefinger, der auf ein Leben im Gehorsam hinzeigt (Gal 5,3). Fehlt solch ein Leben, weil ein »unbeschnittenes Herz« vorliegt[a], ist dieses Zeichen gegenstandslos. Es zeigt auf nichts. Es ist »Fleisch«, das »nichts nützt« (Joh 6,63).

[a] 3Mo 26,41 Jer 6,10 9,25

[50] Zur Ausführung, Geschichte und Bewertung der Beschneidung s. Galater, WStB, S. 198ff.203.249.

[51] Bill III, S. 119. Man kann von einer förmlichen Sakramentsmagie sprechen. Paulus erlebte wie wir die Bereitschaft des Menschen, sich auf religiöse Handlungen zu verlassen, hat diesen Umstand aber nicht für Taufe oder Abendmahl genutzt. Im Gegenteil, er konnte vor einem christlichen Sakramentalismus warnen (1Kor 10,1-12).

[52] Vgl. 3,1. Zu seine Haltung in dieser Frage vgl. Galater, WStB, S. 73 zu Gal 2,3.

26 In Frageform mutet Paulus dem Juden auch die Kehrseite dieser Wahrheit zu. **Wiederum: Wenn der Unbeschnittene (»die Vorhaut«) die Rechtsforderungen des Gesetzes beachtet, wird (dann) nicht (im Endgericht) seine Unbeschnittenheit (»seine Vorhaut«) als Beschnittensein angerechnet werden?** Schon hier steht der V. 29 mit einer ganz anderen Art von Beschneidung im Hintergrund.

27 Paulus kann seinen judaistischen Widersachern die letzte Konsequenz nicht ersparen: Letzte können Erste werden![53] **Und (so) wird der physisch Unbeschnittene (»Vorhaut«), der aber das Gesetz erfüllt, dich (im Endgericht) richten, der du bei Buchstabe und Beschneidung Übertreter des Gesetzes bist.** Im Endgericht werden Menschen zu Richtern, indem sie als positive Beispiele aufleuchten[b] und auf diese Weise den Ungehorsamen zur Beschämung gereichen.[54]

[b] Mt 13,43 Dan 12,3

28 Jetzt kann Paulus zeigen, wie er selber den Würdenamen »Jude« von V. 17 füllt. Schlussfolgernd aus V. 25-27 grenzt er sich zunächst ab: **Nicht nämlich, wer (es) im Sichtbaren (ist), ist Jude, und nicht im Sichtbaren am Fleisch (vollzogene Beschneidung ist) Beschneidung.** Auch er nennt Judesein und Beschnittensein in einem Atemzug. Wer jedoch aufgrund seines körperlichen Merkmals unter dem Namen »Jude« lebt, aber mit dieser Gabe nicht wuchert, sondern gerade als Jude nicht das tut, was zu tun geboten ist: Gott zu dienen und den Nächsten zu lieben wie sich selbst, der hat sich selbst verfehlt.[55] Abrahamitischer Stammbaum und körperliches Merkmal sind eben nicht entscheidend für einen wirklichen Juden (9,6f). So heilsam Beschneidung also sein mag, ist sie doch nicht heilswirkend.

29 Dem Sichtbaren wird nun in V. 29a das **Verborgene** als das Wahre gegenübergestellt: **Vielmehr der im Verborgenen Jude (ist, der ist Jude), und Beschneidung des Herzens durch den Geist, nicht durch den Buchstaben, (ist Beschneidung).** Die sichtbare Welt ist uns zwar von Gott eindeutig als Wirkungsfeld zugewiesen. Dort sollen wir ihm und dem Nächsten dienen – wo denn sonst? Aber eben: Die sichtbare Welt ist Wirkungsfeld des *Menschen*! In diesem Sinn geschieht die jüdische Beschneidung im Sichtbaren, und das heißt: als *Menschen*werk, »von (*Menschen*)händen gemacht«, wie Kol 2,11 im Blick auf die jüdische Beschneidung sinngemäß feststellt. Das ist hier der Gesichtspunkt. Das Heil liegt nicht in der Sphäre des Eigenhändigen, Machbaren, Verfügbaren und Erklärba-

53 Vgl. ähnlich Lk 11,31f.

54 Auch in 1Kor 6,2 ist nicht an tätige Mitwirkung bei Urteilsfindung und Strafvollzug zu denken.

55 Vgl. die christliche Parallele Offb 3,1: »Du hast den Namen, dass du lebst, und bist tot«.

ren. Menschenkraft bedeutet niemals Rettung. Das ist Grundthese des ganzen Römerbriefs. Von hier aus ist das »Verborgene« in V. 29 zu deuten. Es steht dem Sichtbaren gegenüber wie der Schöpfer dem Geschöpf, wie das geheimnisvolle Gotteswalten bloßem Menschenwerk. Wahres Judesein gründet nicht in einem operativen Eingriff an einem Körperteil, sondern der Allmächtige griff in die Mitte der Existenz und schuf sie um zu sich hin. In diesem Sinne geschah Beschneidung des Herzens durch den Geist.

Hier haben wir schon eine Andeutung dessen, was ab 5,5 immer deutlicher wird, nämlich der Pneumatologie des Römerbriefs. Bewegt durch die atl. Prophetie[c], bezeugt Paulus das endgeschichtliche Neuwerden von Herz und Hand durch den messianischen Geist. Zwar ist auch das Gesetz geistlich (7,14), aber das Judentum »hat allezeit dem Heiligen Geist widerstrebt« (Apg 7,51), sozusagen den Geist aus dem Gesetz getrieben und nur noch den Buchstaben übrig behalten. Dieses Nur-Buchstabe, dieses sich auf das Prinzip der Buchstäblichkeit Werfen, wenn nur ja der korrekte Vollzug gewahrt bleibt, ist es nicht, was Gott meint und für uns bereit hat.[d] Nicht darauf, dass die Vorschrift penibel abgedeckt wird, kommt es an, sondern dass die Wahrheit in Wahrhaftigkeit geschieht. Sonst hat die Wahrheit ihre Seele verloren.

[c] 5Mo 10,16 30,6 Jer 4,4 31,31-34 Hes 11,19-20 36,26f

[d] 2Kor 3,3-8 Röm 7,6 Phil 3,3

Ähnlich wie in V. 10 endet Paulus wieder mit einem Ausblick auf den positiven Ausgang des Endgerichts: **Dessen Lobpreis** kommt im Endgericht **nicht von Menschen, sondern von Gott.** Menschen, die »nicht Ehre von Menschen« suchten, sondern »die Ehre, die vom alleinigen Gott ist«[e], die also in diesem Zeitalter auf das Verborgene Gottes setzten, werden als höchsten Lohn seine öffentliche Freude über sich erleben.

[e] Joh 5,41.44 12,42f

e) Vorläufiger Hinweis auf den wahren Vorzug der Juden und dessen Problematik (3,1-8)

1 Was (ist) demnach der Vorzug des Juden oder was der Nutzen der Beschneidung?
2 Viel, in jeder Hinsicht! In erster Linie nämlich: Ihnen wurden die Worte Gottes anvertraut.
3 Was nun? Wenn welche untreu wurden, wird etwa ihre Untreue Gottes Treue aufheben?
4 Ausgeschlossen! Es sei vielmehr (so): Gott ist wahrhaftig, aber (Ps 116,11b): »Alle Menschen sind Lügner.« Wie geschrieben ist (Ps 51,6b): »Damit du gerechtgesprochen wirst in deinen Worten und siegst, wenn man mit dir rechtet.«

5 Wenn aber unser Unrecht Gottes Gerechtigkeit an den Tag bringt, was sollen wir (dazu) sagen? Ist Gott etwa ungerecht, dass er (dafür trotzdem) das Zorn(gericht) verhängt? Ich spreche nach Menschenart.
6 Ausgeschlossen! Wie könnte Gott sonst die Welt richten?
7 Wenn sich nun durch meine Lüge die Wahrhaftigkeit Gottes überströmend zu seinem Preise erweist, was werde ich noch als Sünder verurteilt?
8 Ja, (ist es sogar so,) wie man uns verlästert und wie einige behaupten, wir sagten: Lasst uns das Böse tun, damit das Gute (daraus) komme? Das (Verdammungs)urteil über sie besteht zu Recht.

Nach den beiden großen Abschnitten über die Verlorenheit von Heiden und Juden dürfte Paulus jetzt zusammenfassen. Aber er hat in Kap. 2 einige Dinge gesagt, die für Juden, aber auch für Heiden unter judaistischem Einfluss (vgl. V. 8) so schwer anhörbar waren, dass sie ihm kaum weiter hätten folgen können. Wenn für Juden im Endgericht weder der Besitz des Gesetzes (2,12-16) noch seine Vertretung auf Erden (2,17-24) noch die Beschneidung (2,25-29) etwas ausrichten, wo blieb dann ihre Besonderheit? Diese drohende Blockade bei seinen Lesern nötigt schon hier zu einem Zwischenstück über Israels Erwählung und Vorzug. Dabei muss allerdings ein kurzes Wort genügen (V. 2), auch wenn es einen neuen Ansturm von Einwänden auslöst (V. 3-8). Schroff weist er diese zurück, nicht etwa aus Hilflosigkeit, sondern im Gedanken an eine eingehende Behandlung dieser Problematik in Kap. 9-11.

1 Paulus stellt seine Äußerungen in 2,25a und 28f über den Nutzen der Beschneidung und des Judeseins zur Debatte. **Was (bleibt) demnach (als) der Vorzug des Juden, oder was ist der Nutzen der Beschneidung?**

2 In tiefer Dankbarkeit kann er antworten: **Viel, in jeder Hinsicht!**, muss sich hier aber auf das Entscheidende beschränken. **In erster Linie**[56] **nämlich: Ihnen wurden die Worte Gottes anvertraut.** Entscheidend ist nicht Qualität oder Verhalten dieses Volkes, sondern ein außerordentliches Hereinwirken Gottes. Das ist das Geheimnis Israels: Es ist und bleibt von außerhalb seiner selbst zu definieren. Was ihm geschah, sind **Worte Gottes!** Das Fehlen jeder Inhaltsangabe mag ein Wink sein, an dieser Stelle inhaltliche Festlegungen zu unterlassen und wie Hebr 1,1 an die grundsätzliche Tatsache des

[56] Vgl. auch 1Kor 11,18. Es ließe sich auch übersetzen: »erstens«, um dann mit »zweitens, drittens, viertens« fortzufahren. Paulus hätte dann die eigentlich beabsichtigte Zählung doch lieber abgebrochen, um sie erst in 9,4 wieder aufzugreifen. Aber solch ein Vorgang ist schwer vorstellbar.

Redens Gottes zu denken. Staunend, jubelnd stellt Paulus fest, dass Gott im Unterschied zu den stummen Götzen und schweigenden Göttern, auch im Unterschied zur wortlosen Offenbarung in der Schöpfung nach 1,19-20 über diesem Volk aus sich herausging und redete, und zwar in den Jahrtausenden »vielfach und auf vielerlei Weise«. Es konnte einem schon die Fassung rauben, »dass ein Volk die Stimme Gottes hat reden hören« (5Mo 4,32-33).[57] Die Worte wurden ihm **anvertraut**, nämlich zum Verwahren, zum Schützen gegen Missbrauch, zum unverfälschten Weitergeben, aber auch zum Vorweisen in der Stunde der Rechenschaftslegung. Der Ausdruck »anvertrauen«[a] schließt also Dienstpflicht und Verantwortlichkeit ein. Der folgende Vers setzt ein Treueverhältnis voraus. Der Bundesgedanke ist gegenwärtig.

[a] 1Kor 9,17 Gal 2,7 1Thess 2,4 1Tim 1,11 Tit 1,3

Paulus bezeugt ähnlich wie 9,6 die vollkommene Verlässlichkeit 3
Gottes, selbst unter den Bedingungen der Bundesbrüche Israels. **Was nun? Wenn welche**[58] **untreu wurden**, wie wird Gott antworten? **Wird etwa ihre Untreue Gottes Treue aufheben?** Die Art dieser Frage lässt als Antwort nur ein Nein übrig. Gott bleibt bei seiner Zusage. Aber er bleibt auch nicht passiv, sondern verknüpft diese Zusicherung an den herausragenden Stellen des AT immer wieder mit der Verheißung eines noch bevorstehenden überwältigenden Ereignisses. So Hosea 2,21-22: »Und ich werde dich mir verloben auf immer … auf Grund von Recht und Gerechtigkeit und in Gnade und Barmherzigkeit.« Diese Verheißung hat inzwischen durch die Sendung Jesu ihr Ja und Amen gefunden (2Kor 1,20). Im Kreuzesgeschehen steht Gott treu zu seiner Berufung (1Kor 1,9; 1Thess 5,24), seiner Bewahrung (1Kor 10,13) und seiner Vergebung (2Tim 2,13; 1Joh 1,9). Dagegen war vor Christus die Lage für Israel in der Tat verzweifelt. Ohne Christus wäre auch Paulus ratlos, und weil er in dieser Phase des Briefes noch nicht in die neue Weltstunde eingeführt hat (3,21-26), kann er hier auch noch nicht so recht befriedigend antworten wie dann Kap. 9-11.

Aber der Gedanke, Gott könnte seine Zusagen nicht halten, kann 4
nur entschieden zurückgewiesen werden: **Ausgeschlossen!** Unvorstellbar, dass des Menschen Sünde Gottes Treue beendet, statt dass Gottes Treue die Sünde beendet (11,26). Flehentlich erwartet Paulus den Augenblick, wenn Gottes Art im Kontrast zur Menschenart in hellstem Licht erstrahlt: **Es sei vielmehr (so): Gott ist wahrhaftig, aber (Ps 116,11b): »Alle Menschen sind Lügner.«** Und

57 Vgl. Adolf Pohl, Staunen, S. 7-11.

58 Diese Übersetzung soll jede Vorstellung über die Zahl der Untreuen vermeiden, um die es hier sicher nicht geht, wie ähnlich 11,17. Nach 1Kor 10,5 fiel eine »Mehrzahl« der Israeliten in der Wüste ab (in diesem Sinn auch Röm 11,4), aber Mose, Josua, Kaleb und viele andere waren treu.

weiter in Gebetssprache: **Wie geschrieben ist (Ps 51,6b): »Damit du gerechtgesprochen wirst in deinen Worten und siegst, wenn man mit dir rechtet.«** Wiederholt fasst das AT die Geschichte zwischen Gott und Mensch in das Bild eines Rechtsverfahrens.[b] Dabei klagen die Menschen so heftig gegen den Himmel, dass sie ihren Wohltäter sogar in Verteidigungsnot zu bringen scheinen. Doch dieser Beter tritt auf die Seite Gottes, wünscht allein seinen Sieg herbei, der auch ein Sieg seiner Zusagen sein wird.

[b] Jes 1,18 41,1 43,9-12

5 Gewiss ist das göttliche Treuegeschehen unfasslich: **wenn aber unser Unrecht Gottes Gerechtigkeit an den Tag bringt.** Ähnlich spitzt Paulus in 5,20b zu. Während er dort aber die Aussage anschließend ausführlich abklären kann, muss er hier kurz sein. **Was sollen wir (dazu) sagen?** Er kennt den Menschen und weiß schon, was hier kommt: **Ist Gott etwa ungerecht, dass er (dafür trotzdem) das Zorn(gericht) verhängt?** Kann er Unrecht, das seiner Gnade doch so recht eine Gelegenheit bietet, bestrafen? **Ich spreche nach Menschenart.**

6 Aber theologischen Argumenten, die Gottes Gottheit antasten, ist das Wort zu entziehen. **Ausgeschlossen!** Als wenn man Gott gegen Gott, also für die Sünde ins Feld führen könne! **Wie könnte Gott sonst die Welt richten?** Weder Jude noch Christ bezweifeln Gottes Weltenrichteramt und damit seinen Widerwillen gegen das Böse.

7 Doch hartnäckig wird nachgestoßen: Das Weltgericht könne eigentlich entfallen, man könne unbesorgt und sogar noch verdienstvoll sündigen. **Wenn sich nun durch meine Lüge die Wahrhaftigkeit Gottes überströmend zu seinem Preise erweist, was werde ich noch als Sünder verurteilt?** Hinter solch absurder Vernünftelei steht einfach des Menschen Bestreben, die Folgen seiner Taten nicht tragen zu müssen. Im ganzen zweiten Kapitel spürte Paulus es auf und bekämpfte es in allen seinen Spielarten. Dabei hat er nie das Nebeneinander von Gottes Erwählung und menschlicher Verantwortung aufgegeben.

8 Schließlich nimmt er eine tatsächliche Agitation gegen seine Person aufs Korn, wonach seine Ethik gotteslästerlich sei. **Ja, (ist es sogar so,) wie man uns verlästert und wie einige behaupten, wir sagten: Lasst uns das Böse tun, damit das Gute (daraus) komme?** Böses tun, Herzeleid zufügen, um der anderen Seite Gelegenheit zu geben, Liebesbeweise zu liefern? Eine solche Ausdeutung seiner Verkündigung in Umlauf zu setzen, ist für ihn vollendete Gewissenlosigkeit. Hier missachtet innerste Gegnerschaft gegen das Evangelium jede Grenze. **Das (Verdammungs)urteil über sie besteht zu Recht.**[c]

[c] Röm 6,21 2Kor 11,15 Phil 3,19

f) Zusammenfassung (3,9-20)

9 Was (sagen wir) also? Haben wir (Juden) etwas voraus? In kei-
ner Weise! Wir haben nämlich vorher Anklage erhoben, dass alle, Juden sowohl als auch Griechen, unter (der Herrschaft) der Sünde sind,
10 wie geschrieben ist: »Nicht ist (da) ein Gerechter, auch nicht einer« (Pred 7,20a),
11 »nicht ist (da) der Vernünftige, nicht ist (da) der, der (in Wahrheit) Gott sucht.
12 Alle sind abgewichen, zusammen unbrauchbar geworden, nicht ist (da) der Täter der Rechtschaffenheit, nicht einmal einer.« (Ps 14,2-3)
13 »Ein offenes Grab (ist) ihr Schlund, mit ihren Zungen betrogen sie« (Ps 5,10), »Schlangengift (ist) unter ihren Lippen.« (Ps 140,4)
14 »Ihr Mund ist voll Fluch und Bitternis.« (Ps 10,7)
15 »Schnell (sind) ihre Füße, Blut zu vergießen.
16 Trümmer und Elend (sind) auf ihren Wegen,
17 und den Weg des Friedens erkannten sie nicht.«(Jes 59,7)
18 »Nicht gibt es Gottesfurcht vor ihren Augen.« (Ps 36,2)
19 Wir wissen aber: Alles, was das Gesetz spricht, sagt es zu denen, die innerhalb (des Geltungsbereiches) des Gesetzes (leben), damit jeder Mund gestopft und alle Welt straffällig vor Gott sei.
20 Darum: »Aufgrund von Gesetzeswerken wird kein Fleisch gerechtgesprochen werden vor ihm« (Ps 143,2), denn durch das Gesetz (kommt nur) Erkenntnis der Sünde.

Endlich kann Paulus die Auseinandersetzung, die er ab 2,1 mit den Judaisten zu führen hatte, abschließen.[59] Die Serie der Schriftzitate ist nach V. 19 ausdrücklich auf Gesetzesleute gemünzt. Damit haben wir in diesem dunklen Gemälde über die Sünden der Juden in V. 10-18 ein Seitenstück zum heidnischen Lasterkatalog in 1,28-30. Was die Herrschaft der Sünde anbetrifft, besteht somit »kein Unterschied« (3,22). »Der ganze Kosmos« (V. 19) bedarf der neuen Heilsordnung, die dann im folgenden Abschnitt ausgerufen wird.

Anknüpfend an V. 1 kann Paulus die Frage nach den jüdischen 9
Privilegien[60] erneut aufgreifen, um sie jetzt, bezogen auf das End-

[59] Den Heiden gilt jetzt nur noch ein Seitenblick, etwa in V. 9b und 19b.

[60] Einige Ausleger übersetzen die Frage mit einer gewissen sprachlichen Berechtigung so, als ob Paulus sich jetzt selber fragte: »Machen wir Ausflüchte?« Dann ginge es hier nicht um die Frage nach einem Plus der Juden, auch käme es nicht zum Widerspruch zwischen 3,1 und hier V. 9, wonach Paulus das eine Mal den Vorteil der Juden mit Elan bejaht, das andere Mal genau so entschieden ableugnet. Trotzdem empfiehlt sich die mehrheitliche Übersetzung oben (auch sprachlich begründbar), denn die Ausführungen in den letzten Versen lassen sich kaum als »Ausflüchte« des Paulus verstehen.

gericht, zu beantworten. **Was (sagen wir) also? Haben wir (Juden etwas) voraus?** Unter dem genannten Blickwinkel muss es heißen: **In keiner Weise!**[61] Sonst geschähe Gottes Gericht nicht mehr »nach der Wahrheit« (2,2), sondern es herrschte dort gegen 2,11 Günstlingswirtschaft. Einziger Maßstab kann nur die tatsächliche Lebenswirklichkeit sein. Diese aber ist eindeutig: **Wir haben nämlich vorher Anklage erhoben, dass alle, Juden sowohl als auch Griechen, unter (der Herrschaft) der Sünde sind.** Die Art dieser durch die Sünde ausgeübten Weltherrschaft will richtig erfasst sein. Nach 2,10.14 hat Paulus nicht geleugnet, dass in der Welt auch Gutes getan und vor allem auch gewollt wird (vgl. 7,18b-22). Doch im Unterschied zu den Schriftgelehrten macht er die Hoffnung zunichte, das Böse durch Gutes aufwiegen zu können.[62] Böses wird nicht dadurch gut, dass außerdem auch noch Gutes getan wird. Mehr noch: Angesichts gelegentlicher guter Taten ist das Ungute doppelt verwerflich, beweisen sie doch, dass ein Wissen um Gut und Böse vorhanden, dass die Wahl des Guten möglich und damit Ungehorsam nicht Schicksal ist. Schließlich zeigt der nur gelegentliche Gehorsam, dass der Gehorsam gespalten ist. Gespaltener Gehorsam aber ist ganzer Ungehorsam, denn auch beim Jasagen will man Gott im Grunde nicht, auch in seinem Gehorchen ist der Mensch wesenhaft Gottes Feind (5,10). In dieser Halbheit, in diesem nicht »von ganzem Herzen Gott lieben« passt der Mensch unmöglich zu Gott, der ungespalten liebt.

Der Kernbegriff »Sünde«[63] erweckt bei Paulus den Eindruck einer personhaften Macht. Nach unserem Brief »kam« die Sünde in die Welt »hinein«, »täuscht« den Menschen, »bewohnt« ihn, sie »ist tot« und »lebt auf«, »tritt« aus der Tarnung »in Erscheinung«, »beherrscht« wie ein König oder »knechtet« wie ein Sklavenhalter seine Leibeigenen, man ist an sie »verkauft« oder auch von ihrem Eigentumsrecht wieder »befreit«, man stellt ihr Waffen zur Verfügung wie einem Hauptmann, der seine Söldner »bezahlt«, sie »tötet« einen und »wird selbst verurteilt«[a].

[a] Röm 5,12.21 6,6-22 7,8-20 8,2-3

10-18 Wenn Paulus im Vorvers sagte: »Wir haben Anklage erhoben«, dann geschah das selbstverständlich nur gedeckt durch die Schrift. Als Beleg erscheint ein langes Mischzitat, das überwiegend aus Klagepsalmen über die allgemeine Gottlosigkeit der

61 Auch hier wird gelegentlich abweichend vom Üblichen übersetzt: »Nicht in jeder Hinsicht!« Dann wäre Paulus inzwischen mindestens vorsichtiger geworden, den Vorzug der Juden zu preisen. Aber wieder erlaubt der Zusammenhang dieses Verständnis keineswegs.

62 S. ausführlich zu 2,6, auch hier zu V. 20a.

63 Hier im Röm das erste Mal der Begriff »Sünde«, die Wortgruppe dann 60-mal. Nur ganz selten spricht Paulus von »Sünden« (Mehrzahl!) im Sinne von Einzelverstößen.

Leute stammt. Der Apostel kürzt oder ergänzt die Sätze, spitzt sie zu und verschmilzt sie zu einem festen Block durch das ständige: »Nicht ist einer da, der …«, was den Sinn hat: »Es gibt nicht einen, der …«[64]

V. 10-12 klagt massiv auf Bundesbruch: **alle sind abgewichen** (V. 12). Dabei kehren Elemente heidnischer Gottlosigkeit wieder. So die Ungerechtigkeit von 1,18 hier in V. 10a: **kein Gerechter;** die Uneinsichtigkeit der Herzen von 1,21.31 hier in V. 11: **kein Vernünftiger**; die Gleichgültigkeit gegenüber Gott von 1,28 hier in V. 11: **keiner, der (in Wahrheit) Gott sucht;** das Urteil über die moralische Verderbtheit der Gesellschaft von 1,28.32 wird hier in V. 12b wiederholt: **zusammen unbrauchbar geworden.**

V. 13-17 beschreiben die konkreten Folgen und verlegen sich dabei besonders auf die Zungensünden. Die verderbte Wortwelt ist ein zentrales Übel. Die Körperteile **Schlund**, **Zunge**, **Lippen** (V. 13) und **Mund** (V. 14) sind es, von denen aus sich der Hauch von Verwesung über das Zusammenleben ausbreitet (V. 13). Dieses überscharfe, feindselige, hasserfüllte und mit Hass erfüllende, tief ungute Reden der Menschen lenkt dann auch ihre **Füße** (V. 15-16) und verblendet ihre **Augen**, so dass sie schließlich keinen Ausweg mehr erkennen (V. 17.18). Trotz Wissensdrang und Wissensschatz Ratlosigkeit in den Grundfragen des Wohls und des Heils[b]. V. 18 nennt in Übereinstimmung mit Spr 1,7 den verlorenen Schlüssel alles wahren Wissens und Erkennens: die **Gottesfurcht** (vgl.1,21).

[b] Jes 48,18.22 Lk 19,41-44

Paulus erinnert an die gemeinsame Überzeugung, dass Aussagen der Schrift und darum auch die soeben gehörten Urteile vollinhaltlich auf die Juden gemünzt sind. **Wir wissen aber: Alles, was das Gesetz spricht, sagt es zu denen, die innerhalb (des Geltungsbereiches) des Gesetzes (leben).** Die Schriften Israels im AT[65] haben die Aufgabe, Israel zu überführen. **Damit jeder Mund gestopft und alle Welt straffällig vor Gott sei.** Straffälligkeit setzt den Zusammenbruch der Verteidigung voraus. Bis dahin bewegten sich die Münder der Vorgeladenen unablässig. Sie wollten sich herausdiskutierten (Lk 10,29), hielten die Wahrheit von sich selbst weg, wendeten sie auf die anderen und auf die Verhältnisse an, beschönigten ihr Tun und Lassen, beteuerten ihre Unschuld. Sie wollten 19

64 Zur Schärfe der Anklage vgl. auch zu 2,21f und das Wort Jesu nach Joh 7,19: »Niemand von euch tut das Gesetz!«

65 Hier wird das gesamte AT als »Gesetz« bezeichnet, denn das lange Zitat ist ja nicht etwa aus den Mosebüchern zusammengestellt, die im engeren Sinne als »Gesetz« galten. Das AT konnte so bezeichnet werden, weil das Mosegesetz auch die Sachmitte der restlichen Schriften darstellt. Dieser weitere Sprachgebrauch findet sich auch 1Kor 14,21.

[c] Ps 107,42 Hi 5,16 9,2-4.14

aus dem Gerichtssaal einen Sprechsaal machen. Da kommt Gottes Wortmeldung in Form des Mosegesetzes und jeder Mund wird gestopft[c]. Dies Schweigen der Überführten ist noch nicht Heil, aber Klarheit, nämlich Rechtsklarheit.

20a An dieser Stelle bilanziert Paulus abschließend den jüdischen Gesetzesdienst. Wie beim theologischen Grundentscheid des Gal (2,16c), gelangt er wieder zu Ps 143,2: **Darum (ist geschrieben): »Aufgrund von Gesetzeswerken wird kein Fleisch gerechtgesprochen werden vor ihm.«** Der Vers versetzt in den Zeitpunkt des zukünftigen Gerichts. Jemand, der vielleicht in seinem Erdenleben von seinen Mitmenschen als »Gerechter« geehrt wurde, steht nun »vor ihm«. Dort zeigt sich, dass er nicht beharrlich »in allem, was geschrieben ist«, geblieben ist (Gal 3,10; 5,3). Zwar hatte er gehofft, die fehlenden Gebotserfüllungen durch die immerhin vorhandenen Gesetzeswerke aufzuwiegen (vgl. Lk 18,12). In diesem Sinne »rühmt er sich des Gesetzes« (2,23). Aber der Jubel Gottes nach 2,29 und sein Richterwort: »Du bist gerecht!« bleiben aus. Es ist zwar etwas Gutes, hier und da gesetzliche Anweisungen zu befolgen, aber Gutes rechtfertigt nicht Böses. Es gibt keine Ersatzhandlungen auf Ersatzfeldern für die fehlende fröhliche Hingabe des ganzen Herzens, der ganzen Seele und aller Kräfte an Gott. Wenn das Gesetz also nicht rechtfertigt, was leistet es dann?

20b Das Gesetz schafft, wie schon V. 19 angedeutet, Rechtsklarheit. **Denn durch das Gesetz (kommt) Erkenntnis der Sünde.** Keinesfalls macht es zum Sünder, aber es enthüllt den Sünder als einen solchen.[66] Es ermöglicht Selbsterfahrung. Erkenntnis[d] geht hier wie oft im AT über einen theoretischen Erkenntnisgewinn hinaus. Unter dem hellen göttlichen Gebot bekommt man es auf dem Wege praktischer Erfahrung im Vollsinn mit Sünde zu tun: Ich bin Gott und seinem Reich tief fremd, ein Kind des Zorns. Auf diese Weise Tiefe und Verdammlichkeit der Sünde zu erkennen, ist aber auch ein unschätzbarer Vorzug. Das gilt jedenfalls dann, wenn es ein Evangelium gibt.

[d] Röm 1,28 10,2 Phil 1,9

[66] Hier ist kurz zusammengefasst, was Paulus in den folgenden Kapitel vertiefen wird, z.B. V. 27-31; 4,15; 5,20 und Kap. 7.

Abschnitt B

DIE OFFENBARUNG DER GERECHTIGKEIT GOTTES FÜR DEN GLAUBEN (3,21-4,25)

Über 64 Verse hinweg knüpft Paulus jetzt wieder an die Kernaussage von 1,16-17 an: »Gerechtigkeit Gottes ist offenbart worden«. In einer bestimmten Weltstunde unternahm Gott handelnd seine Selbstrechtfertigung. Er wurde sich selbst gerecht als ein wahrer Rettergott, und zwar im Weltmaßstab für alle Glaubenden. Dieses Reden von Rettung bleibt aber bloßes Wortgetön, das auf die Nerven geht, solange zwei Punkte gegenstandslos sind: *Erstens*, wenn mit uns Menschen sowieso alles richtig wäre und kein Unheil uns bedrohte. *Zweitens*, wenn es von Gott her dieses Außerordentliche überhaupt nicht gegeben habe und sich von ihm her über seine ewige Routine hinaus nichts bewegte. Die erste Möglichkeit hat Paulus durch seinen langen Einschub als Illusion deutlich gemacht. Zum zweiten Punkt, was Gott denn getan habe, fehlt hier eine solch ausführliche Bezeugung. Paulus lieferte den Römern keine evangelienartige Darstellung von Worten und Taten, vom Leiden, Sterben und Auferstehen Jesu Christi. Dieser gestandenen Gemeinde in Rom musste man das nicht erst noch erzählen. Wie in allen urchristlichen Gemeinden wurde dort die Jesus-Überlieferung gepflegt, dazu auch Kernsätze des christlichen Glaubens festgehämmert. Derartiges konnte Paulus also voraussetzen. Fünf ganze Verse in den ersten vier Kapiteln genügten, an die bekannte Überlieferung zu erinnern (1,3-4; 3,24-25 und 4,25). Allgemeine Übereinstimmung machte die Sache kurz. So konnte Paulus jetzt daran gehen, seine spezielle These von 1,16-17, die noch ohne irgendeine Erwähnung Jesu Christi formuliert war, zu vervollständigen und vor allen Dingen im Blick auf seine judaistischen Widersacher zuzuspitzen. Es entstand der Basisabschnitt des Römerbriefs, die »Urzelle paulinischen Denkens« (O. Kuss, S. 26). Diesen Kern konnte Paulus geradezu als sein Eigentliches, seine »Weisheit« bezeichnen (1Kor 1,24; 2,1-2.6-7). Ohne hier etwas zu erfassen, bleibt einem der ganze Paulus stumm.

1. Der Basisabschnitt des Briefes: Glaubensgerechtigkeit unter Absehung vom Gesetz aufgrund des Sühnetodes Jesu Christi (3,21-26)

21 Jetzt aber ist ohne Gesetz Gottes Gerechtigkeit offenbart worden, bezeugt durch das Gesetz und die Propheten,

22 **und zwar Gerechtigkeit Gottes (zugänglich) durch den Christusglauben für alle Glaubenden. Denn (es gibt) keinen Unterschied (bei ihnen zwischen Juden und Heiden):**
23 **Alle sündigten sie nämlich und sind verlustig der Herrlichkeit Gottes,**
24 **werden (aber) gerechtgesprochen umsonst durch seine Gnade aufgrund des Loskaufs, (der) in Christus Jesus (geschah),**
25 **welchen Gott öffentlich hingestellt hat als Sühne(ort) – (zugänglich) durch den Glauben! – kraft seines Blutes, zum Erweis seiner Gerechtigkeit wegen des (straflosen) Hingehenlassens der früher geschehenen Sünden,**
26 **(geschehen) unter der Zurückhaltung Gottes, (also) zum Erweis seiner Gerechtigkeit in der Jetztzeit, damit er selbst ein Gerechter und ein Gerechtsprechender sei in Bezug auf den, (der) aus dem Glauben an Jesus (lebt).**

Bloßgestellt und grell beleuchtet in ihrer Schuld stehen Juden und Heiden da. Alle ihre Möglichkeiten sind ausgereizt. Sie sind nicht mehr zu retten. Nur noch Gott kann vor Gott retten. Das geschah. Gott selbst betrat den Schauplatz und schaltete sich mit seiner ganzen Gottheit zugunsten seiner Menschen ein. In diesem Zusammenhang kehren auch die beiden Kernbegriffe von 1,16-17 wieder. Aber was dort wie Brocken hingeworfen wurde, erscheint jetzt in organischer Einbettung: Die sechs Verse sprechen gleich siebenmal von »Gerechtigkeit, gerechtsprechen, gerecht sein« und viermal von »Glaube, glauben«. Allerdings stellen sich für unser Verstehen auch Schwierigkeiten ein, die sich aus Stil und Wucht dieser Grundsatzerklärung ergeben. Das Fehlen von Tätigkeitswörtern, die Häufung schwergewichtiger Hauptwörter, oft unverbunden aufgereiht, sind nicht immer leicht gedanklich einzuordnen.

21 **Gerechtigkeit Gottes** – wie die Sonne steht dieser Zentralbegriff über diesem Basistext. Schon in 1,17 führte Paulus ihn erklärungslos ein. Offenbar konnte er ihn als vertraut voraussetzen. Wieso er das konnte, verrät hier die zweite Vershälfte: **bezeugt durch das Gesetz und die Propheten**, d.h. durch das AT. Also ist das AT zu befragen. Vor allem das jesajanische Trostbuch bildet den Hintergrund.[1] Damit aber bekommt dieser Begriff eine für uns ungewöhnliche Bedeutungsbreite und -tiefe.

1 Als Heilstat Gottes findet sich »Gerechtigkeit« in Jes 41,10; 42,6.21; 45,8.13.19.21.23f; 46,13; 51,5.6.8; 54,14. Auf menschliches Verhalten bezogen: 48,1.18; 46,12; 51,1.7; vgl. 1,21.26.27; 5,7.23; 9,6; 11,4f; 16,5; 26,10. Das Wort bildet die Klammer um das ganze Werk. Auf die besondere Nähe zu Jesaja war schon zu 1,16a hinzuweisen.

Von Gottes Gerechtsein als seiner ewigen Eigenschaft ist sie als etwas Grundneues zu unterscheiden, verheißen als einzigartige Tatoffenbarung zu einer bestimmten Weltstunde. Mit ihr wird Gott den Beweis liefern, dass es trotz aller dunklen Wege mit ihm in jeder Hinsicht seine Richtigkeit hat.[2] Während wir in erschreckender Weise nicht mehr richtige Menschen sind (1,18-3,20), haben wir aber einen durch und durch richtigen Gott, der kein Dämon ist, kein Irrlicht, kein Götze und kein Phantom.

Bei der Offenbarung seiner Gerechtigkeit handelt es sich keinesfalls eng und speziell um ein richterliches Abstrafen. Vielleicht haben wir in der deutschen Sprache noch eine Brücke zum biblischen Verständnis. Wenn sich z.B. ein Mann von überlegenen Fähigkeiten auf den Weg macht, irgendwo eine verfahrene Sache zu regeln, begleitet ihn die Erwartung: »Er wird's richten!« Hier hat das Wort »richten« noch einen lebendigeren, umfassenderen Sinn als im Justizwesen: alles wieder in Ordnung bringen, in die erforderliche Lage versetzen, so dass das Leben weitergeht. So verhieß das jesajanische Trostbuch, dass Gott noch einmal zugunsten seiner Menschen zurechtbringend in die Weltgeschichte eingreifen werde. Zweifellos wird sich dieser Eingriff auch mit der Richterfunktion verbinden, wobei aber vorausgesetzt ist, dass ein Richter in Israel zugleich eine Art Staatsanwalt war, der sich der öffentlichen Missstände annahm. So ist die endgeschichtliche Gerechtigkeit Gottes Akt der Rechtshilfe für die Gequälten und Erniedrigten. »Siehe, dein König kommt zu dir, ein Gerechter *und ein Helfer*« (Sach 9,9 nach LÜ). Markant verkoppelt auch 1Joh 1,9 »Gerechtigkeit« und »Treue« miteinander. Hier eine Spannung zu sehen, wäre abwegig. Die Frommen des AT haben darum den Ausdruck »Gerechtigkeit« ausgesprochen geliebt.[3]

Diese Gerechtigkeit schafft eine Sphäre, in der alles Leben aufblüht. Sie hat ihr Zentrum in Gott, aber ihre Peripherie reicht bis an die Ränder der Schöpfung. Sie umfasst Gericht und Gnade, Menschen und Verhältnisse, Handeln und Sein, Gegenwart und Zukunft. Man gebe es deswegen auf, diesen vielschichtigen Begriff im Römerbrief über einen Leisten zu ziehen und beachte jede Stelle in ihrem Zusammenhang.

Doch wie erfüllte sich die bei Jesaja prophezeite Rechtstat Gottes? Zunächst: Sie ist **offenbart worden**. Gewiss klingt hier 1,17 an. Aber zwei kleine Abweichungen machen auf sich aufmerksam: a) Diesmal wählt der Apostel für »offenbaren« einen anderen Aus-

[2] »Grundlage ist das hebr. Adjektiv *zaddik*, das eigentlich nicht ›gerecht‹ im üblichen Sinne bedeutet, sondern besser mit ›richtig‹ übersetzbar ist« (K. Haacker, ELThG III, S. 1662).

[3] Aus der Fülle von Belegen: Ps 31,2; 36,2; 51,15; 71,15f; 116,5; 143,1f; 143,1f; 145,7.17

[a] 2Kor 2,14f; 4,2

[b] Röm 3,26 11,5.31 13,11 2Kor 6,2 Gal 4,4.29 Mk 1,15

druck (*phaneroô* statt *apokalyptô*), und er setzt ihn b) auch in eine andere Zeitstufe. Dort stand »offenbaren« im Präsens und betraf das gegenwärtige Verkündigungsgeschehen im christlichen Missionsprozess.[a] Doch das diesem Geschehen vorausgehende Ereignis, von dem solche Predigt handelt, kommt erst hier zur Sprache. Jetzt heißt es im Perfekt: Gottes Gerechtigkeit »ist offenbart worden«. Ein einmaliges Ereignis der Vergangenheit hat ein Faktum geschaffen, das jetzt ein für alle Mal gilt und seine weltweite Bekanntmachung rechtfertigt. Es handelt sich, wie es V. 22 endlich sagen wird, um die Tat Gottes durch und in Jesus Christus. Durch sie trat seine Gerechtigkeit in Erscheinung.

Jetzt aber ist sie offenbart worden, nach V. 26 noch betonter: »in der Jetztzeit«. Urchristliches Zeitbewusstsein und auch Hochgefühl sprechen sich hier aus.[b] Gott gestaltete schon immer die Zeitläufte, aber durch das Christusereignis rief er eine grundsätzlich neue Zeit ins Dasein. Gott schlug eine Kerbe in den Ablauf der Dinge. Dieser Einschnitt ist so deutlich, dass das, was jetzt kommt, nicht mehr als Weiterlaufen des Bisherigen verstanden werden kann. Vergleichbar ist Gottes Tun am ersten Schöpfungsmorgen (vgl. wieder Jes: 40,26-31; 44,24; 51,9-11; 54,5).

Seine judaistischen Widersacher herausfordernd kennzeichnet Paulus diese Gottestat ferner durch den kleinen Einschub **»ohne[4] Gesetz«**. Im Versschluss umschreibt der Doppelausdruck »Gesetz und Propheten« das AT. Hier dagegen bezeichnet »Gesetz« wie 7,22.25; 8,7 die Willenskundgabe Gottes, greifbar in seiner mosaischen Form, abgeschattet im Herzen aller Menschen. Dies Gesetz ist erstens heilig (7,7-13), zweitens von elementarer Überzeugungskraft in allen Gemütern (7,16-22), aber dennoch – drittens – schwach, wo es mit Menschen unter der Sünde zu tun bekommt (8,3). Und nur diesen Fall kennt Paulus (3,9). Nur Gerechte kann das Gesetz frei- und frohsprechen, sonst kann es nur verdammen, wie Paulus gerade noch im Vorvers ausführte (3,20; vgl. 4,15). Aus dieser Sackgasse führt Gott »jetzt aber« heraus, aus dem Zorn in die Gerechtigkeit.

So gewiss die neue Gerechtigkeit die uns geläufigen Rechtskategorien sprengt, ist sie in tief befriedigender Weise immer auch Rechtsakt. Darum gehören wie in jedem israelitischen Prozess zwei Zeugen dazu: **bezeugt durch das Gesetz und die Propheten** als die beiden wichtigsten Teile des AT. In Kap. 4 folgt z.B. ein atl. Stück als Muster für christliche Glaubensgerechtigkeit. So unverkennbar der Einschnitt in der Heilsgeschichte, so wenig ist da ein Bruch.

4 D.h. ohne Einschaltung des Gesetzes. Das gleiche »ohne« kehrt V. 28 und 4,6 wieder: »ohne Werke des Gesetzes«.

V. 22a nennt als einzigen Zugang zu dieser Sphäre des Heils mit größtem Nachdruck den Glauben an Jesus Christus. **Gerechtigkeit Gottes** aber[5] **(zugänglich) durch den Christusglauben für alle Glaubenden.** Neben »aus Glauben« oder »im Glauben« verwendet Paulus dieses »durch den Glauben«. Der Ausdruck lässt sich bildlich als eine Art Zugang oder Korridor verstehen, durch den hindurch ein Bereich betretbar ist. Zugleich ist an dieser Stelle »Glaube« und »Christus« sprachlich zusammengeschweißt zu »Christusglaube«. Ohne Christus wäre Glaube ein Nullwert. Er gliche einer Telefonleitung, die am anderen Ende in der Luft hängt. Nun hängt sie nicht in der Luft, denn Christus ist auferstanden. Die glaubensvolle Anrufung des Lebendigen (10,12-13) besagt: Unser Heil ist jetzt aus unserer Tätigkeit und Befindlichkeit gänzlich herausgenommen. Nicht wir erreichen die Gerechtigkeit, sondern sie erreicht uns, sie fließt uns durch den Glauben zu als ein Geschenk. Wenn es aber so steht: »ohne das Gesetz, durch den Glauben«, steht die Tür weit offen für alle; die Beschränkung auf gesetzesstrenge Juden fällt dahin. Angesichts der Heilsfrage lautet die Unterscheidung nicht mehr: Jude oder Heide (V. 22b), sondern allein: Glaube oder Unglaube. **22a**

Die Frage nach dem Glauben ist allerdings nicht zu umgehen. Noch immer blieb die Heilsbotschaft unwirksam, wo sie »sich nicht durch den Glauben mit den Hörern verband« (Hebr 4,2). Hier ist der Platz, grundsätzlicher auf das ntl. Standardwort »Glaube« einzugehen.[6] Paulus beschäftigt sich wie das ganze NT kaum mit dem innerseelischen Hergang beim Glauben.[7] Der Glaubende ist vor allem ein von sich weg- und abgelenkter und in sofern ein nach außen gerichteter Mensch. Er ist ganz Ohr, ganz Lauschender, konzentriert auf die Botschaft von Christus. Er hört, was dort die Gnade spricht. Sie spricht ihm Unglaubliches zu (vgl. Jes 53,1!), niemals könnte er sich das selber sagen. Er kann es sich nur sagen lassen. Er lässt es sich sagen. Sein Horchen wird ganzheitliches Horchen, nämlich Gehorchen (1,5). Was er über Kommen, Tun, Lehren, Leiden, Sterben und Auferstehen Jesu hört, erobert so sein Denken und Wollen, dass er sich im öffentlichen Bekenntnis darauf festlegt (10,9f). Glaube ist so eine Schöpfung der Christuspredigt. Wo es nichts oder nichts Gediegenes von Christus zu hören gibt, gibt es

[5] Vielleicht hebt dies »aber« das hier Gemeinte von einer Glaubensgerechtigkeit ab, die sich überhaupt nicht auf Christus bezieht. So z.B. mit sonst ganz ähnlichen Vokabeln in Qumran (1Qp Hab VII,17; VIII,1-3).

[6] Vgl. die Auslegung zu 1,5 und 4,17b-23, aber auch Galater, WStB, S. 122: »Sprachliches zu ›glauben‹«.

[7] Ansätze vielleicht Mk 9,24; Röm 4,19-21; 2Kor 13,5. In Lk 17,5f schneidet Jesus das eingehende Interesse der Jünger am eigenen Glauben ab.

auch nichts zu glauben (10,14b). Erst die verbale Verkündigung Jesu Christi verleiht der Gemeinde Existenzberechtigung: »Wehe mir, wenn ich das Evangelium nicht verkündige!« (1Kor 9,16).

22b-23 An dieser Stelle holt Paulus kurz das Ergebnis von 1,18-3,20 in seinen Gedankengang herein. **Denn (es gibt) keinen Unterschied (zwischen Juden und Heiden): Alle sündigten sie nämlich**[8] **und sind verlustig der Herrlichkeit Gottes.** Nach Ps 8,6-7 kommt der Mensch eigentlich gleich nach Gott. Als Gottes Abglanz hat er eine Krone der Herrlichkeit[9] auf seinem Haupt, die Schöpfung zu seinen Füßen. Doch diese Würde besitzt er nur, insofern er in der Gottesverehrung verharrt, wie der Mond nur scheint, wenn er der Sonne zugewandt ist. Durch die verhängnisvolle Weichenstellung von 1,21 hat der Mensch seine gottgewollte Ausstrahlung verloren. In 1,24-32 und 3,10-18 porträtierte Paulus den gottabgewandten und darum erschütternd glanzlosen Menschen. Nach 2,7.10 geht es im Endgericht um die Frage, ob Gott uns diesen Strahlenglanz der ursprünglichen Menschenwürde verleiht.

24 Nachdem Paulus noch einmal den unter der Anklage verstummten und unter dem Zorn Gottes erloschenen Menschen vergegenwärtigt hat, bringt er als Kontrastaussage über denselben Menschen: Sobald sie zum Glauben an Christus kommen, **werden sie** durch Gott **gerechtgesprochen.** Sie sind Gott recht, gottfähig und damit auch rundherum lebensfähig. Paulus versichert doppelt, dass dafür keine Rechnung aufgemacht wird. Der Freispruch ergeht **umsonst**, kostenlos[c], ohne dass er deswegen »billig« wäre. Weithin gibt es umsonst, was zu geringfügig ist, hier aber gerade das, was unbezahlbar und deswegen unter keinen Umständen für Geld zu haben ist. Der vollständige »Preisnachlass« erklärt sich in diesem Fall als reine **Gnade**.

[c] Jes 55,1 Offb 21,6 22,17

Zugleich erscheint Gnade hier in juristischen Zusammenhängen. Sie ist als innergerichtlicher Vorgang gedacht. Unsere Sünde hatte nämlich Rechtsverhältnisse geschaffen. Sie hat uns in den Status eines Sklaven versetzt (Kap.6; Joh 8,34). Wir erleiden Zwangsabläufe, die uns nicht einmal nur Unrecht tun, sondern die wir auch verdie-

[8] Werner de Boor bemerkt zu diesem Vers: »Luthers bekannte Übersetzung: ›Sie sind allzumal Sünder‹ ist leider durch den langen Missbrauch zu einem Wort achselzuckenden Leichtsinns geworden. Es wäre darum gut, wenn diese Übersetzung aus unsern Bibeln verschwände. Paulus will nicht entschuldigen mit der resignierenden Feststellung: ›allzumal Sünder‹, sondern beschuldigen mit dem unleugbaren Tatbestand … Wenn wir vor uns sähen, wie Gott uns gedacht und gewollt hat! Dann würde uns erst mit Erschrecken klar werden, wie beschmutzt und entstellt, wie verkrüppelt und verdorben wir durch die Sünde sind.«

[9] Das griech. Wort für »Herrlichkeit« (*doxa*) verbindet sich in der Bibel mit der Vorstellung eines Lichteffekts: majestätischer Strahlenglanz, wie er einen Thronenden umgibt (1,23) und auch seine Umgebung überglänzt. So deutlich Lk 2,9: »Die *doxa* des Herrn leuchtete um sie.« Ähnlich Apg 22,11.

nen. Denn dass unser Böses uns nicht gut tut, dass wir ernten, was wir säten, ist auch vor Gott rechtens (Gal 6,7). Die Sündenmacht kann somit einen göttlichen »Vollstreckungsbefehl« vorweisen. Insofern erleiden wir nicht nur satanische Gemeinheit, sondern auch göttliches Gericht. »Die Kraft der Sünde ist das (göttliche!) Gesetz« (1Kor 15,56). Was wir folglich brauchen, ist nicht »nur Liebe«. Vergebung »einfach so« führt nicht in die Freiheit. Bei wahrer Rettung muss es mit rechten Dingen zugehen. Dazu bedarf es einer Entrechtung unserer Sünde. Gottes Gnadenzuspruch hat seinen Rechtsgrund im Rechtsakt des Todes Christi. Ihn zu würdigen, verwendet Paulus im Röm mindestens drei juristische Bildworte: »Loskauf« (V. 24) aus dem Familienrecht, »Sühne« (V. 25) aus dem Sakralrecht und in 5,1-11 »Versöhnung« aus dem Völkerrecht.

Wir werden von Gott freigesprochen **aufgrund des Loskaufs, (der) in Christus Jesus (geschah).** Loskauf war ursprünglich eine Einrichtung aus dem israelitischen Familienrecht.[10] War ein Israelit hoffnungslos verschuldet, trat sein nächster Angehöriger mit allem, was er hatte und konnte, als sein »Löser« für ihn ein. Diese Loskauf-Einrichtung dient in der Bibel auch als Gleichnis für das erlösende Handeln Gottes an Israel in Ägypten[d], dann in der Babylonischen Gefangenschaft[e], schließlich bei Jesaja wie im NT als Geschehen für alle Völker.

Das NT weist achtzehn Loskauf-Stellen auf. Sie sind verschieden ausgeformt, aber ihre Grundbotschaft lautet: Gott ist dieser eigentliche nächste Verwandte aller Menschen (Ps 27,10). Bedingungslos tritt er für seine versklavten und verschleppten Geschöpfe ein. Gerade Schuld, Not und Schande rufen ihn als »Löser« herbei. In Christus hat er sich auf diese Rolle festgelegt. Dort ist er »Löser« in Fülle. Weil ein Kauf kein Raub ist, sondern ein Rechtsakt, ist der Loskauf in[11] Christus Jesus die verlässlichste Sache von der Welt. Sie kann auch das sensibelste Gewissen vollkommen stillen und stoppt die zermürbende Selbstbestrafung.

Nun hat der Vergleich mit der altisraelitischen »Erlösung« auch seine Grenze. Der »Löser« leistete Stellvertretung, aber ohne dass er dabei starb. Der Heilstod Jesu ruft also nach ergänzenden Deutungen. Dazu bedient Paulus sich eines Mittels, das im NT die stärkste Verbreitung fand. Er deutete Jesu Sterben mit Ausdrücken aus dem atl. Opferwesen.

[d] 2Mo 6,6
5Mo 7,8
9,26; 13,6
15,13
21,8
24,18

[e] Jes 43,14
44,22-24
53,2
62,10-12
63,9

10 3Mo 25,47-55; 27,1-29; bei Jes auch verbunden mit »Gerechtigkeit«: 43,22-28; 44,21f; 48,9f; 50,1-3; 54,6-8 und 55,7. Loskaufstellen in Bezug auf das Werk Jesu, z.B.: Gal 4,5; 1Kor 6,20; 7,23; Eph 1,7; 1Tim 2,6; Tit 2,14

11 »In Christus Jesus« (im Röm noch 6,11.23; 8,1.2; 8,39) sagt mehr als »durch Christus Jesus«, wie Christus mehr ist als nur ein Instrument zum Heil. Er verkörpert auch das Heil.

25a **Welchen Gott öffentlich hingestellt hat als Sühne(ort).** Gleich das zweite Wörtchen kann nicht genug betont werden: Gott war der Handelnde! In den heidnischen Tempeln waren die Opfer Instrumente in des Menschen Hand, um auf eine ungnädige Gottheit einzuwirken. Selbstbestrafung sollte sie erweichen und umstimmen. Aber schon im AT fließt die Grundströmung entgegengesetzt. Gott ist der Sühnende (5Mo 21,8a; Jes 6,7), er seinerseits sorgt für das Opfer (1Mo 22,8), er war es, der »das Blut auf den Altar gab« (3Mo 17,11). Wieder steht hier auch das Jesaja-Buch als Zeuge, nämlich die gewaltige Stelle 43,22-25: »Nicht du, ich, ich bin es, der Sünden tilgt!« Wenn Israel zum Opfern kam, betrat es immer schon Gnadenboden, musste ihn sich nicht erst bereiten. So auch ganz eindeutig beim Opfer Christi: »Christus ist uns *von Gott* zur Gerechtigkeit gemacht.« Darin aber brachte er sich selbst zum Opfer für unsere Sünden. Er »war in Christus und versöhnte die Welt mit sich selbst« (1Kor 1,30; 2Kor 5,19). Wenn jemand auf Golgatha grausam war, dann nicht er, sondern wir.

Gott stiftete zu Karfreitag einen öffentlichen Sühne(ort). Bei diesem Wort[12] ist an den goldenen Aufsatz[13] zu denken, der nach 2Mo 25,17-22 im Allerheiligsten der Stiftshütte und später des Tempels der Bundeslade auflag. Das Gerät diente als Sockel für zwei Nachbildungen eines Flügelwesens (Cherubim), rechts und links. Diese trugen zwischen sich den unsichtbaren Thron Gottes. Mit ihren Flügeln verhüllten sie diese Stätte seiner gnädigen Gegenwart (2Mo 25,22). Dort vollzog der Hohepriester am Großen Versöhnungstag auch die jährliche Entsühnung des Volkes. Dazu sprengte er vor diesen Aufsatz zweimal siebenfach das sühnende Tierblut. Das Gerät ging mit dem ersten Tempel verloren; im zweiten Tempel war das Allerheiligste leer. Trotzdem wurde der Ritus bis zu seinem Untergang im Jahre 70 n. Chr. jahrhundertelang im leeren Raum begangen. Im Ausland feierten die Juden den Großen Versöhnungstag schon immer ohne Tempel, eben in ihren Synagogen, und begehen ihn noch bis heute als das feierlichste aller jüdischen Feste (*jom kippur*). Die Einrichtung war jedem Heiden, der zum Freundeskreis

[12] Das griech. *hilastärion*, wörtlich ganz allgemein »das zur Sühne Gehörige«, konnte verschiedene Gegenstände bezeichnen. Die Übersetzer wählen hier »Sühnmal«, »Sühnmittel«, »Sühnegerät«, »Sühnopfer«, »Sühnort«, »Sühnaltar«, »Sühnedeckel« oder »Sühnplatte« Luther ursprünglich: »Gnadenstuhl«; LÜ weicht einfach auf »Sühne« als Handlung aus, obwohl der Gedanke an einen Gegenstand näher liegt. Wegweisend ist, dass das Wort in der LXX einen festen Gebrauch annahm, nämlich für den »Aufsatz« (2Mo 25,17) auf der Bundeslade im Allerheiligsten (so 25-mal von 27 Stellen!), bestätigt durch die zweite Belegstelle im NT, Hebr 9,5.

[13] Die LXX erläutert in 2Mo 25,18 das *hilastärion* mit *epithesis*: etwas Aufgelegtes. Es scheint sich um ein eigenes Gerät gehandelt zu haben, das auf der Bundeslade stand, nicht einfach um den Kastendeckel.

der Synagoge zählte, vertraut. Auch in der römischen Gemeinde konnte man davon ohne nähere Erklärung sprechen.

Dass wir hier in die Zusammenhänge des Großen Versöhnungstages hineingeführt werden, bestätigt der Hinweis auf den Blutritus, der dort die überragende Mitte bildete: **kraft seines Blutes.** In dieser Hinsicht ging es allerdings bei Jesu Opfer nicht um sinnlich Wahrnehmbares. Die christliche Gemeinde wusste, dass Jesus nicht buchstäblich in einer Opferveranstaltung gestorben ist. Weder war da ein sakraler Raum, ein Altar, ein Priester, ein Schächterschnitt mit Ausbluten des Körpers in eine Schüssel, noch diente sein Blut zur kultischen Besprengung im Allerheiligsten des Tempels. Christus starb nach Hebr 13,12 ausdrücklich ganz profan, außerhalb der Heiligen Stadt. Aber schon der irdische Herr, dann der Auferstandene, seine Apostel und die Urchristenheit waren von der Erkenntnis überwältigt, dass dem atl. Opferwesen ein prophetischer Charakter eignete, der sich im vollkommenen Opfer Jesu erfüllte. Karfreitag war gegen allen Augenschein der universale Versöhnungstag. So konnte jetzt gleichnishaft auch von seinem Blut gesprochen und Zug um Zug übertragen werden. Für das Verständnis von Jesu Tod gewann die Rede vom Opferblut Christi[f] einen hohen Rang.

Die Botschaft vom Blut Christi lautete nach 3Mo 17,11: Unschuldiges Leben tritt für gerichtsverfallenes Leben ein. Sühnopfer und Stellvertretung können also kaum voneinander getrennt werden. Freilich haben Juden es leichter, solch eine Existenzstellvertretung zu erfassen. Durch generationenlange Lektüre des AT (2Kor 3,16; Apg 15,21), dieses herrlich realistischen Buches, besitzt dies Volk den Vorzug (3,1f) einer einzigartigen Berührung mit Wirklichkeit. Dagegen werden wir, die wir in heidnischer Kultur leben und atmen, von einer heidnischen Zeitphilosophie in die andere getrieben. Wir sitzen im jeweiligen Denkgehäuse wie in einem Treibhaus und haben einfach zu wenig »Freilanderfahrung«, sprich Wirklichkeitsberührung. Deswegen leidet unsere Gesellschaft an epochalen Mangelerscheinungen. Der Individualismus der Neuzeit hat z.B. einen blinden Fleck im Auge für Stellvertretung, obwohl diese uns von allen Seiten umgibt. Wenn wir irgendwo eine Bewusstseinserweiterung benötigen, dann in dieser Hinsicht. Es geschieht nichts Wesentliches, weder Heilsames noch Böses, ohne Stellvertretung. Eltern leben und handeln dauernd für ihre Kinder, der Arzt setzt sich für den Patienten ein, der Politiker entscheidet für die ganze Bevölkerung mit, der Lehrer hat weithin die Zukunft des Schülers in der Hand, je nachdem wie gediegen er arbeitet, der Mann steht für seine Frau in der Verantwortung und umgekehrt oder der Pastor für die Gemeinde. Wo immer wir sündigen, sündigen wir für

[f] Röm 5,9
Mt 26,28
Mk 14,24
Lk 22,20
Apg 20,28
Röm 5,9
1Kor 10,16
11,25.27
Eph 1,7
2,13
Kol 1,20
Hebr 9,14
10,19.29
13,12.20
1Petr 1,2.18f
1Joh 1,7
5,6
Offb 1,5
5,9; 7,14
12,11

andere mit, wo immer wir umkehren, kommt es unserer Umwelt und Nachwelt zugute. Stellvertretung ist nicht lediglich ein schmales juristisches Phänomen (s. auch zu 5,12).

Zugegeben: Es gibt nirgendwo unter dem Himmel ein Stellvertretungsmodell, das an das »für alle«[14] von Golgatha heranreicht. Wo stirbt im strengen Sinn »einer für alle« (2Kor 5,14)? Darum bringt unser Text zwei Hinweise auf eine Unvergleichbarkeit von Opfervorbild dort und Opfererfüllung hier. *Erstens* hat Gott den neuen Sühneort öffentlich hingestellt. Das Allerheiligste im Jerusalemer Tempel war für normale Menschen ein dunkler unbetretbarer Raum, mit einem Vorhang dicht verhängt. Doch im Todesmoment Jesu zerriss der Vorhang so gründlich wie möglich (Mk 15,38). Damit ist der Zugang zum gnädigen Gott für alle Welt entschränkt. *Zweitens* ruft **durch den Glauben!** noch einmal ins Gedächtnis zurück, dass sich hier ein Heil »ohne das Gesetz« (V. 21) offenbart, also an Mose und allen Opferbildern vorbei. Sie mögen ihren Dienst tun, aber treten dann beiseite.

25b-26 In V. 25b-26 erreicht Paulus das Hauptanliegen seines Briefes. Viermal klingt jetzt der Stamm »gerecht« auf. Endlich kann er entfalten, was er bisher pauschal »Offenbarung der Gottesgerechtigkeit« nannte (1,17; 3,21). Gott handelte im Sühnetod Jesu Christi **zum Erweis seiner Gerechtigkeit.** Bisher fehlte dieser Erweis, und zwar **wegen des (straflosen) Hingehenlassens** (*paresis*[15]) **der früher geschehenen Sünden unter der Zurückhaltung** (*anochä*) **Gottes,** d.h. Gott ließ den Sünder bisher leben. Wenn er auch seinen

[14] Die wörtliche Rede vom Für-Tod häuft sich in Kap.5,6-8 (viermal) und ist in 8,32 tragend für den ganzen Abschnitt. In 1Kor 15,11 beruft Paulus sich für diese Verkündigung auf den Konsens mit allen Aposteln.

[15] Sinngemäß mit Zahn, Zürcher, Menge, Schlatter, RevEB u.a. wird hier eine Übersetzung von *paresis* vertreten, wonach *an dieser Stelle noch nicht von Vergebung* die Rede ist. Sie ist allerdings seit 1965 durch einen Aufsatz von W.G. Kümmel umstritten. Er registriert zunächst, dass *paresis* zumeist »Erlass« oder »Vergebung« bedeutet, schließt aber nicht die Möglichkeit aus, dass das Wort auch im Sinne von »Hingehenlassen«, »Laufenlassen«, »Verschonen« gebraucht wird (vgl. Wörterbücher). Rein sprachwissenschaftlich kommt man hier also nicht weiter. Die Entscheidung kann nur am Zusammenhang fallen, der aber nach W.G. Kümmel für die Möglichkeit »Vergebung« spricht. Zu übersetzen wäre dann: Gott handelte »zum (*eis*) Erweis seiner Gerechtigkeit zur (*dia* mit Akkusativ) *Vergebung* der früher geschehenen Sünden«. Will Paulus hier nach dem ersten Zweck noch einen zweiten Zweck nennen, obwohl er doch im zweiten Fall eine sehr andere Präposition verwendet? Sprachlich viel glatter ergibt sich im zweiten Fall eine Begründung: *wegen der paresis*! Nur so wird man m.E. auch dem Gedankenfluss der Verse gerecht. Die Erwähnung der *paresis* mündet in den Hinweis auf die »Zurückhaltung Gottes«, so dass die drei Textelemente eine bruchlose Linie bilden: »*paresis* → früher geschehene Sünden → Zeit der Zurückhaltung Gottes«. Diese ganze Reihe gehört zum Rückblick auf »früher«. Erst V. 26b lenkt Paulus wieder zur »Jetzt-Zeit« zurück. Er nimmt die Rede vom »Erweis der Gerechtigkeit Gottes« aus V. 25 wieder auf, durch den die Gerechtsprechung möglich wird. »Gerechtsprechung« ist hier wie im ganzen Brief die herrschende Heilsvokabel, nicht *paresis* (fehlt sonst im ganzen NT, auch in der LXX).

Widerwillen gegen das Böse in den Gewissen der Menschen erfahren und Gerichtsfolgen schmecken ließ, liefen doch die Erweise seiner Schöpfergüte vor und außer Christus für alle Bösen immer weiter. Der offenbare Zorn von 1,18-32 war eben noch nicht Endzorn. Auch die atl. Sühnemöglichkeiten glichen nur »Schatten« (Hebr 8,5) des Vollkommenen und vermochten den Gerechtigkeitsdurst des Gewissens nicht zu befriedigen. Dieses Schwebende in Gottes Verhalten, dieses »halbe« Gericht und diese »halbe« Vergebung machten sein Gerechtsein missverständlich. Sein Laufenlassen setzte ihn dem Verdacht aus, es mangele ihm am richterlichen Ernst. Er müsste doch durchgreifen. Seit alters bereitete dieser Zustand größte Not (etwa Ps 73,2-12.21-22 und das Hiobbuch). Die Zurückhaltung Gottes focht die Frommen an[16], während sie die Frevler sorglos und unbekümmert machte.

Diesem Zustand bereitete Karfreitag ein Ende. Gott schuf Klarheit. Er erbrachte den Tat**erweis** für seine Gerechtigkeit. Nach Ablauf seiner Geduld ergriff ihn **in dieser Jetztzeit** seine »Ungeduld«: Er packte das Sündenthema grundsätzlich an. Jesu Tod am Fluchholz ist unübersehbar Gericht – Kreuzigung der ganzen Welt (Gal 6,14).

Freilich, und damit nimmt die Geschichte eine unwahrscheinliche Wendung, wie sie noch nie in eines Menschen Herz gekommen war: Gericht am Unschuldigen, also am »Falschen«, besser: am Stellvertreter. Und an welchem Stellvertreter! Der Richter selber, Gott als Gott übernimmt für seine Geschöpfe, die sich unmöglich gemacht haben, die existentielle Verantwortung. »Existentiell« heißt hier: Hingabe, ohne etwas von sich außen vor zu lassen. Im Tode Jesu offenbarte sich der ganze Gott ganz – ganz als Richter, ganz als Retter. Er richtete aufs Schärfste, aber liebte seine Feinde aufs Höchste (5,10), indem er ihnen das Kleid der Gerechtigkeit Christi anbot. Auf diese Weise kam im Sühnetod Jesu heraus, wie sehr Gott durch und durch Gott und nicht ein Mensch ist, ein »richtiger« Gott, und zwar nach zwei Seiten: Einerseits war er **selbst ein Gerechter,** wie bisher ausgelegt. Andererseits ist er aber auch ein wahrhaft **gerechtsprechender** Richter, erhaben über jeden Verdacht der Korruption. Spräche er den Schuldigen gerecht, wäre er sich selbst ein Gräuel (2Mo 23,17; 25,1; Spr 17,15). Doch er spricht nur den frei, dessen Recht ans Licht gekommen ist und der in Gerechtigkeit dasteht, freilich bekleidet mit einer fremden Gerechtig-

[16] Ein uns ungewohnter Gedanke! Uns Heutigen liegt die entgegengesetzte Anklage: Wie kann Gott so viel Unglück zulassen! Hier dagegen: Wie kann Gott so wenig Unglück geschehen lassen! Aufs Ganze gesehen geht es den Menschen doch dauernd besser, als sie es verdienen. Wie sie sich so vor Gott benehmen, kann man sich nur wundern, was er sich alles gefallen lässt.

keit. Christus ist ihm von Gott zur Gerechtigkeit gemacht (1Kor 1,30) – **aus dem Glauben an Jesus.** Außerhalb dieses Glaubens lebt der Mensch auch nach Christus wie vor Christus einsam, zweifelnd und ungeborgen. Aber der Glaubende lebt in einem Kraftfeld, das von diesem Gerechtigkeitserweis Gottes im Sühnetod Jesu wunderbar hochgehalten wird.

2. Bedeutung der neuen Heilsordnung für Juden und das jüdische Gesetz (3,27-31)

27 Wo (bleibt) folglich der (Selbst)ruhm? Er ist ausgeschlossen. Durch welche Art von Gesetz? (Etwa durch das Gesetz) der Werke? Nein, sondern durch das Gesetz des Glaubens.
28 Wir gelangen nämlich zu dem Urteil, dass ein Mensch durch Glauben gerechtgesprochen wird, ohne Gesetzeswerke.
29 Oder (ist Gott) der Juden Gott allein? Nicht etwa auch (Gott) der Heiden? Ja, auch der Heiden,
30 so gewiss (gilt): Einer ist Gott! Er wird gerechtsprechen die Juden (»Beschneidung«) aus Glauben und die Heiden (»Vorhaut«) durch Glauben.
31 Setzen wir also das Gesetz außer Kraft durch den Glauben? Ausgeschlossen! Sondern wir richten das Gesetz auf.

Der lebhafte Dialogstil zeigt an, dass Paulus jetzt wieder die Auseinandersetzung mit seinen judaistischen Widersachern aufnimmt. Was ergibt sich also daraus, dass Gott im Opfertod Jesu Christi einen neuen Rechtsgrund für die Menschheit schuf, so dass jetzt jeder Glaubende Gerechtigkeit empfängt?

27-28 Als Erstes ist die Frage nach dem Selbstanteil des Freigesprochenen eindeutig zu klären. **Wo (bleibt) folglich der (Selbst)ruhm? Er ist ausgeschlossen.** Der Umstand, dass der Glaubende sich einer fremden Gerechtigkeit erfreuen darf, entzieht ihm selbstverständlich den Boden für jede Siegerpose (s. zu 2,23; 1Kor 4,7).[17]

Trotzdem erwägt Paulus noch einmal die beiden gegensätzlichen Ansätze zum Ruhmesgewinn: **Durch welche Art von Gesetz** gelingt er? »Gesetz« kann hier nicht das Mosegesetz bezeichnen, denn davon gibt es nicht alternativ zwei Arten. Aber zwei Regeln oder Prinzipien des Vorgehens, zwei Methoden oder Wege sind denkbar, sich vor dem göttlichen Richter siegreich behaupten zu wollen. Zuerst noch einmal ganz kurz (in nur zwei Wörtern!) die eben schon als

[17] Auch Angeberei zwischen Mensch und Mensch sollte einem jetzt peinlich sein. Nur ist an dieser Stelle an ein Sichrühmen »vor Gott« zu denken.

unmöglich erklärte Möglichkeit: Selbstruhm **(durch das Gesetz) der Werke**[18]**? Nein, sondern** als radikaler Gegensatz dazu: **durch das Gesetz des Glaubens.** Dieser und der folgende Vers belegen in einer Klarheit, die nichts zu wünschen übrig lässt, dass das NT das Glauben des Menschen nicht als Werk versteht, sondern als den völlig anderen Weg in Sachen Rettung und Heil: **Wir gelangen nämlich zu dem Urteil, dass ein Mensch durch Glauben** an Christus **gerechtgesprochen wird, ohne Gesetzeswerke.**

Es regiert hier folgender Denkweg[19]: Aus dem im letzten Abschnitt verkündeten »allein Christus« folgt auch das »allein durch den Glauben«. Ein »allein« zieht das andere »allein« nach sich. Das hat Martin Luther hier durch seine Einfügung des Wörtchens »allein« gut nachempfunden. Dieser Schlachtruf der Reformation (lateinisch: *sola fide*) wurde freilich im evangelischen Raum allzu leicht zum Faulbett, als ob der Glaube Wirken überhaupt ausschlösse. Gewiss soll die linke Hand nicht wissen wollen, was die rechte tut (Mt 6,3) – keine Selbstbespiegelung![a] – aber das bedeutet nicht, dass es der linken Hand gleichgültig sein kann, wenn die rechte *nichts* tut.[20]

[a] Röm 5,11 1Kor 1,30-31 2Kor 10,17 Gal 6,14

Zweimal hatte es jetzt »ohne Gesetz« geheißen (V. 21.28). Diese Abkoppelung der Gerechtsprechung vom Mosegesetz und damit vom Judesein hat Folgen: Heidesein schließt nicht mehr vom Heil aus, Judesein bedeutet keinen Sonderweg zum Heil (10,12-13). In beiden Fällen gilt das *sola fide.*

Angesichts des judaistischen Widerstandes gegen eine universale **29**
Öffnung des Heils führt Paulus die biblische Gotteslehre selbst ins Feld. **Oder (ist Gott) der Juden Gott allein?**[21] **Nicht etwa auch (Gott) der Heiden?** Nach den Schriftgelehrten ist Gott zwar Schöpfer der Heidenvölker und am Ende auch ihr Richter, aber nicht ihr Erlöser. Nach dem AT dagegen hat Gott den andern Völkern nicht den Rücken zugekehrt, als er Israel erwählte. Vielmehr zielte Abra-

18 Das »Gesetz der Werke« (ein nur an dieser Stelle erscheinender gelegentlicher Ausdruck) ist etwas anderes als der geprägte Fachausdruck »Werke des Gesetzes« in V. 20.28; Gal 2,16; 3,2. »Gesetz« kann eben auch einen allgemeinen Sinn annehmen, der jedes Mal aus dem Zusammenhang zu erheben ist, z.B. 7,23 (»Gesetz der Sünde«), 8,2 (»Gesetz des Geistes und des Lebens«), Gal 6,2 (»Gesetz Christi«) oder Jak 1,23 (»Gesetz der Freiheit«).

19 Griech. *logizesthai*, s. zu 6,11.

20 Zum reformatorischen *sola fide* Schlatter, S. 153: »Die Verherrlichung des Glaubens hat dann unheilvoll gewirkt, wenn mit ihm jene Verkürzung des Lebens vollzogen wurde, die das Handeln aus ihm ausscheidet und nichts als Glauben übrig lässt. Diesen unmöglichen Menschen, der nichts tut, sondern einzig glaubt und folgerichtig nicht leben kann, sondern bloß auf sein Sterben wartet, hat aber nicht Paulus erfunden.«

21 Um 150 lässt ein Schriftgelehrter Gott so sprechen: »Gott bin ich über alle, die in die Welt kommen, aber meinen Namen habe ich nur mit euch vereint; ich heiße nicht der Gott der Völker der Welt, sondern der Gott Israels« (Bill III, S. 185).

[b] Jes 19,24f Am 9,7 Jona 4,2.11 Jes 2,2-4 Mi 4,1-3

hams Berufung von vornherein auf weltumspannenden Segen (1Mo 12,3; Gal 3,14). Er »sollte Erbe der Welt sein, Vater aller« (Röm 4,11.13). Darum hat er auch die Geschichte der Philister, Aramäer und Abessinier geleitet, Ägypter und Assyrer gesegnet. Er erbarmt sich auch der Heiden, verheißt ihnen Heil[b]. **Ja,** er ist Erlösergott **auch der Heiden.** Im NT kommen die atl. Ansätze voll zur Geltung.[c]

[c] Röm 9,25f 10,19f Eph 3,15 1Tim 2,4-6

30 Paulus schreibt seinen Widersachern ihr eigenes Hauptbekenntnis aus 5Mo 6,4 ins Stammbuch: **So gewiss (gilt):** ***Einer*** **ist Gott!** Wie der Apostel sich 1Kor 1,13 heftig gegen eine Zerspaltung Christi und damit der Heilsgemeinde wendet, so ruft er hier die Unteilbarkeit Gottes aus, um die Gleichstellung[22] der beiden Gemeindeteile zu begründen: **Er wird gerechtsprechen die Juden (»Beschneidung«) aus Glauben und die Heiden (»Vorhaut«) durch Glauben.**

31 Schließlich greift er den Vorwurf auf, sich mit dieser Lehre als Gesetzesbrecher zu entlarven. **Setzen wir also das Gesetz außer Kraft durch den Glauben?** In diesem Fall ist »Gesetz« wie V. 28 und V. 21a wieder eindeutig das Sinai-Gesetz.[23] Aber Paulus wusste sich wie Jesus in Mt 5,17 und gewiss auch Stephanus trotz Apg 6,13f als Israelit ohne Falsch. Darum hat er für diesen Argwohn nur das schärfste Abwehrwort (s. zu 3,6): **Ausgeschlossen!** Wir sind keine Umstürzler in Israel, **sondern wir richten das Gesetz auf,** erst wir, d.h., unser Evangelium verschafft ihm seine volle Geltung.[24] Der Zuspruch: »Gerecht aus Gnaden!« (V. 24) stimmt nämlich durchaus mit der Schuldigerklärung durch das Gesetz überein, gibt es doch Gnade nur dort, wo Schuld feststeht. Unschuld würde Gnade unnötig machen. Insofern verleiht gediegene Christuspredigt dem Gesetz sein volles Gewicht.

3. Das Zeugnis der Schrift für die Glaubensgerechtigkeit: Abraham (4,1-25)

Das große Abraham-Kapitel hat einen doppelten Anlass: a) Paulus wäre kein Jude gewesen, wenn er nur dem Augenblick gelebt hätte und es ihm nicht auch um die *heilsgeschichtliche Tiefe seiner Rechtfertigungslehre* gegangen wäre. Sein Interesse daran zeigte er

[22] Die Unterscheidung: Juden werden »*aus* Glauben«, Heiden »*durch* den Glauben« gerecht, hat nur stilistische Bedeutung. In 9,32 wird »durch den Glauben« auch auf Juden bezogen.

[23] »Gesetz« könnte auch die Schrift insgesamt bezeichnen. Aber der Vorwurf, Paulus würde die Schrift abschaffen, lag nicht vor, wäre auch angesichts seines ständigen Schriftgebrauchs absurd.

[24] Für *histano* scheidet hier die Bedeutung, neues Recht zu setzen, aus (so zwar der Gebrauch in Mk 7,9; Hebr 10,9; vgl. Röm 10,3). Vielmehr wird vorhandenes Gesetz bestätigt, seine Autorität gestärkt.

schon 3,21: So unerhört neu die Offenbarung Gottes in Christus auch war, war sie dennoch schon »bezeugt durch das Gesetz und die Propheten«. Diese Behauptung belegt er jetzt. Dazu greift er mit Abraham nicht ein beliebiges Beispiel heraus; insofern unterscheidet sich Röm 4 von Hebr 11,8-19. Dort erscheint der Erzvater in einer »Wolke von Zeugen« (12,1), als ein Vorbild unter vielen. Hier dagegen steht er in seiner unwiederholbaren Urbildfunktion vor uns. Er stellt den Punkt dar, an dem innerhalb der Fluchgeschichte der Menschheit eine Segensgeschichte aufbrach und dafür ein erwähltes Volk aufgebaut wurde. Sein Leben ist Grundriss, der dem ganzen Bau die Maßstäbe liefert. Er ist die Wurzel, die den Baum trägt (11,18). Alle anderen werden nicht nur *wie* er gesegnet, sondern »in« ihm und »zusammen mit ihm« (Gal 3,8f) – eine erstaunliche Gemeinschaft mit Abraham über Jahrtausende hinweg. Darum ist entscheidend wichtig, was er »gefunden hat« (hier V. 1), also der geistliche Ertrag seines Lebens. Dieser verdichtet sich in 1Mo 15,6, eine Schlüsselstelle, die hier durch das ganze Kapitel hindurchleitet (dreimal zitiert: V. 3.9 und 22). Sie bindet »Glaube« und »Gerechtigkeit« fest zusammen, also genau die Kernbegriffe des Röm seit 1,16. Zugleich ist jedoch Gal 3,8 zu beherzigen: Abraham hat nur eine »*Vor*verkündigung des Evangeliums« empfangen (*proeuängelisato*). Zwischen dem Erzvater und uns liegt eben auch eine heilsgeschichtliche Zäsur. Er streckte sich auf das Evangelium aus, aber wusste noch nicht vom auferstandenen Christus und vom Geist zu Pfingsten. Er »glaubte« eben noch *vor* dem »Kommen des Glaubens« (Gal 3,23).

b) Unübersehbar ist zugleich, dass dies Thema hier nicht in wohliger Erbaulichkeit, sondern *in lebhafter Auseinandersetzung* abgehandelt wird. Indem Paulus nämlich zu Abraham hindurchstieß, betrat er ein durchaus besetztes Feld. Abraham galt im Judentum als das Urbild der Tugend.[25] Kein Böses hatte angeblich über ihn Gewalt, alle Tage seines Lebens verbrachte er als »der Redlichste unter den Redlichen« im vollkommenen Gehorsam. Zum Lohn dafür erwählte Gott ihn und schickte ihn auf die Wanderschaft, allen Völkern seine hervorragenden Eigenschaften vorzuführen. In dieses Bild ordneten die jüdischen Exegeten auch 1Mo 15,6 ein, also als Beispiel für Abrahams Werkgerechtigkeit. Dass dem ehemaligen Rabbi Paulus diese Abraham-Deutung gegenwärtig war, zeigt deutlich der einleitende V. 1: »Was sollen wir nun sagen?« So begann er häufig, wenn er einer gegnerischen Frage Raum gab (s. zu 6,1).

[25] In: Galater, WStB, S. 121f zu Gal 3,6-9, wird die rege Beschäftigung des Judentums mit Abraham beschrieben. Bill III, S. 186ff hat auf 15 Seiten entsprechende Zitate zusammengestellt.

a) Wodurch wurde Abraham vor Gott gerecht? (4,1-8)

1 Was sollen wir nun sagen, dass Abraham, unser Urvater nach dem Fleisch, gefunden hat?
2 Wenn Abraham nämlich aus (Gesetzes)werken gerechtgesprochen wurde, hat er (etwas zum Selbst)ruhm. Aber (das stimmt) nicht bei Gott.
3 Was nämlich sagt die Schrift? »Abraham aber glaubte Gott, und (das) wurde ihm als Gerechtigkeit angerechnet« (1Mo 15,6).
4 Dem Werkenden aber wird nicht Lohn angerechnet nach (Weise) der Gnade, sondern nach Schuldigkeit.
5 Dem aber nicht Werkenden, sondern Glaubenden an den, der den Gottlosen gerechtspricht, wird sein Glaube als Gerechtigkeit angerechnet.
6 Gleichwie auch David die Seligpreisung ausspricht über dem Menschen, dem Gott Gerechtigkeit anrechnet ohne Werke (Ps 32,1f):
7 »Glückselig sind, denen die Ungesetzlichkeiten vergeben und denen die Sünden zugedeckt wurden.
8 Glückselig der Mann, dem der Herr die Sünde nimmermehr anrechnet.«

1 Paulus greift die zwischen Christen und Juden umstrittene Frage nach der Kernerfahrung Abrahams auf. **Was sollen wir nun sagen, dass Abraham, unser Urvater nach dem Fleisch, gefunden hat?** Er hat jedenfalls Gnade gefunden, wie sich der Ausdruck »finden« aufgrund einer biblischen Wendung[a] vervollständigen lässt. Darin waren sich Paulus und seine Gegner einig. Doch wodurch gelangte er in diesen Gnadenstand? Was machte ihn Gott recht, so dass er »Freund Gottes« genannt wurde (Jak 2,23)? Nach der Fortsetzung in V. 2 lautet die gegnerische Antwort: Beispielhafte Gesetzeserfüllung brachte ihm das Lob Gottes ein! Dabei ist die jüdische Lehre zu berücksichtigen, Abraham habe schon das Sinaigesetz gekannt, wenn auch noch nicht in Schriftform, und es Punkt für Punkt vorbildlich erfüllt. Dadurch erwarb er einen Überschuss an guten Werken, der seinen Nachfahren im Endgericht zugute kommen würde.[26] Wenn sie ihre Sünden nicht durch eigene Verdienste aufwiegen können, schöpfen sie aus seinem Verdienstschatz. So betrachtet stürzte für Juden ohne die überströmende Werkgerechtigkeit Abrahams die Heilshoffnung zusammen.

[a] 1Mo 18,3 Lk 1,30 Apg 7,46 Hebr 4,16

[26] Bill I, S. 117-119, vgl. zu 2,5.

Paulus spitzt nun die jüdische Deutung zu: **Wenn Abraham nämlich aus (Gesetzes)werken gerechtgesprochen wurde, hat er Ruhm** (s. zu 2,23 und 3,27). Er könnte im Gericht mit seiner eigenen Gerechtigkeit auftrumpfen. Dagegen erhebt sich jedoch exegetischer Protest. **Aber (das stimmt) nicht bei Gott,** der durch die Schrift spricht. 2

Die Schlüsselstelle 1Mo 15,6 belegt die Glaubensgerechtigkeit Abrahams. **Was nämlich sagt die Schrift? »Abraham aber glaubte Gott, und (das) wurde ihm als Gerechtigkeit angerechnet.«** »Schlüsselstelle« meint in diesem Fall: Diese Anrechnungsweise war nicht nur an jene Situation gebunden, sondern legte Grund für das Verhältnis Abrahams zu Gott überhaupt, bis ins Endgericht hinein. Nach dem Wortsinn jener Stelle war Glaube bei Abraham nicht gläubiges Praktizieren von Vorschriften, sondern rückhaltloses Horchen auf Gottes Zuspruch (s. zu 3,22; hier V. 20-21). Der Gedanke an Umgang mit Speisegeboten, Festordnungen, Riten und Opfern liegt hier nun wirklich fern. Also der auf die Verheißungen vertrauende Abraham war Gott genau recht, der ideale Bundesgenosse. Darum sprach er ihm unter Verzicht auf das ihm zustehende Recht, Schuld anzurechnen (V. 6-8), feierlich gnädige Annahme zu. Dieser Grundentscheid ist es, der Abraham und das ihm verheißene Heilsvolk trägt. Selbstverständlich hat solches »Glauben« eine Menge mit weiteren Willensäußerungen Gottes zu tun. Aber wer immer den Willen Gottes will, muss zuerst und zuletzt ihn selber wollen. Bei jedem der Gebote gilt es, zum ersten Gebot durchzustoßen und Gott selbst über alle Dinge zu fürchten und zu lieben.[27] 3

Eine Verrechnung von menschlicher Gegenleistung ist dem Text von 1Mo 15,6 fremd. **Dem Werkenden aber wird nicht Lohn angerechnet nach (Weise) der Gnade, sondern nach Schuldigkeit.** Dann würde ja das Leistungskonto regieren, das steigt und steigt, bis es ablesbar die Summe »Gerechtigkeit« ergibt und quittiert werden kann. Aber hier herrscht dagegen Gnade, ganz nach Röm 3,24; 11,5f. 4

Also bleibt nur Glaubensgerechtigkeit übrig. **Dem aber nicht Werkenden, sondern Glaubenden an den, der den Gottlosen gerechtspricht, wird sein Glaube als Gerechtigkeit angerechnet.** Hier wird der Stammvater unausgesprochen unter die Gottlosen[28] eingereiht.[b] Vielleicht will Paulus damit auch auf dessen heidnische 5

[b] Röm 1,18 5,6; 11,26

[27] Vgl. die ausführliche Auslegung dieses Verses zu Gal 3,6, in: Galater, WStB, S. 123ff.

[28] Wörtlich ein »Ehrfurchtsloser«, was aber auf atl. Hintergrund zu schwach wirkt. Es fehlt nicht nur etwas an pietätvollem Benehmen, sondern es wird tatbetont und ganzheitlich gegen Gott gelebt. Dieser Mangel an Gemeinschaft mit Gott wird mit »gott-los« umschrieben. Gegensatz wäre »gotterfüllt«.

Herkunft hinweisen.[29] Jedenfalls fordert er die jüdische Abraham-Deutung unerhört heraus, ja brüskiert zunächst jedes übliche Rechtsempfinden.[c] Hier liegt ein Dilemma, das erst am Ende des Kapitels gelöst wird (vgl. auch zu 3,26), das man aber als ein solches empfinden sollte.

[c] 2Mo 23,7 1Kön 8,32 Jes 5,23

6-8 Ein weiterer Beleg für dieses göttliche Anrechnen jetzt aus dem zweiten Teil der Schrift: **Gleichwie auch David die Seligpreisung ausspricht über dem Menschen, dem Gott Gerechtigkeit anrechnet ohne Werke (Ps 32,1f): »Glückselig sind, denen die Ungesetzlichkeiten vergeben wurden und denen die Sünden zugedeckt wurden. Glückselig der Mann, dem der Herr die Sünde nimmermehr anrechnet.«** Dieses Psalmenzitat stellt sich durch sein letztes Wort »anrechnen« dem Vers aus Mose an die Seite und fasst etwas dort noch Unausgesprochenes, aber schon Mitgemeintes in klare Begriffe. Innerhalb der juristisch bestimmten Sprache der Rechtfertigungslehre erklingt damit die Rede vom Vergeben und Zudecken Gottes und vergegenwärtigt so die Fülle personhafter Liebe (vgl. 5,5; 8,35.37.39). Es herrscht keine Schmalspur: Die Gerechtigkeit verdrängt nicht die Liebe und die Liebe nicht die Gerechtigkeit. Gott ist Vater, auch wenn er Richter ist. Damit stimmt Paulus wieder mit den atl. Propheten überein.[30] Vergebung ist in solchen Zusammenhängen über Gewissensberuhigung im Einzelfall hinaus fundamentale Hilfe, ist heilsgeschichtlicher Einschnitt, der das Gottesverhältnis eines ganzen Volkes auf einen neuen Boden stellt. Auch die christliche Gemeinde ist wie für Jesus[d] so auch für Paulus eine Schuld- und Vergebungsgemeinschaft.

[d] Mt 6,12. 14f; 18,22. 23-35

b) In welchem Stande empfing Abraham die Gerechtigkeit durch Gott? (4,9-12)

9 **Die Seligpreisung also, (geht) diese auf die Beschneidung oder auf die Unbeschnittenheit? Wir sagen doch: »Abraham wurde der Glaube zur Gerechtigkeit angerechnet.«**
10 **Wie also wurde er (ihm) angerechnet? (Als einem), der in der Beschneidung ist oder in der Unbeschnittenheit (»Vorhaut«)?**

[29] Nach 5Mo 26,5 war er »ein umherirrender Aramäer« (vgl. Hes 16,3). Von ihm und seiner Sippe wird Jos 24,2 gesagt: »und dienten anderen Göttern«. Bei ihrem Herkunftsort Ur handelte es sich nach den Ausgrabungen um ein damaliges Zentrum der Verehrung des Mondgottes Nanar (ähnlich Haran). Jüdische Stimmen aus dem 2. Jh. sagten dem Erzvater frühere Beschäftigung mit Astrologie nach (Bill III, S. 212f).

[30] Wo Jeremia die Darstellung der Heilszeit bündelt, spricht auch er zentral von Vergebung (31,31-34; 33,1-9; 36,3; 50,20), vgl. Jes 33,24; 59,20.

Nicht in der Beschneidung, sondern in der Unbeschnittenheit (»Vorhaut«).

11 **Auch ein Zeichen empfing er, (nämlich das) der Beschneidung, (und zwar) als Siegel der Glaubensgerechtigkeit, (die er empfangen hatte) in der Unbeschnittenheit, auf dass er ein Vater aller sei, die im (Stande der) Unbeschnittenheit glauben, damit auch ihnen die Gerechtigkeit (aus Glauben) angerechnet werde,**

12 **und (ebenso) ein Vater der Beschneidung, (d.h.) denen, die nicht bloß aus der Beschneidung sind, sondern auch im Einklang stehen mit den Fußstapfen des Glaubens unseres Vaters Abraham in (seiner) Unbeschnittenheit (»Vorhaut«).**

Weil Abraham und David den gleichen Gott hatten, erfuhren sie auch Vergleichbares. So kann Paulus hier 1Mo 15,6 und Ps 32,1f nebeneinander stellen. Aber durfte er diese Botschaft vom Heil für beschnittene Juden einfach zu den Unbeschnittenen, also den Heiden, hinaustragen? Nach rabbinischer Lehre vergibt Gott im Endgericht nur Beschnittenen (s. Anm. zu 2,3), so dass Leser des Paulus hier größte Schwierigkeiten bekommen mochten. Darum beginnt er eine neue Runde der Auslegung. Seiner geduldigen Art, immer wieder neu zu argumentieren, spürt man ab, dass er Menschen vor sich hat, die erst umlernen müssen.

Nach den Rabbinen geht die Seligpreisung der zitierten Psalm- 9-10
stelle nur auf Israel. Doch Paulus hält den Zusammenhang mit der Stelle über Abraham fest. **Die Seligpreisung also, (geht) diese auf die Beschneidung oder auf die Unbeschnittenheit? Wir sagen doch: »Abraham wurde der Glaube zur Gerechtigkeit angerechnet.«** Man bedenke doch nur die Biographie Abrahams: **Wie also wurde er (ihm) angerechnet? (Als einem), der in der Beschneidung ist oder in der Unbeschnittenheit (»Vorhaut«)?** Auch nach rabbinischer Berechnung erfolgte seine Beschneidung (1Mo 17,11) 29 Jahre nach der göttlichen Gerechterklärung 1Mo 15,6.[31] Dennoch muss es für die Juden bei ihrer Dogmatik schwer anzuhören gewesen sein, wie trocken Paulus diesen Umstand ausspricht: **Nicht in der Beschneidung, sondern in der Unbeschnittenheit (»Vorhaut«).** Das bedeutete ja nicht weniger, als dass Gott Abraham angenommen hatte, als dieser noch nicht Jude war.

Wie verhielt sich dann die spätere Beschneidung Abrahams zu 11a
seiner Glaubensgerechtigkeit? **Auch ein Zeichen empfing er, (nämlich das) der Beschneidung, (und zwar) als Siegel der Glau-**

[31] Bill III, S. 203

bensgerechtigkeit, (die er empfangen hatte) in der Unbeschnittenheit. Schon in 3,1 beschäftigte die Beschneidung, aber nur als Ersatzausdruck für das Judesein. Hier dagegen zielt Paulus auf das körperliche Merkmal selbst, auf diesen operativen Eingriff am Geschlechtsteil des Mannes. Welche Rolle spielte er für den längst mit Gott verbundenen Abraham? Gott schenkte ihm damit ein Zeichen. Zu betonen ist: ihm persönlich! Weil es sich um ein Zeichen im Intimbereich handelte, eignete es sich nicht für ein Bekenntnismerkmal vor den Augen von Fremden, sondern war Bestätigung für ihn selbst und seine Familie. Die Beschneidung war für ihn Siegel[32] der Glaubensgerechtigkeit. Gott vergewisserte ihn auf diese Weise, dass er ihn erwählt und wahrhaftig aus Heidentum und Gottlosigkeit (V. 5) in seine Gemeinschaft geholt habe. Damit bewirkte sie nicht sein Gerechtsein vor Gott, sondern setzte es gerade voraus. Die Handlung hat also ihre Bedeutung, nicht aber Heilsbedeutung.

11b-12 Gott hat Abraham so geführt, damit er Urbild für eine universale Heilsgemeinde werde. Statt mit »zuerst die Juden« beginnt Paulus diesmal mit den Heiden, weil er hier der zeitlichen Reihenfolge im Leben Abrahams folgt: **Auf dass er ein Vater aller sei, die im (Stande der) Unbeschnittenheit glauben, damit auch ihnen die Gerechtigkeit (aus Glauben) angerechnet werde.** Die ersten Jahre lebte er seine Glaubensgerechtigkeit im Stande der Unbeschnittenheit, dann aber auch als Beschnittener, so dass er **(sei ebenso) ein Vater der Beschneidung,** und das wiederum im Glauben: **(d.h.) denen, die nicht bloß aus der Beschneidung sind, sondern auch im Einklang stehen mit den Fußstapfen des Glaubens unseres Vaters Abraham in (seiner) Unbeschnittenheit (»Vorhaut«).** Die gleichmäßige Hervorhebung des Glaubens erinnert an 11,23: Juden können wieder in den Ölbaum, der aus der Wurzel Abraham erwächst, eingepfropft werden, »insofern sie nicht im Unglauben bleiben«. Wer bloß beschnitten ist, ist nicht das, was Abraham war, und hat dessen Segen noch nicht empfangen. Es genügt nicht,

[32] Ein Siegel ist ein Gerät, mit dem ein Namenszug oder Symbol auf eine Fläche gestempelt werden konnte, oder auch der Abdruck selbst. Der Abdruck war Eigentums- und Schutzzeichen, er kennzeichnete das Objekt als Hoheitsgebiet des Siegelführenden. Auch Menschen konnten gesiegelt werden, allerdings an einem gut sichtbaren Körperteil (z.B. Hes 9,4; Offb 7,3; 22,4). Das »Siegel« kann also im Zusammenhang der Beschneidung nur gleichnishaft verwendet werden, und die Auslegung dieses Bildwortes muss sich in die Zusammenhänge einfügen. »Versiegelung« kehrt auch im NT wieder, und zwar mit diesen näheren Bestimmungen: »als ihr gläubig wurdet«, »in unsern Herzen«, durch die »Gabe des Geistes als Unterpfand«, »durch den Heiligen Geist« (2Kor 1,22; Eph 1,13; 4,30). Das NT verwendet »Siegel« also nicht als einen zur Wassertaufe gehörenden Ausdruck. Das geschah eindeutig erst fast hundert Jahre später in der Schrift »Hirt des Hermas«, danach aber zunehmend (Fitzer, ThWNT VII, S. 952f).

Abraham nur als »Stammvater nach dem Fleisch« (4,1) zu haben. Der natürliche Bestand des Volkes deckt sich nicht mit dem Segensvolk. Das hat Paulus schon 2,28-29 angedeutet und wird es 9,6-13 breit ausführen. Entscheidend ist Abrahams Glaube, nicht Beschneidung, noch weniger das Unbeschnittensein.[a]

[a] Gal 5,6 6,15 1Kor 7,19

c) Welche Sicherheit besaß Abraham bezüglich der Verheißung Gottes? (4,13-17a)

13 Nicht nämlich durch das Gesetz (ist) die Verheißung dem Abraham oder seinem Samen (zuteil geworden), dass er Erbe der Welt sein sollte, sondern durch Glaubensgerechtigkeit.
14 Wenn nämlich die aus dem Gesetz Erben (sind), ist der Glaube entleert und die Verheißung außer Kraft gesetzt.
15 Denn das Gesetz bewirkt Zorn. Wo aber nicht Gesetz existiert, (gibt es) auch nicht Übertretung.
16 Deswegen (gilt): »aus Glauben«, damit (gilt): »aus Gnaden«, auf dass die Verheißung gesichert sei dem gesamten Samen, nicht allein dem (Samen) aus dem Gesetz, sondern auch dem (Samen) aus dem Glauben Abrahams, der unser aller Vater ist,
17a wie geschrieben ist (1Mo 17,5): »Zum Vater vieler Völker habe ich dich gesetzt.«

Das Abraham-Kapitel geht seinem Höhepunkt entgegen, erkennbar an der Einführung des Wortes »Verheißung« (V. 13.14. 16.20; im Abraham-Kapitel Gal 3 achtmal). Zwar taucht »Verheißung« nie in den atl. Abraham-Geschichten auf, wohl aber die Sache, und zwar mit höchster Wichtigkeit. Die Erwählung Abrahams diente nicht einem Selbstzweck. Vielmehr lag in ihr eine vorwärts drängende Dynamik. Dementsprechend sind die betreffenden atl. Abschnitte regelmäßig mit weit reichenden Zusagen Gottes verknüpft. Sie setzten den Erwählten in ein Verhältnis zum Rest der Welt, und zwar zu ihrem zukünftigen Heil. Der Gesegnete sollte – über seine Nachkommen oder den einen Nachkommen (Gal 3,16!) – ein weltweit Segnender werden. Diese Zusicherungen Gottes fasst Paulus in den Begriff »Verheißung«. Christus war zwar das Ende des Mosegesetzes (10,4), aber keineswegs dieser Abraham-Verheißung (15,8). Auch das Judentum bewegte im Zusammenhang mit Abraham die Dimension der Zukunft, indem es von ihm als dem »Welterben« sprach (vgl. V. 13). Anlass und Garantie für diese großartigen Zusagen Gottes sei aber seine tadellose Gesetzesbefolgung gewesen. Mit dieser abwegigen Sicht konnte Paulus auch seitens der christlichen Judaisten rechnen.

13 Es ist nach dem Bibeltext verfehlt, die Verheißung an Abraham, **Erbe der Welt** zu sein, überhaupt mit der mosaischen Gesetzgebung zu verbinden. **Nicht nämlich durch das Gesetz (wurde) die Verheißung dem Abraham oder seinem Samen (zuteil).** Es kommt hinzu, dass das Judentum dies »Erbe« ganz eigen füllte. Danach sollte Israel einmal die Herrschaft über die Völker der Erde ausüben.[33] Worin dagegen Paulus das Erbe oder den Segen Abrahams verwirklicht sah, sagt er etwa Gal 3,14 oder 29: in der Ausgießung des Heiligen Geistes im Rahmen des Missionsprozesses und der Entstehung von Christusgemeinden in allen Völkern. Diese Gabe aber wird nicht anders zuteil als **durch Glaubensgerechtigkeit** – ganz im Gefolge Abrahams.

14 Paulus stellt sich für einen Augenblick vor, die Verheißung wäre abhängig von des Menschen Beobachtung gesetzlicher Vorschriften. **Wenn nämlich die, (die) aus dem Gesetz (ihre Zuversicht schöpfen), Erben (sind), ist der Glaube entleert und die Verheißung außer Kraft gesetzt.** In diesem Fall wäre die Verheißung genauso schwach wie die Kraft des Menschen, und wer sich an sie hinge, griffe ins Leere.

15 Was sind demnach die Möglichkeiten des Gesetzes? **Denn das Gesetz bewirkt Zorn.** Die Praxis zeigt, dass ein ganzer Wald von Paragraphen das Herz des Sünders in seinem bisherigen Zustand belässt. So scharf sie auch zum Einsatz gebracht werden, ist das tatsächliche Ergebnis niemals Gerechtigkeit, vielmehr zeigt sich die Schuldverfallenheit umso deutlicher. Die ohnehin vorhandene Sünde mausert sich[a], wird fassbar und anklagbar. Umgekehrt gilt: **Wo aber nicht Gesetz existiert, (gibt es) auch nicht** juristisch fassbare **Übertretung.** So führt das Gesetz nicht zum Vater, sondern zum zürnenden Richter.

[a] Röm 3,20; 5,13.20; 7,8; Gal 3,19

16-17a Soll die Verheißung wirksam werden, muss sie unbedingt in der Gnadenordnung gründen und Angelegenheit des Glaubens sein wie bei Abraham. **Deswegen (gilt): »aus Glauben«, damit (gilt): »aus Gnaden«.** Die beiden Begriffe können so ineinander geschoben werden, weil sie dieselbe Blickrichtung haben. Sie blicken gemeinsam auf das Christusgeschehen von 3,25-26. Auf diesen Christus bezieht sich vom Menschen her der »Glaube«, von Gott her die »Gnade«. Beim Wort »Gnade« (*charis*) hatten die Leser des Griechischen sicher auch die sprachliche Herkunft im Ohr: *chara*, das »Sichfreuen«. Gnade ist also eine Erfahrung, die durch ihre Erfreulichkeit gekennzeichnet ist. Für sie gibt es nämlich beim Empfänger weder Voraussetzung noch Vorbereitung noch Erwartung. Sie

[33] Bill III, S. 209; IV, S. 880f

kommt über einen als reines Geschenk.[b] Überraschend strömt sie aus der Welt Gottes ein, als Schöpfung von oben (V. 17).

[b] Röm 3,24; 5,15.17

Damit ist sonnenklar, dass sie »ohne das Gesetz« ergeht (3,21), ja in einer gewissen Spannung zu ihm steht[c], denn das Gesetz arbeitet ja ausdrücklich auf der Ebene des menschlichen Sollens, Wollens und Tuns (Gal 3,12). Wenn der Gnade überhaupt etwas beim Menschen entspricht, dann das »allein aus Glauben« von 3,28. Darum wird die Verheißung nur dort rechtskräftig, wo Glaube gilt und Gnade herrscht: **auf dass die Verheißung gesichert sei dem gesamten Samen, nicht allein dem (Samen) aus dem Gesetz, sondern auch dem (Samen) aus dem Glauben Abrahams, der unser aller Vater ist.** Hier ist das Missverständnis möglich, Paulus stelle in diesem Vers gesetzliche Juden und christusgläubige Heiden als Abrahams Kinder zusammen (»aus dem Gesetz – aus dem Glauben«). Aber nach dem Versanfang setzt er für alle im Folgenden Genannten Glauben voraus. Darum charakterisiert »aus dem Gesetz« in diesem Fall, im Unterschied zu V. 14, nicht gesetzliches Wesen, sondern bezeichnet einfach Glaubende jüdischer Herkunft. Auch sie stehen jetzt – über Abstammung »nach dem Fleisch« hinaus – in einem geistlichen (!) Verhältnis zu Abraham und können ihn zusammen mit den gläubigen Heiden einmütig »unser aller Vater« nennen. Ein Beleg aus der Schrift rundet wieder den Gedankengang ab. **Wie geschrieben ist (1Mo 17,5): »Zum Vater vieler Völker habe ich dich gesetzt.«**

[c] Gal 2,21; 5,4; Röm 4,4; 6,14f; 11,6

d) Wie sah der Vollzug des Glaubens bei Abraham aus? (4,17b-22)

17b (Diese Verheißung empfing er) im Angesicht Gottes, dem er glaubte (als an den), der die Toten lebendig macht und ruft (ins Dasein) das, was nicht ist, dass es sei.
18 Er hat gegen Hoffnung auf Hoffnung hin geglaubt, dass er ein Vater vieler Völker werde, nach dem Gesagten (1Mo 15,5): »So (zahlreich) wird dein Same (sein)«,
19 und nicht schwach werdend im Glauben, richtete er sein Augenmerk auf seinen eigenen Leib in seiner Abgestorbenheit, fast hundertjährig, und auf das Abgestorbensein des Mutterschoßes Saras.
20 Hinsichtlich der Verheißung Gottes zweifelte er nicht in Unglauben, sondern erstarkte im Glauben, Gott die Ehre gebend
21 und völlig gewiss, dass (Gott), was er verheißen hat, auch zu tun die Macht hat.
22 Darum auch wurde ihm (dieser sein Glaube) zur Gerechtigkeit gerechnet.

Nachdem Paulus in seinem Brief die Vokabelgruppe »glauben« bald 30-mal verwendet hat, bringt er endlich die Art und Weise eines solchen Glaubens in Großaufnahme. Die Stelle kann dieses christliche Standardwort vor einem nur floskelhaften Gebrauch bewahren. – Leser mit genauen Bibelkenntnissen könnten bei V. 19 Schwierigkeiten bekommen, wird der alte Abraham doch in 1Mo 16,1-4 und 25,1-6 als durchaus zeugungsfähig vorgestellt. Das zeigt, dass Paulus sich nicht immer der gesamten Überlieferung verpflichtet fühlte, sondern sie nur unter bestimmten Anliegen gezielt auswertete. In Gal 4,21-31 bezieht er z.B. die Ismaelgeschichte mit ein.

17b Paulus hebt am glaubenden Abraham hervor, dass er Gott ins Auge fasste und keinen Augenblick aus dem Auge ließ. **(Diese Verheißung empfing er) im Angesicht Gottes, dem er glaubte.** Die Stimme der Verheißung im Ohr, suchte er das Angesicht des Verheißenden.[34] Was er glaubt, führt ihn vor die Frage, wem er glaubt.

Der empfangene Eindruck von Gott kommt in zwei Ausdrücken zur Sprache, die Paulus als einem frommen Juden geläufig waren. Israel stand staunend vor Gott, **der die Toten lebendig macht.** Der übernächste Vers bringt als Beispiel, wie Gott dem biologisch »toten« Elternpaar den Isaak schenkte. Hebr 11,19 behandelt unter dem gleichen Gesichtspunkt ein anderes Beispiel, das Morija-Geschehen. Gott befahl Abraham, Isaak darzubringen. Wie sollte der Stammvater das verarbeiten: einerseits seinen Sohn und damit auch die Verheißung einer Nachkommenschaft opfern, andererseits doch an der Wahrhaftigkeit des Verheißenden festhalten! Zwingend ergab sich diese Lösung: Bei Gott ist der Tod eines Menschen nicht endgültig tödlich, immer ist Totenauferweckung einzurechnen. Damit begriff Abraham etwas, was für die Führungen Gottes typisch ist. »Gott prangt nicht mit dem, was schon da ist« (Luther). Immer wieder blitzte diese seine Art in der Geschichte seines Volkes auf[a], bis sie sich in Christus unüberbietbar, unübersehbar und unverlierbar kundtat (V. 24f). Damit zurück zum ersten Beispiel, das hier aktuell ist. Gott offenbart sich ähnlich auch schon vor dem Grab: Gott **ruft (ins Dasein) das, was nicht ist, dass es sei.** Ohne Einbeziehung vorhandener Faktoren macht Gott existent, was er will. So widerständig die Zustände auch sind, gehorchen sie ihm aufs Wort.[b] Es herrscht eine Mühelosigkeit wie bei der Schöpfung. »Gott kann«, heißt es auch V. 21 oder 11,23 und an

[a] 5Mo 32,39 1Sam 2,6 2Kor 1,9 3,6 Eph 2,1.5f 5,14 1Tim 6,13
[b] Mt 8,8-9

34 Die Stelle erinnert sprachlich und sachlich an die Worte, mit denen Gott in 1Mo 17,1 die Verheißung eines Nachkommen einleitet: »Ich bin der allmächtige Gott; wandle *in meinem Angesicht* (so LXX) und sei fromm.« Mit seiner Zusage schenkte Gott sich selbst. Dementsprechend greift auch der Glaube nicht nur nach der Zusage, sondern nimmt auch dieses Selbstangebot Gottes an.

ungezählten Stellen der Bibel.[35] Es drängt sich eine Linie auf. Was er *einmal* konnte, kann er auch zweimal. Der Schöpfer ist auch Neuschöpfer.[36]

Der glaubende Abraham lebte nicht in einer abgeschlossenen 18
und in sich ruhenden Seelenverfassung, sondern zeigte sich hochgradig durch Hoffnung beseelt.[37] **Er hat gegen Hoffnung auf Hoffnung hin geglaubt, dass er ein Vater vieler Völker werde, nach dem (in 1Mo 17,5) Gesagten: So (zahlreich) wird dein Same (sein).** Die Fortsetzung macht anschaulich, wie Abraham seinen Glauben gegen seine tatsächliche Lage behaupten musste. Er war »gegen Hoffnung«, also hoffnungswidrig hoffnungsvoll. Dass Hoffnung Wesenselement des Glaubens ist, zeigt der Römerbrief immer wieder[c].

[c] Röm 5,2.4f 8,20.24f 12,12 15,4.13

Die Geschichte Abrahams zeigt aber auch, dass Glaubende im 19-21
Stande der Anfechtung leben. **Nicht schwach werdend im Glauben** an den Totenauferwecker, **richtete er sein Augenmerk auf seinen eigenen Leib in seiner Abgestorbenheit, fast hundertjährig, und auf das Abgestorbensein des Mutterschoßes Saras.** Kaum will Paulus sagen, dass Abraham nie Glaubensschwäche zeigte, vielmehr dass er sie überwand. Doch wie? Nach der alten LÜ dadurch, dass er seinen und Saras greisenhaften Körperzustand[38] »*nicht* ansah«. Um glauben zu können, hätte er dann mit geschlossenen Augen leben müssen. Nach den uns heute zugänglichen besseren Handschriften schwingt sich der Glaube aber gerade nicht über die Weltwirklichkeit hinaus, sondern nimmt sie in den Blick, wie sie ist. Erst Illusionslosigkeit über seine innerweltliche Lage macht den Glauben an Gott tief und wahr.

Dabei gehörte Abraham nicht zu jenen, die grundsätzlich ein abenteuerliches Leben lockt und das Wagnis des Unmöglichen reizt. Sein Glaube war nicht Willkür, sondern hatte realen Anhalt: **Hinsichtlich der Verheißung Gottes zweifelte er nicht in Unglau-**

[35] Auch die urchristliche Mission erlebte in Form von Bekehrungen dieses Erschaffen Gottes aus dem Nichts und das Erstehen göttlichen Lebens aufs Wort, so dass sich diese Redeweise auch in der Missionssprache ansiedelte (z.B. Röm 9,25-26; 10,19; 2Kor 4,6; 5,17; Gal 6,15; Eph 2,10.15; 4,24).

[36] Hier ist wieder die Nähe zu Jes 40-66 zu empfinden. »Denn die Achse, um die sich Jesajas ganze Verkündigung dreht, ist das Wissen um die Wirklichkeit des schöpferischen Jahwewortes« (Dieter Schneider, S. 115). Immer wieder werden Schöpfung und Neuschöpfung verbunden, z.B. 40,21.25f.28; 45,6f.18; 48,13. Diese Einzigartigkeit des Erlösers führt die Erbärmlichkeit der Götzen vor.

[37] Die gesamte Darstellung der atl. Glaubensmenschen in Hebr 11 ist von dieser Sicht beherrscht: V. 1.6. 7.10.13.14-16.27.39f.

[38] Der bildliche Ausdruck »erstorbener Leib« berührt sich mit »sterblicher Leib« in 6,12; 8,10.11, wenn dort auch an einen anderen Sachverhalt gedacht ist. Immerhin besteht ein typologischer Zusammenhang, der zu 8,11.26 fruchtbar zu machen ist.

ben. Ihre Glaubwürdigkeit blieb ihm Wirklichkeit Nr. 1: **sondern er erstarkte im Glauben.**

Schon die Entstehung des Glaubens beginnt nach 10,17 nicht mit einem menschlichen Kraftakt. Nicht der Mensch wirft mit aller Gewalt ein Seil in den Himmel, bis es festhakt, sondern Gott kommt in einem Gnadenakt zum Menschen und »bändelt« an. Von Gott genötigt, erfasst und umfasst, kommt es zum menschlichen Glauben. Nicht anders geht es bei jedem Erstarken des Glaubens in der Anfechtung: Gottes starke Hand ist da![d] Zwei Partizipien beschreiben ein drittes Merkmal. Der Glaube **gibt Gott die Ehre**. Er beteiligt sich nicht mehr an der Ursünde, nämlich dem Raub an der Ehre Gottes zugunsten des Selbstruhms[e]. Er lässt Gott Gott sein, **völlig gewiss, dass (Gott), was er verheißen hat, auch zu tun die Macht hat.** Gott ist für ihn *ganz*, nämlich ganz Gott, ohne einen Zwiespalt[f] zwischen dem, was er sagt, und dem, was er kann. Wir Menschen sind zerrüttet, vielfach gespalten. Reden, Wollen und Können fallen bei uns auseinander.

[d] Phil 4,13 2Thess 3,3 1Tim 1,12 2Tim 4,17 Apg 9,22 2Kor 12,9-11 Eph 6,10 2Tim 2,1

[e] Röm 1,21.23.25 2,23; 3,27

[f] 5Mo 32,3 Ps 18,3 Jes 26,4

22 Paulus kehrt bestätigend zu V. 3 zurück und beendet seine Abraham-Exegese: **Darum auch wurde ihm (dieser sein Glaube) zur Gerechtigkeit gerechnet.** Wer Gott Gott sein lässt, den lässt Gott auch Mensch sein: Du bist mir recht – recht zum ewigen Beisammensein und Zusammenwirken! Hier gilt es, jedes Wort zu wiegen: du – mir! Auf der einen Seite »Erde und Asche« (1Mo 18,27), auf der anderen der Schöpfer aller Dinge. Aber der Gottferne und Gottlose (V. 5) wird gottfähig. Gnade (V. 4) nimmt menschliche Unmöglichkeiten als Material in ihre Hand, Totenauferweckung findet statt.

e) Worin besteht die Urbildlichkeit des Glaubens Abrahams für Christen? (4,23-25)

23 Nicht aber allein seinetwegen ist geschrieben: »Es wurde ihm angerechnet«,
24 sondern auch unsretwegen, denen es künftig (als Gerechtigkeit) angerechnet werden soll als solchen, die glauben an den Auferwecker unseres Herrn Jesus von den Toten,
25 welcher dahingegeben wurde wegen unserer Übertretungen und auferweckt wurde wegen unserer Gerechtsprechung.

Die Frage, wie Abraham glaubte, glitt im letzten Abschnitt unversehens zu den Fragen hinüber, wem er glaubte und was er glaubte. Diese werden jetzt vorrangig. Der Kern unserer Gemeinsamkeit mit dem »Vater aller Glaubenden« wird aufgedeckt.

Die eigentliche Zielgruppe dessen, was über den Urvater Abraham geschrieben steht, ist die christliche Gemeinde. **Nicht aber allein seinetwegen ist geschrieben: »Es wurde ihm angerechnet«, sondern auch unsretwegen.** Schon 1,2 lasen wird vom AT als Verheißungsliteratur.[a] Was es bezeugt, ist im Grunde »Typus des Kommenden« (5,14). Das verschafft ihm über Jahrtausende hinweg eine unmittelbare Nähe zu denen, auf die »das Ende der Zeit gekommen ist« (1Kor 10,11). Man könnte von einer nur hauchdünnen Wand zwischen jenem Anfang und der Endzeitgemeinde sprechen. Im Anblick der Glaubensgerechtigkeit Abrahams begreift sie ihren eigenen Pflanzboden, aus dem heraus sie selber lebt. Das Bewusstsein dieser heilsgeschichtlichen Tiefe macht sie stark und krisenfest wie kein individualistisches Erlebnischristentum. Jenes Schriftwort betrifft also die Christen, **denen es künftig (als Gerechtigkeit) angerechnet werden soll als solchen, die glauben.** Grammatikalisch spricht Paulus hier in der Form der Zukunft, weil er sich in den Zeitpunkt versetzt, als die Verheißung erging. Aber solche Gerechtsprechung gehört schon zum »Jetzt«.[b] **23-24a**

[a] Röm 15,4 1Kor 9,10 10,6.11

[b] Röm 3,21-26 8,30 1Kor 6,11

Allerdings gibt es zwischen Abraham und dem christlichen Glauben nicht nur Übereinstimmung, sondern auch Steigerung. Christen glauben wie Abraham an den Totenauferwecker (V. 17b)[39], aber – und das geht weit über das hinaus, was Abraham widerfuhr – **an den Auferwecker unseres Herrn Jesus von den Toten.** Im christlich-jüdischen Gespräch besteht der eigentliche Beitrag von christlicher Seite in dem Zeugnis, dass Gott den gekreuzigten Jesus von Nazareth nicht nur lebendig[40], sondern auch zum Herrn gemacht hat (s. zu 1,4). Nach 14,9 ist dieses Herrsein Jesu die Zusammenfassung all dessen, was Karfreitag und Ostern bedeuten können. **24b**

Ein sorgfältig geformter ebenmäßiger Spruch über diesen Herrn bündelt zum Schluss den ganzen Briefabschnitt ab 3,21.[41] In Form eines Bekenntnisses, das von allen Gemeinden getragen wird, holt Paulus zunächst noch einmal die grundlegende Botschaft vom Sühnetod Jesu aus 3,25 wieder herein: **welcher dahingegeben wurde wegen unserer Übertretungen**. Diese Gottestat ist ihm auch in den weiteren Ausführungen immer als Basis gegenwärtig (etwa 5,9-10; 6,10; 8,3.32-34). Dann jedoch führt hier der Zusammenhang mit V. 17b speziell auf die Ostertat, die in 3,24-25 noch fehlte: **und** **25**

[39] Hier wie schon in V. 17b und ebenfalls 8,11; 2Kor 4,14; Gal 1,1; Eph 1,20; Kol 2,12; 1Petr 1,21 findet sich das Partizip von »auferwecken« für Gott, d.h. dieses Tun ist seine feste, kennzeichnende Eigenschaft, die für ihn zum regelrechten Beinamen wird.

[40] Das allein würde ihn nicht von Lazarus oder vom Jüngling zu Nain unterscheiden! Totenauferweckung an sich ist für einen schriftgelehrten Juden auch nicht unglaubhaft.

[41] Der Satz schließt sich deutlich, wenn auch in freier Form an Jes 53 an (nach LXX), bis hin zu wörtlichen Bruchstücken aus V. 4-6.11-12.

auferweckt wurde wegen unserer Gerechtsprechung. Für das »wegen« sowohl im Vordersatz als auch im Nachsatz dieses Verses sind unterschiedliche Auslegungen möglich.

a) Die Präposition »wegen« (*dia* mit dem Akkusativ) könnte beide Male kausalen (begründenden) Sinn haben. Dann ergibt sich für die beiden Taten Gottes diese Zuordnung: Christus starb an unserer Stelle, »wegen« unserer Sünden. Damit stellte er unsere Gerechtigkeit wieder her, etwa im Sinne von 5,9: »Wir sind gerecht geworden durch sein Blut.« Unter dieser Voraussetzung, also »wegen« unserer vollkommenen Gerechtigkeit, hat Gott dann durch ein zweites Tun geantwortet, indem er Jesus aus dem Tode erweckte. Die Auferweckung war so gesehen das strahlende Ja und Amen Gottes zum bereits am Kreuz vollbrachten Werk (Joh 19,30). Sie machte es unbezweifelbar. Ostern ist der Zweifelbrecher (1Kor 15,17); keine negative Erfahrung kommt mehr dagegen an.

b) Man kann allerdings auch die sprachliche Möglichkeit nutzen, dass dies »wegen« gelegentlich einen finalen Sinn (Zweckangabe) bezeichnen kann. In diesem Fall belässt man zwar dem Vordersatz den kausalen Sinn wie oben, begreift aber die Fortsetzung final und umschreibt: Christus wurde »in der Absicht« unserer Gerechtsprechung, der Herstellung und Bewährung unserer Gerechtigkeit auferweckt. So gesehen war die Ostertat Gottes nicht nur eine rückwärts gewandte Bestätigung der vollkommenen Sühne, Gott ließ es nicht nur bei einer Bereinigung der Vergangenheit bewenden, stellte nicht nur den Nullpunkt wieder her, sondern zielt ihrerseits auf ein »noch mehr«.[c] Sie ist vorwärts gewandter Durchbruch zur Neuheit eines Lebens für Gott (5,2; 6,4b.10f). Christus ist erhöht, um die Versöhnten auch in alle Zukunft »durch sein Leben« zu retten (5,10). Sein ununterbrochenes Gerechtsprechen (8,34; Hebr 7,25) »führt ins Leben« (5,18). Die hier angegebenen Parallelstellen zeigen, wie stark diese Gedanken den nächsten Briefabschnitt beschäftigen werden.

[c] Röm 5,9.10 8,34

Man sollte sich beide Auslegungen zum Besten dienen lassen. Letztendlich sind Karfreitag und Ostern so eng miteinander verschlungen, dass jede begriffliche Gegenüberstellung mit Vorbehalt zu erfolgen hat.

Abschnitt C

DER IM GLAUBEN GERECHTE WIRD LEBEN! (5,1-8,39)

Der letzte Briefabschnitt klang in 4,25 mit den Worten aus: »unsere Gerechtsprechung«. 5,1 beginnt: »nunmehr gerechtgesprochen«. Noch enger kann eine Anknüpfung nicht sein. Insofern versteht man Ausleger, die Kap. 5 noch zu 3,21-4,25 schlagen (z.B. Wilckens). Und doch ist da eine Auffälligkeit, die m.E. zwingend dafür spricht, hier einen Themenwechsel und den Beginn eines neuen Hauptabschnitts zuzugeben. Der Wechsel spiegelt sich in einer auffallenden Auswechslung des Vokabulars wider. Sogar das bisherige Kernwort »Glaube, glauben« verschwindet.[1] Dafür tauchen Begriffe auf wie »Friede«, »Gnade«, »Hoffnung«, »Liebe«, »Geist«, »Versöhnung«, »Rettung«, »Leben«, die vorher fehlten oder fast fehlten. Besonders zu beachten ist »Leben, leben«. Bisher erschien dieser Begriff lediglich einmal in 2,7, dagegen jetzt in 5,10.17.18.21; 6,2.4.8.10.11.13.22.23; 7,1.2.3.9.10; 8,2.6.10.12.13.38. Paulus haftet eben nicht allein am punktuellen Vorgang der Rechtfertigung des Sünders. Wenn er in seinem Programmvers 1,16f Hab 2,4 heranzog: »Der Gerechte aber wird *leben*«, war das für ihn kein Anhängsel. Nicht nur knappes Überleben gewährt das Evangelium, es ist auch vollauf Leben schaffend.[2] Es befähigt, die Wirklichkeit zu bestehen. Eben dies spiegelt sich auch in den oben aufgeführten neuen Stichworten wider. Daher die Überschrift für den neuen Hauptabschnitt.

1. Das Rühmen der Gemeinde gerechtgesprochener Sünder (5,1-11)

1 Nunmehr gerechtgesprochen aus Glauben, haben wir Frieden mit Gott durch unsern Herrn Jesus Christus,
2 durch den wir auch Zugang haben – im Glauben! – zu der Gnade, in der wir stehen, und rühmen uns der Hoffnung der Herrlichkeit Gottes.
3 Aber nicht allein (das), sondern wir rühmen uns auch der Bedrängnisse, wissend, dass Bedrängnis Standhaftigkeit bewirkt,

[1] Ab jetzt fehlt diese Wortgruppe bis 8,39 mit Ausnahme von 6,8 völlig! Lediglich in den beiden ersten Versen 5,1-2 versichert Paulus noch einmal, dass der Glaube selbstredend für alles Folgende Basis bleibt.

[2] In 5,17.18.21; 8,10 verbindet sich »Gerechtigkeit« ausdrücklich mit »Leben«.

4 **die Standhaftigkeit aber Bewährung, die Bewährung aber Hoffnung.**
5 **Die Hoffnung aber lässt nicht zuschanden werden, denn die Liebe Gottes ist ausgegossen in unseren Herzen durch den Heiligen Geist, der uns gegeben ist.**
6 **Schon als wir Schwache waren – noch zu dem Zeitpunkt! – ist Christus nämlich für Gottlose gestorben.**
7 **Nicht leicht nämlich stirbt jemand für einen Gerechten, für das Gute nämlich wird einer vielleicht wagen zu sterben.**
8 **Gott (aber) bringt seine (ihm eigene) Liebe zu uns an den Tag (dadurch), dass, als wir noch Sünder waren, Christus für uns gestorben ist.**
9 **Folglich: Wie viel mehr werden wir als jetzt Gerechtgesprochene durch sein Blut durch ihn gerettet werden vor dem Zorn(gericht)!**
10 **Wenn wir nämlich als Feinde, die wir waren, versöhnt worden sind mit Gott durch den Tod seines Sohnes, wie viel mehr werden wir als Versöhnte gerettet werden durch sein Leben.**
11 **Nicht allein aber (aufgrund unserer Versöhnung am Kreuz werden wir im zukünftigen Gerichtszorn gerettet), sondern auch als sich Rühmende in Gott durch unsern Herrn Jesus Christus, durch den wir jetzt die Versöhnung empfingen.**

Der Ton der Auseinandersetzung weicht jetzt dem Wir-Ton, also gemeinschaftlichen Feststellungen. Die glaubende Gemeinde spricht. Sie legt hier ihr Grundbekenntnis ab, das dann für die folgenden vier Kapitel Stoff liefert. Es umkreist nicht mehr den rettenden Wendepunkt, sondern entfaltet dieses Heil ins Leben hinein, und zwar dreifach: vom bereits erlangten Gnadenstand über die gegenwärtigen Bedrängnisse bis hin zur erwarteten Vollendung. Das Schwergewicht rückt dabei sichtlich auf die Rettung im Endgericht, denn: Ende gut – alles gut! Tatsächlich hängt alles an der Frage: Wird unser Leben *insgesamt* gelingen? Erst die Antwort auf diese Frage macht unsere Gegenwart sinnvoll oder eben sinnlos. Die Zukunft qualifiziert unsere Gegenwart. Also: Können wir begründet hoffen? Oder biblisch ausgedrückt: Können wir uns »rühmen«? Dieser Begriff rahmt den ganzen Abschnitt (V. 2.3.11). Bisher wurde verfehltes Rühmen angesprochen (2,23; 3,23.27; 4,2). Jetzt ist wahres Lebensvertrauen zu bekunden.

1-2 Für den, der auf dem Rechtsgrund des Todes Christi glaubend Fuß fasste, entfaltet sich Heil. **Nunmehr gerechtgesprochen aus Glauben, haben wir Frieden mit Gott.** Bei »Friede«, biblisch gedacht, geht es immer ums Ganze und Umfassende. Der gerechtsprechende Gott tut nichts Halbes. Alles kommt in Ordnung.[3] Das erfahren wir nicht durch das, was *wir* sind und haben, sondern **durch[4] unsern Herrn Jesus Christus** als einen Raum der **Gnade, in dem wir stehen**. Dieser Raum ist nicht von allen Seiten lässig zu betreten, sondern hat einen bestimmten **Zugang**, wie z.B. einst der Tempelbezirk in Jerusalem. Dessen Tore trugen den Namen »Tore der Gerechtigkeit« (Ps 118,19-20; Jes 29,2); nur Gerechte durften nahen. So stockte der festliche Pilgerzug vor dem Tor und stellte sich der Überprüfung durch den Priester (Ps 15; 24). Nur wer als gerecht erfunden wurde, erhielt Einlass zum Raum göttlicher Gegenwart. Im Rahmen dieser Vorstellung sah die Urchristenheit auch ihre Gerechtsprechung durch Christus. Er führt hinein zu Gott[a], ja *ist*[b] in Person unser Zugang zum Stand[c] in der Gnade. Dass Christus hier als **Herr** bezeichnet wird, lenkt den Blick speziell auf den Erhöhten. Er war nicht nur unser Friede am Kreuz, sondern tritt auch gegenwärtig und bis hin ins Endgericht als unser Bürge vor Gott hin und bewahrt uns den Frieden Gottes (4,25; 8,34). Das alles gilt selbstverständlich **im Glauben**, wie Paulus in V. 1 und 2 noch einmal als unverlierbare Voraussetzung einschiebt.

[a] Eph 2,17-20 3,11-12 Hebr 2,10; 4,16 9,8-12 10,19-22
[b] Joh 14,6
[c] Röm 14,4 1Kor 10,12 Gal 5,4 1Petr 5,12 2Petr 3,17f

Jedem Menschen droht das Misslingen seines Lebens. Die Glaubenden aber erfüllt Zuversicht: **und rühmen uns der Hoffnung der Herrlichkeit Gottes.** Schon zu 3,27 wurde dargelegt, dass die Bibel solches Sich-Rühmen nicht einfach als Angeberei abtut. Es ist notwendiges Merkmal menschlichen Daseins. Nicht der geknickte, sondern der strahlende Mensch, der zu siegen weiß und einmal tatsächlich sieggekrönt dastehen soll (8,37), ist Gottes Ziel. Wie wird der Mensch Sieger? Er strahlt, wenn Gott strahlt. Wenn einmal »das Reich und die Kraft und die Herrlichkeit« endgültig Gottes sein wird, wird das auch die Mitverherrlichung aller sein, die in Christus sind (8,17.30; Phil 3,21).

Trotz des Satzes: »Der Gerechte wird leben«, gilt auch die Wahr- **3-5a**
heit: »Der Gerechte muss viel leiden«[5] (Ps 34,20). **Aber nicht allein (das), sondern wir rühmen uns auch der Bedrängnisse.** Der Gerechte wird einer Welt der Ungerechtigkeit (1,18) immer wie ein Splitter im Fleisch stecken. Unvorstellbar, dass er ohne Widerspruch, Bedrohung und Angst bleibt. »Willst du Gottes Diener sein, schicke dich zur Anfechtung« (Sir 2,1). Druck von allen Seiten will

[3] Paulus berührt sich hier wieder mit Kernstellen des Jesaja: 45,7; 48,18.22; 52,7; 54,10; 57,18f. Der hebr. Begriff für »Friede« (*schalom*) enthält sprachlich »einsmachen«, »vervollständigen«, »zu einem unversehrten Ganzen machen«, zusammenbringen, was zusammengehört. In diesem Sinne wurde »Friede« urchristliches Leitwort, z.B. im Röm: 1,7; 8,6; 14,17.19; 15,13.33; 16,20.

[4] Dieses »durch Christus« findet sich bei Paulus 34-mal, hier z.B. noch in V. 2.9.10.11.

[5] Eine ausführliche Belehrung über die Leiden des Christen bringt 8,18-39.

seinen Glauben wieder eindrücken. »Bedrängnisse« ist an dieser Stelle summarisch zu verstehen. Es gibt sie von außen wie von innen, körperlich, seelisch und geistig, außerhalb und innerhalb der Gemeinde.[d] Erstaunlich nur, dass dies Heer von Übeln das Sich-Rühmen und Hoffen des Glaubenden nicht nur nicht verdüstert, sondern sogar steigern kann. Denn er rühmt sich nicht, *obwohl* er leidet, sondern gerade *weil* er leidet: **Wir wissen, dass Bedrängnis Standhaftigkeit bewirkt, die Standhaftigkeit aber Bewährung, die Bewährung aber Hoffnung.** Bedrängnisse, zusammengespannt mit dem Glauben (V. 1 und 2), rufen eine Kette positiver Wirkungen hervor. Wie man eine abwärts laufende Rolltreppe zum Hinauflaufen benutzen kann, so lässt sich Niederdrückendes in gegensätzlicher Richtung überwinden (8,28). Leiden für Christus geht einem plötzlich als Leiden mit Christus auf, als Geschenk engster Gemeinschaft mit ihm[e] und Markenzeichen für die Echtheit unserer Nachfolge. Das vermittelt vorher nicht gekannte Standhaftigkeit. Bestandene Proben aber ergeben Bewährung, was wiederum die Hoffnung auf Gottes Herrlichkeit[f] aktiviert. In Anlehnung an Psalmworte wie 22,6; 25,3.20 heißt es: **Die Hoffnung aber lässt nicht zuschanden werden.** Wie wenig Paulus jedoch mit verbissenen Durchhalteparolen arbeitet, zeigt der folgende Vers.

[d] Röm 8,35-39 1Kor 4,9-13 2Kor 4,8-10

[e] Mt 5,11f Apg 5,41 Phil 1,29 3,10 1Petr 4,13

[f] Röm 8,18 2Kor 12,9-10 Joh 16,2-4 1Petr 4,14 Jak 1,2-4.12; 5,11

5b Woher nehmen diese Bedrängten immer wieder ihre Frische? **Denn die Liebe Gottes ist ausgegossen in unseren Herzen.** Zwar müssen sie wie alle Menschen mit unbeantworteten Fragen leben, aber sie bleiben beim Rühmen, denn sie stehen gleichzeitig unter dem elementaren Eindruck des Geliebtseins bei Gott. Ohne immer zu verstehen, wissen sie aber, woran sie bei Gott sind.[g] Da ist ein »heller Schein der Erkenntnis der Herrlichkeit Gottes in dem Angesicht Jesu Christi« (2Kor 4,6) in ihr ehemals verfinstertes Herz (1,21) hereingebrochen: **durch den Heiligen Geist**. Dieser Geist ist das, was Gott selbst erfüllt und was ihn auch uns gegenüber beseelt. Indem er uns **gegeben** wird, teilt Gott uns seinen innersten Besitz mit, seine Liebe. Und zwar wurde sie ausgegossen, also schrankenlos gegeben.[6] Denen, die ihn anrufen, reicht er nicht nur den kleinen Finger, sondern seine ganze Hand. Er nimmt sie nicht nur zu einem »Schnupperkurs« an, sondern zu einem ewigen Bund (2Kor 1,22).

[g] 1Kor 1,9 15,42-44.57-58 Phil 1,6 1Thess 1,10

6 Bevor ab V. 9 das Rühmen der pneumatisch gesegneten Gemeinde weitergeht, schiebt Paulus eine lehrhafte Erläuterung zu dieser Liebe Gottes ein. Dazu durchstößt er die schöpfungsmäßige Ebene und zeigt ihren christologischen, ja staurologischen Tiefgang (von *stauros*, »Kreuz«).

[6] Gießen ist nicht Tröpfeln. Schon Joel 3,1, vgl. Apg 2,33, steht »ausgießen auf« für die Spendung nichtsparender, rückhaltloser Fülle. So dann auch ganz deutlich Tit 3,6 (»in reichem Maß«).

Zuerst sei uns der Zustand derer bewusst, für die Christus liebend sein Leben gab. **Schon als wir Schwache waren – noch zu dem Zeitpunkt! – ist Christus nämlich für Gottlose gestorben.** Das vorgezogene »schon«, durch einen Einschub noch einmal unterstrichen[7], hebt hervor, dass Jesu Passion auf Menschen in ihrem absoluten Schwächezustand stieß. **»Schwache«** bezieht sich dabei auf ihre **Gottlosigkeit** (s. Fußnote zu 4,5) und hat keinen mildernden Sinn wie in 14,1. Ihre sittliche Kraft und ihre menschliche Würde war gebrochen. Katastrophal an ihre Leidenschaften dahingegeben (1,24.26.28), waren sie unfähig zu einem Leben mit Gott.

Paulus sucht für die »Liebe des Christus« (8,35) irdische Verglei- 7
che. Freiwillig für andere sterben? **Nicht leicht nämlich stirbt jemand für einen Gerechten.** Weil man nur ein Leben hat, wird man sich diesen Einsatz schon überlegen. Stirbt jemand für eine als unbescholten verehrte Persönlichkeit? Ohne konkret zu werden, wechselt Paulus zu einem anderen Fall, den er sich schon eher vorstellen kann: **Für das Gute nämlich,** für eine gute Sache[8], **wird einer vielleicht wagen zu sterben.** Griechen und Römer verherrlichten z.B. den Soldatentod: »Es ist süß und ehrenvoll, fürs Vaterland zu sterben« (Horaz, 1. Jh. v.Chr.). Bei den Juden stand das Martyrium für die Religion der Väter in höchsten Ehren (2Makk 6,18-7,42). Hier sind verstehbare Motive erkennbar, werden aber durch das **vielleicht** eingeschränkt und beiseite gestellt.

Paulus bezeugt demgegenüber die Hingabe Christi durch Gott 8
als reines Wunder der Liebe. **Gott (aber) bringt seine (ihm eigene) Liebe zu uns an den Tag (dadurch), dass, als wir noch Sünder waren, Christus für uns gestorben ist.** Gottes Handeln mit Christus hebt sich von allem ab, was jemals in ein Menschenherz gekommen ist (1Kor 2,9). Am Kreuz geschah nicht höchste Steigerung des Heroischen, sondern tiefste Erniedrigung, Widersinn bis zum Skandal (Phil 2,8; 1Kor 1,18). Nie zu begreifende Liebe zu uns Sündern brach durch. Gott brachte sie frei an den Tag und bringt sie im Wort vom Kreuz immer wieder an den Tag (Präsens der Wandellosigkeit).

Immer schon, auch in atl. Zeit, war Gottes Wesen Liebe: »barmherzig und gnädig, geduldig und von großer Güte« (Ps 103,8). Für dieses Gottesbild benötigten wir also nicht erst das Neue Testa-

[7] Andere verstehen unter diesem »Zeitpunkt« den günstigen, von Gott bestimmten Termin (vgl. Gal 4,4), zu dem Christus sich opferte.

[8] Was hier veranlasst, das Wort *agathou* nicht maskulin, sondern neutrisch zu übersetzen, ist der Artikel davor. Übersetzt man trotzdem »für *den* Guten (Menschen)«, muss man den »Guten« über den vorgenannten »Gerechten« stellen – eine nicht ganz gewöhnliche Vorstellung. Allerdings gibt es im Talmud komplizierte Unterscheidungen über Gerechte, die nicht gut sind, und über Gute, die nicht gerecht sind (Bill III, S. 223).

ment. Das Neue am Neuen Testament besteht vielmehr darin, dass Gott nicht nur geliebt hat, sondern dass er *derartig* geliebt hat, dass er seinen Sohn gab (Joh 3,16). Seine Liebe fand jetzt einen Weg[9], den Höhenweg, den Königsweg. Es handelte sich um ein unwiderrufliches Sichverausgeben Gottes »für uns«.[10] Das ganze AT sehnte sich danach, das ganze NT verdankt sich ihm. Hier, in diesem stellvertretenden »für uns« (in V. 6-8 viermal!) meldet sich die Mitte der Schrift oder ihr »Geheimnis« (16,25).

9 Zurückkehrend zu V. 2-4 begründet Paulus noch einmal die christliche Hoffnung auf die endgültige Errettung. **Folglich: Wie viel mehr werden wir als jetzt Gerechtgesprochene durch sein Blut durch ihn gerettet werden vor dem Zorn(gericht)!** Paulus kann also die Liebe Gottes rückhaltlos preisen, ohne einen Gedanken daran, die Lehre vom allgemeinen Endgericht zu streichen (vgl. 2,16). Wer hier noch nicht mitgehen kann, muss noch einmal eine Schleife durch die bisherigen Kapitel drehen.

10 Paulus wiederholt den Ansatz von V. 9, reichert ihn aber an. **Wenn wir nämlich als Feinde, die wir waren, versöhnt worden sind mit Gott durch den Tod seines Sohnes, wie viel mehr werden wir als Versöhnte gerettet werden durch sein Leben.** Die bisherige Redeweise von verurteilten Sündern und ihrem gnädigen Freispruch (V. 8-9) bewegte sich in Vorstellungen aus dem Gerichtssaal. Wenn Paulus jetzt von Versöhnung spricht, verlässt er zwar nicht das Rechtsdenken, aber wechselt in den Bereich des Völkerrechts[11]: Staaten stellen ihre Feindseligkeiten ein, indem sie Friedensbedingungen aushandeln (Lk 14,31-32). Der Ton legt sich damit auf Heilung des Gemeinschaftsbruchs. Wir sind versöhnt worden mit Gott. Im Einzelnen ist 2Kor 5,18-21 zu beachten.[12]

9 Auch nach 1Kor 12,31 ist Liebe nicht eine seelische Temperatur, sondern ein ganz bestimmter Weg, der zur Problemlösung beschritten wird.

10 Das »für uns« im Röm: 4,25; 5,6.8; 8,3.32 und 14,15. Der atl. Hintergrund ist wieder Jes 53,4.5.10.12.

11 Anders »Versöhnung« in Mt 5,23-26 oder 1Kor 7,10-11, wo es um private Aussöhnung entzweiter Einzelpersonen geht.

12 Unmittelbar vor dem Röm hatte Paulus 2Kor 5 geschrieben. Dort fasst er eine von den Menschen verschuldete kosmische Störung ins Auge. Diese objektive Streitmasse zwischen Gott und Mensch nahm Gott selbst in Christus auf sich. Dort (V. 20) wie hier ist die Hingabe Jesu in den Sühnetod der feste Kern des Abschnitts. Das Ergebnis dieses einseitigen und darum beispiellosen Aktes ist eben »Versöhnung«. Gott schob sie »der Welt« wie einen Teppich unter die Füße. Damit ist jedermann Kandidat für wunderbar Neues und Großes (V. 17). Der Aufruf V. 20: »Lasst euch versöhnen mit Gott!« fordert nicht etwa zur Mitwirkung an der Versöhnung auf, sondern nur zum »Empfangen« des fertigen Geschenks im Gehorsam des Glaubens (hier V. 11). Nie im NT wird Gott Gegenstand versöhnenden Handelns (vgl. noch Eph 2,14-17 und Kol 1,19-22). An allen Stellen ist es seine ureigene Tat, die seinen Feinden als abgeschlossen (!) verkündigt wird. Lediglich der Empfang dieser Versöhnung gehört in das »jetzt« (5,10f).

Die Anreicherung gegenüber V. 9 zeigt sich schließlich auch darin, dass jetzt ähnlich 4,25 neben »durch den Tod seines Sohnes« das andere tritt: »durch sein Leben«. Beides – Todesmacht und Auferstehungskraft Jesu – wirkt zusammen. Durch seinen Tod ist das Entscheidende und Höchste gewonnen, aber gerade deswegen: um wie viel mehr[13] wird der Lebendige »alles schenken« (8,32), uns aus einer Not in die andere retten und dann auch einmal aus der letzten Not, dem Endgericht. Diese Liebe des Vaters unseres Herrn Jesus Christus kennt kein Erkalten, vielmehr nur Verlängerung bis ans Ende. So eindeutig Paulus das Endgericht bezeugt, stiftet er damit in der Gemeinde doch nicht eine Stimmung der Angst, sondern der Zuversicht, ja Freude.

Paulus bündelt das Rühmen der Gemeinde. **Nicht allein aber** 11
(werden wir aufgrund unserer Versöhnung am Kreuz im zukünftigen Gerichtszorn gerettet werden[14]), sondern auch als sich Rühmende in Gott durch unsern Herrn Jesus Christus, durch den wir jetzt die Versöhnung empfingen. Christliches Lebensvertrauen speist sich zweifach: aus Gottes »damals« (V. 6) und Gottes »jetzt« (V. 9.10). Gott war damals ganz groß *für* uns, als wir noch gegen ihn waren, aber auch das Jetzt der Versöhnten ist nicht etwa leeres Abwarten in leerem Raum, sondern voller geistlicher Erfahrung gegenwärtiger Gnade (V. 2).

2. Einer für alle! – bei Adam und weit übertrumpfend durch Christus (5,12-21)

12 **Deswegen: Wie durch einen Menschen die Sünde in die Welt hineingekommen ist und durch die Sünde der Tod und ebenso der Tod zu allen Menschen hindurchgekommen ist, weil sie alle gesündigt haben** – (Fortsetzung s. V. 18)

13 **Bis zum Gesetz war nämlich (die) Sünde (auch schon) in der Welt, Sünde aber wird nicht angerechnet, wenn ein Gesetz nicht da ist.**

14 **Dennoch herrschte der Tod (wie ein König) von Adam bis Mose auch über die, die nicht gesündigt hatten in Gleichartigkeit der Übertretung Adams, welcher Gegenbild ist des zukünftigen (Adam).**

[13] S. zu V. 15 (Anmerkung) und 17, ferner 8,34b.

[14] Der Gedankenfortschritt ist hier schwer zu erkennen. In V. 11 fehlt ein regierendes Verb. Meist wird das Partizip »rühmend« in einen Indikativ umgewandelt. Hier wird vorgeschlagen, den Text nicht zu verändern und das fehlende Verb aus dem Vorvers sinngemäß zu ergänzen (C. Breytenbach, S. 150-153).

15 Aber nicht: Wie die Verfehlung, so die (Gnaden-)Gabe! Wenn nämlich durch die Verfehlung des einen die Vielen starben, um wie viel mehr wurde die Gnade Gottes und das Gnadengeschenk des einen Menschen Jesus Christus den Vielen in reichem Maß zuteil.

16 Auch nicht: Wie durch Einen, der gesündigt hat, so das Geschenk. Denn das Gerichtsurteil (führte) zwar von dem Einen zur Verdammnis (der Vielen), aber die (Gnaden)gabe führte von Vieler Übertretungen zur Gerechtsprechung.

17 Wenn nämlich durch Verfehlung des Einen der Tod zur (königlichen) Herrschaft gelangte, (eben) durch den Einen, um wie viel mehr werden die die Fülle der Gnade und (die Fülle) des Geschenks der Gerechtigkeit Empfangenden im Leben (königlich) herrschen durch Einen – Jesus Christus.

18 Folglich also (V. 12 wieder aufnehmend): Wie (es) durch Eines Verfehlung zur Verdammnis aller Menschen (kam/kommt/wird kommen), ebenso (kam/kommt/wird kommen) es durch Eines Rechtstat für alle Menschen zur Gerechtsprechung (mit der Folgewirkung) des Lebens.

19 Wie nämlich durch den Ungehorsam des einen Menschen die Vielen als Sünder festgestellt wurden, ebenso werden auch (im Endgericht) durch den Gehorsam des Einen die Vielen als Gerechte festgestellt.

20 (Das) Gesetz (des Mose) aber ist dazwischen hereingekommen, damit die Übertretung ihr Vollmaß erreiche. Wo aber die Verfehlung ihr Vollmaß erreichte, (da) wurde die Gnade überreichlich,

21 damit gleichwie die Sünde (königlich) herrschte durch den Tod, ebenso auch die Gnade (königlich) herrsche durch Gerechtigkeit zum ewigen Leben durch Jesus Christus, unseren Herrn.

1. Zur Weiterführung des Gedankens. Schon wieder drängt sich dem Leser der Eindruck eines Stilwechsels auf. Das ständige »wir, uns, unser« von V. 1-11 ist verklungen (kehrt erst in der allerletzten Zeile zurück, V. 21). Die Erhobenheit des Bekennens weicht deutlich einer lehrhaften Einlage. Dennoch, ungeachtet der unterschiedlichen Formen, gehören die beiden Abschnitte inhaltlich eng zusammen, denn durch das in V. 12 groß vorangestellte »deswegen« knüpft Paulus ausdrücklich an den bisherigen Faden an. Der neue Abschnitt baut ausdrücklich auf dem Bisherigen auf. Aber in welchem Sinn? Gewöhnlich heißt es, die bisherige (angeblich) individuelle Betrachtungsweise sei für Paulus ein zwingender Grund gewesen, sie zu komplettieren. Sünde und Tod, die der Glaubende durch Christus in seinem Leben überwunden weiß, seien ja zugleich universale, kosmische Mächte. Soll ihre Überwindung ernsthaft behauptet werden, müssen sie jetzt auch universal nachgewiesen werden. Darum habe Paulus sich gedrungen gefühlt, einen Abriss der Geschichte von Adams Sündenfall bis zur Vollendung durch Christus anzufügen.

Diese Auskunft befriedigt aber schon deswegen nicht, weil bereits der erste Abschnitt (V. 1-11) sachlich und zeitlich universal ausgerichtet ist; an der Versöhnung wird z.B. gerühmt, dass sie der ganzen gottfeindlichen Welt galt. Sie bestimmt sieghaft Vergangenheit, Gegenwart und Zukunft. Vor allem schildert V. 12ff gar keinen heilsgeschichtlichen Prozess, sondern den Zustand, in dem sich der Mensch seit Adams Fall schon immer befindet. Für eine Geschichtstheologie wäre das Dargebotene auch allzu lückenhaft. Es fehlen z.B. die Berufung Abrahams, die Errettung Israels aus Ägypten, der Bund mit David, die Prophetie des Neuen Bundes und so manches, was dem NT an der Heilsgeschichte wichtig ist.

Weiterhelfen kann hier die Beobachtung, dass der vorige Abschnitt in volltönende Christusverehrung ausmündet (»unser Herr Jesus Christus«, V. 11) und dass der neue Abschnitt dort auch wieder landet (»Jesus Christus, unser Herr«, V. 21). Alles innerhalb dieses Rahmens ist zentral Christuslehre, genauer: Lehre über seine Stellvertretung in seinem Tod. Dieser Punkt war ab V. 6 angerissen, in V. 7 im Vorbeigehen erläutert worden. Doch wurde dort auch die Unzufriedenheit des Apostels erkennbar. Die Vergleiche wollten ihm nur begrenzt gelingen, zerbrachen ihm als untauglich unter den Händen. Hier blieb also ein entscheidender Erklärungsbedarf. »Deswegen« – um hier eine Lücke zu füllen – jetzt dieser gewaltige christologische Abschnitt. Paulus lenkt auf die Tatsache hin, dass Stellvertretung eine Grundstruktur des Menschseins überhaupt darstellt. In herausragendem Sinn zeigt sich das an Adam. Was er tat, tat er für das ganze Menschengeschlecht, wenn es auch eine Stellvertretung im Bösen wurde. Aber das zehnmalige »einer – alle« in V. 12.15.16.17.18.19, ob nun im Guten oder Bösen, zeigt deutlich die Konzentration auf die Realität stellvertretenden Handelns. So erklärt sich das Interesse am Adam-Thema.[15]

2. *Allbeseligung?* Gerade diesen Text darf man nicht als Seiteneinsteiger lesen, also ohne die vorangegangenen Kapitel durchlaufen zu haben und ihre Ergebnisse in sich zu tragen. Wer unberührt oder

[15] Der Rückbezug auf die erste Kapitelhälfte ist dabei mit Händen zu greifen. Das viermalige Sterben »für« von V. 6-8 beschäftigt jetzt unermüdlich. Auch das alles in den Schatten stellende »um wie viel mehr« von V. 9 und 10 erscheint wieder in V. 15 und 17. Das Lob der unwahrscheinlichen Gnadenübermacht V. 20 nimmt wieder V. 2 auf.

doch ungerührt von allem Bisherigen herantritt, kann hier die wunderlichsten Lehren finden. Er findet z.B. in V. 15 denknotwendig die Aussage, dass die Gnade Gottes in Christus bereits zu jedem einzelnen Menschen übergeströmt sei (vollendete Vergangenheit!); jedermann ist im Grunde Christ, auch wenn er es noch nicht weiß. Oder nach V. 19 werden sämtliche Menschen, die durch Adam zu Sündern geworden sind, einmal als Gerechte dastehen. Nun hat Paulus vorher das ganze zweite Kapitel der Versicherung gewidmet, dass »nach meinem Evangelium« (2,16) niemand dem Endgericht entrinnen werde und jeder mit einer doppelten Möglichkeit seines Ausgangs zu rechnen habe (2,7-11). Es gibt bei Gott auch ein endgültiges Nein zu einem endgültigen Nein (vgl. Fußnote zu 2,11). Ferner hat er die Rettung gleich im Programmvers des Briefes 1,16-17 unüberhörbar mit dem Glauben verbunden. Im grundlegenden Briefteil 3,21-4,25 lasen wir in diesem Sinn etwa 25-mal »glauben, Glaube, aus Glauben, durch Glauben, mittels Glauben«. Wie oft hätte er es sagen müssen, bis wir es endlich und ein für alle Mal begreifen? Zu Beginn dieses Kapitels zog er diese Voraussetzung ausdrücklich auch in den neuen Briefabschnitt herüber (»aus Glauben, durch Glauben« in V. 1f). Das alles zusammen wollen wir beim Lesen dieses Abschnitts beherzigen. Wir haben nicht jene Kapitel durch diesen Abschnitt auszulöschen, also nicht Schrift durch Schrift zu vernichten, sondern Schrift durch Schrift zu erklären.

12a Um einen Vergleich zum stellvertretenden Handeln Christi zu ziehen, beginnt Paulus mit der bedeutungsschweren Rolle Adams für die Welt. **Deswegen: Wie durch einen Menschen die Sünde in die Welt hineingekommen ist.** Die Menschheit ist nicht eine Ansammlung isolierter Einzelwesen, sondern bildet einen Leib. Jedes seiner Glieder lebt in »Symbiose«, lebt zusammen mit den anderen Gliedern zu wechselseitigem Nutzen oder auch zum gegenseitigen Schaden.[16] In diesem allgemeinen Beziehungsgeflecht spielte Adam (V. 14 mit Namen genannt) eine besondere Rolle. Er war nicht ein besonders Schlimmer, aber der Erste.[a] Alle nach ihm würden sein »Bild« tragen.[b] Würde es ein Zerrbild sein? Er war gewissermaßen an der Tür zur Geschichte postiert, der Türöffner. Was würde er absperren, was hereinlassen? Durch ihn ist die Sünde in die Welt hineingekommen!

[a] 1Kor 15,20f. 45.47
[b] 1Mo 5,3 1Kor 15,49

Man unterscheide »Sünden« (Mehrzahl) für einzelne Tatsünden und »Sünde« (Einzahl, so hier sechsmal) für eine atmosphärische Macht. Von ihr spricht Paulus immer wieder hochdramatisch wie

[16] Ausführlich zur Stellvertretung s. zu 3,25.

von einer Person (s. zu 3,9). Von der sündigen Tat Adams handelt Paulus erst ab V. 14.[17] Hier geht es um den Einlass jener Macht in unsere Welt. Er geschah mit Adam so, wie es immer wieder geschieht: Wer sündigt, also an einem bestimmten Punkt die Gemeinschaft mit Gott aufkündigt, wird im selben Augenblick von allen guten Geistern verlassen. Es geht nicht mehr weiter wie vorher, denn sein Lebensraum, nämlich die Welt[18], ist auf der Stelle einer negativen Macht ausgeliefert. Der Blick fällt hier sogleich auf ihr Gefolge: **und durch die Sünde der Tod.** Nicht an natürliches Sterben ist hier gedacht, sondern an Tod als Unnatur, als ganzheitliche Trennung vom Leben. Sündigen macht nicht nur sterblich, sondern vor allem verdammlich, selbst bei lebendigem Leibe. Sogar auf der höchsten Vitalität liegt jetzt der Grauschleier des Nichtigen und Vergeblichen.

In immer neuen Wiederholungen gleichen sich jetzt die Vorgän- **12b**
ge in der adamitischen Welt mit denen bei Adam. **Und ebenso ist der Tod zu allen Menschen hindurchgekommen.** Dieses »Hindurchkommen zu allen« wirft die Frage nach dem Wie auf. Die Kirchenväter antworteten: Das geschah naturhaft, auf dem Wege des Erbgangs mittels Zeugung. Der Text verrät aber nichts von einer sündigen Substanz in Adam[19], die durch immer neue Zellteilung weitergereicht wurde.[20] Vielmehr gleichen Sünde und Tod einem erobernden König[c] (6,23: Söldnerführer), der ein Land durchdringt, um auch die letzte Provinz zu besetzen und zu versklaven. Was alle Menschen mit Adams Sündenfall verbindet, sind also nicht Blutsbande, sondern ist das Dasein in dieser gemeinsamen Welt und Weltgeschichte. In diesem Sinn sind sie »in Adam« (1Kor 15,22).

[c] Röm 14.17.21 6,6-22

Zur Weite der Sünden- und Todesmacht kommt ihre Tiefe. Unsere Versklavung speist sich *auch aus der eigene Tatsünde*: **weil**[21] **sie alle**

17 V. 14: »Übertretung«, V. 15.17.18: »Verfehlung«, V. 19: »Ungehorsam«.

18 »Welt« ist hier nicht einfach mit »Menschen« gleichzusetzen. Sie umfasst sowohl den Menschen als auch die auf ihn bezogene, von Gott ursprünglich gut geschaffene Umwelt, d.h. menschenwürdige *Verhältnisse* (1Mo 1,31).

19 Die Lehre von der Erbsünde geht vor allem auf den Kirchenvater Augustin (um 400) zurück und wurde auf dem Konzil zu Trient 1546 als katholische Kirchenlehre festgeschrieben. Aber auch dort, wo sie inzwischen lehrmäßig abgelehnt wird, kann sie die Gemüter noch überschatten.

20 Auch Vergleiche mit Bazillen und Infektion tun keinen guten Dienst (Käsemann: »gleichsam wie eine ansteckende Krankheit«). Man sollte der heutigen Neigung zur Medizinalisierung der Sünde keinen Vorschub leisten, weil sie unsere Nachfolge untergräbt. Auch den Verhängnisgedanken sollte man nicht übertreiben, s. die weitere Auslegung.

21 Die Vulgata (katholische lateinische Kirchenbibel) hat das griech. *eph' hô* mit *in quo* übersetzt, so dass herauskommt: »in welchem (bezogen auf Adam) sie alle gesündigt haben«. Diese Falschübersetzung hat ein Jahrtausend geherrscht und ist erst heute überwunden. Paulus verwendet denselben Ausdruck auch 2Kor 5,4; Phil 3,12. (Er ist zusammengezogen aus *epi toutô hoti*, »deshalb weil«, WB, Sp. 582.)

gesündigt haben (2,12; 3,23). Die Misere der Menschheit besteht letztlich in ihrer Schuld. Ohne diesen begründenden Zusatz wären unsere Lebensumstände als gesetzmäßiges Verhängnis verstanden. Es geht aber um personale Geschichte, in der die Verhältnisse nie das eigene Versagen entschuldigen (1,21). Auch außerhalb des Paradieses heißt es immer noch: »Du aber herrsche über sie (die Sünde)!« (1Mo 4,7). Wenn wir auch nicht zu verantworten haben, dass wir in der Welt sind, so doch unser tatsächliches Sündigen. Alle Weltanschauungen sind ein Weglaufen vor dieser Tatsache, allein die Bibel ist hierin unbestechlich. Wir werden nicht gesündigt, sondern sündigen selbst, in ureigener Aktivität. In jeder bösen Tat, in jedem bösen Wort oder Gedanken steckt mindestens ein Körnchen Bosheit, »ohne Ursache« in den umgebenden Verhältnissen (Joh 15,25). Es läuft bei uns dermaßen parallel zu Adam, dass man in Anlehnung an eine jüdische Stimme sagen möchte: Jeder ist sein eigener Adam.[22]

13 Paulus weiß allerdings als Jude, dass das Erscheinen des mosaischen Gesetzes auch Unterschiede schuf. Die Gottesoffenbarung vom Sinai hat in Israel die Lage des Sünders fraglos verschärft. **Bis zum Gesetz war nämlich (die) Sünde (auch schon) in der Welt, Sünde aber wird nicht angerechnet, wenn ein Gesetz nicht da ist.** Erst im Umkreis des Gesetzes konnte Schuld so recht als Feindschaft gegen Gott entlarvt und damit bewusst werden.[d] Sie wurde auf den juristischen Begriff gebracht, d.h. der Gerichtsprozess war nun im Gange. Der Sünder ist wie in Untersuchungshaft genommen (Gal 3,23). Deswegen unterschied Paulus schon in 2,12 zwischen Sünde ohne und unter dem Gesetz. Aber an dieser Stelle schneidet er weitere Erörterungen ab.

[d] Röm 4,15; 7,10-11; 2Kor 3,6; Gal 2,19

14 Angesichts der offenkundigen weltweiten Herrschaft des Todes bleibt es auch bei der Einheit des Menschengeschlechts unter der Sünde. **Dennoch herrschte der Tod (wie ein König) von Adam bis Mose auch über die, die nicht gesündigt hatten, in Gleichartigkeit der Übertretung Adams, welcher Gegenbild ist des zukünftigen (Adam).** Bei Adam und dann wieder in Israel gab es gewiss das ausdrückliche Gebot, das zur Sünde reizte. Dennoch galt auch für die Zwischenzeit: Alles sündigt, alles stirbt. So ist das »alle – alle« von V. 12 gesichert. In ihrer Versklavtheit sind Heiden und Juden nicht auseinander zu dividieren (3,9.23). Nicht nur die Heiden,

[22] So in der sog. syrischen Baruch-Apokalypse. Einerseits wird in 48,42 geklagt: »Was hast du, Adam, allen angetan, die von dir abstammen? Dann aber in 54,15 und 19: »Wenn Adam auch zuerst gesündigt hat …, so zog doch auch von den Kindern ein jedes selber die künftige Pein sich zu … Sonach trägt Adam einzig und allein für sich die Schuld; wir alle aber wurden jeder für sich selbst zum Adam.«

auch die Juden sind »in Adam« (1Kor 15,22). Nun aber ist Adam in der Bibel keine verheißungslose Figur. Mit der ganzen Menschheit im Kielwasser treibt er auf eine Zukunft, auf den zweiten Adam zu (1Kor 15,45). Er ist Gegenbild[23] eines neuen Repräsentanten der Menschheit, der ebenfalls nicht nur Israel gehört. Selbstverständlich ist die Gegenüberstellung Adam – Christus gewagt, nur brauchbar, wenn eine dreifache Ungleichheit gesehen wird:

Die Gnadentat überragte die Übeltat unermesslich, weil die beiden Täter bei vergleichbarer Rolle sich dennoch im Rang unterscheiden. **Aber nicht: Wie die Verfehlung, so die (Gnaden)Gabe! Wenn nämlich durch die Verfehlung des Einen die Vielen[24] starben, um wie viel mehr wurde die Gnade Gottes und das Gnadengeschenk in dem einen Menschen Jesus Christus den Vielen in reichem Maß zuteil.** Adams Tat und Tatfolge, nämlich die Herrschaft des Todes, reckten sich bildlich gesprochen bis in den Himmel hinein, übten sie doch ihre Macht aufgrund göttlichen Rechts aus (zweite Anm. zu 3,24). Hier lag der Kern ihrer Widerständigkeit: Gott selbst sagt nein zum Sünder (1Mo 2,17). Darum hilft hier kein Sprüchlein, das Menschen sich selber oder einander zusprechen oder das sich aus schönen Ideen ergibt. Wer diese Todesmacht beseitigen will, müsste schon Gott beseitigen. Einziger Ausweg: Gott selber handelt, »Gnade Gottes in dem einen Menschen[25] Jesus Christus« betritt den Platz. Ihre Macht geht ins für uns Unbegreifliche.[26] Sie zerbricht die Todesmacht in ihrem Kern.

Zweitens übertraf die Kraft der Gnadentat die des Verdam- **16**
mungsurteils, weil sie viel schwerere Ausgangsbedingungen hatte. **Auch nicht: Wie durch einen, der gesündigt hat, so das Geschenk. Denn das Gerichtsurteil (führte) zwar von dem einen zur Verdammnis (der Vielen), aber die (Gnaden-)Gabe führte von Vieler Übertretungen zur Gerechtsprechung.** In Adams Fall ging es nur

[23] Griech. *typos*; es ergibt sich die Typologie in der Bibel. Weil Gott immer Gott ist und der Mensch immer Mensch, geschieht zwischen Gott und Mensch immer wieder Vergleichbares, Typisches. Es kommt zu Wiederholungen, freilich nicht langweiligen Wiederholungen, bei denen man schon vorher alles weiß, aber gewisse Züge sind wieder erkennbar (s. ausführlich Galater, WStB, S. 189).

[24] Aufgrund des semitischen Hintergrundes meint »die Vielen« hier »alle« (so dann deutlich V. 18). Sicher ist hier auch Jes 53,11f gedanklich verwertet.

[25] Dass »Mensch« hier die Bedeutung göttlicher Hoheit hat, ergibt sich daraus, dass der Ausdruck in diesem Zusammenhang sonst überflüssig wäre, wird Christus doch schon mit seinem menschlichen Eigennamen »Jesus« bezeichnet. Die Beifügung »Mensch« erinnert an die Evv., bei denen das Zeugnis vom »Menschen(sohn)« eine hervorragende Rolle spielt.

[26] Die Redeweise »wenn – um wie viel mehr« war eine im Judentum sehr verbreitete Denkfigur, bei Paulus V. 15.17, ähnlich schon V. 9.10; 11,12.24; 2Kor 2,7-11; auch Mt 6,30; 7,11; Hebr 9,13f; 12,9.25. Um die Überlegenheit einer Größe zu erweisen, versucht man gar nicht erst die direkte Ausage, sondern stellt sie einer anderen Sache von anerkannter Größe gegenüber, die nun aber im Vergleich aussichtslos zurückfällt (Bill III, S. 223-226.230).

um einen Einzelnen. Die Gerechtsprechung durch Christus dagegen wurde ganz anders gefordert, traf sie doch doppelt auf Vielheit, nämlich auf viele Übertretungen und viele Sünder. Im dürren Sommer mit einem Streichholz einen Wald anzuzünden ist ein Kinderspiel gegen die schwere Aufgabe, den ausgebrochenen Waldbrand zu löschen. Jesus musste im Guten unvergleichlich mehr leisten als Adam im Bösen.

17 V. 17 spricht noch einmal von dem »Einen«, bezeichnet damit aber nicht mehr Adam, sondern Christus. Verglichen werden in diesem dritten Fall jeweils die Endfolgen. Die Gnadentat Christi überbietet Adams Sündentat weit, weil sie nicht nur zum Nullpunkt zurückführte, sondern darüber hinaus in noch nie gekannte Lebensfülle versetzt. **Wenn nämlich durch Verfehlung des Einen der Tod zur (königlichen) Herrschaft gelangte durch den Einen, um wie viel mehr werden die die Fülle der Gnade und (die Fülle) des Geschenks der Gerechtigkeit Empfangenden im Leben (königlich) herrschen durch Einen – Jesus Christus.** Die negative Herrschaft zu beseitigen, den Menschen nur in seine frühere Ausgangsposition zu versetzen, um ihn dann wieder sich selbst zu überlassen, genügte der Gnade Christi nicht. Worin erweist sich die Fülle der Gnade und des Geschenkes der Gerechtigkeit? Bemerkenswert, wie Paulus es vermeidet, an Stelle der bisherigen »Beherrschung« durch den Tod jetzt von einer »Beherrschung« durch das Leben zu sprechen. Vielmehr kehrt er heraus: Sie, also die Erretteten selber, werden (königlich) herrschen im Leben, als Mitkönige Jesu Christi![e] Der neue Adam bringt also in keiner Weise neue Knechtschaft (Joh 7,36), ja zwingt nicht einmal zum Glück.[27] Das Heil wird ihnen nicht angeworfen wie der Putz an die Wand, denn sie sind für den Herrn keine Wand. Sie sind Empfangende (Präsens!), im lebendigen Umgang mit dem Lebendigen.

[e] Dan 7,18 Röm 8,17 1Kor 6,2 15,23 2Tim 2,12 Offb 20,4 22,5

18-19 **Folglich also.** Nachdem der Blick für den himmelweiten Unterschied zwischen Adam und Christus geschärft ist, kann Paulus endlich den Vergleich, zu dem er bereits in V. 12 angesetzt hatte, durchführen. Jetzt heißt es nicht mehr wie V. 15 und 16: »*nicht* wie«, sondern zweimal positiv: »*ebenso wie*«.

18 Adam und Christus sind darin vergleichbar, dass ihre Taten Auswirkung haben auf diejenige Menschenreihe, die sie jeweils repräsentieren. **Wie (es) durch Verfehlung von Einem zur Verdammnis aller Menschen (kam/kommt/kommen wird), ebenso (kam/kommt/wird es kommen) durch Rechtstat von Einem für alle Menschen zur Gerechtsprechung (mit der Folgewirkung) des**

[27] Wir sind zwar zwangsläufig Kinder unserer Eltern, nicht aber zwangsläufig Eigentum Jesu. Wir werden weder naturhaft verdammt noch naturhaft selig.

Lebens. In dieser ersten Vergleichung hat Paulus die Zeitform offen gelassen, indem er jedes Verb vermied. Die möglichen Ergänzungen sind in Klammern gesetzt.[28] Offensichtlich will er zunächst allein das folgenreiche Tun an sich, bei Christus oder bei Adam, ins Blickfeld rücken.

Die bisherige Auslegung hob hervor, dass keine der beiden Menschenreihen Reihen von Puppen sind. In beiden Fällen sind die Betroffenen mit ihrem eigenen verantwortlichen Handeln dabei. Daraus ergibt sich, dass hier das zweimalige »alle Menschen« unterschiedliche Personengruppen umfasst. Das erste Mal sind es alle Glieder der adamitischen Menschheit, das zweite Mal dagegen alle Glieder, die im Glauben an Christus hängen. Sämtliche Menschen sind »in Adam«, aber nicht selbstredend »in Christus«.

Wieder geht es Paulus wie in der ersten Hälfte von Kap. 5 vor- **19**
nehmlich um die christliche Hoffnung. Darum spitzt er den Vergleich jetzt futurisch zu. **Wie nämlich durch den Ungehorsam des einen Menschen die Vielen als Sünder festgestellt wurden, ebenso werden auch (im Endgericht) durch den Gehorsam des Einen die Vielen als Gerechte festgestellt.** Paulus bleibt auf die großen Linien konzentriert: Zweimal »einer für alle«! Einzelheiten des Unheilsweges wie des Heilsweges bleiben jetzt unberücksichtigt. Aber im Unterschied zu V. 18 werden die dort noch recht allgemeinen Ausdrücke »Verfehlung« und »Rechtstat« in ihrem Kern bloßgelegt, nämlich als Ungehorsam und Gehorsam.

»Gehorsam« ist ein gesamtbiblischer Leitbegriff. Adam war nach 1Mo 3,5 der Versuchung erlegen, im Ungehorsam wie Gott sein zu wollen. Jesus dagegen offenbarte nach Phil 2,8 seinen Gehorsam und damit seine wahre Gottebenbildlichkeit (1Mo 1,27). Wir führen unser Leben in der weltweiten Ausstrahlung dieser beiden Modelle. Allerdings halten sie sich nicht etwa die Waage. Dem Gehorsamen hat Gott in der Auferweckung von den Toten den Namen über alle Namen und damit den Sieg erteilt.[f] Auf diesen Triumph der Gnade steuert Paulus hier zu.

[f] Röm 4,25 5,10; 8,34 1Kor 15,55-57

Zwischendurch formuliert er den wohlverstandenen Sinn des Ge- **20a**
setzes. **(Das) Gesetz (des Mose) aber ist dazwischen hereingekommen, damit die Verfehlung ihr Vollmaß erreiche.** Der Ausdruck »dazwischen hereingekommen« erklärt das Gesetz nicht etwa zu einem negativen Zwischenfall. Keinesfalls wertet Paulus das Gesetz ab, wie 7,7ff bestätigen wird. Aber es ist auch nicht die Zentraloffenbarung Gottes von Ewigkeit zu Ewigkeit. Gott gab es vielmehr in die

[28] Von einer Gerechtsprechung in der Vergangenheit spricht Paulus z.B. in V. 1.9, in der Gegenwart 3,24.26.28; 4,15; 8,33 und im zukünftigen Gericht hier im nächsten Vers 19.

Geschichte[29] Israels hinein, um sein Volk in die eigene Existenztiefe hineinzuführen. Am klaren Gebot wurde die Feindschaft gegen Gott spruchreif (V. 13; 4,15). Durch das Gesetz nahm somit gerade nicht die Heiligkeit zu, sondern die Sünde, und zwar nicht zahlenmäßig, sondern wesensmäßig. Sie wuchs sich aus in ihr Vollmaß. Das Gesetz ist »Multiplikator auf der Unheilsseite« (O. Kuss, S. 225).

20b Damit knüpft Paulus wieder an sein Zeugnis von der nie zu begreifenden Feindesliebe Gottes in V. 6-10 an. **Wo aber die Verfehlung ihr Vollmaß erreichte, (da) wurde die Gnade überreichlich.** Gezielt wählte Gott sich für seine Tat den Schauplatz aus: wo – da. Er wollte keinen billigen Triumph. Darum übertrumpfte er die Sünde dort, wo sie sich zu ihrem Vollmaß herausgeputzt hatte und in ihrer ganzen Unentschuldbarkeit dastand. Dort, in der Tiefe seines Volkes Israel, ist er auf der Höhe und offenbart er Gnade im Übermaß: **überreichlich.**

21 Auf diese übergroße Gnade baut die Gewissheit unserer Hoffnung. **Damit gleichwie die Sünde (königlich) herrschte im Bereich des Todes, ebenso auch die Gnade (königlich) herrsche durch Gerechtigkeit zum ewigen Leben durch Jesus Christus, unseren Herrn.** Das Mittel dieses Herrschaftswechsels war Gerechtigkeit, ihr Ziel wahres, unverbrüchliches, also ewiges Leben. Die volltönende feierliche Schlusszeile »durch Jesus Christus, unsern Herrn« erschien schon am Anfang (V. 1), in der Mitte (V. 11) und hier am Ende. Sie bindet das ganze Kapitel zusammen.

3. Der Christ und die Macht der Sünde (erstes Sonderthema) (6,1-23)

1. *Zur Gliederung von Kap. 5-8.* Der Aufbau der ersten vier Kap. des Römerbriefs ließ sich recht gut nachvollziehen. Kap. 5 weitete dann den Blick: durch den Glauben nicht nur die rettende Wende, sondern dazu auch gelingendes Leben! Dagegen bereitet die gedankliche Erfassung der Fortsetzung in Kap. 6-8 Schwierigkeiten. »Ein strenger Plan ist nicht nachzuweisen« (U. Luz, S. 209). Der Apostel handelt womöglich so, wie man es auch heute nach einem Vortrag tut: Wer hat noch eine Frage an den Referenten? Es folgt eine Aussprache. So etwa geht Paulus auf Einwürfe ein, die von mitdenkenden Lesern erhoben werden könnten. Er verteidigt und vertieft das Bisherige an ausgewählten Punkten. Dafür spricht die Häufung bestimmter Vokabeln, die jedes Mal plötzlich einsetzt,

[29] Dagegen lehrte das Judentum: »Das Gesetz ist allem (d.h. der Schöpfung der Welt) vorausgegangen« (Bill II, S. 353). Deswegen sei es Gottes Eigentliches.

aber nach einer Weile genauso deutlich einem neuen Stichwort weicht. Es handelt sich also bei 6,1-23; 7,1-25 und 8,1-30 um Sonderthemen (s. dazu die jeweiligen Einführungen). Eine Zusammenfassung, die zum Bekenntnisstil von Kap. 5,1-11 zurückkehrt, schließt mit 8,31-39 den Briefteil ab.

2. *Kap. 6 als erstes Sonderthema.* Hier zeigt die Konkordanz auf den ersten Blick, dass das Kapitel durch 17-mal »Sünde, sündigen« herausragt. Paulus legt Grund für das Thema »Christ und Sünde«. Er stellt sich der kritischen Frage: Was wird aus der Glaubensgerechtigkeit, wenn sie auf die weiter existierende Realität der Sünde stößt? Hat das, was er bisher dargelegt hat, überhaupt mit dem gelebten Leben zu tun? Handelt es sich um bloße Innerlichkeit oder gar um reine Gedankenakrobatik?

a) Ausgebürgert aus dem Reich der Sünde – leben mit Christus für Gott (6,1-11)

1 Was sollen wir also sagen? Sollen wir in der Sünde verbleiben, damit die Gnade ihr Vollmaß erreiche?
2 Ausgeschlossen! (Wir), die der Sünde starben, wie sollten wir noch in ihr leben (wollen)?
3 Oder wisst ihr nicht: Alle, die wir getauft wurden auf Christus Jesus, wurden auf seinen Tod getauft?
4 Mitbegraben wurden wir folglich mit ihm durch die Taufe auf den Tod, damit, wie Christus auferweckt wurde von (den) Toten durch die Herrlichkeit des Vaters, ebenso auch wir in der Neuheit des Lebens wandeln.
5 Wenn wir nämlich Zusammengewachsene geworden sind mit der Gleichheit seines Todes, erst recht werden wir (es) mit (der Gleichheit) seiner Auferstehung sein.
6 Dies wissen wir: Unser alter Mensch wurde (mit Christus) mitgekreuzigt, damit der Leib der Sünde außer Kraft gesetzt ist, so dass ihr nicht mehr der Sünde Sklaven seid.
7 Der Gestorbene ist nämlich von der Sünde (rechtskräftig) frei.
8 Wenn wir aber mit Christus gestorben sind, glauben wir, dass wir auch mit ihm leben werden,
9 wissend, dass Christus als Auferweckter von den Toten nicht mehr stirbt, der Tod ist nicht mehr Herr über ihn.
10 Was er nämlich starb, starb er der Sünde ein für alle Mal, was er aber lebt, lebt er für Gott.
11 Ebenso auch ihr: Begreift euch selber (in einem Glaubensurteil) als Tote der Sünde (gegenüber), dagegen als Lebende für Gott in Christus Jesus.

Paulus legt das Scharnier frei, durch das der Glaube das Leben kraftvoll bewegt, damit es zur tatsächlichen Besserung des Alltags kommt. Der Weg, der dazu häufig eingeschlagen wird, wäre die Steigerung des Imperativs. Das »Du sollst!« wird verschärft: mehr die Bibel lesen, mehr beten, gründlicher beichten, disziplinierter leben, selbstloser dienen! Nun fehlen bei Paulus nie die Imperative, ab V. 11 erscheinen sie z.B. in großer Zahl. Jedoch hier, wo es um den eigentlichen Ansatz zur Besserung geht, folgen zehn Verse ohne eine einzige Forderung. Stattdessen beginnt eine *Rechtsbelehrung*. Es geht um ein vollständigeres Begreifen des Erlösungswerkes Christi, eben in seinen Rechtsfolgen.

1 Mit der Wendung »**Was sollen wir also sagen?**« zeigt Paulus wiederholt[a], dass er einen in der Luft liegenden Einwurf empfindet. Gerade hatte er in 5,20b gerühmt: Wo mehr Sündenmacht, da noch mehr Gnadenmacht! Sofort setzt eine gewisse Logik ein: Dann ist uns ja ein Hebel in die Hand gegeben, Gnade zu bewegen, nämlich durch Weitersündigen. **Sollen wir in der Sünde verbleiben, damit die Gnade ihr Vollmaß erreiche?** Bei der Einzahl »Sünde« denkt Paulus nicht an einzelne Taten, sondern an Sünde als Macht (vgl. 5,20b). Dazu passt hier das »verbleiben«. Wie man im Bereich der Güte Gottes oder im Bereich des Unglaubens bleiben kann (11,22.32), so auch im Machtbereich der Sünde. Sie gleicht einem politischen Gebilde, einem Königreich: V. 12.14.16.18.22. Das besondere Interesse dabei: Es handelt sich um ein Rechtsgebilde. Die Sünde herrscht *legal* über uns, denn das Tun des Bösen verletzte nicht nur das eigene Gewissen, sondern schuf auch Rechtsverhältnisse, Strukturen des Bösen, in denen jetzt gelebt werden muss.

[a] Röm 3,9 4,1; 6,15 7,7; 9,14 11,1.11

Wer stellt hier diese Querfrage? In 3,7f werfen ihm ganz ähnlich »Lästerer« vor, er verführe durch seine Gnadenlehre zum Sündigen. Wendet Paulus sich hier gegen die gleichen Leute? Aber hier ist alles anders. Er fertigt nicht wie dort kurz ab, spricht nicht im Scheltton, sondern im Wir-Stil und in großer Ausführlichkeit in die eigene Runde hinein. Auch in Christen schlummert die dunkle Möglichkeit, die Gnade zu missbrauchen, das Evangelium zur Manipuliermasse zu machen, vgl. Gal 5,13: »Liebe Brüder, ihr seid zur Freiheit berufen. Allein seht zu, dass ihr durch die Freiheit nicht dem Fleisch Raum gebt.« Gieriger Ich-Wille wittert Morgenluft, stößt in den neu geschenkten Freiheitsraum hinein und spielt darin groß auf. Folge: Die moralischen Verhältnisse in einer Gemeinde werden trostlos. Nichtchristen sündigen manchmal mit mehr Niveau als Christen. Nächste Folge: Die Gemeinde verfällt notgedrungen der miesesten Gesetzlichkeit, die es gibt.

Für dies »Verbleiben in der Sünde« sagt der nächste Vers »in der Sünde leben«: sich das Leben wieder in ihrem Fluidum, ihrer Denkungsart und Lust einrichten. Man will gar nicht von dieser Geisteshaltung Abschied nehmen, man will gern weiter sündigen und wittert in der Lehre des Paulus eine Möglichkeit, dies ohne Schaden tun zu können. Man hat ja nun die »Gnade« als Unterschlupf und bezeugt sie ergriffen, vielleicht auch ergreifend für andere, die man verführt. Doch so spielt man nur noch mit Worthülsen. Wer gern sündigt, weiß schon nicht mehr, dass Jesus anwesend ist. Sagte der Herr etwa zum Geheilten am Teich Betesda: Und nun sündige ruhig weiter? (Joh 5,14). Sagte er zur Ehebrecherin, nachdem er ihr Vergebung zugesprochen hatte: Sündige getrost weiter, denn du hast nun immer mich? (Joh 8,11).

Paulus weist den Einwurf von V. 1 zweifach zurück. Zunächst er- 2
tönt sein schärfstes Abwehrwort: **Ausgeschlossen!** Er kann dazu in keiner Weise Amen sagen.[30] Aber zur instinktiven Abwehr tritt sein logisches Argument: **Wir starben der Sünde.** Diese Aussage durchzieht den ganzen Abschnitt als Leitsatz (V. 2.5.6.7.8.11). Wenn wir hier nichts begreifen, greift der ganze Abschnitt nicht. Das bei Paulus häufige Bildwort vom geistlichen Sterben[b] muss darum behutsam und in besonderer Ausführlichkeit aufgeschlüsselt werden.

Sterben lässt sich unterschiedlich betrachten. Für den Sterbenden selbst und für seine Angehörigen mag der psychologische Aspekt im Vordergrund stehen (Abschied, Schmerz, Verlust, Trauer). Doch Paulus denkt hier überhaupt nicht an etwas Trauriges. Der Arzt, der den Totenschein auszustellen hat, sieht den Sterbefall unter medizinischem Aspekt. Paulus jedoch denkt an die Rechtsfolgen eines Sterbefalls, besonders deutlich in 7,1-6. Mit der Sekunde, in der der Tod eintritt, fällt jeder Anspruch an den Verstorbenen in sich zusammen. Niemand kann noch etwas von ihm wollen. Finanzamt, Kreditgeber, Strafverfolger können nur von Lebenden etwas holen. Allein die Toten entwischen dem ganzen System von Verbindlichkeiten. Hiob 3,17ff: Im Tod »haben die Gefangenen allesamt Frieden, … und der Knecht ist frei von seinem Herrn«. Sterben verändert die Rechtslage radikal. Sterben ist Befreiung. »Wir sind der Sünde gestorben!« ist Freiheitsschrei.

In den folgenden Versen kommt es zu einer wesentlichen Anreicherung des Bildes: Drei der sechs Vorkommen betonen, dass *dieses* Sterben kein Sologeschehen darstellt: »Wir sind Zusammengewachsene mit der Gleichheit *seines* (Christi!) Todes« (V. 5), »unser alter Mensch wurde *mit*gekreuzigt« (V. 6), »sind *mit Christus* gestor-

[b] Röm 6,5. 6.8.11 7,4.6; 8,10 1Kor 15,31 2Kor 4,10 5,14; 7,3 Gal 1,19 5,24

[30] *mä genoito*, wörtlich: »Nicht geschehe das!«, allein im Röm zehnmal. Mit dem Gegenteil, *genoito*, »Das geschehe!«, übersetzt die LXX meistens das hebr. Amen, so häufig zum Schluss der Psalmen: Man identifizierte sich mit dem gehörten Lobpreis, und zwar vor Gott. Entsprechend *distanziert* Paulus sich hier in höchsten Tönen.

ben« (V. 8).[31] Da Christus am Kreuz starb, folgt für unsere Teilhabe an seinem Tod, dass wir dieses Sterben nicht an uns selbst vollstrecken können. Selbstkreuzigung ist technisch und darum auch als Bild unmöglich. Niemand schwingt selbst den Hammer, um die eigenen Hände ans Kreuz zu heften. Manche Gläubigen verkrampfen sich aber so, um der Sünde abzusterben. Sie wollen sich selbst abquälen durch wütende Selbstbestrafung, Sich-selbst-schlecht-Machen, durch Weinen, durch Askese oder besondere Handlungen, von denen sie sich magische Wirkungen versprechen. Oder sie reden es sich verbissen ein, sie seien nun wirklich, völlig für die Sünde tot. Aber es geht um einen reinen Außeneingriff. Als wir den verkündigten Christus im Glauben annahmen, nahm Gott das nicht nur hin, sonden tat etwas. Er »versiegelte« uns durch den Heiligen Geist. Im Altertum tätowierte man neu erworbene Sklaven mit einem Eigentumszeichen (vgl. 8,9b.14-16; 2Kor 1,22; Eph 1,13; 4,30). Durch diese göttlich geschenkte Zugehörigkeit zum Gekreuzigten sind wir legal ausgebürgert aus dem Reich der Sünde und versetzt in den Macht- und Segensbereich Christi. Eine andere Umlaufbahn um eine andere Sonne befreit uns zum alternativen Leben. Wir »wandeln in der Neuheit des Lebens« oder »in der Neuheit des Geistes« (V. 4b; 7,6).

Jedoch: Wir selbst sind es, die »gestorben« sind, das Königreich der Sünde dagegen existiert weiter. Seine Strukturen umgeben uns nach wie vor von allen Seiten.[32] Mehr noch: Das Böse tut so, als wären wir ihm unterstellt. Es baut sich groß vor uns auf, um uns zu imponieren und einzuschüchtern. Es belästigt uns, um unsern Glauben zu ermüden, bis wir wieder funktionieren wie früher. Doch hier ist, wenn irgendwo, Widerstand zu leisten. Wir stehen zu diesem System in keiner Schuldigkeit mehr (8,12). Aber noch einmal: Die Sündenmacht ist noch da. Sie hat noch solche Macht, dass kein Gläubiger mit ihr spielen sollte. 1Kor 10,12: »Wer da meint, er stehe« bombenfest im Glauben, er werde mit jeder Versuchung fertig, er könne sich z.B. schmunzelnd die schmutzigsten Bildern anschauen, »der mag wohl zusehen, dass er nicht falle.« Aber so viel Macht diese Macht auch hat, sie hat kein Recht. Ihre Forderungen an uns sind illegal. Unser legaler Herr ist Christus.

31 Der Reichtum an zusammengesetzten Wörtern mit diesem christologischen »mit« ist bei Paulus einmalig. Grundmann zählt in ThWNT VII, S. 786f, diese 14 auf: »mitsterben«, »-gekreuzigt werden«, »-begraben werden«, »-zusammenwachsen«, »-auferweckt werden«, »-leben«, »-lebendig gemacht werden«, »-leiden«, »-verherrlicht werden«, »-erben«, »-gestaltet sein«, »-gestaltet werden«, »-herrschen«, »-versetzt werden«.

32 Es ist wie bei einem Gesandten eines Landes im Ausland. Umgeben von einem fremden Rechtskörper ist er dennoch real Bürger seines Heimatlandes und genießt dessen Schutz und Hilfe (vgl. Phil 3,20).

Damit zurück zum Gedankengang. Was sich V. 1 logisch zu ergeben schien, platzt bei Licht besehen als Widersinn auf: **Wie sollten wir noch in ihr leben,** kann doch niemand zwei Leben gleichzeitig führen! Diese Klarheit gewann Paulus, indem er die Rechtsfolgen der Kreuzestat vollständiger ausleuchtete. In den bisherigen Kapiteln hieß es: Christus *für uns* gestorben[c], jetzt tritt hinzu: und *wir mit ihm* gestorben.

[c] Röm 3,25-26 4,25 5,6.8.15. 17.18.19

Weil es hier um den tragenden Gedanken für den ganzen Abschnitt geht, vergewissern wir uns noch einmal, wo dieses »Sterben« in der Biographie eines Menschen seinen Platz hat. Paulus hat es seit 1,16 zur Genüge festgeklopft: Alles im Glauben, durch Glauben, aus Glauben, zum Glauben! 5,2 fasste zusammen: Durch den Glauben Zugang zur ganzen Gnade. Gott gibt im Gläubigwerden nicht zunächst den kleinen Finger, um erst als Zusatz, erst in einer Extrabehandlung alles zu schenken. Im Kern der Erfahrung des Heils in Christus gibt er sich selbst und ganz. Es erfüllt sich Joh 5,24: »Wer mein Wort hört und glaubt dem, der mich gesandt hat, … ist vom Tode zum Leben hindurchgedrungen.«

Zur Bekräftigung des Gesagten, nämlich dass sie »tot« sind, hält Paulus ihnen als »Totenschein« (J.A. Bengel) ihre Taufe vor.[33] Zunächst ruft er das Taufverständnis ab, das er voraussetzen kann: **Oder wisst ihr nicht: Alle, die wir getauft wurden auf Christus Jesus, wurden auf seinen Tod getauft?** Die Frage ist nur rhetorisch gestellt. Auch im fernen Rom, wo er selber nicht gearbeitet hatte, gehörte dies zum christlichen Grundwissen. Allerdings kann Wissen der Beachtung entschwunden sein, so dass es einem nichts mehr sagt. Dann ist es totes Material, das neu verinnerlicht werden muss. 3

Wir gehen die einzelnen Elemente von V. 3 durch. Alle »wurden getauft«, sie tauften sich nicht etwa selbst. Diese Passivform war für eine Bewegung, die aus dem Judentum hervorgegangen war, keine Selbstverständlichkeit. Ein gesetzestreuer Jude hatte bei zahlreichen Anlässen ein Tauchbad zu nehmen, wobei er sich selbst ganz unter Wasser tauchte. Diese rituelle »Waschung« stellte seine Gottesdienstfähigkeit wieder her, etwa nach Verunreinigung durch Aussatz, geschlechtliche Ausflüsse, Berührung von Leichen oder Gräbern. Die erste dieser langen Reihe von »Taufen« in seinem Leben gewann naturgemäß eine besondere Feierlichkeit. Für übertrittswillige Heiden z.B. entwickelte sich später die sog. »Proselytentaufe« (bei einem Mann nach seiner Beschneidung). Da es

[33] »Die Erinnerung an die Taufe (hat) im ganzen Zusammenhang nur ergänzende Bedeutung … Daher ist im Sinne des Apostels nicht jede Einzelaussage in diesem Abschnitt unmittelbar und ausschließlich auf die Taufe zu beziehen« (K. Kertelge, S. 118).

sinnbildlich um Waschung ging, ergaben sich für den Vollzug drei Punkte: (1) Wie man sich selbst wäscht, tauft man sich selbst; (2) deswegen tat man es auch unbekleidet und tat es (3) nicht in öffentlicher Versammlung, aber unter zwei oder drei Zeugen.[34]

Die christliche Taufe unterschied sich davon nach Sinn und Praxis. Sie stand im Gefolge der Johannestaufe. Dort regierten andere Zusammenhänge: (1) *Alle* Umkehrwilligen, auch Juden trotz ihrer Waschriten, unterzogen sich dieser Taufe; (2) sie ließen sie von Johannes an sich vollziehen. Dieser Umstand stach so auffällig heraus, dass Johannes unter dem Beinamen »der Täufer« in die Geschichte einging; (3) da das Bild der Waschung verlassen war, entfiel auch jede Wiederholung; (4) ebenfalls war der Charakter einer abgeschirmten Handlung hinfällig. Johannes taufte öffentlich im Jordan.

In diesen Gleisen vollzogen auch die ersten Christen die Handlung. Die Passivform »getauft *werden*«, die das NT in aller Regel einhält, erklärt sich also aus dem Kontrast zu den jüdischen Waschriten. Es steckt darin keineswegs ein verhüllter Hinweis auf Gottes heilswirksames Handeln in der Taufe (passivum divinum). Schon Johannes hatte die Erwartung, dass Gott oder Christus in der Wassertaufe das eigentliche Subjekt sei, nachhaltig zurückgewiesen, und das NT überlieferte diesen Satz aufmerksam.[d] Außerdem waren die Getauften in anderer Weise höchst aktiv: Sie »kamen« zur Taufe, »kehrten um«, »gaben Gott Recht«, »bekannten ihre Sünden«, »verachteten« nicht den Heilsratschluss Gottes, sondern betraten bereitwillig seinen Weg.[e]

[d] Mt 3.11 Mk 1,8 Lk 3,16 Joh 1,26f.33 Apg 1,5 13,24

[e] Mk 1,5.9 Lk 7,29-30 10,9.12f Apg 2,21 Joel 3,5

Trotz aller Bildhaftigkeit ist die Taufe wie jede Handlung stumm und darum auch missverständlich. Sie bedarf ähnlich wie das Abendmahl eines Deuteworts. Für die Taufe erscheint dazu hier und im NT fast durchgängig die Präposition »auf … hin« (griech. *eis*). Zu jeder Taufe gehört eben eine Angabe, woraufhin sie geschieht. »Worauf (*eis ti*) seid ihr denn getauft?« Auf Johannes, auf Jesus, auf Mose oder auf Paulus?[f] Das Worauf einer christlichen Taufe lautet unter verschiedenen Abwandlungen, aber doch eindeutig: auf Christus Jesus. Sofort spitzt Paulus es auf das Entscheidende zu: Wir wurden getauft auf (*eis*[35]) seinen Tod am Kreuz. Der Höhepunkt seines Lebens lag nach dem Willen Gottes in seinem Sterben für die Sünde der Welt. Alle vier Evangelien gipfeln in der Passionsgeschichte. Ohne diesen Sühnetod wäre er überhaupt

[f] Apg 19,3.5 1Kor 1,13 10,2

[34] Bei Frauen verbargen sich die Zeugen hinter einer Wand, so dass sie immerhin das Wasser plätschern hörten (Bill I, S. 110-112).

[35] Es besteht kein Anlass, dies zweite *eis* anders zu übersetzen als das erste , wie es die LÜ tut: »auf Christus Jesus«, aber »in seinen Tod«. Richtig z.B. RevEB und EÜ.

nicht der Christus, so dass er zentral als der Gekreuzigte ausgerufen wurde (1Kor 2,2). Hörer, die dieses Wort des Gerichts und der Gnade annahmen, riefen den Herrn im Glauben an und ließen sich auf ihn, auf seinen Tod taufen. Dadurch veröffentlichten sie ihre Beziehung[36] zum Herrn. Diese aber ist immer auch eine Beziehung zu seiner Gemeinde. Nicht umsonst geschah die Taufe durch einen Vertreter der Gemeinde. So gehört hier alles zusammen: Ein Herr, ein Glaube, eine Taufe, ein Leib und ein Geist (Eph 4,4f). Unverbindliche Privatfrömmigkeit scheidet ab jetzt aus.

Diesen urchristlichen Konsens über die Taufe macht Paulus jetzt 4
für seinen Gedankengang fruchtbar. Er folgert: **Mitbegraben wurden wir folglich mit ihm durch die Taufe auf den Tod.** Die Wendung »auf den Tod« meint natürlich wie im Vers zuvor »auf den Tod *Christi*«. Wir wurden in der Taufe nicht etwa selber getötet oder ertränkt. Ausdrücklich heißt es: Wir wurden »mitbegraben mit ihm«. Das »mitbegraben« schließt dabei unverbunden an das letzte Wort von V. 3 an. Die beiden Wörter erscheinen dadurch wie ineinander geschoben: »getauft – mitbegraben«. Das Getauftsein wird als Mitbegrabensein identifiziert. Taufe ist Begräbnis. Ein Begräbnis hat gegenüber dem Sterben einen sehr wohl unterscheidbaren Sinn. Es ändert nichts mehr am Sein des Gestorbenen. Es fügt seinem Totsein nichts hinzu, es steigert es nicht. Der Tote wird nicht noch toter. Das Begräbnis liegt auf einer anderen Ebene, es betrifft die Geltung des Gestorbenen. Es macht die Realität seines Todes unwidersprechlich.[37] Ein Begräbnis hat Vorzeigefunktion für die Umwelt. Es macht den Sterbefall zu einem unübersehbaren öffentlichen Faktum und stellt damit einen Rechtsvorgang dar. So hier: Die Taufe bescheinigt »amtlich« unser Gestorbensein mit Christus. Somit unterstützte dieser Seitenblick auf die Taufe in wünschenswerter Klarheit das Anliegen des Paulus von V. 2.

Zum *Mit*begrabensein: Zweiergräber waren im Altertum gut bekannt. Eheleute, aber auch Vater und Sohn, Mutter und Tochter oder auch Geschwister wurden in ein gemeinsames Grab gelegt – Ausdruck für eine noch über den Tod hinaus gültige Solidarität. Dieser Umstand spielt für die Fortsetzung eine Rolle.

V. 4b schließt einen Damit-Satz an. Er zielt auf die Lebensführung nach der Taufe. Über dem Mitbegrabenwerden schwebt göttliche Absicht: **damit, wie Christus auferweckt wurde von (den) Toten durch die Herrlichkeit des Vaters, ebenso auch wir in der**

36 Die Präposition *eis* drückt in diesem Fall die »Beziehung auf eine Person oder Sache« aus (WB, Sp. 463).

37 Darum hat auch das Begräbnis Jesu sein Eigengewicht und gehört ins Evangelium hinein (1Kor 15,3-5). Es bedeutete: Jesus war wirklich tot.

Neuheit des Lebens wandeln. In diesem Zweiergrab herrscht ganz wie im Grab Jesu vor Jerusalem nicht Verwesung, sondern Verheißung. Der Gemeinschaft im Tod und Grab folgt auch eine Entsprechung in der Auferstehung. Allerdings führt Paulus den Entsprechungssatz unerwartet zu Ende, ja biegt ihn um. Zu erwarten wäre: Wie Christus aus dem Grab in die Herrlichkeit des Vaters erhöht wurde, ebenso werden auch wir nach der Taufe verherrlicht. Aber für uns geht es nach der Taufe eben nicht stracks in die Vollendung und steil in den Himmel, wo Christus thront, sondern hinein in den Dienst auf dieser Erde, noch gezeichnet von Verweslichkeit, Niedrigkeit und Ärmlichkeit (1Kor 15,42-43). Doch unter dieser Einschränkung gilt die unglaubliche Gleichung: Wie Christus dürfen wir jetzt ein Leben in Neuheit führen! Nach der schlichten Aussage des Verses ist an Erfahrungen mit Kräften seiner Auferstehung gedacht, an ständig überfließendes Ostern, an tagtägliches Erneuertwerden, um wieder gottfähig, lebensfähig, dienstfähig und leidensfähig sein zu können.[38]

In V. 2-4 ist das Grundlegende zum Einwand von V. 1 gesagt. Um es zu befestigen, wiederholt Paulus es jetzt in auffälliger Breite. In zwei parallelen Durchgängen V. 5-7 und 8-10 trumpft er unermüdlich mit der Glaubenslogik auf: Wenn – dann! Unsere Auslegung erläutert jetzt nur noch Einzelheiten, die in den folgenden Versen hinzukommen.

5 In V. 5 fasst Paulus unsere Gemeinschaft mit dem gestorbenen Christus in ein neues Bild, genommen aus dem Bereich des Organischen. **Wenn wir nämlich Zusammengewachsene geworden sind mit der Gleichheit seines Todes, erst recht werden wir (es) mit (der Gleichheit) seiner Auferstehung sein.** Das »erst recht« zeigt an, woran Paulus jetzt gegenüber V. 2-4 verstärkt denkt. Bisher lag ihm am Effekt der Trennung (»der Sünde gestorben«, V. 2), ab jetzt aber gesteigert an der positiven Wirkung, hinzielend auf »leben für Gott« (V. 10.11.13; zweimal V. 22; 7,4).

6-7 Laufend appelliert Paulus an das »wissen, glauben, kennen« der Christen in Rom, so schon V. 3, jetzt V. 6, dann wieder V. 8 und V. 9. So wirbt er um ihr Vertrauen, nicht zuletzt im Blick auf seinen Plan, sie in seine Spanienmission einzubinden (vgl. Einleitungsfragen 4). Sie sollen nicht argwöhnen, er dränge ihnen Fremdes auf; er »erinnert« doch nur an Bekanntes (15,15). Was er ihnen aber zumutet: wirklich zu wissen, was sie wissen! Mögen sie die Rechtsfolgen des Todes ihres Herrn für jeden Glaubenden in ihrer Länge, Breite und Tiefe erfassen. **Dies wissen wir: Unser alter Mensch wurde (mit**

[38] In 7,6 erweitert Paulus »Neuheit« zu »Neuheit des Geistes«. Er denkt also an pneumatische Erfahrungen, denen er das große Geist-Kapitel Röm 8 widmen wird.

Christus) mitgekreuzigt, damit der Leib der Sünde rechtlich **außer Kraft gesetzt ist, so dass ihr nicht mehr der Sünde Sklaven seid. Der Gestorbene ist nämlich von der Sünde** rechtskräftig **frei.**[39] Für den Ausdruck »unser alter Mensch« tritt die Rede vom Leib der Sünde ein. Dabei meint Leib nicht speziell des Menschen Körper, der als solcher nicht »außer Kraft gesetzt« ist, sondern nach biblischem Verständnis den Menschen ganz, wie er leibt und lebt, mit allem, was er inzwischen angerichtet und ausgerichtet hat und dem er sich auch nicht mehr entziehen kann.

Ein letzter Durchgang befestigt das Grundanliegen des Abschnitts. Dabei zeigt die letzte Zeile, worauf Paulus schließlich hi- **8-10**
nauswill, auf die neue Lebensqualität, die Christus ans Licht gebracht hat. **Wenn wir aber mit Christus gestorben sind, glauben wir, dass wir auch mit ihm leben werden, wissend, dass Christus als Auferweckter von den Toten nicht mehr stirbt, der Tod ist nicht mehr Herr über ihn. Was er nämlich starb, starb er der Sünde ein für alle Mal, was er aber lebt, lebt er für Gott.** Das auffällige »er starb der Sünde ein für alle Mal« hatte seinen Anlass. Damals erstarkten religiöse Strömungen, die teilweise mit ganz ähnlichen Vokabeln wie hier Erlösungserlebnisse propagierten, doch in einem sehr anderen Sinn. Sie knüpften an beeindruckende Naturerfahrungen an, etwa an die wunderbare Wiederkehr des Lebens im Frühjahr. Das immer neue Sterben und Aufleben der Natur wurde zum Sterbe- und Auferstehungsmythos überhöht und mit Hilfe eines reichen Rituals nachempfunden. Viele Halt suchende Menschen sahen sich so in den Tiefen und Höhen ihres Seins verstanden. Wenn Paulus nun, wie dieser Abschnitt zeigt, ebenfalls von »sterben« und »auferstehen« sprach, wollte er keinesfalls hier eingereiht werden. Seine Botschaft war in Übereinstimmung mit der ganzen Urchristenheit Nachricht von einem zentralen Geschehen wie nie zuvor und nie wieder danach. Sie handelt vom Selbstopfer Gottes in seinem Sohn Jesus Christus. Dieses ein für alle Mal[g] stand also quer zum Kreislaufdenken jener Religiosität und bedurfte immer wieder der Betonung. Wir Heutigen haben genauso wachsam auf das Eindringen naturreligiöser Weisheiten zu achten. Sie sind zwar eingängig, führen aber doch nicht aus dem Kreislauf von laufend erweckten und laufend enttäuschten Hoffnungen heraus.

[g] 1Petr 3,18 Hebr 7,27; 9,12. 26-28 10,10. 12.14

Der einmaligen Aufhebung der Sündenmacht im Sterben Jesu steht nun das durchschlagend Neue seines Lebens als Auferstandener gegenüber. Es ist ungetrübtes, lichtvolles, sprühendes Leben,

[39] Griech. *katargeô*, »ganz und gar unwirksam machen«. Das Wort kann für physische Vernichtung stehen, hier aber dem Zusammenhang nach sicher für juristische Entkräftung bisher geltenden Rechts, vgl. den Gebrauch in 3,3.31; 7,2.6.

einzigartig geprägt vom ersten Gebot und von den ersten drei Bitten des Vaterunsers: Leben für Gott. Als bereits vollauf gesättigte Wirklichkeit ist es in Kraft. Es bildet den eigentlichen Garanten christlichen Seins in dieser Welt, widerständig gegen alles Widrige, das genannt werden mag: Christus stirbt nicht mehr! Was der Gemeinde auch noch fehlen mag – und es fehlt noch vieles –, so weit sie auch zurückgeworfen werden mag, eins bleibt: Christus lebt, und »wir werden gerettet durch *sein Leben*« (5,10).

11 Nach zehn Versen Lagebesprechung ertönt jetzt das erste Mal ein mahnender Imperativ. **Ebenso auch ihr: Begreift euch selber (in einem Glaubensurteil) als Tote der Sünde (gegenüber), dagegen als Lebende für Gott in Christus Jesus**[40]**.** Die bekannte Wiedergabe der LÜ »haltet euch dafür« könnte heutige Leser an autogenes Training erinnern: sich konzentriert etwas einreden, was nicht ist, bis es ist, sich also die Macht positiver Gedanken zunutze machen. Das hier mit »begreifen« übersetzte Wort[41] meint aber weniger schöpferisches als gehorsames Denken. Paulus erwartet, dass seine »Rechtsbelehrung« angehört und mitgedacht wurde, dass man sich von diesem Sachverhalt in allen seinen Zusammenhängen überzeugen ließ und ihn jetzt in aller Ruhe und Breite gelten lässt. Unsere Überschrift versucht ihn zusammenzufassen: »Ausgebürgert aus dem Reich der Sünde – leben mit Christus für Gott«. Weil mit Christus, darum auch für Gott (vgl. V. 10b). An dieses Lebenskonzept knüpft Paulus in 12,1-2 an, um es dort in seinen Verästelungen beispielhaft zu entfalten.

b) Grundsätzliche Einweisung in Lage und Verantwortung des Christen (6,12-14)

12 Nicht soll folglich die Sünde König sein in eurem sterblichen Leib, so dass (ihr) gehorcht seinen Begierden.
13 Stellt ihr auch nicht eure Glieder bereit als Waffen der Ungerechtigkeit für die Sünde, sondern stellt euch selbst bereit für Gott, gleichsam als Lebende aus den Toten, und eure Glieder als Waffen der Gerechtigkeit für Gott.
14 Die Sünde nämlich wird nicht über euch Herr sein, nicht nämlich seid ihr unter dem Gesetz, sondern unter der Gnade.

[40] Die bisherige Redeweise »mit Christus« wird jetzt gebündelt als »in Christus Jesus sein«. Dazu s. 8,1f. Dort in V. 9 dafür auch »im Geist sein«.

[41] Griech. *logizesthe* (vgl. »logisch«), in der Umgangssprache für einen Denkakt, der affektfrei und sachbezogen schlussfolgert, vgl. auch den Gebrauch in 3,28; 8,18; 14,14.

Nach zehn Versen im Wir-Stil hatte Paulus 6,11 mit dem ermahnenden »ihr« begonnen. Dieser Ton setzt sich jetzt mit Nachdruck fort. Falschen Folgerungen ist entgegenzutreten: Christen sind zwar »der Sünde gestorben«, »mit Christus zusammengewachsen«, um »für Gott zu leben«, aber das macht ihr Erdendasein nicht zum Himmelbett, sondern zum Kampfplatz.

Zunächst sind die gewandelten Rechts- und Machtverhältnisse 12
zu durchschauen. **Nicht soll folglich die Sünde König sein.** »Sie soll nicht« hat hier den Sinn: Sie darf nicht mehr. Wo Christus Herr ist, ist die Macht der Sünde illegal (6,7). Gott gab ihr die »rote Karte«, doch sie schmuggelt sich aufs »Spielfeld« zurück. In 7,8-11 schildert Paulus ihre Hinterlist. **In eurem sterblichen Leib** will sie sich tummeln. Der Begriff »Leib« wird zu 12,1b ausführlich entfaltet. Gewiss gehören unsere körperlichen Belange wie Essen und Trinken, Sexualtrieb, Selbstschutz vor Kälte oder Hitze, Bedarf an Ruhe oder Bewegung usw. dazu, aber dies alles nicht abgehoben von unserer seelischen, geistigen, familiären, sozialen, kulturellen und politischen Regsamkeit. Diesen Leib kennzeichnet Paulus als sterblich. Wie alles Geschaffene ist er vergänglich, was ihn aber nicht von vornherein als sündig erklärt. Eph 5,29 setzt voraus, dass Christen ihren Leib »nähren und pflegen«, d.h. seine Bedürfnisse achten, nicht etwa als etwas Böses wegwünschen (»hassen«). Die Sünde steht dem Leib deutlich als etwas anderes gegenüber. Aber sie will sich des Leibes bemächtigen, sie will seinen natürlichen, von Gott eingestifteten Lebensdrang zur Gier steigern und verselbstständigen. Sie will den an sich normalen und notwendigen Bedürfnissen einen anderen Stellenwert verleihen, so dass ihre Erfüllung nicht mehr dem Menschen dient, sondern ihn herrisch beansprucht und versklavt: **so dass (ihr) gehorcht seinen Begierden**.

Das Wort »gehorchen« geht im Griechischen wie im Deutschen von »horchen« aus. Daraus kann Hinhorchen werden: sich also dem Gehörten nicht entziehen, sondern unter seinem Schall bleiben[42], schließlich ihm vertrauen und folgen. Wir verwenden das Wort allerdings auch verblasst: Ein Apparat »gehorcht« einem Tastendruck, ein Tier »gehorcht« seinem Instinkt. In solchen Fällen bekommt der »Gehorchende« aber nichts zu horchen, nichts zu glauben und nichts zu wollen, sondern reagiert nur auf Impulse. Was aber beim Apparat und auch beim Tier ausgeschaltet ist, ist beim Christen eingeschaltet. Christen tun z.B. nicht instinktiv gesteuert das Richtige. Es ist nicht wahr, dass sie nicht mehr anders können als Gutes zu denken und zu tun. Sie können auch anders. Sie haben

42 Darum im Griech. die Vorsilbe *hyp-* (unter) bei *hypakouô*: unter dem Hören, dem Gehörten bleiben.

in der Tat etwas zu wollen, gerade sie. Gerade für sie kommt die menschliche Verantwortung ins Spiel.

13 Der Gedanke der Verantwortlichkeit tritt noch schärfer hervor, wenn Paulus jetzt das Bild vom Sklavendienst auswechselt gegen das vom Kriegsdienst. Zugleich spricht er statt vom Leib von den **Gliedern,** also von den einzelnen Lebensvollzügen. Die Bibel erwähnt unsere Glieder dann, wenn es darum geht, den wirkenden und darum auch wirklichen Menschen zu bezeichnen. Durch Hand, Fuß und Auge verwirklichen wir uns[43] und zeigen, wer wir tatsächlich sind und was in unsern Herzen ist (Mk 9,43-47).

Damit die Sündenherrschaft nicht über das Einfallstor »Leib« und mit Hilfe unserer Handlungen wieder zurückkehrt[a], ist ein Doppeltes gefordert, eine Absage und eine Zusage. Zunächst die Absage: **Stellt ihr auch nicht eure Glieder[b] zur Verfügung als Waffen der Ungerechtigkeit für die Sünde.** Tragt eure »Waffen« nicht zum Feind hinüber! Um im Bild zu bleiben: Der Feind hat von drüben zum Überlaufen aufgefordert. Paulus setzt jedenfalls eine Entscheidungssituation voraus. Wird diese Aufforderung nicht mit einem klaren Nein beschieden, gelingt auch kein Ja zu Gott, sondern nur ein verhängnisvolles Jein. Davor möchte Paulus bewahren. Nach diesem Sichverweigern folgt zweitens (V. 13b) das genauso tatsächliche Sich-zur-Verfügung-Stellen für Gott. Also nicht nur lauern, was sich jetzt wohl von selber tut! Und zwar stellt sich der Glaubende zum Kampf zur Verfügung[44], denn Taten sind hier Waffen. Der Kampf gilt dem Auftrag, aus der empfangenen Glaubensgerechtigkeit heraus auch für Lebensgerechtigkeit im Alltag zu kämpfen. Woran gedacht ist, zeigt etwa die lange Reihe von »Ausführungsbestimmungen« in 12,9-21, die Paulus abschließend so zusammenfasst: »Lass dich nicht vom Bösen besiegen, sondern besiege du das Böse mit Gutem.« Durch uns hindurch soll etwas von einer Gott gehorsamen und gerechten Welt sichtbar werden. Die Wendung **»gleichsam als Lebende aus den Toten«** bringt etwas Schwebendes in die Aussage.[45] Es besteht ein Unterschied zwischen dem Auferstehungsleben des Herrn selbst und dem der Seinen. »Wir werden ihm gleich sein«, aber sind es

[a] Mt 12,43-45 2Petr 2,20-22
[b] Röm 6,19 7,5.23

[43] Dabei können wir uns an unserer Bestimmung vorbei verwirklichen. Wir geraten nicht zum wirklichen Christen, zum wirklichen Ehepartner, zu wirklichen Eltern. Aus der Selbstverwirklichung wird leider eine Selbstentwirklichung.

[44] Es geht um ein Mitkämpfen mit Christus, denn Leben »für Gott« ist nach V. 10 vom Auferstehungsleben Christi abgeleitet und dieser steht unter einem Kampfauftrag (1Kor 15,23-25). Paulus kann sich unbefangen der militärischen Sprache bedienen (noch 13,12; Eph 6,11-13). Zumeist aber wählt er für »kämpfen« Ausdrücke aus dem sportlichen Wettkampf (so auch 15,30 und besonders deutlich 1Kor 9,24-27). Das Wort »siegen« in 8,37; 12,21 ist allgemeinerer Art.

[45] Griech. *hôsei*, recht häufig im NT, geht in LÜ etwas unter.

noch nicht (1Joh 3,2), wir müssen noch seufzend auf unseres Leibes Erlösung warten (8,11.22f). Dieses »noch nicht« ist nüchtern und ehrlich zuzugeben.

Die so streng zum Gehorsam Gerufenen sind geborgen in der 14
Übermacht der Gnade (5,20). Ähnlich Gal 5,16 folgt eine uneingeschränkte Verheißung: **Die Sünde nämlich wird nicht über euch Herr sein, nicht nämlich seid ihr unter dem Gesetz, sondern unter der Gnade.** Befehle abseits von dieser Gnade, also gnadenlose Befehle, wären sinnlos. Je mehr sich solche Befehle auch verschärfen mögen, desto gerissener und darum mächtiger erwiese sich die Sünde. Erst unter der Gnadenordnung gelingt das Leben, erst unter Freien bekommt der Imperativ seinen Sinn.

c) Leben unter der Herrschaft Jesu Christi als Freiheitsgeschenk (6,15-23)

15 Was nun? Sollen wir (etwa) sündigen, weil wir nicht unter dem Gesetz sind, sondern unter der Gnade? Ausgeschlossen!
16 Wisst ihr nicht, wem ihr euch (jeweils) selbst als Sklaven zur Verfügung stellt zum Gehorsam, (dem) seid ihr (auch) Sklaven, dem ihr gehorcht, entweder der Sünde zum Tode oder des Gehorsams zur Gerechtigkeit?
17 Dank aber (sei) Gott, dass ihr (zwar) wart Sklaven der Sünde, aber gehorsam geworden seid von Herzen der (Präge)form der Lehre, der ihr übergeben wurdet.
18 Nachdem ihr aber befreit wurdet von der Sünde, wurdet ihr »versklavt« der Gerechtigkeit.
19 Menschlich rede ich, wegen der Schwachheit eures Fleisches: Gleichwie ihr nämlich eure Glieder sklavisch zur Verfügung gestellt habt der Unreinheit und Gesetzlosigkeit, so stellt jetzt eure Glieder »sklavisch« der Gerechtigkeit zur Verfügung zur Heiligung.
20 Als ihr nämlich Sklaven wart der Sünde, wart ihr »Freie« gegenüber der Gerechtigkeit.
21 Welche »Frucht« hattet ihr folglich damals? Solche (Dinge), wegen der ihr euch jetzt schämt. Das Ende jener (Dinge ist) nämlich der Tod.
22 Jetzt aber, nachdem ihr von der Sünde befreit worden seid und »Sklaven« für Gott geworden seid, habt ihr eure Frucht zur Heiligung, das Ende aber ist ewiges Leben.
23 Der Sold der Sünde (ist) nämlich der Tod, die Gnadengabe aber Gottes (ist) ewiges Leben in Christus Jesus, unsern Herrn.

Mit V. 15 lässt Paulus das zweite Mal einen Einwand gegen seine Gnadenlehre zu. Wie schon zu V. 1 antwortet er nicht zum Fenster hinaus, sondern spricht eindringlich in den christlichen Raum hinein (s. dort). Während er im ersten Fall die Wirklichkeit der *Gemeinschaft* mit Christus ins Feld führte, macht er diesmal fruchtbar, was die *Herrschaft* des Christus für uns in sich birgt.

15 **Was nun?** Gerade erklang wieder das Lob der Gnade (V. 14). Was bedeutet das für unser praktisches Tun?[46] **Sollen wir (etwa) sündigen, weil wir nicht unter dem Gesetz sind, sondern unter der Gnade?** Voraussetzung dieser Frage ist vielleicht auch echte Besorgnis: Geht das überhaupt, so ganz allein mit der Gnade? Es gibt ein Verlangen nach Gesetz aus Furcht vor dem Sündigen. Aber für Paulus ist jede Rückkehr unter das Gesetz unvorstellbar (Gal 5,3-4). **Ausgeschlossen!** Er erteilt eine Lektion über die Macht der Gnade.

16 **Wisst ihr nicht?** Die Leser kennen die antike Einrichtung des Sklavenwesens[47]. **Wem ihr euch (jeweils[48]) selbst als Sklaven zur Verfügung stellt zum Gehorsam[49], (dem) seid ihr (dann auch) Sklaven, dem ihr gehorcht.** Der Nachsatz »dem ihr gehorcht« bestätigt nur noch einmal, was damals jedem klar war: Untertänigkeit gehört zur Struktur des Sklavenstandes. Alles andere ist Theorie. Ein Sklave mochte dieses Stück seiner Daseinsverfassung im Tagtraum einmal vergessen, doch sobald er davon erwachte, machte sich die Realität handfest bemerkbar. Auch ein Besitzerwechsel, von dem sich der Sklave Besserung seiner Verhältnisse versprochen haben mag, beendete nie die sklavische Hörigkeit.

Paulus gleitet vom Bild zur Sache hinüber. Er denkt an das Christwerden. Auch da geschieht ein Herrenwechsel, aber es bleibt auch da beim »Sklavendienst«, **entweder der Sünde zum Tode oder des Gehorsams zur Gerechtigkeit.** Das Entweder-oder lautet also nicht: der Sünde dienen oder ihr nicht dienen, sondern allein: der Sünde dienen oder dem neuen Herrn dienen. Etwas Drittes, also nicht sündigen, aber auch Christus nicht dienen, gibt es nicht. Ohne in die von Christus aufgerichtete Daseinsverfassung der Gerechtigkeit einzutreten und ihr zur Verfügung zu stehen, ginge das Sündigen immer weiter, auch bei noch so viel Gesetz. Gehört einer aber der Gerechtigkeit an, hat auch sie, ebenso wie vorher die Sünde, bindende Kraft. »Ich bin von Christus ergriffen« (Phil 3,12).

[46] Es geht im Unterschied zu V. 1 nicht mehr um verfehltes christliches Sein (»in der Sünde bleiben«), sondern ganz handfest um »sündigen«.

[47] In diesem Abschnitt achtmal »Sklave, sklavisch, versklaven« (V. 16.17.18.19.20.22), dreimal »Freige-lassener, freikaufen« (V. 18.20.22), zweimal als Sklave »gehorchen« (V. 16.17).

[48] Der Aorist kann wiederholte einmalige Vorgänge bezeichnen (punktueller Aorist).

[49] »Es kam auch vor, dass Freie sich freiwillig in Sklaverei begaben, sei es aus Not, um sich den Lebensunterhalt zu sichern, sei es, um auf diese Weise einen Sklaven frei zu machen« (Michel, S. 135).

Für die Leser war dieser Umschwung geschehen. **Dank aber (sei) Gott, dass ihr (zwar) wart Sklaven der Sünde.** Im heutigen Europa ist Christsein für viele Menschen nicht erfahrenes Geschenk (»Gott sei Dank!«), sondern eine Art Selbstverständlichkeit. Paulus aber kann bei den Römern lebendige Erinnerung an ihre christlichen Anfänge abrufen. Ihr seid **gehorsam geworden von Herzen der (Präge)form der Lehre, der ihr übergeben wurdet**. Hier fließt zweierlei zusammen. Einerseits waren sie selber mit **dem Herzen** dabei (vgl. 10,9f), ungezwungen, aus freiem Willen, andererseits waren sie Empfänger eines Geschehens. Sie wurden als Auszubildende in die Obhut der Lehre übergeben.[50] Während Paulus in 16,17 von »der Lehre« spricht, »die ihr (aktiv!) gelernt habt«, kehrt er hier heraus, was mit ihnen dabei geschah, ging es doch hier im Zusammenhang um die bindende und gestaltende Macht der neuen Zugehörigkeit. Darum heißt es auch: (Präge)form der Lehre. 17

Das griech. *typos* kommt von *typto*, »schlagen«: In einen Stein, Metall oder sonstiges Material werden Zeichen geschlagen oder gestochen. Das Ergebnis ist ein *typos*, etwas Eingraviertes, das nun seinerseits wie ein Stempel verwendet werden kann, so z.B. ein Münzstempel, mit dessen Hilfe Geldmünzen geprägt werden. Darum die Übersetzung »Prägeform der Lehre«.

Bei dieser Prägung durch die Lehre hat Paulus offensichtlich einen umfänglichen Vorgang vor Augen. Darum befriedigt die Auslegung nicht, wonach hier an einen rituellen Akt in einem bestimmten Gottesdienst zu denken sei, etwa an die Verpflichtung auf einen Bekenntnistext bei der Taufe. »Lehre« (*didachä*) ist kaum ein kurzer Bekenntnistext.[51] Solch ein Hersagen erfüllt auch nicht den Begriff des Prägens. Eher ist an Mt 28,19 zu erinnern: »Macht zu Schülern und tauft sie und lehrt sie halten alles (!), was ich euch geboten habe.« Jesus hinterließ ein rundes Lebenskonzept, eine eingehende Einweisung in ein alternatives Leben. Sie vor allem ist der Lehrstoff, verbunden mit Begründungen in der Schrift (AT).

Wir halten fest: Gläubigwerden ist nicht allein ein Akt der Begeisterung, es erschöpft sich nicht in Innigkeit. Man fragt vielmehr den Verkündiger: Was sollen wir tun?[a] Wir haben uns bisher heillos vertan, gib uns Tatanweisung von Christus her! Man stellt sich einem Lernprozess[b]. Paulus konnte den Ephesern schreiben: »Ihr habt Christus gelernt« (Eph 4,20f). Mit den Galatern hätte er den Unter-

[a] 1Kor 4,17 11,23;15,3 Gal 1,9 Eph 4,21 Kol 2,6 1Thess 2,11f 4,1f.6.11f 2Thess 3,6
[b] Röm 8,15 Gal 5,1.13 Joh 15,14f

50 *paradidonai* hat oft den Sinn, an einen Gerichtsvollzug zu übergeben. Hier begegnen wir dem positiven »übergeben«: Menschen der Gnade Gottes bzw. dem Wort der Gnade anheim zu stellen: Apg 14,26; 15,40 (vgl. 14,23; 20,32); 1Petr 4,19; Lk 23,46; Joh 19,30.

51 »Lehre« erscheint im NT 30-mal, und zwar bis auf die Ausnahme in Hebr 13,9 in Einzahl, die eine Gesamtheit bezeichnet, etwa die »Lehre der Pharisäer« oder die »Lehre der Apostel«.

richt gern noch einmal wiederholt, »bis Christus (wieder) unter euch *gestaltet* wird« (Gal 4,19).

18-19 Immer noch in stark bildhafter Rede spricht Paulus über den Wechsel des »Sklavenhalters«: **Nachdem ihr aber befreit wurdet von der Sünde, wurdet ihr »versklavt« der Gerechtigkeit.** Eigentlich ist es unerträglich, von einer »Versklavung« durch die Gerechtigkeit zu sprechen. Dieser uneigentliche Gebrauch einiger Wörter in den folgenden Versen ist in der Übersetzung durch Anführungsstriche kenntlich gemacht. Paulus bittet um Nachsicht für diese Redeweise, begründet aber auch sein Vorgehen in V. 19a: **Menschlich rede ich, wegen der Schwachheit eures Fleisches,** d.h. wegen der menschlichen Schwäche, die Dinge allzu leicht misszuverstehen. Worum es ihm letztlich geht: Wer in aller Form bekannt hat, dass Jesus sein Herr geworden ist, möge sich nun auch im Rahmen dieser Tatsache bewegen und sie nicht nachträglich verdrängen, um sich ihr zu entziehen.

Der Vergleich ist in aller Klarheit und auch Härte durchzuziehen: **Gleichwie ihr nämlich eure Glieder sklavisch zur Verfügung gestellt habt der Unreinheit und Gesetzlosigkeit, so stellt jetzt eure Glieder »sklavisch« der Gerechtigkeit zur Verfügung zur Heiligung.** Die Bekehrung der Römer hat für sie ein neues »jetzt« geschaffen (vgl. noch V. 21 und 22), »jetzt« ist es für sie nur noch zeitgemäß, ausschließlich Christus zu Diensten zu sein.

In 14,1-9 spürt Paulus solch einem Dasein nach bis in alle seine Verästelungen. Acht Beispiele zeigen die Spannweite eines Lebens für Christus: »dem Herrn essen, trinken, schwach sein, stark sein, stehen, fallen, leben und sterben«. Dies alles fügt Paulus hier und V. 22 zum Begriff der Heiligung zusammen.

20-22 Bisher arbeitete Paulus mit der »Gleichheit« zwischen Sündendienst und Gerechtigkeitsdienst. In den restlichen Versen lenkt er nun doch den Blick auf den krassen Unterschied der beiden Dienstverhältnisse. Dazu erfragt er zunächst den Ertrag ihrer vorchristlichen Zeit. **Als ihr nämlich Sklaven wart der Sünde, wart ihr »Freie« gegenüber der Gerechtigkeit. Welche »Frucht« hattet ihr folglich damals?** Nur ironisch lässt sich außerhalb der Gerechtigkeit von »Freien« reden. Widersinnig ist dann auch »Frucht«. Mit bitterer Scham blicken sie vom »jetzt« auf das »damals«: Bei allem Freiheitspathos (1,30: »hochmütig und prahlerisch«) war es doch eine schauerliche Freiheit und zeitigte faule Früchte. **Solche (Dinge)** – sie füllen Lasterkataloge wie 1,29-32; 3,10-17 oder 13,13 –, **wegen der ihr euch jetzt schämt! Das Ende jener (Dinge ist) nämlich der Tod.** Jahre, die ihnen damals eventuell sogar Vergnügen bereiteten (1,32), lagen jetzt wie ein Totenfeld vor ihnen. **Jetzt aber, nachdem ihr von der Sünde befreit worden seid und Sklaven für Gott**

geworden seid, habt ihr eure Frucht zur Heiligung, das Ende aber ist ewiges Leben.

In einer lehrhaften Zusammenfassung verlässt Paulus das Bild vom Sklaven und knüpft noch einmal ans Militärwesen an wie schon V. 13. Die Sünde erscheint jetzt als Söldnerführer, der seinen Leuten nach dem Feldzug den Sold auszahlt. **Der Sold der Sünde (ist) nämlich der Tod.** Die Bibel kennt auch Sterben als natürliche Bedingung unseres Menschseins. Hier dagegen ist wie in 1,32; 5,12 vom Gerichtstod die Rede. Wir müssen nicht nur sterben, wir *verdienen* zu sterben. Weil Sünde das Verhältnis zum Gott des Lebens zerstört, muss bei ihr in gerader Linie der Tod herauskommen.[52] Bei aller Lebensgier ist er immer schon eingeschlossen (1Kor 15,32b). Sünde geht mit dem Tode schwanger (Jak 1,15). Im Kontrast zu diesem düsteren Ausblick macht hier ein lichtvoller Satz den Schluss: **Die Gnadengabe aber Gottes (ist) ewiges Leben in Christus Jesus, unsern Herrn.**[53] 23

4. Der Christ und das Gesetz (zweites Sonderthema) (7,1-25)

Das neue Kap. ist durch 29-maliges Auftauchen der Begriffe »Gesetz« bzw. »Gebot« geprägt. Eine besondere Lektion über das Mosegesetz war unumgänglich, hatte Paulus doch in 3,21 seinen Basisabschnitt mit den Worten eröffnet: »Ohne das Gesetz!« – schwer anhörbar für die Ohren gesetzestreuer Juden. Als er später, inzwischen gebrandmarkt als Verkünder des gesetzesfreien Evangeliums, in Jerusalem auftauchte, schrien sie: »Hinweg mit ihm!« (Apg 21,36). Nach Apg 7,54.57 knirschten sie beim Anhören des Stephanus mit den Zähnen und hielten sich laut brüllend die Ohren zu. Aber auch in der damaligen (wie in der heutigen!) Gemeinde konnte Paulus mit seinen Formeln Not bereiten. Angesichts unleugbarer Versündigungen in den eigenen Reihen waren nicht wenige Gläubige überzeugt, dass es so ganz ohne Gesetz nicht geht. Dies Thema schwelte also ab 3,21. Verstreute Hinweise wie 3,19f; 4,15; 5,13.20 waren nicht dazu angetan, zu beruhigen. Schließlich mussten Äußerungen wie gerade eben in 6,14, wonach sich das Leben unter dem Gesetz gar mit einem Leben unter der Sünde deckt, das Befremden aufs Höchste steigern. Das Gesetz stammt von Gott und ist noch im Endgericht göttliche Norm (2,12). Man darf fragen: Steht Paulus noch zu seiner Versicherung

[52] Unser Sein ist »Sein zum Tode«, wusste auch der Philosoph Martin Heidegger (1889-1976).

[53] *charisma*, »Gnadengabe«, von *charis*, »Gnade«. »Gnade« war ab Kap. 5 bis hierher für zwei Kapitel Leitwort: 5,2.15(2x).17.20.21; 6,1.14.15.17.

von 3,31, dass er niemals als Gesetzesbrecher auftreten werde? Keinesfalls konnte er die römische Gemeinde als Stützpunkt für seine Spanienmission gewinnen, wenn er diesen Argwohn nicht ausräumte.

a) Der Rechtsnachweis für die Lösung vom Gesetz (7,1-6)

1 **Oder wisst ihr nicht, Brüder – ich rede doch zu Gesetzeskundigen –: Das Gesetz ist Herr über den Menschen, solange er lebt.**
2 **Die verheiratete Frau ist nämlich durch das Gesetz an ihren (noch) lebenden Mann gebunden. Wenn der Mann aber stirbt, ist sie dem Gesetz des Mannes enthoben.**
3 **Folglich also wird sie (zwar) bei Lebzeiten des Mannes eine Ehebrecherin genannt, wenn sie eines anderen Mannes (eigen) wird; wenn aber der Mann gestorben ist, ist sie vom Gesetz her eine Freie, und sie ist nicht eine Ehebrecherin, indem sie eines anderen Mannes (eigen) wird.**
4 **Folglich, meine Brüder, auch ihr seid getötet worden dem Gesetz durch den Leib des Christus, einem anderen (eigen) zu werden, dem von den Toten Auferweckten, damit wir für Gott Frucht bringen.**
5 **Als wir nämlich im Fleisch waren, wurden die Leidenschaften der Sünden durch das Gesetz in unsern Gliedern ins Werk gesetzt, dem Tod Frucht zu bringen.**
6 **Jetzt aber sind wir dem Gesetz enthoben, nachdem wir gestorben sind, (nämlich dem Gesetz,) in welchem wir gefangen gehalten wurden, damit wir »Sklaven« sind in der Neuheit des Geistes und nicht (mehr) in der Altheit des Buchstabens.**

Dieser Abschnitt ist eine unschätzbare Hilfe in der Frage, wie Christen sich in gutem Glauben und mit gutem Gewissen vom Gesetz frei wissen dürfen.

1-3 Die hier und V. 4 eingefügte Anrede »**Brüder**« bestätigt, wie wenig dies Thema für Paulus und seine Leser rein akademischer Natur war. Es berührte spürbar die Voraussetzung ihrer Gemeinschaft. **Oder wisst ihr nicht?** Wieder setzt er beim Gemeinsamen an: **Ich rede doch zu Gesetzeskundigen.** Als solche werden sie folgendem Grundsatz allgemeinen Rechtsdenkens, an dem auch das Mosegesetz teilhat[54], nicht widersprechen: **Das Gesetz ist** (nur) **Herr über den Menschen, solange er lebt.** Der abstrakte

[54] Vgl. 3,19 und das rabbinische Wort: »Wenn ein Mensch gestorben ist, ist er frei geworden vom Gesetz und von Gebotserfüllungen« (Bill III, S. 232).

Satz hat praktische Folgen. V. 2-3 bringen ein Beispiel. **Die verheiratete Frau ist nämlich durch das Gesetz an ihren (noch) lebenden Mann gebunden. Wenn der Mann aber stirbt, ist sie dem Gesetz des Mannes enthoben.** Die bindende Kraft der Ehegesetze gilt nicht über den Tod hinaus. Er scheidet eine Ehe (s. zu 6,2) und löst damit den bisherigen Stand der Frau zugunsten eines neuen Standes auf. Nirgendwo wird eine Witwe weiterhin auf ihren verstorbenen Mann verpflichtet (1Kor 7,39). **Folglich also wird sie (zwar) bei Lebzeiten des Mannes eine Ehebrecherin genannt, wenn sie eines anderen Mannes (eigen) wird; wenn aber der Mann gestorben ist, ist sie vom Gesetz her eine Freie, und sie ist nicht eine Ehebrecherin, indem sie eines anderen Mannes (eigen) wird.** Paulus zielt hier einzig und allein auf einen bestimmten Punkt, auf die rechtmäßige[55] Auflösung einer Bindung durch den Tod und deren unbestrittene Folgen. Von anderen Betrachtungsweisen des Sterbevorgangs sieht er hier wie schon in Kap. 6 ab. Diese Genauigkeit seines Denkens sollte auch unsere Verwendung des Beispiels[56] bestimmen.

Jetzt die Lehre daraus für die Christen: **Daher, meine Brüder,** 4
auch ihr seid getötet worden dem Gesetz durch den Leib des Christus. 6,1-10 hatte dies geistliche Sterben zehn Verse lang eingeprägt. Aufgrund dieses Rechtsvorgangs steckt in ihrer Gesetzesfreiheit kein Fädchen ruchloser Willkür. Wer das heilige Gesetz eigenmächtig abwürfe, wäre auch nicht wahrhaft gesetzesfrei, sondern ein ganz gewöhnlicher Sündenknecht. Gesetzlos und gesetzesfrei ist also sehr wohl zu unterscheiden. Was der Abschnitt 6,1-11 über das geistliche Mitsterben mit Christus lehrte, wird jetzt durch den Bezug auf den Leib des Christus angereichert. Jesus wurde dem Gesetz leibhaftig, also ganz irdisch-jüdisch unterstellt (Lk 2,21.22; Gal 4,4). Anders hätte er es nicht erfüllen und auch nicht dessen Lebenszusage erfahren können. Sie lautete nach 10,5 oder Gal 3,12: Wer alles tut, ohne einen Hauch von Gesetzesbruch, soll leben. Jesus hat sein Erdenleben so vollendet, in völliger Hingabe an Gott und in völliger Hingabe für uns nach dem Willen Gottes bis in den Tod (Gal 2,20). Darum war sein Sterben auch rechtlich gültig für uns und wir bekommen im Glauben daran berechtigten Anteil. Dieses geistliche Sterben ist durchschlagender,

[55] Vgl. Gal 2,19: »durch das Gesetz(!) dem Gesetz gestorben«.

[56] Wir behandeln es darum nicht als *Allegorie*: Der gestorbene Mann im Beispiel ist nicht das Gesetz, denn das Gesetz stirbt nicht; die Frau ist nicht die Gemeinde, denn diese überlebt nicht das Gesetz; der zweite Mann ist nicht Christus, denn Christus nimmt nicht die Witwe eines anderen (2Kor 11,2). Es handelt sich auch nicht um ein *Gleichnis*, das hinkt, sondern eben um ein echtes Fallbeispiel aus dem Rechtsleben, das in rechtliches Denken einübt.

unwiderruflicher und weit greifender als körperlicher Tod. Noch »toter« geht es nicht, darum aber auch nicht noch losgelöster von alten Verbindlichkeiten. Unsere Verpflichtung gegenüber dem Gesetz ist durch den Leib Christi völlig abgedient. Wie ein tiefer Graben liegt nun zwischen unserm Damals und unserm Heute das Grab Jesu. Drüben herrschte das Gesetz, an diesem Ufer reicht uns Christus die Hand: **einem anderen (eigen) zu werden, dem von den Toten Auferweckten, damit wir für Gott Frucht bringen.** Verschmähten wir allerdings dies Sterben Jesu »für uns«, dann auch dies Gestorbensein mit ihm, und dann wäre auch das Gesetz wieder unser Herr.

5 V. 5b blickt noch einmal auf früher zurück. **Als wir nämlich im Fleisch waren,** also noch im Stande der Feindschaft gegen Gott (8,7), **wurden die Leidenschaften der Sünden durch das Gesetz ins Werk gesetzt in unsern Gliedern, dem Tod Frucht zu bringen.** Das Gesetz schuf zwar nicht die Sünde, aber setzte die vorhandene Sünde ins Werk. Die im Sünder schlummernde Gegnerschaft rieb sich am konkreten Einzelgebot. Widergöttliches Wesen platzte auf, wurde vom Gesetz auf frischer Tat ertappt und konnte als solches unter Anklage gestellt werden. Mehr noch: Wir wurden durch das Gesetz **gefangen gehalten** (V. 6), nach 11,32; Gal 3,23 wie Häftlinge im Untersuchungsgefängnis. Ohne Bild: Das Gesetz verhindert durch seine unbestechliche Anklage im Gewissen die Illusion einer Selbstrechtfertigung und ein Glücklichwerden trotz Schuld. Es sorgt dafür, dass der Refrain von Jes 48,22; 57,21 wahr bleibt: »Die Gottlosen haben keinen Frieden.« Es hält schließlich die Erlösungsbedürftigkeit frisch, bis der Glaube kommt (Gal 3,23) und »Gott sich aller erbarme« (11,32).

6 **Jetzt aber** hat sich die Tür des Glaubens geöffnet. Nicht ein Tüttel des Gesetzes wurde geändert (Mt 5,17-20), aber **wir sind gestorben, damit wir nicht (mehr) »Sklaven« sind in der Altheit des Buchstabens.** Der Blick fällt hier auf die Schriftlichkeit des Mosegesetzes. Einerseits liegt darin, dass etwas in Buchstaben gefasst schwarz auf weiß vor Augen steht (vgl. Joh 19,22; 2Kor 3,7), der Vorteil der Eindeutigkeit. Andererseits veräußerlicht es dadurch. Auf die äußere Fläche gebannt, erstarrt es zur blanken Forderung. Als fernes Wort lässt es des Menschen Herz allein. Ihm stellt Paulus 10,8-10 das »nahe Wort« gegenüber, das das Herz neu macht, es umschafft. **Neuheit des Geistes** wird als noch nie Dagewesenes oder auch nur Erahntes in lebendiger Frische erfahren. Das Thema »Geist« kündigte sich schon 2,29; 5,5 an und wird 8,1-30 breit in die Mitte treten.

b) Dennoch – das Gesetz ist heilig (7,7-13)

7 Was werden wir folglich sagen? Gesetz (gleich) Sünde? Ausgeschlossen! Sondern die Sünde hätte ich nicht kennen gelernt, wenn nicht durch das Gesetz. Um das Begehren wüsste ich nämlich nicht, wenn nicht das Gesetz gesagt hätte: Nicht sollst du begehren!
8 Anlass nehmend aber durch das Gebot bewirkte die Sünde in mir alles Begehren. Ohne nämlich das Gesetz (ist) Sünde tot.
9 Ich aber lebte einstmals ohne Gesetz, beim Kommen aber des Gesetzes wurde die Sünde lebendig.
10 Ich aber starb, und erfunden wurde mir das zum Leben (gegebene) Gebot, (dass gerade) dies (mir) zum Tode (gereichte).
11 Die Sünde nämlich, Anlass nehmend durch das Gebot, verführte mich und tötete (mich) durch dieses.
12 Daher (bleibt festzustellen): Das Gesetz (ist) wohl heilig, und das Gebot (ist) heilig und gerecht und gut.
13 (Ist) folglich Gutes mir ein Tod geworden? Ausgeschlossen! Vielmehr die Sünde (war es), damit sie sichtbar werde als Sünde, durch das Gute mir den Tod bewirkend, damit im Übermaß die Sünde sündig werde durch das Gesetz.

In V. 6 strahlte endlich als Gegenbegriff zum Gesetzesdienst »Neuheit des Geistes« auf und versetzte den Leser in erwartungsvolle Spannung. Da schaltet Paulus noch einmal eine Verzögerung von neunzehn Versen ein. Was ihn dazu veranlasst, ist sein herzliches Werben gerade auch um seine kritischen Leser, indem er ihr stärkstes Bedenken noch einmal in aller Gründlichkeit würdigt: Wo bleibt bei »seinem Evangelium« (2,12) die Heiligkeit des Gesetzes? Dazu folgt ein zweiteiliges Lehrstück.

1. Zum auffallenden Ich-Stil in V. 7-13 und 14-25.[57] Dieses »ich« wird unterschiedlich erklärt:

- Es ließe sich auf das »ich« in zahlreichen Psalmen verweisen. Aber dies insgesamt ist kein Psalm, weder ein Klagepsalm, auch wenn V. 24 ein Klageruf erschallt, noch ein Bußpsalm, auch wenn V. 25a das Vorhandensein eines Heils anklingt.
- Auch handelt es sich hier nicht um ein autobiographisches »ich«, vergleichbar mit Phil 3,4-11. Die Aussage in V. 9 (»Ich aber lebte einstmals ohne Gesetz«) passt nicht in seinen eigenen Lebensweg, war er doch am achten Tag beschnitten und von früh an gesetzlich erzogen worden.

[57] Die LÜ zählt 46-mal »ich, meiner, mir, mich«!

- Schließlich passt hier auch das pädagogische »ich« nicht, das Paulus in seinen Briefen verwenden kann, um eine Sache unaufdringlich an sich selbst vorzuführen und so sein Gegenüber umso wirksamer zum Nachvollzug aufzufordern (etwa Gal 2,18). Hier jedoch fehlt der seelsorgerliche Rahmen.
- Darum ein vierter Vorschlag: Der Abschnitt zeigt in seiner ganzen Länge ein Ich ohne jedes Wir. Alle sozialen Beziehungen versinken, vom Nächsten wird völlig abgesehen. Im Unterschied zum Bild des Sünders etwa in 1,28-31 erscheint Sünde hier als etwas, was man nur sich selbst antut. Diese Konzentration auf den bloßen Ich-Kern ist schon einzigartig. Er wird zermahlen zwischen der Heiligkeit des Gesetzes und der Macht der Sünde. Ureigene Betroffenheit durch Gott findet Ausdruck. Paulus führt sie in dieser Weise vor, weil er Wesen und Wirken des Gesetzes beleuchten will, nicht Psychologie betreiben (vgl. auch die Einführung zu V. 14-25).

Nun gibt es aber im wirklichen Leben keinen sozial völlig abgehobenen Menschen. Jeder lebt im Dreieck von Ich – Gott – mein Nächster. Darum können wir auch in diesem Abschnitt mehrere Ebenen mindestens durchschimmern sehen:

- *Die Ebene des Gesetzesjuden.* Schon V. 6 setzt eindeutig das Sinaigesetz voraus und damit vorrangig die innere Situation des Gesetzesjuden, wie er sie selber erfuhr. Kaum schrieb er an seiner eigenen Geschichte völlig vorbei. Persönliche Erfahrungen aus seiner pharisäischen Zeit flossen ein. Doch wie passt dazu Phil 3,4-10, wo er seinen damaligen Gesetzesstolz hervorhebt (»nach der Gerechtigkeit im Gesetz untadelig«) ohne auch nur ein bisschen Gesetzesverzweiflung wie hier? Doch Stolz und Verzweiflung bilden keinen letzten Gegensatz. Hinter einem auffälligen Pochen auf die »eigene Gerechtigkeit« (dort V. 9, hier 10,3) könnte gerade ihr Nichtvorhandensein stehen. Noch immer wirft sich heimliche Verzagtheit umso heftiger auf penible Buchstabendienst (Mt 23,23), zeigt sich in Selbstgerechtigkeit, so lange es irgend geht. Man überhöre auch nicht die ergreifenden Zeugnisse, mit denen gesetzesbewusste Juden ihrer Sündennot Ausdruck geben konnten, z.B. 1QS 11,9ff 4Esr 3,19-22; 9,36f, auch nicht die Bußpsalmen und Klagelieder des AT. Es bestätigt sich 3,20 (vgl. 5,20 und hier V. 7): »Durch das Gesetz kommt Erkenntnis der Sünde.«
- *Die allgemein menschliche Ebene.* In V. 9f spielt Paulus deutlich auf 1Mo 2-3 an und damit auf die Lage eines jeden Menschen. Jeder Mensch begegnet in irgendeiner Form dem Gesetz, auch außerhalb des Mosebunds (1,32; 2,14f; 7,1), so dass sich bei jedem vergleichbare Konflikte einstellen können.

– *Die Ebene des Christen?* Sie sind gewiss nicht »unter die Sünde verkauft« (V. 14), diese »wohnt« nicht in ihnen (V. 17), vielmehr »wohnt Gottes Geist in euch« (8,9). Aber sie können kleingläubig werden und dadurch wieder den Anhauch vor- oder außerchristlicher Situationen erfahren. Mahnungen wie etwa 6,11.12.13; Gal 5,16.25 ergehen nicht nur pro forma oder zum Schein. Bei Rückfall wird Römer 7 wieder aktuell.

Wieder zeigt die typische Frageform, dass Paulus auf einen Ein- 7
wand eingehen will: **Was werden wir folglich sagen?** Die Wichtigkeit, die er eben wieder der Gesetzesfreiheit beigemessen hat, schien eine negative Einschätzung des Gesetzes zu bestätigen: Alles ist gut, wenn nur das Gesetz aus der Welt verschwände; meidet das Gesetz wie die Sünde![58] So drängt sich ganz ähnlich wie in Gal 3,21 die Frage auf: **Gesetz (gleich) Sünde?** Ohne im Geringsten zu zögern, wehrt Paulus ab: **Ausgeschlossen!** Es gibt da zwar eine Wechselwirkung, aber völlig anderer Art, als geargwöhnt wird. Sie will sorgfältig bestimmt sein. Dazu zergliedert Paulus die Vorgänge: **Sondern die Sünde hätte ich nicht kennen gelernt, wenn nicht durch das Gesetz.** Sünde entsteht nicht durch das Gesetz, wohl entsteht durch das Gesetz Erkenntnis der Sünde (so schon 3,20). Wie so oft in der Bibel umfasst **»erkennen«** auch hier mehr als theoretische Kenntnisnahme.[a] Gemeint ist eine ganzheitliche Erfahrung, in die das Gesetz hineinführt. Das wird weiter ausgeführt. **Um das Begehren wüsste ich nämlich nicht, wenn nicht das Gesetz gesagt hätte: Nicht sollst du begehren!** Widergöttlicher Lebensdrang[b] tritt erst voll in Erscheinung, wenn er statt auf Watte auf Widerstand stößt, eben auf das unbedingte, göttliche Nein des Gesetzes. Erst dieser Widerstand, nicht noch so viel Sündigen an sich, schafft Sündenerkenntnis. Sünde an sich betrügt und vernebelt (V. 11).

[a] 2Kor 5,21 1Kor 8,3 13,13 Phil 3,10 Gal 4,9

[b] Röm 1,24 6,12; 13,14 Gal 5,16.24

Paulus verweilt bei diesem Vorgang. **Anlass nehmend aber** 8
durch das Gebot bewirkte die Sünde in mir alles Begehren. Der Drang nach Selbstdurchsetzung braucht etwas, was ihm entgegentritt, Feindschaft braucht den Feind. Gesetzwidrigkeit entwickelt sich an der Zumutung eines Verbots. Bekommt sie diesen Anlass, lebt Sünde so recht auf und weckt in mir in den Einzelfällen des Alltags alles Begehren. Daraus ist zu folgern: **Ohne nämlich das Gesetz (ist) Sünde tot.** Es gibt sie noch nicht als Rechtsfall. Schon 2,12 unterschied Paulus Sünde ohne und unter dem Gesetz. Ohne

[58] Tatsächlich ließen sich von ihm deckungsgleiche Aussagen über Sünde und Gesetz zusammenstellen: Sünde und Gesetz herrschen über den Menschen (6,14 vgl. 7,1) und wirken sogar zusammen (7,5); es gilt, der Sünde wie dem Gesetz zu sterben (6,2.10f vgl. 7,4), so dass mit Genugtuung auf Freiheit von der Sünde wie vom Gesetz zurückgeblickt wird (6,18.22 vgl. 7,3).

Gesetz ist Sünde noch nicht auf den juristischen Begriff gebracht (5,13). Erst durch die Begegnung mit ihm wird sie justitiabel.

9 Bisher war offensichtlich an das Sinaigesetz gedacht. »Du sollst nicht begehren!« erinnerte an 2Mo 20,17f; 5Mo 5,21. Jetzt aber gleitet Paulus hinüber zu 1Mo 2-3. Schon das sechsmalige »Gebot« in Einzahl[c], das er mit Ausnahme von 13,9 sonst überhaupt nicht verwendet, spricht für den Bezug auf das »gebieten« in 1Mo 2,16; 3,11.17 wie »betrügen« (V. 11) auf 1Mo 3,13. (Übrigens findet sich auch »Begierde« von V. 7f in 1Mo 2,6; vgl.4,7.) So mag der Satz **»Ich aber lebte einstmals ohne Gesetz«** an die neue Lage erinnern, die sich für Adam mit dem Erlass des Verbotes 1Mo 2,16 ergab. Wiederum fällt sein Name hier nicht direkt, so dass die Geschichte von der Gabe des Gesetzes am Sinai nicht völlig verdrängt wird, sondern anwesend bleibt. Auch für uns fließen manchmal zwei biblische Geschichten ineinander, weil sie sich tatsächlich in einem Punkt berühren.[59] Jedenfalls: Mit dem **Kommen des Gesetzes** erlebte die schon vorhandene Sünde (5,14!) ihre »Auferstehung« (V. 8): **Die Sünde wurde lebendig.**

[c] Röm 8.9.10. 11.12.13

10 Das Aufleben der Sünde erwies sich für »mich« als tödlich. In Anspielung auf 1Mo 2,17 heißt es: **Ich aber starb.** Gedacht ist an den tiefsten Lebensbruch, an den Verlust der Gemeinschaft mit dem lebendigen Gott. Sünde gegen Gott und Leben mit Gott sind unverträglich. Verwunderlich aber, in welche Rolle das Gesetz geraten war. **Erfunden wurde mir das** im Paradies **zum Leben (gegebene) Gebot** (1Mo 2,17), **(dass gerade) dies (mir) zum Tode (gereichte).**

11 Wie soll man mit dieser Verkehrung zurechtkommen? Darauf antwortet 1Mo 3 mit dem Motiv der Verführung. Paulus stellt an die Stelle der Schlange die Sünde[d]. **Die Sünde nämlich, Anlass nehmend durch das Gebot, verführte mich und tötete (mich) durch dieses.** Der Mensch ließ sich voll betrügen (1Mo 3,13: »Die Schlange betrog mich«): Zuerst verkannte er Gottes Wohltat (1,21a), dann begann er seinen Schöpfer zu hassen (1,30), dann hielt er Übertretung für Leben (1,21b) und schließlich verließ er dümmlich den Schutz des Gebots (1,29).

[d] Röm 16,18 2Kor 11,3 1Tim 2,14 1Thess 2,3 Mk 4,19

12 So bleibt es bei der höchsten Tadellosigkeit des Gesetzes. **Daher (bleibt festzustellen): Das Gesetz (ist) wohl heilig, und das Gebot (ist) heilig und gerecht und gut.** Dieser Dreiklang wird in den Versen 14 und 16 noch mit »geistlich« und »schön« zu einem Fünf-

[59] Der Ausleger darf also nicht jede Einzelheit von 1Mo 2-3 für diese Stelle passend machen wollen (z.B. ist »ohne Gesetz leben« hier nicht Dasein in paradiesischer Unschuld!). In 5,14 wertet Paulus die Adamgeschichte anders aus.

klang aufgefüllt.[60] So ist das Gesetz von der Sünde gänzlich geschieden. Nimmermehr betrügt es den Menschen, immer hat dieser es bei ihm mit Gott zu tun.

Noch einmal wendet Paulus sich an den kritischen Hörer. **(Ist)** 13
folglich Gutes mir ein Tod geworden? Ausgeschlossen! Vielmehr die Sünde (war es). Die Verantwortung für das Böse lag eindeutig bei der Sünde und dem Sünder. Aber es geht Paulus jetzt um noch mehr. Die Sünde wird nicht das letzte Wort haben. Obwohl sie das Gesetz vor ihren Wagen spannte, bekam sie es nicht wirklich in ihre eigene Regie. Es blieb Mittel in *Gottes* Hand. Ein doppelter Absichtssatz bezeugt sein überlegenes Walten: **damit sie (die Sünde) sichtbar werde als Sünde, durch das Gute mir den Tod erwirkend.** Indem es ihr gelungen war, sich sogar mit dem Guten, mit dem Gesetz Gottes zu bemänteln, schien sie vollauf zu triumphieren. Doch im Endeffekt wurde sie in ihrer Negativität gründlich bloßgestellt. Ein zweites »damit« steigert den Gedanken: **damit im Übermaß die Sünde sündig werde durch das Gesetz.** Das Gesetz trieb ihr Innerstes so nach außen, dass sie ihre wahre Gestalt annahm. Das Böse wurde grundböse.

Im Unterschied zum nächsten Abschnitt schreibt Paulus hier in Vergangenheitsform. Er zeichnet Geschichte nach. Innerhalb der Geschichte sind Entscheidungen gefallen, von denen auch der heutige Mensch immer schon herkommt und aus denen er nicht mehr herauskommt, ohne die sein gegenwärtiger Zustand unerklärlich bliebe.

c) Dennoch – das Gesetz ist schwach (7,14-25)

14 Wir wissen nämlich: Das Gesetz ist geistlich, ich aber bin fleischlich, verkauft unter die Sünde.
15 Denn was ich bewirke, (an)erkenne ich nicht; nicht nämlich genau das, was ich will, tue ich, sondern was ich hasse, gerade das tue ich.
16 Wenn ich aber, was ich nicht will, gerade das tue, stimme ich dem Gesetz zu: Gut!
17 Nun aber (wie die Dinge liegen, gilt) nicht mehr: Ich selber bewirke es, sondern die in mir wohnende Sünde.
18 Ich weiß nämlich: Nicht wohnt in mir, das heißt in meinem Fleisch, Gutes. Das Wollen (des Guten) ist mir (zwar) zur Verfügung, aber das Bewirken des Guten nicht.

[60] Damit bleibt Paulus hinter dem atl. Gesetzesjubel (beispielhaft in Ps 119) nicht zurück. Aber das Gesetz erweckt nicht *nur* Freude. Beachte die Einführung zu 7,14-25.

19 Nicht nämlich, was ich tun will, das Gute, sondern was ich nicht will, das Böse, genau das praktiziere ich.
20 Wenn ich aber, was ich nicht will, genau das tue, bewirke es nicht mehr ich selbst, sondern die in mir wohnende Sünde.
21 Ich finde folglich das Gesetz, (dass) mir als dem, der das Gute tun will, das Böse nahe liegt.
22 Freudig stimme ich nämlich dem Gesetz Gottes zu nach meinem inneren Menschen,
23 erblicke aber ein anderes Gesetz in meinen Gliedern, Krieg führend mit dem Gesetz meiner Vernunft, mich (jedes Mal) zum Kriegsgefangenen machend durch das Gesetz der Sünde in meinen Gliedern.
24 Ich elender Mensch! Wer entreißt mich diesem Leib des Todes!
25 Dank aber (sei) Gott durch Jesus Christus, unsern Herrn! Folglich also: Ich, als ein und derselbe, diene mit der Vernunft dem Gesetz Gottes, aber durch das Fleisch dem Gesetz der Sünde.

Immer neue Ansätze und Wiederholungen, auch der Wechsel in die Gegenwartsform verraten, dass Paulus einem Höhepunkt seiner Gesetzeslehre zustrebt. Allerdings erscheint der Abschnitt auf den ersten Blick als eine psychologische Skizze der Zerrissenheit des Menschen zwischen Gut und Böse. Kaum ein Leser, den sie nicht ergreift, ertappt und betroffen zurücklässt. Entsprechend fand er Eingang in Auslegung und Verkündigung. Dabei häufen sich gern Ausdrücke wie »unheimlich«, »rätselhaft«, »tragisch«. Parallelen aus dem Geistesleben vom Altertum bis zur Neuzeit unterstreichen solche Analyse wirkungsvoll. Dennoch: Solch beliebte Verwendung sollte nicht die Aussageabsicht des Abschnitts selbst verstellen. Übergeordnetes Thema bleibt das Gesetz. Hier der Zusammenhang: Der letzte Abschnitt war zum uneingeschränkten Gesetzeslob gelangt (besonders V. 12). Dieses Lob wird jetzt ausdrücklich festgehalten (V. 14 und 16), aber mit einer Behauptung verbunden, für die sich im Wortlaut des AT kein Beleg findet und die ein Herzensanliegen jüdischen Glaubens zu verletzen schien: Das Gesetz ist schwach, in keiner Weise geeignet, des Menschen Heil zu schaffen. Mit ihm lässt sich keine Hoffnung mehr verbinden, denn es ist geschwächt durch die Fleischesart des Menschen. Und eben *hier* ist auch die eigentliche Verzweiflung von Röm 7 angesiedelt. Sie liegt nicht schon darin, dass der Mensch selber der Sünde nicht gewachsen ist. Man muss tiefer hinabsteigen: *Auch das Gesetz, das doch eindeutig aus dem Raum der Heiligkeit stammt, ist ihr nicht gewachsen!* Dagegen sind die feinsinnigsten und rührendsten

Tiefblicke in unsere eigene Befindlichkeit, die wir uns gegenseitig vermitteln, allzumal flach.

Zunächst knüpft Paulus an V. 12 an. **Wir wissen nämlich: Das** 14
Gesetz ist geistlich. In diesem Fall schließt das »wir« auch die Juden ein. Die gemeinsame Bibel lehrt Christen und Juden die Heiligkeit des Gesetzes. Sicher können Juden auch noch mitsprechen: **Ich aber bin fleischlich.** Dass der Mensch nicht Gott von Art ist und dass Geist und Fleisch aufs Tiefste unterschieden sind, hat Israel sehr wohl gewusst (Ps 143,2). Aber Paulus stößt nach und greift zum Vergleich mit der Sklavenexistenz: **verkauft unter die Sünde.** Der Mensch ist aufgrund seiner selbst verschuldeten Geschichte (1,21; 5,12; 7,8-10) nicht mehr Herr seiner selbst. Gott »gab ihn dahin« (1,24.26.28), veräußerte ihn auf dem Sklavenmarkt. Seitdem ist er nicht mehr Sohn im Haus des Vaters. Die Merkmale seines Sklavenstandes sind nun zu entfalten.

Ein Sklave identifiziert sich nicht mit seinem Handeln. **Denn was** 15
ich bewirke, (an)erkenne ich nicht; nicht nämlich genau das, was ich will, tue ich, sondern was ich hasse, gerade das tue ich. Die LÜ des ersten Versteils: »ich *weiß* nicht, was ich tue«, trifft hier kaum den Sinn. Es mag zwar sein, dass Menschen je und je unbewusst Böses tun, sich selbst ein Rätsel sind, ihnen alles quer läuft und sie selber überrascht. Aber so viel Psychologie sollte man nicht in diese schlichte Aussage einlegen. Ein Sklave tut seine Arbeit eben widerwillig.[61] Seiner Willensfreiheit entspricht keine Handlungsfreiheit. Seinem eigentlichen Wollen kann er nur nachtrauern, während er sein ungewolltes Handeln nicht zu akzeptieren vermag.

Sein Wollen ist nämlich das Wollen des Guten. **Wenn ich aber,** 16
was ich nicht will, gerade das tue, stimme ich dem Gesetz zu: Gut! Hier steht im Griech. kein voller Satz, sondern ein Ausruf, sprachlich ganz wie das siebenmalige Schöpferlob auf der ersten Seite der Bibel.[a] Zwar erwartet man solch freudigen Beifall für das Gute nicht gerade von einem Menschen, der das Böse tut. Doch selbst noch das von ihm nicht befolgte Gesetz hat ihn gewonnen. Er kann sich nicht genug damit tun, zu versichern: Ich will das Gute![b] Für Paulus ist offensichtlich kein Mensch ein Teufel. Wiederum zeichnet er ihn auch nicht als Helden in unerklärlicher Tragik. Im Gegenteil, je mehr der Sünder das Wollen des Guten beteuert, desto höher steigt der Grad seiner Verantwortlichkeit. Sein Böses ist ihm voll anzulasten. Gerade der Fromme scheitert besonders eindrucksvoll.

[a] 1Mo 1,4. 10.12.18. 21.25.31

[b] Röm 7,15. 16.18.19. 21.22

[61] Griech. *ginôskô* hat an ungezählten Stellen der Bibel den Sinn: innere Gemeinschaft mit etwas haben, ihm bejahend und vertrauensvoll zugewandt sein.

Während V. 15-16 aus V. 14c den Begriff »verkauft« umkreisten, fassen die nächsten Verse den Käufer des Sklaven ins Auge. Dessen Gebaren erinnern allerdings eher an einen Hausbesetzer als an einen legalen Sklavenhalter.

17 Das Unbehagen, bei sich selbst nicht heimisch zu sein, erklärt sich durch die Anwesenheit eines zweiten Subjekts. **Nun aber (wie die Dinge liegen, gilt) nicht mehr: Ich selber bewirke es, sondern die in mir wohnende Sünde.** Ob Paulus »wohnen« von der Sünde[c] oder auch vom Geist[d] ausgesagt, bedeutet es immer Herrschaftsausübung. Hier ist es die Sünde, die unter meinem Dach schaltet und waltet. Was das Ich tut, tut es nicht mehr in Freiheit. Es will, was es muss, nicht was es im Grunde möchte. Insofern klingen hier Vorstellungen von Besessenheit an. Doch bemerke man auch Unterschiede: Im klassischen Fall von Besessenheit ist die subjektive Dimension der Sünde nicht mehr erkennbar. Ein Fremd-Ich sitzt dem eigenen Ich so beherrschend auf, dass dieses völlig ausgeschaltet ist. Darum hat Jesus sich mit keinem Befallenen unterhalten, vielmehr den einwohnenden Dämon herausgefordert. Hier dagegen ist das Ich voll da, es kann, wie der Text belegt, wollen, zustimmen, sich freuen, hassen, handeln, leiden und verzweifeln. Wichtig für die Einschätzung des Ich in Röm 7 ist auch Röm 8,1: »So gibt es nun keine Verurteilung mehr!« Das heißt rückschließend für das Ich von Röm 7: Es erfährt sein Elend bewusst und schuldbewusst als Verurteilung. Insofern deckt Röm 7 nicht den Sachverhalt der Besessenheit. Paulus bedient sich dieser Ausdrucksweise nur zum Vergleich und in Grenzen.

[c] Röm 7,17. 18.20
[d] Röm 8,9.11 1Kor 3,16

18-20 Er vertieft das Gesagte, indem er den Begriff »Fleisch« hereinholt. **Ich weiß nämlich: Nicht wohnt in mir, das heißt in meinem Fleisch, Gutes.** Er hätte sagen können: »In mir wohnt nichts Gutes.« Durch »das heißt« stellt er aber die Gleichung auf: in mir = in meinem Fleisch. »Fleisch« hat in der Bibel oft einen neutralen Sinn, indem es die geschöpfliche Ausstattung des Menschen nach Leib, Seele und Geist bezeichnet. Dann ist »im Fleisch leben« nicht schon ein »in der Sünde leben«, wie Gal 2,20 besonders deutlich zeigt. Anders klingt jedoch 7,5 im Zusammenhang: »wir waren im Fleisch«. Wenn der Mensch seine geschöpfliche Ausstattung nicht nur hat, sondern sie ihn »hat«, er ihr also verfällt, sich mit Hilfe seines Könnens, Habens und Wissens gegen seinen Schöpfer verschanzt, büßt »im Fleisch sein« seine Neutralität ein. Aus »meinem Fleisch« wird »Fleisch der Sünde« (8,3). Während es V. 16 noch hieß, dass das Ich in einem fort das Gesetz Gottes lobt: Gut, gut!, heißt es dann vom gleichen Ich: In mir wohnt nichts Gutes. Die inneren Abläufe noch einmal genauer: **Das Wollen (des Guten) ist mir (zwar) zur Verfü-**

gung[62], so dass ich vor einer echten Wahlmöglichkeit stehe. **Aber das Bewirken des Guten** geschieht **nicht. Nicht nämlich, was ich tun will, das Gute, sondern was ich nicht will, das Böse, genau das praktiziere ich.** Auf dem Wege zum praktischen Tun versündige ich mich ständig gegen meine Möglichkeiten. Damit landet der Gedanke wieder bei V. 17. Ich bin Geisel der Sünde geworden: **Wenn ich aber, was ich nicht will, genau das tue, bewirke es nicht mehr ich selbst, sondern die in mir wohnende Sünde.**

Nach Beschreibung der Sündenherrschaft (V. 17-20) wendet sich Paulus wieder dem eigentlichen Thema zu. Darum erscheint wieder die Vokabel »Gesetz«.

Einleitend eine kurze Anknüpfung an das Bisherige: **Ich finde** 21
folglich das Gesetz, d.h. eine Gesetzmäßigkeit, einen regelmäßigen Ablauf, **(dass) mir als dem, der das Gute tun will, das Böse nahe liegt.** Immer wieder geschieht es so: Das richtige Wollen des Menschen kippt augenblicklich um in fleischliches Handeln, »so dass man gar nicht mehr Augenblicke reinen Wollens von Augenblicken falschen Handelns unterscheiden kann«.[63] Das »Fleisch« im negativen Sinn (s. zu V. 18) hat längst krebsartig seine »Metastasen« in meine Glieder geschickt, sprich in alle meine praktischen, aber auch gedanklichen Vollzüge. Hier ist nichts mehr operabel. Der Weg in den Tod (V. 24) ist vorgezeichnet wie nach einem Gesetz. Die Lage des »Patienten« ist objektiv verzweifelt, wie vergnügt er auch zeitweilig subjektiv gestimmt sein mag.

Das Gesetz Gottes steht als ohnmächtiger Zuschauer dabei. **Freu-** 22-23
dig stimme ich nämlich dem Gesetz Gottes zu nach meinem inneren Menschen, erblicke aber ein anderes Gesetz in meinen Gliedern, Krieg führend mit dem Gesetz meiner Vernunft, mich (jedes Mal) zum Kriegsgefangenen machend durch das Gesetz der Sünde in meinen Gliedern. Paulus verlebendigt seine Ausdrucksweise. Sachliches Beipflichten nach V. 16 wird hier freudiges Zustimmen zum guten Gesetz Gottes. An Stelle des abstrakten »ich« erscheint jetzt der »innere Mensch«[64], der in einen heftigen Krieg zwischen Gut und Böse hineingerissen ist.

62 Griech. *parakeimai*, »daneben liegen für jemanden«, nur hier und V. 21 im NT, so dass mit einem gewählten Ausdruck zu rechnen ist, der an seiner jeweiligen Stelle behutsam bestimmt werden will: (a) Da ist etwas für jemanden als Möglichkeit vorhanden, es steht ihm griffbereit zur Verfügung, so dass er daraus etwas machen kann oder nicht (so V. 18); oder (b) es liegt ihm schon als Neigung nahe, er hat eine Schlagseite dahin (so V. 21).

63 Schweizer, ThWNT VII, S. 134

64 Der Ausdruck bezeichnet den wirklichen Menschen, wie Gott ihn sieht, dafür in der Bibel oft »Herz« (1Sam 16,7). Er kann unterschiedlich bestimmt sein. Hier ist er »alter« (V. 6), »fleischlicher« (V. 14) und »elender Mensch« (V. 24), dagegen 2Kor 4,16; Eph 3,16 geistdurchwirkter und von Christus erfüllter Mensch (vgl. Gal 2,20; 1Petr 3,4).

Auf der einen Seite steht das »Gesetz meiner Vernunft«, vergleichbar dem »Gewissen« in 2,15. Es ist nicht identisch mit dem Gesetz Gottes, aber weiß in irgendeiner, wenn auch fragwürdigen Form um Gottes Gebot und Verbot. Immerhin meldet es sich als sein Anwalt. Die Spannung, von der hier die Rede ist, besteht also nicht zwischen einer guten und einer bösen Hälfte in mir, sondern zwischen Gott einerseits (im Medium der Vernunft oder des Gewissens) und andererseits mir, dem rebellischen Menschen. Dieser Mensch lebt maßgeblich von seinen Gliedern her. Gedacht ist dabei gewiss an seine Körperfunktionen, doch über die massive Körperlichkeit hinaus ist das ganze Tun und Lassen des Menschen umfasst (s. zu 6,12-13). Dort hat das andere Gesetz, das Antigesetz, das Gesetz der Sünde, seine Residenz eröffnet. Von dort her rücken seine Argumente in erdrückender Selbstgewissheit gegen die vernehmende Vernunft (1,20) vor. Sie umringen sie und treten sie nieder. Dann tragen sie den Menschen gefangen davon, in ein vernunftloses Tun hinein. Das alles, ohne dass ein Handgemenge anschaulich wird; er wird einfach weggetragen.

24 Der Mitgeschleppte lässt sein Wehgeschrei erschallen: **Ich elender Mensch.** Nach 8,1 wird unser Abschnitt unter das Wort »Verurteilung« gerückt: Mein Elend ist letztlich meine Schuld. Der Buchstabe des Gesetzes erscholl und »tötete« mich wie mit einem Fallbeil: »Darum bist du unentschuldbar, o Mensch! (1,20; 2,9)« Ein Ausruf in Frageform schließt sich an: **Wer wird mich entreißen aus diesem Leib des Todes?** Aber die Frage: »Wer?« rechnet nicht noch erwartungsvoll mit irgendjemandem, sondern trägt schon die Antwort in sich: Da ist niemand! Ich weiß keinen mehr, ich habe keine Zukunft mehr! Sie schreit also nur noch Verzweiflung hinaus.[65] Was mit »ich« anfängt, führt niemals in die Freiheit. Der Leib, von Gott wunderbar für Gott erschaffen, ist vom Gerichtstod gezeichnet (s. zu 6,23). Das ist das Elend des Menschen: Er lebt nicht willenlos, aber machtlos unter unentschuldbarer Anklage auf seinen Tod zu.

25 An dieser Stelle bricht aus dem Christ Paulus[66] ein »Danke!« an Gott heraus: **Dank aber (sei) Gott durch Jesus Christus, unsern Herrn!** Für ihn ist ja Rettung sichtbar, 8,1-4 ist ihm schon im Sinn.

Nach diesem Zwischenruf spricht das Ich von Röm 7 weiter und bringt seine Misere auf den Punkt. **Folglich also: Ich, als ein und**

[65] Darin unterscheidet sich Röm 7 von der idealistischen Weltanschauung. Dort gefällt man sich in seiner Zerrissenheit, bescheinigt sich seinen angeblich guten Kern, heischt Beifall mit seiner Grundehrlichkeit (»Ich stehe zu meiner Vergangenheit«) und landet beim Selbstmitleid, vermischt mit Heldenverehrung. Allerdings wissen wir es in einer tieferen Schicht besser. Davon spricht Röm 7.

[66] Nach einhelliger Textüberlieferung ist V. 25a nicht von einem späteren Abschreiber eingebracht. Solche Zwischenrufe können bei jüdischen Autoren auch nicht befremden, vgl. 1,25 ; 6,17; 9,5; 1Kor 15,57; 2Kor 8,16; 9,15; 11,31; Gal 1,20.

derselbe[67], diene mit der Vernunft dem Gesetz Gottes, aber durch das Fleisch dem Gesetz der Sünde. Dieser Satz des Jammers hat in Gal 2,20 einen jubelnden Gegensatz. Dort bekennt ein anderes Ich: Christus lebt in mir und ich lebe mit meiner ganzen Geschöpflichkeit (»im Fleisch«) diesem Christus! Hier dagegen: Nichts Gutes wohnt in mir, mich regiert übermächtig das Gesetz der Sünde. Das gute Gesetz Gottes ist für mich bloßer Buchstabe (V. 6). Es ragt in mein Wollen hinein, aber nicht in mein Wirken. Seine Schwäche ist offenkundig.

5. Der Christ und der Geist (drittes Sonderthema) (8,1-30)

Die Darstellung eines Lebens unter dem Gesetz, mit der Kap. 7 endete, verlangt von der Sache her nach dem einzigen wirklichen Gegenangebot: Leben im Geist.[68] Alles andere wäre ein Austreiben des Teufels mit Beelzebul. Zur Breite und Mächtigkeit des Pneumatischen (*pneuma* = Geist) in der Urchristenheit führt E. Schweizer[69] aus: »Längst bevor der Geist Gegenstand der Lehre war, war er für die Gemeinde erfahrene Tatsache.« »Es dürfte schwerfallen, sich die palästinensische Gemeinde als nicht-pneumatisch vorzustellen … Die Bildung der eschatologischen Gemeinde …, die Aufnahme der Verkündigung, der Einbruch ins heidnische Gebiet ist nicht denkbar ohne starke pneumatische Erfahrungen.«

Exkurs: *Fleisch und Geist bei Paulus*

Wie Paulus geistliche Erfahrungen lehrmäßig abklärt, beeindruckt durch Tiefe und Weite. Wie schon in Gal 5 geht er auch hier das Thema an, indem er das Gegensatzpaar »Geist – Fleisch«[70] bildet. Dadurch gelingt ihm eine heilsgeschichtliche Einordnung.

a) Schon als die Zeit noch nicht erfüllt war (Gal 4,4.6) und »der Geist noch nicht da war« (Joh 7,39), spielte dieser in Schöpfung und dann in der Geschichte Israels eine Rolle. Doch die atl. Propheten verhießen noch ein ganz anderes Wirken des Geistes, näm-

[67] Diese Betonung einer einheitlichen Persönlichkeit (*autos egô*) fällt auf. Paulus lehrt keine doppelte Identität. Er würde die Aussage »zwei Seelen, ach in meiner Brust« nicht unterschreiben.

[68] Kap. 7 hatte 23-mal »Gesetz«, nur zweimal »Geist, geistlich«, dagegen begegnet in Kap. 8 nur noch 5-mal »Gesetz«, dagegen 21-mal »Geist«; auf die restlichen 15 Kapitel des Briefes kommt im Durchschnitt nur noch eine Geist-Stelle.

[69] ThWNT VI, S. 402, Anm. 462, und 394,7f

[70] Das gilt hier besonders für V. 4-13, wo sich die beiden Begriffe Satz für Satz kontrastieren. Was die Verwendung von »Fleisch« im Einzelnen angeht, knüpft Paulus wie das ganze NT an den vielseitigen Gebrauch im AT an. Dagegen ist seine zugespitze Gegenüberstellung Geist-Fleisch nicht im AT vorgebildet, sondern eine Weiterführung.

lich am Abend der Welt als Kraft der Neuschöpfung in Erscheinung zu treten. Man denke an Jes 44,3; Hes 36,26-27 und Joel 3,1, vor allem aber an die große Vision von Israels Totenerweckung in Hes 37,1-14. Dazu passt, dass die Urchristenheit die Ankunft des Geistes in ihrer Mitte vornehmlich als den »verheißenen« Geist bezeichnete (Apg 1,4; 2,33.39; Gal 3,14; Eph 1,13). Insofern gehört der Geist also nicht immer und überall dazu, sondern markiert einen tiefen Umbruch. Er ist nicht Teil dieser, sondern schon Angeld der kommenden Welt (8,23).

b) Diesem Inbegriff der neuen Welt stellt Paulus mit »Fleisch« einen Inbegriff der alten Welt gegenüber. Dabei bezeichnet dies Wort wohlgemerkt nicht schon das Stoffliche, Leibliche und Sichtbare an sich. Auf dem Sichtbaren, einschließlich der menschlichen Leiblichkeit, Ernährung, Sexualität, Arbeit und Kultur, lag ursprünglich die volle Freude des Schöpfers (1Mo 1,4.10.12.18.21.25.31). »Fleisch« in Gegenüberstellung zum »Geist« steht also nicht für das Sichtbare überhaupt, sondern für das Alte, für die vergehende Welt. Sie ist vom Tode umfangen, weil sie sich im Aufruhr gegen den Gott des Lebens befindet. Der Mensch in ihr will nicht von Gott und für Gott geschaffener Mensch sein, sondern schaffender Gott (1Mo 3,5). Für diesen Feldzug gegen Gott spannt er nun die ganze wunderbare Schöpfung ein, das Stoffliche gewiss, aber auch die geistigen Fähigkeiten. All das Gute wird unter seinen Händen schlecht. Dadurch ist er nicht mehr Krone, sondern Katastrophe der Schöpfung (8,20). Dieser die gesamte alte Welt durchziehende widergöttliche Lebensdrang ist »Fleisch« (8,7). Der Begriff ist eng verquickt mit dem Begriff der Sündenmacht (8,3). Aber »Sünde« geht auf Sündigen zurück (5,12), ist also von der einzelnen Tat her gedacht, »Fleisch« dagegen ist eine Grundverfassung, die ausstrahlt und alles verstrahlt: »Ich bin fleischlich« (7,14).

a) »Neuheit des Geistes« und Freiheit vom Gesetz durch das Sein in Christus (8,1-4)

1 Keine Verdammnis[71] jetzt also den in Christus Jesus (Lebenden)!

2 Das Gesetz des Geistes des Lebens in Christus Jesus hat dich freigemacht vom Gesetz der Sünde und des Todes.

3 Was nämlich die Unfähigkeit des Gesetzes betrifft, weil es geschwächt wurde durch das Fleisch – Gott, sendend seinen

[71] *katakrima* hier und *katakrinô* in V. 3 umfassen über Verurteilung hinaus auch die Vollstreckung, so dass die Übersetzung mit »Verurteilung, verurteilen« hier nicht genügt.

Sohn in Gleichgestalt des Fleisches der Sünde, und zwar als
Sündopfer, verdammte die Sünde im Fleisch,
4 **damit die Rechtsforderung des Gesetzes erfüllt würde in uns,**
die wir nicht nach dem Fleisch wandeln, sondern nach dem
Geist.

In diesen vier Versen trifft der Apostel für seine Geistlehre den Grundentscheid: Der Geist, der sich von allerlei Geistern durch seine Heiligkeit unterscheidet, wird »in Christus Jesus« erfahren. Dieser Ausdruck erscheint hier in V. 1 mit Gewicht, wird in V. 2f inhaltlich gefüllt und bildet in der letzten Zeile des Abschnitts den krönenden Abschluss (V. 39). Wer sich diese christozentrische Geistlehre[72] ein für alle Mal gesagt sein lässt, tut der Gemeinde und sich selbst etwas Gutes.

Mit **also** knüpft Paulus an den Stand der Dinge an, den er schon 1
7,6 erreicht hatte[73]: »Wir sind dem Gesetz enthoben.« Damit ist auch dessen Anklage verstummt. Die Verzweiflung, die nach 7,24 bleiern auf dem adamitischen Ich liegt, wird durch den Zuruf durchstoßen: **Keine Verdammnis!** »Die Gerechtsprechung des Lebens«[74] ertönt. Geschmückt mit Gerechtigkeit stehen die Glaubenden da. Dies gilt vom Gläubigwerden an bis hin zum Endgericht.[a]

Zunächst bindet Paulus diese Aussage an das heilvolle **jetzt**[b] (s. zu 3,21). Zeitenwende ist vorausgesetzt, am ausführlichsten in 2Kor 3 dargelegt: Der Dienst des Mose, der »zur Verdammnis führt«, ist abgelaufen zugunsten des apostolischen Dienstes, »der den Geist gibt und zur Gerechtigkeit führt« (dort V. 7-8). Zweitens hat dieses Heil seinen bestimmten Ort **in Christus Jesus.** Als erster Versuch, diese Wendung[75] zu verstehen, diene ein Vergleich mit anderen Umschreibungen unseres Verhältnisses zum Herrn, etwa: Christus bei uns, mit uns, über uns, vor uns, mitten unter uns oder in uns. Sie alle verbindet die Vorstellung der Nähe. Dagegen wird der Ausdruck »wir in Christus« von der Tatsache unserer Zugehörigkeit regiert. Aufgrund von Einpflanzung (6,5) bilden wir mit

a Röm 8,33 1Kor 1,8 3,11-15 11,32 Kol 1,22 Offb 7,13-14

b Röm 3,21.26 5,9.11 6,19.21 8,1 11,5.30.31 2Kor 6,2 Gal 4,29 2,20

72 Auch im Gal nimmt Paulus diese feste Verbindung vor, wenn er 4,6 den Geist einmalig den »Geist des Sohnes« nennt.

73 Der Ich-Abschnitt von 7,7-25 war nur ein Zwischenspiel, der den Gedankengang von zuvor nicht verdrängt hat.

74 So nach 5,16.18. An die Stelle der *katakrima* (Verdammnis) trat die *dikaiôma* (Gerechtsprechung).

75 Während sie vor Paulus fehlt, erscheint sie bei ihm weit über 100-mal (in Abwandlungen wie »in Christus Jesus«, »in Jesus Christus«, »im Herrn Jesus Christus«, »im Herrn«, »in Jesus«, »in Christus«), allein im Röm 20-mal: 3,24; 6,11.23; 8,1.2.39; 9,1; 12,5; 14,14; 15,17; 16,2.3.7.8.9.10.11.12.13.22. Wegen der vielseitigen Verwendung wird eine scharfe begriffliche Bestimmung kaum gelingen. Z.B. kann dieses »in« dem »in Adam« gegenüberstehen (1Kor 15,22) oder dem »im Fleisch« (Phlm 16) oder auch dem »im Gesetz« (hier).

c Röm 12,5 1Kor 12,12 Eph 4,4

ihm ein Gemeinwesen, einen einzigen Lebensverband[c], nach Luther »*einen* Kuchen«. Sein Sterben, Begrabenwerden und Auferstehen ist nicht etwas, was nur außerhalb von uns geschehen ist und das wir uns nur anhören, sondern an dem wir teilnehmen. Was ihm geschah und noch geschehen wird, geschah und geschieht auch uns. Das befreite Sein-in-Christus steht in krassem Gegensatz zur Ich-Einsamkeit 7,25: Ich bin allein, ich will allein, ich kann allein, ich verzweifle und sterbe allein!

d 1Mo 6,17 7,15 4Mo 16,22 27,16 Hes 37,5

e Joh 6,63 Röm 8,6.11 1Kor 15,45 2Kor 3,6 Gal 6,8 1Petr 3,18

2 Dieses **»in Christus Jesus«** von V. 1 nimmt Paulus jetzt wieder auf und entschlüsselt es als Erfahrung des Heiligen Geistes.[76] **Das Gesetz des Geistes des Lebens hat dich[77] freigemacht.** Da Paulus sonst schlicht vom »Geist« oder vom »Geist Gottes« oder »Geist Christi« spricht, wird er »Geist des Lebens« aus seinem griech. AT (LXX) genommen haben. Dort findet sich der Ausdruck im Zusammenhang mit der Schöpfung, aber vor allem mit der Neuschöpfung[d], nämlich in der großen Vision Hes 37,1-14. Danach soll das tote Israel durch den »Geist« (dort neunmal) wieder »leben« (sechsmal), eben durch den »Geist des Lebens«, wie es dort V. 5 (LXX) strahlend heißt. Der Abschnitt übertrifft an Dramatik alle Visionen des Hesekiel und musste Juden und Christen fesseln. In V. 11 berührt Paulus jenes Kapitel noch einmal, und mehrfach lesen wir bei ihm vom »lebendig machenden Geist«.[e] Wenn er 1Kor 15,45 schrieb: Christus »wurde zum Geist, der da lebendig macht«, oder 2Kor 3,17: »Der Herr ist *der* Geist«, mag ihm die Erfüllung gerade dieser Prophetie vorgeschwebt haben. Paulus führt hier also das Zeugnis vom Geist ein, ohne dabei von Christus wegzuführen[78], vielmehr bezeugt er so Jesu heute und hier erfahrbare Mächtigkeit. Das aus 2Kor 3,17 soeben zitierte Wort fährt fort: »Wo aber der Geist des Herrn ist, da ist Freiheit.« Das deckt sich mit der Geistaussage unserer Stelle: Der Geist **hat dich freigemacht vom Gesetz der Sünde und des Todes.**

Allerdings hat die bisherige Auslegung einen Zusatz ausgespart. Paulus spricht hier vom »Gesetz des Geistes des Lebens«, sicher hervorgerufen durch das Gegenüber zum »Gesetz der Sünde und des Todes« (dazu 7,21.23.25). Zwei in sich geschlossene Gesetzmäßigkeiten stehen gegeneinander. Die zweite wird von der Übermacht der erstgenannten gebrochen. Diese Verbindung von Geist und Gesetz zeigt, wie wenig Paulus das Wirken des Geistes nur als

76 In V. 9 tritt für »in Christus Jesus« auch »im Geist« ein.

77 Die Du-Anrede fällt hier ähnlich Gal 4,7 aus dem Rahmen und verleiht dem Gesagten starkes Gewicht.

78 Er ist ja der Geistträger »ohne Maß« (Joh 3,34). Schon die Bezeichnung »Christus« bzw. »Messias« hat den Wortsinn »Geistgesalbter«.

gelegentliche »Zuckung« erfährt. Vielmehr weiß er sich dauernd getragen von einem verlässlichen Element.[79] Der Geist ist im Kleinen und im Großen der umsichtige und treue Baumeister der neuen Schöpfung nach den ewigen Plänen Gottes.

Zum zweimaligen »Gesetz« in diesem Vers ist eine andere Auslegung zu hören und zu prüfen. Sie neigt dazu, bei Paulus jeden bildlichen Gebrauch von »Gesetz« auszuschließen und allemal an das Gesetz des Mose zu denken (hebr. *tora*). Danach wäre auch hier in der zweiten Vershälfte mit dem »Gesetz der Sünde und des Todes« die *tora* gemeint, wie ähnlich schon in 7,23.25. Allerdings sei es die durch den Sünder missbrauchte *tora*. Weil sie im Zusammenwirken mit der Sünde den Tod gebiert (7,5.11.13), könne sie so erschreckend bezeichnet werden.[80] Ebenso sei aber in der ersten Vershälfte auch das »Gesetz des Geistes des Lebens« nichts anderes als die *tora*, doch in diesem Fall habe Christus die verhüllende Decke nach 2Kor 3,14 von ihr weggezogen und sie wieder ihrem ursprünglichen Gebrauch nach Röm 7,10 zugeführt, nämlich das Leben zu geben.[81]

Kaum fügen sich diese Gedanken in das Gesamtbild bei Paulus ein. Paulus lehrt nirgendwo, was dann hier in V. 2 herauskäme, dass das Gesetz des Mose der Befreier der Glaubenden aus der Verdammnis sei. Wenn er 7,10 vom »zum Leben gegebenen Gesetz« schreibt, gilt das im Sinne von Gal 3,12: Ursprünglich, vor dem Einbruch der Sünde, hatten alle Gebote Gottes eine das Leben schützende Aufgabe. Nicht aber ist an eine endgeschichtliche Heilsrolle des mosaischen Gesetzes gedacht. Hätte Paulus die *tora* als Auferstehung und Leben verkündigt, hätten die Schriftgelehrten niemals seinen Tod gesucht. Noch dort im gleichen Kapitel schrieb er (Gal 3,21b): »Nur wenn ein Gesetz gegeben wäre, das lebendig machen könnte, käme die Gerechtigkeit wirklich aus dem Gesetz.« Nun kommt sie »ohne das Gesetz« (Röm 3,21). Das Gesetz ist zwar nach 7,14 geistlich, aber es gibt nicht den Geist (Gal 3,1-5), es ist nach 7,12 heilig, gerecht und gut, aber es macht nicht heilig, gerecht und gut.

Jetzt deckt Paulus vollends die Zusammengehörigkeit von Geist **3**
und Christus auf. Dazu knüpft er noch einmal an die eindringliche Schilderung von 7,14-25 an, wonach das mosaische Gesetz nicht ge-

[79] Zu »Gesetz« im übertragenen Sinn vgl. 3,27: »Gesetz des Glaubens«; Gal 6,2: »Gesetz des Christus«; Jak 1,25; 2,12: »Gesetz der Freiheit«.

[80] Dann würde die *tora* allerdings nach 7,23, wo von demselben »Gesetz der Sünde« die Rede ist, »in meinen Gliedern« wohnen und nach V. 20 identisch sein mit »der Sünde, die in mir wohnt«. Kann man sich das als Meinung des Paulus vorstellen?

[81] So H.W. Schmidt, S. 136. U. Wilckens findet in unserm Vers gar eine »Wende im Gesetz selbst«, ja eine »Entgegensetzung«, einen Kampf der geistlichen *tora* mit der verfälschten *tora*, den er tiefsinnig mit innergöttlichen Vorgängen auf Golgatha vergleicht (II, S. 123).

[f] Gal 4,3.8 Hebr 7,18f; 10,4

gen das Gesetz der Sünde ankam[f]. **Was nämlich die Unfähigkeit des Gesetzes betrifft, weil es geschwächt wurde durch das Fleisch** – Hier bricht der Satz ab. Paulus spart sich die Wiederholung, wie und warum das Gesetz seine positiven Ziele nicht verwirklichen konnte, und bringt sofort die neue Initiative Gottes. Auszugehen ist hier vom Hauptsatz: **Gott verdammte die Sünde im Fleisch.** Zur Aufhebung der Verdammnis nach V. 1 gehört unlösbar die Vollstreckung der Verdammnis. Kein Heil ohne gründliches Gericht. Einen unmerklichen, gleitenden Übergang von der Welt der Sünde in die Welt Gottes gibt es nicht (2Kor 6,14), oder das Alte schliche sich doch wieder ins Neue ein.

[g] Röm 1,3 Gal 4,4 Joh 3,16 1Joh 4,9

[h] Hebr 2,14.17 4,15 Phil 2,7

[i] 1Tim 3,16 1Petr 4,1 1Joh 4,2 Joh 1,14

Wie ging Gott vor? Das zeigt die in den Hauptsatz eingeschobene Aussage: Gott **sandte seinen Sohn.**[g] Zweck dieser Sendung war das Opfer (s.u.). Für einen sich Opfernden aber hängt alles von seiner glaubwürdigen Gemeinschaft mit denen ab, für die er eintreten soll.[h] Darum hier die absichtliche Hervorhebung: Der Sohn wurde **in Gleichgestalt des Fleisches der Sünde** gesandt. Die christlichen Bekenntnisse bestätigen es immer wieder: Er »ist in das Fleisch gekommen«, »offenbarte sich im Fleisch«, »litt im Fleisch«.[i] »Fleisch« ist hier deutlich die antigöttlich besetzte, von der Sündenmacht geprägte Welt. Der alte Äon, dessen Zeitgeist wahrlich nicht der Heilige Geist ist, wuchtete nun mit seiner umfassenden Gewalt auf den Gesandten Gottes ein. »Wir, die wir im ›Fleisch‹ unser natürliches und gewohntes Lebenselement besitzen, können kaum ahnen, welche Fremde und Qual, welche Last und Pein es für den Sohn Gottes war, als ein Glied dieser gottentfremdeten Menschheit im kalten Dunkel der Lieblosigkeit und Ichhaftigkeit Tag um Tag leben zu müssen.«[82] Diese volle Solidarität war aber Voraussetzung für den eigentlichen Zweck der Sendung: **und zwar als Sündopfer.**[83] Damit wiederholt Paulus im Kern 3,25. Auf die Auslegung dort wird verwiesen. Hier kehren wir zur Hauptaussage des Verses zurück: Im Kreuzesopfer verdammte Gott die Sünde im Fleisch. Paulus hebt am Opfer Christi diesmal nicht das Ja zum Sünder hervor, sondern das Nein zur Sünde.[84] Dieses Nein von Karfreitag, das auch

[82] So vertieft W. de Boor an dieser Stelle, S. 181.

[83] Die beiden griech. Wörter *peri hamartia* können wörtlich übersetzt werden: »für die Sünden«, was in seiner Knappheit jedoch sofort erklärungsbedürfig wäre. Dagegen wird der Text bestechend klar, sobald berücksichtigt wird, dass *hamartia* im AT (LXX) an über hundert Stellen nicht nur für »Sünde«, sondern auch verkürzt für »Sünd*opfer*« steht (hebr. *chatat*). So heißt in den Opferanweisungen von 3Mo 4-5 *peri hamartia* wohl zwanzigmal »als Sündopfer«. Auch der Hebr bedient sich dieser atl. Wendung. Entsprechend übersetzt LÜ in Hebr 10,6.8; 13,11 mit »Sündopfer«, unterlässt es dann aber in 10,18 und hier.

[84] Das Kreuz ist auch »Kreuzigung der Welt«, »Gefangennahme« ihrer Mächte, »Sturz Satans« (Gal 6,14; Eph 4,8; Kol 2,15; Offb 12,9).

unser Nein wurde, als wir mit Christus im Glauben starben und in der Taufe begraben wurden, gehört zur Befreiung und zum Freisein von der Sündenmacht. Solange wir noch ein Fünkchen Ja zum Bösen in uns zurückbehalten oder wieder einziehen lassen, verletzten wir den Geist, der uns gegeben ist (Eph 4,30), und schwächen uns selbst.

Wie oft im NT benennt auch hier ein Damit-Satz das durch die 4
Christustat angezielte und bewirkte Heil. **Damit die Rechtsforderung des Gesetzes erfüllt würde in uns.** Paulus lenkt auf das Mosegesetz (*tora*) zurück. Am Kreuz hat Gott nicht etwa die *tora* verdammt, vielmehr die Sünde, die sich mit dem Gesetz bemäntelte. Das Gesetz dagegen wurde durch das Leben und Sterben Christi erfüllt. Auch seine Nachfolger sind nicht etwa zur Nichterfüllung des Gesetzes befreit, sondern zu seiner Erfüllung. Dabei ist weniger an die Vielzahl der Einzelvorschriften zu denken als vielmehr an seinen grundsätzlichen Charakter als gute, gerechte und heilige Rechtsforderung (Einzahl!) Gottes. Das Wie wird in 13,8-10 zur Sprache kommen, das Wodurch dagegen hier: **die wir nicht nach dem Fleisch wandeln**[j], **sondern nach dem Geist.** Während V. 2 das Freiwerden durch den Geist bezeugte, geht es jetzt um das Freisein und Freibleiben durch denselben Geist. Dieses »wandeln«, dieses Unterwegssein Schritt für Schritt nach dem Geist, setzt Weggemeinschaft mit ihm voraus, seine laufende Kontaktnahmen mit uns, seine Schrittmaße (immer genommen am Wort, Werk und Weg Jesu[k]) und sein Führen (V. 14). Zu erinnern ist wieder an das »Gesetz« des Geistes nach V. 2. Sein Wirken wird als Inbegriff zuverlässiger Dauer[l] erfahren. Er ist die Kraft zum gottgefälligen Leben in der »besseren Gerechtigkeit«[m].

[j] 2Kor 10,2-3 5,16; 11,18 1Kor 3,3
[k] Röm 14,14 15,2-7 1Kor 11,1-2 Phil 2,1-13
[l] Hag 2,5 Joh 14,16f
[m] Mt 5,20 Jer 31,33 Hes 31,31-34 36,27 Röm 2,29 1Thess 4,8f

b) Grundsätzliches über Fleisch und Geist und zur Situation der Geistträger (8,5-11)

5 **Die nämlich nach dem Fleisch Seienden, sind gesinnt auf das des Fleisches, die aber nach dem Geist auf das des Geistes.**
6 **Die Sinnesart des Fleisches (ist) nämlich Tod, die Sinnesart des Geistes Leben und Frieden,**
7 **weil die Sinnesart des Fleisches Feindschaft (ist) gegen Gott, denn dem Gesetz Gottes ordnet es sich nicht unter, denn es kann es auch nicht.**
8 **Die darum im Fleisch Seienden können Gott nicht gefallen.**
9 **Ihr aber seid nicht im Fleisch, sondern im Geist, so gewiss Geist Gottes in euch wohnt. Wenn aber jemand Geist Christi nicht hat, dieser ist nicht sein.**

10 **Wenn aber Christus in euch ist, (ist) zwar der Leib tot der Sünde wegen, aber der Geist Leben der Gerechtigkeit wegen.**
11 **Wenn aber der Geist dessen, der Jesus von den Toten auferweckt hat, in euch wohnt, wird der, der Christus von den Toten auferweckt hat, auch eure sterblichen Leiber lebendig machen durch seinen in euch einwohnenden Geist.**

Paulus wird die gerade in V. 4 angeschnittene Frage nach dem christlichen Wandel in V. 12 aufgreifen, wo er auch wieder zum Wir-Stil zurückkehrt. In V. 4 kam aber auch als dunkle Hintergrundfolie zur Sprache, wie der Wille Gottes eben nicht geschieht. Diese Erwähnung veranlasst ihn, zunächst eine grundsätzliche Untersuchung über die Gegenbegriffe »Geist« und »Fleisch«[85] einzuschieben.

5-6 Am Fleisch oder am Geist orientierte Menschen ziehen ihre jeweilige Linie durch, ob sie wollen oder nicht. **Die nämlich nach dem Fleisch Seienden, sind gesinnt auf das des Fleisches, die aber nach dem Geist auf das des Geistes.** Es gibt nichts Drittes, keine Vermischung, keine Überkreuzung. Jedes Sein hat unweigerlich sein Gesinntsein bei sich, durch das es sich verwirklicht. **Die Sinnesart des Fleisches (ist) nämlich Tod, die Sinnesart des Geistes Leben und Frieden.** Ein wirkliches Herauskommen aus dem Wesen des Fleisches und Übertritt in das Sein im Geist ist nur als bares Wunder denkbar.

7-8 Paulus begründet die Todeswirkung des Fleisches aus dessen Grundhaltung. **Die Sinnesart des Fleisches (ist) Feindschaft gegen Gott.** Hinter seinem tief sitzenden Willen, sich selbst zu behaupten, zu befriedigen und zu verehren, hinter dem lustvollen Hunger seiner Gier, auch der des Denkens[a], steht Gotteshass (1,30) und Rebellion gegen den Schöpfer (5,10). Gott schuf den Menschen zum Dasein mit anderen und darum auch für andere (13,9), ansatzweise meldet sich auch das eingestiftete Bedürfnis nach Hingabe, aber das Fleisch zielt offen oder verdeckt immerzu auf seinen eigenen Nutzen. Von daher ist Gesetzeserfüllung durch das Fleisch, in welcher Form auch immer, Selbsttäuschung.[b] **Denn dem Gesetz Gottes ordnet es sich nicht unter.** Aus der Logik der Dinge folgt: **Es kann es auch nicht.** Seine Macht ist dem Gebot Gottes gegenüber wesensbedingt Ohnmacht. Damit ist das Urteil über Menschen dieser Art gesprochen. **Die darum im Fleisch Seienden können Gott nicht gefallen,** auch wenn sie wollen.

[a] Röm 1,21.28 Eph 2,3

[b] Röm 9,31-33 10,2-3 Phil 3,6

85 Vgl. Einführung zu Kap. 8, Punkt 2: »Geist und Fleisch bei Paulus«.

9 Nach dieser allgemeinen Klarstellung spricht Paulus wieder seine gläubigen Leser an und bestätigt ihnen, wo ihr eigenes Lebenszentrum liegt. **Ihr aber seid nicht im Fleisch, sondern im Geist.** Was V. 1f Sein-in-Christus hieß, heißt jetzt Sein im Geist (V. 9a). Jedoch wandelt er auch diesen Ausdruck im folgenden ohne Übergang noch viermal ab. Er spricht von »Innewohnung des Geistes Gottes« (V. 9b), »Besitz des Geistes Christi« (V. 9c), »Christi[c] (Eigentum) sein« (V. 9d) und schließlich von »Innewohnung des Geistes Christi« (V. 10a). So auffällig das ist, es ist sachgerecht. Hier lässt sich nichts in ein schmales Sprachbett zwängen. Die christliche Wirklichkeit nötigt, trinitarisch zu sprechen: Gott, Christus und der Geist offenbaren sich gemeinsam. Zurück zu V. 9b: **so gewiss**[86] **Geist Gottes in euch wohnt.** Aus dieser Gewissheit zieht Paulus im Folgenden drei Schlüsse (dreimal »wenn aber« in V. 9.10.11). Zunächst wird der negative Fall abgehandelt. **Wenn aber jemand Geist Christi nicht hat, dieser ist nicht sein.** Dass jemand den Geist »hat«oder auch Gott »hat« und den Sohn »hat«, sagt das NT wiederholt.[d] Von menschlicher Verfügungsgewalt aufgrund dieses »Habens« und von Besitzerstolz ist dabei keine Rede. Vielmehr kommt zum Ausdruck, was in allen damaligen Gemeinden Allgemeinwissen war, nämlich dass man Christ wird durch den Empfang des Geistes. Alle wahren Christen sind »Geistliche«[87]. Folgerichtig sind jene, die nicht mehr im Bereich Christi zu Hause sind, denen es fern liegt, auf ihn zu hören, ihm zur Verfügung zu stehen, und seine Wirklichkeit vergessen, beim besten Willen keine Christen.

c 1Kor 7,40 Kol 4,1 1Joh 2,23 5,12 2Joh 9

d Mk 9,41 1Kor 1,12 3,23 2Kor 10,7

10 Das zweite »wenn« könnte befremden. Trotz der Eindeutigkeit von V. 9 leben Christen dann doch in spannungsvoller Doppelwirklichkeit: gleichzeitig lebendig und tot! **Wenn aber Christus in euch ist, (ist) zwar der Leib tot der Sünde wegen, aber der Geist Leben der Gerechtigkeit wegen.** Einerseits steht ihr leibliches Dasein unter dem geistlichen Sterben mit Christus. Was 6,6-11; 7,6; 8,3b vorhielt, war nicht als inzwischen überwundener Zustand gemeint. Der Vorgang, mit Christus der Sünde wegen gekreuzigt und gestorben zu sein, erfährt eine Streckung über unsere gesamte irdische Zeit. Fortwährend bedroht uns ein Leben jenseits des Glaubens. Die Antwort darauf kann nur darin bestehen, »täglich« das Kreuz auf sich zu nehmen, die »Praktiken des Leibes zu töten« und

[86] Das griech. *eiper* ließe sich auch mit »wenn wirklich« übersetzen. Dann bliebe Raum für einen Zweifel; eine unausgesprochene Aufforderung zur Selbstprüfung im Sinne von 2Kor 13,5 läge vor. Dieser Ton fügt sich aber weniger gut in dies Kap. ein, das nicht eine einzige Mahnung ausspricht, sondern sich ganz auf Belehrung und Zuspruch verlegt. Erst 12,1 eröffnet Paulus einen großen Abschnitt: »Ich ermahne!«

[87] Vgl. Gal 6,1 und in WStB, Galater, die Auslegung zu Gal 3,1-5.

[e] Lk 9,23 Röm 8,13 1Kor 15,31

so »täglich« zu sterben[e]. In V. 18-30 wird Paulus dieser noch unerlösten und seufzenden Befindlichkeit der Geisterfüllten (!) einen großen Abschnitt widmen. Auf der anderen Seite gilt, dass aber der Geist, also in diesem Fall wie auch V. 16 der Menschengeist, »Leben ist wegen der Gerechtigkeit«. »Der Glaubensgerechte wird leben!« von 1,17 tönt hier wieder durch. Diese Seite werden die Verse 14-17 behandeln.

11 Schließlich das dritte »wenn aber«: Glaubende wissen sich dank des innewohnenden Geistes in den Vorraum der Zukunft versetzt[f]. **Wenn aber der Geist dessen, der Jesus von den Toten auferweckt hat, in euch wohnt, wird der, der Christus von den Toten auferweckt hat, auch eure sterblichen Leiber lebendig machen durch seinen in euch einwohnenden Geist.** Er hat sich zu Ostern als der »Geist des Lebens« von Hes 37,1-14 identifiziert (s. zu V. 2). Bei der Ankunft Jesu Christi wird er mit seinem »lebendig machen« vor nichts Halt machen, auch nicht vor ihrem sterblichen Leib (s. zu 6,12). Er wird sie durch Überflutung mit Leben aus der in V. 10 dargestellten Disharmonie herausführen.

[f] Röm 5,9-11.21 6,5.8. 22-23

c) Wandel nach dem Geist als freie Söhne und Töchter Gottes (8,12-17)

12 Folglich aber, Brüder, wir sind Schuldner nicht dem Fleisch, nach dem Fleisch zu leben.
13 Wenn ihr nämlich nach dem Fleisch lebt, werdet ihr sterben müssen. Wenn ihr aber durch den Geist die Praktiken des Leibes tötet, werdet ihr leben.
14 So viele nämlich durch den Geist Gottes geführt werden, diese sind Söhne Gottes.
15 Nicht nämlich habt ihr empfangen Geist der Sklaverei, (der) wieder zur Furcht (veranlassen würde), sondern ihr habt Geist der Sohnschaft empfangen, durch den wir schreien: Abba, Vater!
16 Der Geist selbst bezeugt unserm Geist: Wir sind Gottes Kinder.
17 Wenn aber Kinder, auch Erben, nämlich Erben Gottes, Miterben Christi, so gewiss wir ja mit leiden, damit wir auch mit verherrlicht werden.

Nach dem Zwischenstück V. 5-11 kehrt Paulus mit »Brüder!« zu V. 4 zurück, zum »Wandel im Geist«. Er bezeugt jetzt diesen »Geist« als »Geist der Sohnschaft«, nach Gal 4,6 sogar: »Geist des Sohnes«. Wir werden diesen Abschnitt nicht in lauter Mahnungen,

Warnungen und Polemiken umsprechen. Paulus verwendet hier wie im ganzen Kapitel keinen einzigen Imperativ, im Unterschied zur Behandlung desselben Themas in Gal 5. Es ist für unsern Kampf um ein gerechtes Leben wichtig, uns in den großen Indikativen des Evangeliums zu bergen.

Noch einmal stellt Paulus für alle Glaubenden die große Ent- 12-13
pflichtung an die Spitze. **Folglich aber, Brüder, wir sind Schuldner nicht dem Fleisch, nach dem Fleisch zu leben.** Selbstverständlich ließe sich jetzt positiv fortsetzen: »sondern wir sind Schuldner unseres Herrn« (Lk 17,7-10), aber Paulus zielt hier auf unsern Sohnesstand, was ihn zu einer anderen Ausdrucksweise führt. Zunächst führen zwei Wenn-Sätze zweierlei Verkettungen vor, deren man sich bewusst sein soll: Trügerischer Lebensdrang führt unweigerlich ins Sterben (V. 13a), allein geistliches »Töten« trägt die Lebensverheißung (V. 13b). **Wenn ihr nämlich nach dem Fleisch lebt, werdet ihr sterben müssen. Wenn ihr aber durch den Geist die Praktiken des Leibes tötet, werdet ihr leben.** Das Todeswürdige ist hier nicht der Leib selbst. Nach 12,1 soll er als lebendiges Opfer für Gott dargebracht werden, wie er hier nach V. 11 auch zur Auferstehung bestimmt ist. Aber er ist ein Kampfplatz zwischen Fleisch und Geist und kann erobert werden für Praktiken[88], die offenkundig im Ungeist von Gal 5,19-21 geschehen. Wer nicht durch sie sterben will, muss sie töten[a], das meint: aus dem Totsein von 6,11 heraus die Beziehung zu solchem Tun bedingungslos abbrechen. Jesus sprach drastisch vom Amputieren verführerischer Glieder (Mk 9,47). Damit zielte er nicht auf die Gefühlswelt, sondern auf die Tatwelt: Schluss machen mit solchen Handlungen und stattdessen etwas durch den Geist tun (12,21). Seine Anwesenheit ist die eigentliche »Neuheit« (7,6) auf dem Kampfplatz. Er verändert die Umstände und führt im Vergleich zur verzweifelten Lage von 7,14-25 auch zu anderen Ergebnissen (Gal 5,16).

[a] Gal 5,24 Kol 3,5

Jetzt geht Paulus näher auf die Wirkweise des Geistes ein und 14
entschlüsselt sie als Erfahrung von Sohnschaft.[89] **So viele nämlich durch den Geist Gottes geführt werden, diese sind Söhne Gottes.** Der Geist führt, wie ein Hirte seine Schafe »führt«, und sie folgen ihm (Joh 10,3; vgl. Ps 23,2-3), oder wie Gott bzw. Mose sein

[88] Diese Übersetzung bleibt nahe am griech. Wort (*praxis*) und soll dessen negativen Klang wiedergeben, der auch z.B. in Lk 23,51; Apg 19,16; Kol 3,9 enthalten ist. Die Verbform in diesem Sinn findet sich auch in Röm 1,32; 2,1.2; 7,19.

[89] Sohnschaft ist dem Volk Israel geschenkt (9,4), soll erneuert werden durch die endzeitliche Geistausgießung im Neuen Bund (Jer 31,9) und sich ausweiten auf Söhne, die Gott sich aus Steinen erweckt, also auf Heiden (Mt 3,9; Röm 9,26; 2Kor 6,18; Offb 21,7).

Volk durch die Wüste »führte« (Ps 136,18) oder wie Jesus damals seine Jünger »führte« (Mk 10,32) und hier ein Vater seinen Sohn »führt«. Der im Geist Wandelnde geht also nicht vor Erhobenheit nur noch auf Zehenspitzen[90], er ist nicht verzaubert, wiederum auch nicht ständig überanstrengt, sondern wesentlich ein Geführter. Das bedeutet vom Führenden her eindeutig überlegenes Herrsein, jedoch voller Fürsorge. Von Seiten der Geführten gilt fraglos Folgsamkeit, aber voller Herzensgehorsam (6,17) als von Söhnen Gottes.

15 Von hier ab verlässt Paulus das Thema »Wandel nach dem Geist«, um das Verständnis dieses Geistes als »Geist der Sohnschaft« zu vertiefen. Wenn irgendwo, zeigt er sich im neuen Beten. Kontrasthintergrund[b] ist der Frondienst der Gesetzlichkeit aus Heidenangst vor Gott: **Nicht nämlich habt ihr empfangen Geist der Sklaverei, (der) wieder zur Furcht (veranlassen würde), sondern ihr habt Geist der Sohnschaft empfangen, durch den wir schreien: Abba, Vater!** Schon in dem für das NT so wichtigen Ps 2 besteht das erste Sohnesrecht im freimütigen Beten (dort V. 7-8), hat sich doch Vaterschaft aufgetan (5,2). Als nächste Parallele bietet sich 5,5 an: Liebe Gottes hat unser Herz überschüttet. »Wir können wissen, was uns von Gott geschenkt ist«, denn »Gott hat es uns offenbart durch den Geist« (1Kor 2,10-12). *Was* hat der Geist uns offenbart und geschenkt? Nicht sich selbst. Hier zeigt sich, ob wir unsere Lektion zum Auftakt des Kapitels gelernt haben (V. 2-3): Der Geist wirkt christozentrisch. Er »kündet« Christus, »überführt« von seinem Gericht und seiner Gerechtigkeit, »legt Zeugnis ab« und »verherrlicht« ihn als den Sohn. Damit aber haben wir »den Vater gesehen«[c], so dass sich die Vateranrede auf die Lippen legt. Was die Übersetzung des aramäischen *Abba* anbetrifft, hätte sich auch das griech. *pappas*, »Papa«, »Väterchen«, angeboten. Dass dagegen in allen drei ntl. Abba-Stellen[d] das griech. *pater*, »Vater«, gewählt wird, zeigt, dass *abba* nicht mehr als Kosewort verstanden wurde.[91]

[b] 2Tim 1,7 1Joh 4,18

[c] 1Kor 2,10-12 Joh 14,6-7 15,26 16,8.14.15

[d] Gal 4,6 Mk 14,36 Röm 8,15

Der Ausdruck »schreien« zielt hier nicht auf den Einsatz von Lautstärke, sondern auf die Intensität, auf das elementare Hervorbrechen einer Äußerung, bei der jemand sein Letztes gibt. Das ist

90 Angesichts der Zusammenhänge erübrigt es sich, an ein Getriebenwerden und enthusiastisches Mitgerissenwerden zu denken. Hier wie Gal 5,8 empfiehlt es sich, *agô* mit »führen« zu übersetzen.

91 Die Sprachgeschichte war weitergelaufen, so dass schon in vorchristlicher Zeit aus dem ursprünglichen Lallwort des Kleinkindes die normale Anrede »Vater« in der Erwachsenensprache geworden war (Schelbert, Sprachgeschichtliches zu »Abba«). Ungewöhnlich war auch nicht, dass Jesus über Gott als den Vater sprach (das geschah schon im AT 11-mal und auch im Judentum), sondern dass er Gott auch so *anredete* und seine Jünger lehrte, es ebenso zu tun, vgl. WStB, Galater, S. 168 und 176.

eben nicht an buchstäbliches Geschrei gebunden. Zu vergleichen sind etwa die über 60 Stellen in den Psalmen, in denen »schreien« zur Gebetssprache gehört. Besonders deutlich ist das der Fall, wenn der Beter »Tag und Nacht« zu Gott »schreit«. Auch das »Herz« kann »sprechen«, »schreien« und »jubeln«.[e]

[e] Ps 27,8 84,2; 88,2 Klgl 2,18

Allerdings wird dies »wir schreien Abba« auch als förmlicher »gottesdienstlicher Schrei« ausgelegt (E. Käsemann). Danach hätte die ganze Gemeinde an einer bestimmten Stelle des liturgischen Ablaufs im Sprechchor diesen Abba-Schrei ausgestoßen (oder nach anderen: mit einem Vaterunser begonnen). Aber hätte dieser Vorgang den bei Paulus genannten Zweck erfüllt? Gab es ihn überhaupt gleichmäßig in den Hausgemeinden von Galatien bis Rom? Trägt man hier nicht Entwicklungen aus der späteren Massenkirche in das 1. Jh. zurück?

Wieder andere Ausleger denken an charismatische Eingebungen Einzelner. Aber in diesem Fall wird man dem **wir** nicht gerecht, das alle Glaubenden und ihr Beten umfasst und nicht auf gesonderte Gabenträger anspielt. Doch »reden etwa alle in Sprachen?« (vgl. 1Kor 14,30). Außerdem erfordern solche Aussprüche, die sich auf den Geist berufen, grundsätzlich eine Prüfung durch die anderen (1Kor 12,10; 14,29). Man soll ihnen nicht ohne weiteres glauben (1Joh 4,1). Darum erfüllen auch sie nicht den Zweck, den Paulus hier voraussetzt: unbedingte Vergewisserung der »Liebe Gottes, die in Christus Jesus ist« (8,38-39)! Weil die finstere Undankbarkeit, die alle anderen Sünden gebiert (1,21), vor den Augen des glaubenden Hörers im Meer der Vergebung versenkt ist, baut sich endlich sein heidnisches Urmisstrauen zugunsten eines Urvertrauens ab. Jeder Grauschleier auf seinem Gottesverhältnis verfliegt. Die Gegenwartsform »schreit« lässt an immer neue geistliche Impulse denken.

Jetzt schließt sich der Kreis. Ausgangspunkt war der Empfang **16**
des Geistes der Sohnschaft, Merkmal seiner Echtheit war die vertrauensvolle Anrufung des Vaters. Jetzt führt die Gewissheit von Gottes Vatertum wiederum zur Vergewisserung der eigenen Sohnschaft zurück. **Der Geist selbst bezeugt unserm Geist: Wir sind Gottes Kinder!**[92] Das erwähnte Wirken des Geistes wird jetzt auf den Nenner gebracht: Er übt die Zeugenfunktion aus. Der Geist

[92] Der mühelose Wechsel von »Sohn« auf »Kind« zeigt dem heutigen Leser, dass Paulus schon bei »Söhne« die weiblichen Gemeindeglieder einschloss. Zwei Stellen mögen zeigen, dass »Söhne« in der Bibel nicht immer wörtlich genommen werden darf, 1Mo 3,16: »Mit Schmerzen sollst du Söhne (wörtlich!) gebären.« Die Entbindung von Mädchen ist natürlich eingeschlossen. Und 2Mo 14,22: »Die Söhne (wörtlich!) Israels gingen mitten hinein in das Meer.« Die Töchter verblieben gewiss nicht am Ufer. Ähnlich steht es oft mit dem Gebrauch von »Brüder«.

[f] Röm 1,9 8,10 1Kor 5,3-5 7,34 16,18 2Kor 2,13 7,1.13 Gal 6,18 Phil 4,23

steht unserm menschlichen Geist als Zeuge gegenüber.[93] Die Verwendung von »Geist« als Menschengeist ist für Paulus nicht ungewöhnlich[f]. So begegnet das Innerste Gottes, das allein weiß, »was in Gott ist« und »die Tiefen der Gottheit erforscht«, dem Innersten des Menschen, das allein weiß, »was im Menschen ist« (1Kor 2,10f) und redet ihm gut zu: »Fürchte dich nicht, ich habe dich erlöst, ich habe dich bei deinem Namen gerufen, du bist mein« (Jes 43,1). So spricht uns der Geist mit Gott zusammen – ein folgenreiches Geschehen. Schon Jesus hat Mt 7,14-19 das Tun ans Sein gebunden.

17 Aus dem Kindsein folgt ein weiteres Recht. **Wenn aber Kinder, auch Erben, nämlich Erben Gottes.** Eine Adoption verändert alle Beziehungen, nicht nur die zu Personen, also zum Vater und zu dessen Kindern und Hausgenossen, sondern auch die zum väterlichen Besitz: »Alles, was mein ist, ist dein« (Lk 15,31; Joh 17,10).[94] Der Erbgang für die Glaubenden gilt vermittelt durch den erstgeborenen Sohn. Er ist der eigentliche Erbe, sie sind **Miterben Christi** (V. 32). Dieses Erbe besteht aber nicht allein in der zukünftigen Herrlichkeit (V. 18.30).

[g] 2Kor 1,5 4,17; 7,3 Phil 3,29f 3,10 Kol 1,24

[h] 2Kor 5,20 Gal 6,14.19 Kol 1,24

Es folgt eine bemerkenswerte Logik, wie sie schon 5,3 begegnete. Paulus spricht wie dort die gegenwärtigen Leiden[g] der Söhne an, ohne sie auch nur einen Augenblick lang als Widerspruch zum Sohnesstand zu empfinden. Im Gegenteil, sie haben positiv beweisende Kraft: **So gewiss[95] wir ja mit leiden,** beginnt er. Ihre Leiden quittieren ihnen ihr Sein in Christus, in ihnen wird Christusgemeinschaft für sie fasslich. Ihr Herr unterscheidet sich ja von allen anderen Herren durch sein Kreuz. Zwar ist er selbst schon erhöht, aber bisher er allein. Sie dagegen als seine Nachfolger gehören noch an den Platz, den er verlassen hat. Sie betreiben auf dieser Erde an seiner statt seine Sendung, so dass es ihnen auch zukommt, seine Leiden zu vollenden.[h] Indem sie »kreuzförmig« werden (vgl. Gal 6,17), sind sie ihm gleichförmig, womit für sie die Dinge in Ordnung sind. Und so wahr sie im Nachvollzug des Weges Jesu stehen, so gewiss führt dieser Weg auch ans Ziel: **Wir werden auch mit verherrlicht.** So erweisen sich die Leiden sogar als eine Quelle der Hoffnung.

93 *symmartyreo* hieß ursprünglich: als Zeuge neben einem oder mehreren Zeugen etwas *mit*bezeugen. Diese Grundbedeutung verblasste aber später zum einfachen »bezeugen«, »bestätigen«, bei Paulus z.B. auch 2,15 und 9,1.

94 Das Thema Erbe gehört zur Verheißung an Abraham: 4,13f, ausführlicher im Gal (3,14.18.29; 4,1.7; 5,21).

95 Zur Übersetzung des *eiper* vgl. Anm. zu V. 9.

d) Der Beistand des Geistes angesichts unseres Seufzens inmitten des Erdenleids (8,18-25)

18 Ich urteile nämlich: Nicht gleichgewichtig sind die Leiden der Jetztzeit gegenüber der zukünftigen Herrlichkeit, die an uns offenbart werden wird.
19 Das sehnsüchtige Harren der Schöpfung erwartet nämlich die Offenbarung der Söhne Gottes.
20 Der Nichtigkeit nämlich ist die Schöpfung unterworfen worden – (das geschah ihr) nicht freiwillig, sondern um dessentwillen, der sie unterworfen hat – auf Hoffnung hin.
21 Denn auch sie, die Schöpfung, wird befreit werden von der Sklaverei der Vergänglichkeit zur Freiheit der Herrlichkeit der Kinder Gottes.
22 Wir wissen nämlich: Die ganze Schöpfung zusammen seufzt und liegt insgesamt in Wehen bis jetzt.
23 Nicht aber allein (das), sondern auch wir selbst, die wir die Erstgabe des Geistes haben, auch wir selbst seufzen in uns, die Sohnschaft erwartend, die Erlösung unseres Leibes.
24 Auf Hoffnung hin sind wir nämlich errettet worden. (In ihrer Erfüllung schon) erblickte Hoffnung jedoch ist keine Hoffnung. Was man nämlich erblickt, wer hofft (dann noch darauf)?
25 Wenn wir aber, was wir nicht erblicken, erhoffen, erwarten wir (es) in Geduld.

Um hier den Gedankenfaden zu erkennen, achten wir auf die Eröffnung des folgenden Abschnitts (V. 26): »*In gleicher Weise aber auch* steht uns der Geist bei …« Derartig anknüpfend unterscheidet er also dort einen zweiten Fall von diesem ersten Fall und stellt beide Fälle in Parallele. Beide handeln demnach vom Beistand des Geistes[96], einmal dort angesichts der Tiefe des Leids (V. 26-30), dann aber auch schon hier angesichts der Weite des Leids (V. 18-25). Ab V. 18 werden also die »Leiden der Jetzt-Zeit« Thema. Dies Thema läuft durch bis zum Ende des Kapitels, einschließlich des großen zusammenfassenden Bekenntnisses 8,31-39. Dabei kommt es zu einer reichen Auffächerung christlicher Leiderfahrung:
- V. 18-25: die natürlichen Leiden
- V. 26-30: das Erleiden der Gebetsnot vor Gott

[96] Beide Abschnitte decken sich sachlich mit dem Zeugnis vom Heiligen Geist in der Abschiedsrede Jesu. Ohne diesen »Beistand« (LÜ: »Tröster«) könnten sie die Zeit seiner leiblichen Abwesenheit nicht ertragen. Aber durch ihn will er »bei, mit und in« ihnen sein (Joh 14,16.26; 15,26; 16,7).

- V. 31-34: das Erleiden von Anfechtung angesichts persönlicher Schuld
- V. 35-36: die Verfolgungsleiden
- V. 37-39: schließlich das Leiden unter geistigen Mächten, die uns von der Liebe des Christus abschotten wollen.

Christen haben nicht immer mit allen fünf Formen des Leidens zu tun; z.B. ist für den Einzelnen nicht immer Verfolgungszeit. Aber ohne Christusleid überhaupt wären wir nicht Miterben Christi und darum auch nicht Kinder Gottes.

18 Mit den Worten »**Ich urteile nämlich**« folgt ein weiteres Lehrstück[97] über den Heiligen Geist, jetzt aber mit Bezug auf **die Leiden**, die Paulus gerade in V. 17 angeschnitten hatte. Die Weltstunde der **Jetzt-Zeit** (s. zu 3,21) enthält nicht nur eine Weltchance, sondern auch eine Weltgefahr, denn das Evangelium stößt nicht in ein Niemandsland, sondern auf Widerstand. So gilt es, »durch viel Bedrängnis in das Reich Gottes einzugehen« (Apg 14,2). Durch ihre massive Gegenwärtigkeit könnten die Bedrängnisse aber das zukünftige und darum noch unsichtbare Heil in den Schatten stellen.

Paulus gehört nicht zu denen, die für die harte Gegenwart nur ein Lächeln übrig haben (12,15; 2Kor 1,8). Aber er legt die gegenwärtigen Leiden zusammen mit der zukünftigen Herrlichkeit auf die Waage. Kommt es dabei zum Gleichgewicht, zum Ausgleich von Freud und Leid? Das wäre schon etwas, aber nein, **nicht gleichgewichtig sind die Leiden der Jetztzeit gegenüber der zukünftigen Herrlichkeit, die an uns offenbart werden wird.** Die Waagschale, die mit den Bedrängnissen der Endzeit beladen ist, schnellt federleicht[98] in die Höhe vor der übergroßen zukünftigen Herrlichkeit auf der Gegenseite. Dieses Abwägen blitzt hier allerdings nur kurz auf. Im Unterschied zu 1Kor 15,35-49 setzt Paulus jetzt nicht fort: Wie wird das sein, »wenn wir in die goldnen Gassen ziehn ein«?, sondern stellt sich der Frage: Wie verkraften wir bis dahin die Gegenwart, um nicht vor der Zielankunft auf der Strecke zu bleiben?

19-22 Er beginnt mit einem Seitenblick auf die »Schöpfung«. Für seine diesbezüglichen Aussagen beruft er sich nicht auf die sensiblen Fähigkeiten eines Dichters, der das Raunen der Natur vernimmt, selbstverständlich auch nicht auf naturwissenschaftlich Fassbares. Mit »**wir wissen nämlich**« (V. 22) verweist er vielmehr auf anerkannte Überlieferung in allen Gemeinden, vor allem auf das Alte Testament. Es geht um ein Wissen, das aus dem Gottesglauben der Bibel erwächst. Wer an Götzen glaubt, spricht ganz anders über die

[97] Im Unterschied zum Stil des Bekenntnisses ab V. 38: »Ich bin gewiss!«

[98] In 2Kor 4,16; 1Petr 1,6; 5,10 wird in ähnlichem Zusammenhang nicht das Gewicht, sondern die zeitliche Länge verglichen: Kürze verschwindet gegenüber endloser Dauer.

Natur. Wir »wissen« oft *nicht!* Weithin haben uns kulturelle und philosophische Einflüsse die Zusammenhänge alles Geschaffenen zerschnitten. Übrig bleibt für neuzeitlich geprägtes Denken als Letztwirklichkeit das Individuum an seinem Schreibtisch, von dem aus es sich zum Maß aller Dinge macht und – draußen hilflos seine Kontaktarmut mit Natur, Mitmensch, Gemeinde und Kosmos erfährt.

Der Wortsinn von **»Schöpfung«** – diese Vokabel findet sich hier in jedem der vier Verse! – umfasst zunächst alles Geschaffene; allerdings ist im Einzelfall mit Einschränkungen zu rechnen. An unserer Stelle ist die glaubende Gemeinde ausgenommen, steht sie doch nach V. 23 der Schöpfung betont gegenüber. Nach V. 20 aber scheiden Menschen überhaupt aus, denn dort sind lediglich solche Geschöpfe ins Auge gefasst, die ohne Selbstverschulden schicksalhaft der Nichtigkeit unterworfen wurden. Das jedoch trifft letztlich für keinen einzigen Menschen zu (1,19-21; 5,12). So hat der Begriff an unserer Stelle nichts Schillerndes. Nicht von der gefallenen, sondern von der unterworfenen Welt ist die Rede. Dass von dieser außermenschlichen Schöpfung persönliche Akte wie Hoffen, Harren und Seufzen ausgesagt werden, spricht nicht gegen dieses Verständnis. Im AT geschieht das in Hülle und Fülle.[99] Gewiss verwendet es damit dramatisierende, künstlerisch gestaltete Sprache, aber es steckt mehr darin als eine künstlerische Ader, an der man seine Freude haben kann. Menschen können über Außermenschliches immer nur unangemessen sprechen, weil sie nur Begriffe verwenden können, die sie aus dem Menschsein heraus gewonnen haben. Wichtig nur, dass man sich dieser Grenze bewusst ist. Die Verfasser der Bibel haben nie Mensch und Tier oder Mensch und Pflanze verwechselt. Darum durften sie freimütig nach Menschenart sprechen und auch verständige Leser erwarten.

Paulus spricht also der vernunftlosen Schöpfung ein **»sehnsüchtiges Harren«** zu.[100] Sie ist mit ihrem gegenwärtigen Zustand nicht zufrieden. Nach 1Mo 1,31 war sie einmal, wie alles, »gut«. Für *wen* war sie gut? Gewiss für den Menschen, aber auch für Gott. Sie existiert nicht nur *durch* ihn, sondern auch *für* ihn (11,36). Ihr ist eine innerste Ausrichtung auf seine Verherrlichung eingestiftet.[101] Doch gerade darin ist sie gestört. Ein besonderes Ereignis warf sie aus der Bahn und zwang sie in den Leerlauf[102] (V. 20). Aus dieser Störung

[99] Als Beispiele: Ps 19,2-5; 148; Jes 55,12

[100] So etwa der Grundsinn von *apokaradokia*, gewöhnlich umschrieben »sehnsüchtiges Harren«. Luther missverständlich: »*ängstliches* Harren«, wie er auch in V. 22 vom »sich ängsten« spricht, statt: »in Geburtswehen liegen«, »Mutterschmerzen erleiden«.

[101] Offb 5,13 schaut diese Bestimmung erfüllt: von allen Rängen brausender Gottesjubel!

[102] *mataiotäs*, »Nichtigkeit«, eigentlich »Leerheit«

will sie ungestüm heraus, um wieder ihre ursprüngliche Bestimmung zu erfüllen. Wie kann das geschehen? Nach V. 19 durch **»die Offenbarung der Söhne Gottes«** (vgl. V. 21: durch deren »herrliche Freiheit«). Also ist ihre Geschichte in die Geschichte der Menschen einbezogen.

V. 20-21 erläutert das. Ihr gegenwärtiger Zustand ist nicht Schuld und Strafe, sondern Schicksal: **nicht freiwillig, sondern um dessentwillen, der sie unterworfen hat.** Wenn das eine Anspielung auf das Strafwort in 1Mo 3,17 ist (»Verflucht sei der Acker um deinetwillen«), und dem ist kaum auszuweichen, dann war es Gott, der hier richterlich um des Menschen willen an der außermenschlichen Schöpfung gehandelt hat. Von Adam lässt sich solch eine Aktion nicht behaupten. Gott hatte dem Menschen alles zu treuen Händen übergeben, ihn zum König über die Erde gekrönt[a]. Diese Zuständigkeit des Menschen war so gültig und wesentlich, dass es für seinen Verantwortungsbereich Folgen haben musste, als er gottlos wurde. Aus der Krone der Schöpfung wurde die Katastrophe der Schöpfung. Nun ist die Natur um den Menschen herum gestört, gehemmt, verkümmert, ausgelaugt.[103] Wenn die Naturgeschichte aber so mit der Menschengeschichte verkoppelt ist, ist es nur folgerichtig, dass erst der Mensch wieder in Ordnung kommen muss, wenn die Natur in Ordnung kommen soll. Eben das ist ihr **Hoffnung**sschimmer (Ende von V. 20). Wenn der abgefallene, rebellische Mensch nicht mehr rebelliert, sondern wieder in wahrer Sohnschaft aufstrahlt, wird auch Himmel und Erde mit allem, was dazwischen ist, neu erglänzen.[b] So ist die Heilslehre der Bibel nicht am isolierten Individuum orientiert. Ist Christus die Offenbarung des Schöpfers aller Dinge, kann seine Erlösung nicht auf den einzelnen Menschen noch überhaupt auf Menschen beschränkt bleiben.

[a] 1Mo 1,28f 2,15f Ps 8,6-9

[b] Jes 11,6f 65,17.25 Eph 1,10 Kol 1,20 2Petr 3,13 Offb 21,1

In V. 22 kann Paulus sein Urteil von V. 20 befestigen. **Wir wissen nämlich: Die ganze Schöpfung zusammen seufzt und liegt insgesamt in Wehen bis jetzt.** Die Kreatur in ihrer Gesamtheit[104] intoniert ihr sehnsüchtiges Harren im himmelschreienden »Seufzen«. Ihre »Wehen«[c] setzen in irgendeiner Form einen Anteil an der »Wiedergeburt« der alten Weltverhältnisse voraus (Mt 19,28). »**Seufzen**« ist hier unbedingt anders gefüllt als vier Verse später,

[c] Jes 21,3 26,16-19 Jer 30,4-7 Mt 19,28 24,8-13 Gal 4,12

[103] Das erste und letzte Buch der Bibel reichen sich die Hand, denn auch in der Offb spiegeln sich die Gerichte über den Menschen im Geschehen an seiner Umwelt wider. Hier zeigt sich heute eine unerwartete Aktualität. Die Natur versagt dem Menschen weithin den Dienst, so dass Selbstverständliches (1Mo 8,21-22) nicht mehr selbstverständlich ist. Kehrt der Mensch nun um (vgl. Offb 16,9.11)?

[104] LÜ ergänzt hier: »mit uns«, aber *diese* Gemeinsamkeit kommt erst in V. 23 zur Sprache.

wo es heißt, dass der Geist »seufzt«.[105] An dieser Stelle erhält der Begriff sein Profil dadurch, dass dieser Aufschrei aus dem Mund von Unterworfenen ertönt (V. 20). Wegweisend für das Verständnis ist das »Seufzen« Israels unter Pharao.[d] Dort ging es um mehr als um instinktive Abwehr überschwerer physischer Belastung. Ein Volk schrie auf, das sich mit seinem Dasein grundsätzlich nicht identifizieren wollte und auch nicht sollte (vgl. 7,15). Als zur Freiheit berufen legten die Versklavten mit ihrem »Seufzen« Rechtsbeschwerde ein. So hat Mose sie unermüdlich im Namen Gottes gedolmetscht: »Gib mein Volk frei, dass es mir diene!« So schreit hier auch die Erde zu Gott. Paulus dolmetscht ihre Not, ihr göttliches Recht und ihr sehnsüchtiges Harren auf Befreiung.

[d] 2Mo 2,24 3,7; 6,5 Apg 7,34 Ps 79(78),11

Aus thematischen Gründen bietet Paulus hier nur einen Ausschnitt biblischer Lehre von der Schöpfung. Die kosmische Symphonie des Stöhnens ist jedoch entschieden nicht alles, was über sie zu sagen ist. Schon nach 1Mo 3 vermischte Gott seine Gerichte mit Beweisen seiner weiterlaufenden Treue. Nach Apg 14,17 erfüllt er die Menschenherzen mit »Speise und Freude«. Auch außerhalb der Heilsoffenbarung gibt es berechtigte Daseinsfreude.[106]

In diese Schau von der gefallenen Schöpfung zeichnet Paulus jetzt 23
auch das Christsein ein. **Nicht aber allein (das), sondern auch wir selbst, die wir die Erstgabe des Geistes haben, auch wir selbst seufzen in uns.** Das Stöhnen der außermenschlichen Kreatur – unschuldig schuldverhaftet – kehrt im Menschenbereich wieder. Dabei unterstreicht das zweimalige »auch wir selbst« verbunden mit der Beifügung »die wir die Erstgabe des Geistes haben«, dass der Geistempfang nicht des allgemeinen Seufzens enthebt. Im Gegenteil, die übrige Kreatur leidet nur dumpf und stumpf vor sich hin, dagegen erfahren Menschen des Geistes bei vollem Bewusstsein den krassen Zwiespalt zwischen der herrlichen Zukunft und der unherrlichen Gegenwart. Als Hoffnungsträger sind sie doppelt sensibel für das gegenwärtige Erdenleid. Aber solange sie im sterblichen Leib leben, bleiben sie dem Elend dieser Welt verhaftet. Schon die Bezeichnung »Erstgabe des Geistes«[e] macht bewusst, dass heutige Heilserfahrung noch nicht in den endgültigen Zustand versetzt. Damit wird nicht etwa der Gedanke an weitere Geistempfänge geweckt, wohl aber an eine Folge von pneumatischen Wirkungen bis hin zur Auferweckung zu einem geistlichen Leib (V. 23).[f]

[e] 2Kor 1,22 5,5 Hebr 6,5f

[f] Röm 8,11 1Kor 15,44

105 *stenazô, stenagmos*; die Begriffe sind in den acht Stellen des NT wie in den 57 Stellen der LXX sehr bedeutungsreich und nicht überall über einen Leisten zu schlagen.

106 Einfältig-tiefsinnig schreibt Wilhelm Busch: »Sie freuen sich mit Weib und Kind, nur bloß, weil sie vorhanden sind.«

Unser Abschnitt vergegenwärtigt uns also die natürlichen Leiden. Wir sind nämlich als Mit-Mensch nicht nur gefallene Welt, sondern als Mit-Kreatur auch unterworfene Welt. Darum leiden wir nicht nur schuldhaft, sondern auch schicksalhaft. Dass sich die natürlichen Leiden im Leben nie in Reinkultur nachweisen lassen, sondern sich Schuld und Schicksal mischen, ist selbstverständlich. Der Versuch, die einzelnen Anteile an der Leiderfahrung säuberlich zu isolieren und zu sortieren, gelingt kaum. Trotzdem kann es schon viele Wogen glätten, diesen Gesichtspunkt überhaupt zu erwägen.

Ich vergegenwärtige mir also, dass vieles für mich und für meinen Nächsten einfach Geschick ist. Wir konnten uns nicht aussuchen, in welcher Zeit wir leben, welche Eltern wir haben, welcher Nationalität wir angehören, wie wir aussehen, welche Schule wir besuchen, welche Lehrer uns bilden usw. Zudem sind wir zwischen Wiege und Bahre den natürlichen Prozessen des Werdens und Vergehens unterworfen, des Lebensdranges und des Lebenzerfalls. Im Blick auf diese Bedingungen ist unser Beieinander ohne Negativerfahrungen nicht denkbar. Auf dieser Linie sind eine Menge Irrtümer, Enttäuschungen, Missverständnisse, Vergesslichkeiten, Begrenzungen wie Zurücksetzungen, unter denen wir seufzen, zu bedenken. Schon in jedes Gespräch unter zweien schleichen sich am laufenden Band Fehlleistungen ein. Gewusst ist noch nicht richtig gesagt, gesagt ist noch nicht richtig verstanden, verstanden ist noch nicht richtig befolgt. Wenn das alles genügend vor Augen steht, wird einem aber auch klar, dass Erlittenes nicht kurzschlüssig als Schuldfrage behandelt werden darf. Sofort Böses suchen und »Sünde!« schreien, könnte tief falsch sein, sofort das eigene oder die anderen Gewissen zu belasten, gar schädlich. So stumpfen die Gewissen nur ab und verlieren ihre Fähigkeit zum berechtigten Gebrauch. Statt am laufenden Band zu beschuldigen und zu strafen, werden geistliche Menschen gründlich nachdenken und sich ihren Horizont durch Abschnitte wie diesen erweitern lassen.

24 Aus gutem Grund folgen verallgemeinernde Bemerkungen über den christlichen Heilsstand. Mit der Rettung öffnen sich auf der Stelle Dimensionen umfassender Hoffnung. **Auf Hoffnung hin sind wir nämlich errettet worden.** Die ersten Christen fielen ihrer Umgebung geradezu durch *Vor*freude auf.[g] Doch diese Vorfreude könnte in Gegenwartsfreude ertrinken. Es gibt ein »Lächel-Christentum«, das es herausgefunden hat, heute schon – umgeben vom Erdenleid – seinen Wohlstand und sein Wohlsein werbewirksam zu feiern. Diese Art hat Paulus besonders im 2Kor beschäftigt.[h] **(In ihrer Erfüllung schon) erblickte Hoffnung jedoch ist keine Hoffnung. Was man nämlich erblickt, wer hofft (dann noch darauf)?**

[g] 1Petr 3,15 Röm 4,18 5,2.4.5 12,12 15,4.13

[h] 2Kor 4,18 5,7

Er kehrt zurück zum Thema des gegenwärtigen Leidensdrucks, 25
den nach V. 18 und V. 23 gerade Geisterfüllte erfahren, und bezeugt echte Hoffnung. **Wir aber erhoffen, was wir nicht erblicken.** Doch: **Wir erwarten (es) in Geduld.** Das letzte Wort in diesem Abschnitt erhält damit das Wort »Geduld«. Es dient nicht als verklingendes Satzende, sondern als Zielpunkt des Ganzen. Wir überhören nicht, dass Paulus unmittelbar fortfährt: »*In gleicher Weise aber auch* steht uns der Geist bei …« (V. 26, vgl. Einführung oben), so dass er hier rückwirkend Erfahrungen geistlichen Beistandes in Aussicht stellt. Der Geist, der uns seufzen lässt (V. 23), leistet auch Beistand, Wartende bleiben zu können. Die Härte und Menge des Erlittenen könnte einen solchen Grad annehmen und einen solchen Druck ausüben, dass die Gegenwart die Zukunft völlig in den Schatten zu stellen droht. Verblasst aber die Hoffnung, verliert man die Geduld mit der Gegenwart. Eine Gegenwart aber, mit der man die Geduld verliert, stampft man ein. Man erkennt ihr jeden Sinn ab und verhält sich entsprechend in ihr. Doch durch den Geist ist der »Gott der Geduld« (15,5) anwesend und richtet die Seufzenden auf und aus: »Seid fröhlich in Hoffnung und geduldig in Bedrängnis!«

e) Der Beistand des Geistes angesichts unserer Schwachheit vor Gott (8,26-30)

26 In gleicher Weise aber steht uns der Geist auch bei unserer Schwachheit bei. Was wir nämlich beten sollen nach Gebühr, wissen wir nicht. Aber der Geist selbst legt (für uns) Fürsprache ein mit unaussprechlichen Seufzern.
27 Der die Herzen Erforschende aber weiß, was das Bestreben des Geistes ist, denn gottgemäß legt er Fürsprache ein für die Heiligen.
28 Wir wissen aber, dass denen, die Gott lieben, alles verhilft zum Guten, denen, die nach dem Ratschluss (Gottes) Berufene sind.
29 Denn: Die er im Voraus erkannt hat, hat er auch im Voraus bestimmt zu Gleichgestalteten des Bildes seines Sohnes, damit dieser sei Erstgeborener unter vielen Brüdern.
30 Die er aber im Voraus bestimmt hat, die hat er auch berufen, die er aber berufen hat, die hat er auch gerechtgesprochen, die er aber gerechtgesprochen hat, die hat er auch verherrlicht.

Vom Seufzen der Glaubenden inmitten der Weltnöte wendet Paulus sich jetzt ihrer »Schwachheit« vor Gott zu. Dabei denkt er nicht an besondere Schwächeanfälle. Er beginnt ja nicht: *wenn* wir nicht gottgemäß zu beten wissen, sondern stellt im Rahmen eines Lehrstücks allgemein gültig fest: Wir wissen nicht gottgemäß zu beten.[107] Eine Parallele bietet die erste Seligpreisung Mt 5,3. Auch sie zielt nicht auf besondere Stunden geistlicher Armut, denen Stunden geistlichen Reichtums gegenüberständen. Vielmehr kennzeichnet sie mit »geistlich arm« den Stand der Jünger überhaupt, vermag ihnen aber wider Erwarten dazu zu gratulieren.

26a Paulus kündigt also eine zweite Form der Hilfeleistung des Geistes[108] an. **In gleicher Weise aber steht uns der Geist auch bei unserer Schwachheit bei.** Bei dieser Schwachheit handelt es sich um ein Versagen in einem zentralen Punkt: **Was wir nämlich beten sollen nach Gebühr, wissen wir nicht.** Das NT bezeugt für die ersten Christen zwar einen großen Reichtum an Gebetsanlässen, Gebetsformen und -inhalten, aber gerade beim Vollzug des Gebets selbst wird jedes-Mal ein Nicht-beten-Können spruchreif, nämlich das Unvermögen, nach Gebühr zu beten. Diese allgemeine Angabe wird im nächsten Vers inhaltlich gefüllt durch »**gottgemäß**«.[109] Im personalen Gegenüber zu Gott setzen Gottes Maßstäbe ein. Darum erweist sich der Mensch, wenn irgendwo, gerade im Gebet als unmöglich. Weder in seinem Denken und Wollen noch in seinem Reden passt er zu Gott. Auch die geistgewirkte Gebetsgabe der Glossolalie gehört nach 1Kor 13 als unangemessenes Reden zum Unvollkommenen (V. 8-11).[110] Wer weiß, was er sagt, wenn er »Gott« sagt, der weiß auch, dass Gott in einem Licht wohnt, zu dem wir Menschen nicht hinzutreten können (1Tim 6,16). Jesaja stößt auf die Flammen zuckender Schwerter von 1Mo 3,23 und schreit vor dem dreimal Heiligen auf: »Weh mir, ich vergehe!« und: »Wer kann wohnen bei der ewigen Glut?« (Jes 6,5; 33,14). In diesem Sinn bezeichnet Paulus also die Grundbefindlichkeit des Beters als Schwachheit. Auch wenn er alles getan hat, was in seinen Kräften steht, um seiner Zerstreutheit, Widerspenstigkeit und Eitelkeit Herr zu werden, auch dann steht er knieweich[111] vor dem Wahrhaftigen. Wer betet, tut etwas, was der Mensch soll, aber was vom Menschen her eigent-

[107] Vgl. dagegen 1Joh 3,20: »*Wenn* uns unser Herz verdammt …«

[108] S. Einf. zum vorigen Abschnitt 8,18-25.

[109] In »nach Gebühr« (V. 26) wie in »gottgemäß« (V. 27) steckt griech. *kata* (bzw. *katho)* mit Akk.: Angabe einer Norm, eines Maßstabes, an dem etwas gemessen wird.

[110] S. auch zu V. 15, letzter Absatz. Darum ist auch die Auslegung dieser Geistesäußerung als »glossolalisches Schreien im Gottesdienst« (H. Balz, EWNT I, S. 1128, mit E. Käsemann) fallen zu lassen. Diese »unaussprechlichen Seufzer« des Geistes fügen sich mit der Sprachenrede nach 1Kor 14,14-17, die Paulus in der Versammlung auf zwei, höchstens drei Beiträge beschränkt (dort V. 27), in keiner Weise zusammen.

[111] Der Grundsinn von »schwach sein« (*astheneia*): »nicht geradestehen können«, »weder Stand noch Position besitzen«, »mit nichts auftrumpfen und für sich selbst nicht aufkommen können«.

lich unmöglich ist. Seine Zugehörigkeit zur vergänglichen Welt (V. 23) muss sich gerade beim Beten auswirken. »Das Fleisch ist schwach«, sagte Jesus diesbezüglich (Mk 14,38; vgl. 1Kor 15,43).

Der Geist aber steht uns bei. Dieses zusammengesetzte Verb[112] erscheint im NT nur noch Lk 10,40, dort aber in schöner Anschaulichkeit. Marta möchte, dass ihre Schwester ihr in der Hausarbeit »beisteht«. Deswegen soll Maria nicht etwa die ganze Arbeit tun, aber sie soll Marta auch nicht allein dienen lassen. So auch das Beistehen hier. Der Glaubende stellt das Beten nicht ein, sondern betet in aller Schwachheit weiter, aber er weiß, dass auch der Geist betet. Es entsteht eine ungleiche, aber reale Gebetsgemeinschaft.

In der zweiten Vershälfte gewinnt der Begriff »Schwachheit« **26b-27**
schärfere Umrisse. **Aber der Geist selbst legt (für uns) Fürsprache ein.** Die Tatsache, dass dieses seltene Verb[113] bei Paulus nur hier in Röm 8, hier aber gleich dreimal erscheint (V. 26.27.34), muss für die Auslegung Gewicht haben. In V. 34 ist Christus der Beistand, der zur Rechten des Vaters Fürsprache übt, so dass auch Gott für uns ist. Demgegenüber handelt es sich hier um den Geist als den »anderen Beistand«. Sein Dienst geschieht nicht im Himmel, sondern betont auf Erden »bei, mit und in« den Jüngern (Joh 14,16-18), in ihren »Herzen« (V. 27; 5,5; 8,15; Gal 4,6). Ein und derselbe Vorgang wird also in trinitarischer Fülle bezeugt: Gott ist für uns, Christus ist für uns, der Geist ist für uns. Dabei liefert die dritte Fürbitte-Stelle in V. 34 durch ihren ausführlichen Zusammenhang ab V. 31 auch die Klarstellung, woran Paulus bei dieser **Schwachheit** vor Gott denkt: Nicht weniger als unsere Gerechtsprechung steht auf dem Spiel. Eigene Sünde, Schuld und Gewissensnot werden bedrohlich. Mächte der Anklage und Verdammung berennen uns unermüdlich und wollen in den innersten Festungsring des Glaubens einbrechen und uns dort von der Liebe Gottes trennen. Aber Gott ist Gott, Christus lebt, der Geist lässt uns nicht allein.[114]

Die Vorstellung des Paulus von der Rolle des Geistes ist genau zu erfassen. **Der Geist selbst,** so wird betont, verwendet sich für uns **mit unaussprechlichen Seufzern**. Nicht an unsere eigenen unaussprechlichen Seufzer nach V. 23 ist zu denken. Paulus denkt an ein Geschehen, von dem die Beter aufgrund dieser Belehrung zwar genauso wissen dürfen, wie sie um Jesu Eintreten in der Höhe wissen, das sie aber nicht als eigene Aktivität erleben. Das Wort »seufzen« ist in der Bibel sehr beziehungsreich. Hier lenkt der Zusammenhang

112 *synantilambanomai*: mit jemand und für ihn zupacken.

113 *entyngchano hyper*: »Fürsprache einlegen«; für göttliche Fürsprache nur noch Hebr 7,5, sprachlich anders 9,24; 1Joh 2,1.

114 Vgl. »Schwachheit« und Hilfsbedürftigkeit in diesem Sinne auch in Hebr 4,15-16.

auf Mk 7,34. Wie der irdische Jesus dort seufzend fremde Not auf sich nahm, tut es heute an seiner Stelle der Geist. Sein Seufzen wird als unaussprechlich charakterisiert, d.h. Menschenlippen taugen dafür in keiner Weise (vgl. 2Kor 12,4). Es ist göttlicher Art, darum aber auch göttlich wirksam wie kein Menschengebet. **Der die Herzen Erforschende**[a] **aber weiß, was das Bestreben des Geistes ist, denn gottgemäß legt er Fürsprache ein für die Heiligen.** Gott und Geist harmonieren ohne Frage vollkommen (1Kor 2,10-11).

[a] 1Sam 16,7 1Kön 8,39 Ps 17,3 26,2 139,1f.23f Apg 1,24 1Joh 3,20

Rückschauend ist zu bemerken, dass Paulus nicht speziell gottesdienstliche Vorgänge schildert. Sie geschehen in den »Herzen«, auch außerhalb der Versammlung. Auch bezeugt er in diesem Fall keine wahrnehmbaren Bekundungen des Geistes am Beter, wie z.B. bei der Verzückung von 2Kor 12,4 (»ich hörte«) oder bei der Glossolalie nach Apg 2,4 oder 1Kor 14,2 (»sie redeten«). Ohne allzu große Beachtung seiner Befindlichkeit beharrt der Beter im Gebet (12,12), selbst wenn da »keine Stimme noch Antwort« ist. Keineswegs beschreitet er den Weg der Baalspriester in 1Kön 18,26-29, steigert nicht äußere Frömmigkeitsübungen (Dauer, Lautstärke, Körpereinsatz). Angebracht ist dagegen ein neues Horchen auf das Evangelium von Gott und Christus im Geist, der unser Beten unablässig gottgemäß und wirksam begleitet. Im Zuge dieses Geschehens fließt uns ein allergewissestes Glaubenswissen[b] zu, wie der Text fortfährt.

[b] Röm 2,2 3,19; 4,21 5,3; 6,6.9 7,14; 8,22 13,11

28 Die Gerechtsprechung von Gott her, vermittelt durch Christus und den Geist, ergibt: **Wir wissen aber, dass denen, die Gott lieben, alles verhilft zum Guten.** Das hier vorausgesetzte »Gott lieben«[c] ist nicht als hohe Hürde vor uns aufgebaut, über die wir uns erst hinüberquälen müssen. In unserer Liebe zu Gott leisten wir nichts Besonderes. Wir sind schlicht Widerschein, Spiegel seiner Liebe zu uns (1Kor 8,3; 1Joh 4,10). Ein solches Leben im Kreislauf der Liebe triumphiert über alles. Auch die Dinge, die heute noch ihrer Eigengesetzlichkeit zu folgen scheinen, dienen uns auf die Länge zum Guten[d], nämlich zum Heil.[115] Gott legt ihnen »einen Zaum ins Maul« und zügelt sie souverän seinem Ziele zu (Jes 30,28). Das Gesagte gilt **denen, die nach dem Ratschluss (Gottes)** vor Grundlegung der Welt[e] **Berufene sind.** Durch diesen Zusatz macht Paulus auf den unendlichen Vorsprung aufmerksam, den Gottes Entschlusskraft und Willenskraft späteren Einflüssen gegenüber besitzt.

[c] 5Mo 6,5 1Kor 2,9 16,22 Eph 6,24 2Tim 4,8 Jak 1,12 2,5
[d] Röm 10,15 14,16 15,2 16,19
[e] Jes 25,1 Eph 1,4.11 3,11 2Tim 1,9

29-30 Sein Handeln steht in einer unauflöslichen Verkettung. Vier gleich aufgebaute Sätze bezeugen staunend, wie zielstrebig und

115 Dies Verständnis (Gutes = Heil, vgl. 14,16) ist wichtig, wenn es nicht zu Enttäuschungen kommen soll. Christen geht es nach gewöhlichem Verständnis nicht immer gut oder gar bestens.

folgerichtig Gott vorgeht, fern aller Laune.[116] Die erste Verkettung betrifft zwei vorzeitliche Akte. **Denn: Die er im Voraus erkannt hat, hat er auch im Voraus bestimmt.** Das Wort »erkennen« hat hier nicht seinen alltäglichen Sinn, sondern ist durch das AT geprägt: jemanden erkennend für sich entdecken, also für ein persönliches Vertrauensverhältnis[f] aussondern, eben erwählen.[117] Diejenigen aber, die einmal in diesem Sinn in das Sehfeld Gottes geraten sind, gelangen damit auch in sein Kraftfeld: Sie werden von ihm bestimmt[118], also »programmiert«.

[f] 1Mo 18,19 Jer 1,5 Am 3,2 1Kor 8,3 Gal 4,9 2Tim 2,19

An dieser Stelle unterbricht Paulus die Kette, um dieses Programm kurz zu umreißen: **zu Gleichgestalteten des Bildes seines Sohnes, damit dieser sei Erstgeborener unter vielen Brüdern.** Die ntl. Stellen, die von einer Gestaltung in das Bild Christi sprechen[g], gehören in das Umfeld von 1Mo 1,27. Sie umkreisen des Menschen Bestimmung zur Gottebenbildlichkeit. Der erste Adam verfehlte dieses Bild, Christus erfüllte es. Darum wird er hier auch als Sohn bezeichnet: Der Sohn spiegelt den Vater wider (Joh 14,9). Christus ist also der neue Adam (1Kor 15,47), das Haupt einer neuen Menschenfamilie, Erstgeborener unter vielen Brüdern. Erstgeburt schließt in der Bibel Gleichheit mit den Nachgeborenen ein, aber auch Überlegenheit an Rang und Würde. In dieses Menschheitsprojekt weiß sich also die christliche Gemeinde eingeordnet.

[g] 1Kor 15,49 2Kor 3,18 4,4 Eph 4,24 Phil 2,16 3,10.21 Kol 1,15 3,10 Hebr 1,3

Damit zur zweiten Verkettung: **Die er aber im Voraus bestimmt hat, die hat er auch berufen.** Gottes Handeln überschreitet nun die Schwelle zur Geschichte und erscheint in irdischen Biographien als Berufung.[h] Sie wird durch die Verkündigung des Evangeliums und im Gehorsam des Glaubens empfangen. Die dritte Verkettung: **Die er aber berufen hat, die hat er auch gerechtgesprochen.** Gott erklärt sie um Jesu willen zu Heiligen (1,7; 8,27). Nach 4,17 handelt es sich um ein schöpferisches Tun: »Er ruft das, was nicht ist, ins Dasein« (4,17). Schließlich die vierte Verkettung: **Die er aber gerechtgesprochen hat, die hat er auch verherrlicht.** An anderen Stellen weiß Paulus auch von Herrlichkeit, die schon in der Gegenwart an uns wirksam ist (2Kor 3,18). Hier aber führt der Gedankenfaden von V. 17f her zu einer noch erhofften Verherrlichung am Ende. Wenn er dabei Zukünftiges schon im Perfekt bringt, erklärt sich das

[h] Röm 1,1.6.7 9,12.24.29

[116] Geht es auch ohne Glauben? Dem Wortlaut nach bleibt der Glaube hier wie auch an so wichtigen Stellen wie 4,25; 5,9.16.18.19; 8,33 unausgesprochen. Aber es wäre sträflich, solche Aussagen vom Röm insgesamt zu trennen.

[117] Ein Seitenblick auf Nichterwählte entfällt hier.

[118] *prohorizein;* für dies griech. Wort (noch V. 30 und Eph 1,5.11) wählte die lateinische Übersetzung *praedestinare, praedestinatio.* Davon wurde die Lehre von der Prädestination gebildet, d.h. von der göttlichen Vorherbestimmung. Vgl. dazu in der Einführung zu 9,30-10,21 Punkt 2: »Gottes Allmacht und des Menschen Verantwortung«.

aus Prophetenart. In dieser sprachlichen Form bringt sie den Höchstgrad an Gewissheit zum Ausdruck. »Vor Gott ist auch die letzte Verherrlichung schon ›perfekt‹« (Werner de Boor).

6. Schlusswort zu Kap. 1-8: Die sieghafte Offenbarung der Gerechtigkeit Gottes in Jesus Christus (8,31-39)

31 Was sollen wir also zu diesen Dingen sagen? Wenn (demnach) Gott für uns (ist), wer (kann dann) gegen uns (sein)?
32 (Er), der doch sogar des eigenen Sohnes nicht hat verschont, sondern hat ihn für uns alle dahingegeben, wie sollte er uns nicht auch zusammen mit ihm alles schenken?
33 Wer erhebt Anklage gegen die Auserwählten Gottes? Gott (ist ja) der Gerechtsprechende!
34 Wer (ist) der (sie) Verurteilende? Christus (ist) der (für sie) Gestorbene, vielmehr aber der Auferweckte, der auch da ist zur Rechten Gottes, der auch Fürsprache für uns einlegt!
35 Wer wird uns trennen (können) von der Liebe des Christus? Bedrängnis oder Beengung oder Verfolgung oder Hunger oder Nacktheit oder Gefahr oder Schwert?
36 Wie geschrieben ist (Psalm 44,23): »Deinetwegen werden wir getötet den ganzen Tag, wir werden angesehen als Schlachtschafe.«
37 Aber in diesen (Dingen) allen siegen wir überwältigend durch den, der uns geliebt hat.
38 Ich bin also gewiss, dass weder Tod noch Leben, weder Engel noch Herrschaften, weder Gegenwärtiges noch Zukünftiges, überhaupt keine Mächte,
39 weder Höhe noch Tiefe noch irgendein anderes Geschöpf wird das Vermögen haben, uns zu trennen von der Liebe Gottes in Christus Jesus unserm Herrn.

Mit einer Sprachkraft, die schon der Kirchenvater Augustinus rühmte, und in einer Lebhaftigkeit, die sich in sieben Fragen und immer neuen Ausrufen äußert, gipfeln jetzt die ersten acht Kapitel des Römerbriefs in diesem triumphierenden Bekenntnis. Der Vorstellungshintergrund ist unverkennbar: Es geht um Sieg im Gerichtssaal![119] Damit steht Paulus voll im Briefthema von

[119] Darauf lenkt hier schon die offensichtliche Anlehnung an Jes 50,6-9 (ganz deutlich dort an V. 8), eine Stelle, die schon zu 1,16a den Hintergrund bildete. In Übereinstimmung damit erscheint eine ganze Serie von juristischen Ausdrücken: »für jemand sein«, »gegen jemand sein«, d.h. als Prozessgegner auftreten (V. 31, vgl. Mt 5,23; Offb 2,4.14.20); »Anklage erheben«, »gerechtsprechen« (V. 33); »verurteilen«, »Fürsprache einlegen« (V. 34). »siegen« in V. 37 kann das Gewinnen im Rechtsstreit bezeichnen (vgl. Offb 2,7.11.17.26; 3,5.12.21).

1,16-17: Die rettende Offenbarung der Gerechtigkeit Gottes, dargestellt im Rahmen eines Prozesses zwischen Gott und Mensch. In diesem Rechtsstreit treten unterschiedliche Ankläger auf. Nach V. 31-34 ficht eigene Schuld an. Nach V. 35-37 sind es Verfolgungsleiden, die Gottes Liebe zu uns in Zweifel ziehen sollen. Nach V. 38-39 gefährden geistige und dämonische Mächte unsern Glauben. Doch wie Jesaja ist auch Paulus nicht der Gefangene seiner Bilder. Er haftet nicht punktuell am Freispruch für den Todgeweihten, sondern weitet darüber hinaus den Blick für ihre Lebensfähigkeit und Überlebensfähigkeit angesichts aller Widrigkeiten in Vergangenheit, Gegenwart und Zukunft (vgl. schon zu 1,17 am Ende). An diesen Punkt gelangte Paulus bereits in Kap. 5. Schon dort begann er das »Rühmen« der Gemeinde zu intonieren. Dann aber verspürte er wesentliche Einwände von der Praxis her, so dass er mit Kap.6; 7 und 8,1-30 drei Exkurse einschieben musste (Sonderthemen). Endlich, nach Stillung des Erklärungsbedarfs, brandet hier der Siegeshymnus endgültig auf. Wie in 5,5 erklingen mit V. 37-39 wieder Spitzensätze von der Liebe Gottes.

Paulus kündigt abschließende Folgerungen an. **Was sollen wir** 31
also zu diesen dargelegten **Dingen sagen?** »Wir« sind diejenigen, die im Gehorsam des Glaubens stehen (1,5). Paulus macht sich zu ihrem Mund und stellt Fragen über Fragen, allerdings nur in der Absicht, jubelnde Gewissheiten herauszufordern. Die erste Frage: **Wenn (demnach) Gott für uns (ist), wer (kann dann) gegen uns (sein)?** Das »wenn« fasst die Bedingung ins Auge, an der hier alles hängt, ob nämlich Gott im Gerichtsverfahren auf unsere Seite tritt. Aber der Eintritt dieser Bedingung ist nicht mehr ängstlich oder auch nur gespannt abzuwarten. Es duldet keine Frage: Sie ist eingelöst. Doch sollte nachempfunden werden, wie wenig das selbstverständlich ist. Man vergegenwärtige sich, dass Paulus, bevor er sich hier zum Apostel der Heilsgewissheit aufschwingt, in den ersten Kapiteln des Briefes in erschütternder Weise als Apostel der Unheilsgewissheit auftrat: Juden und Heiden stehen »unentschuldbar« unter Anklage, »jeder Mund ist verstummt und die ganze Welt vor Gott schuldig«.[a] Diese Lage wurde jedoch für die Glaubenden total umgestürzt: zwar unentschuldbar, aber dennoch unanklagbar! »Wer (kann dann) gegen uns (sein)?« Verklagen und Verdammung hätten Anlass genug und sind insofern nicht sinnlos, aber sie sind machtlos, denn Gott ist in nie geahnter Weise Gott, wie V. 32 ausführen wird.

[a] Röm 1,20; 2,1; 3,9.19; 5,12

Der Auftakt V. 31 klang grundsätzlich, gültig für Zeit und Ewig- 32
keit. Das ist festzuhalten, auch wenn jetzt wiederholt lediglich die

Zeitstufe der Zukunft[120] gewählt worden ist. Sie gestattet sowohl eine Anwendung auf das zukünftige Endgericht als auch auf gegenwärtige Erfahrung der Glaubenden.

Eine zweite Frage beteuert Gottes grenzenloses Für-uns-Sein. **(Er), der doch sogar des eigenen Sohnes nicht hat verschont, sondern hat ihn für uns alle dahingegeben…** Der Ausdruck »dahingeben« hat hier den gleichen Inhalt wie in 1,24.26.28: Auslieferung an den Strafvollzug. Darum: »Der Satz, dass Gott seinen Sohn preisgibt, gehört zu den unerhörtesten Aussagen des NT … Hier ist geschehen, was Abraham an Isaak nicht zu tun brauchte (1Mo 22,16): Christus wurde vom Vater in voller Absicht dem Schicksal des Todes überlassen; Gott hat ihn hinausgestoßen unter die Mächte des Verderbens …«[121] Es geschah für uns (s. zu 3,25; 4,25; 5,8), und zwar für uns alle, für Juden und Heiden. Der Einzige, der Sünde wirklich ernst nimmt, Gott, bewirkt die Umschuldung von den Schuldigen auf den Unschuldigen; die von ihm geschaffenen Menschen sind ihm teurer als sein Teuerstes. Hier zeigen sich die »Tiefen Gottes«, wie der Heilige Geist sie nach 1Kor 2,10 ausleuchtet und nach Röm 5,5 dem Menschenherzen erschließt.

[b] 2Kor 9,15 Mt 6,33 1Sam 17,37
[c] 2Kor 2,7.10 12,13 Eph 4,32 Kol 2,13 3,13
[d] 1Kor 2,12 Eph 1,8 Phil 2,29
[e] Röm 4,13 5,17 1Kor 4,8 6,9f; 15,50 Eph 5,5 Offb 20,6 22,5

Dem Größten folgt denknotwendig alles Kleinere, der unaussprechlichen Gabe folgen Zugaben.[b] **Wie sollte er uns nicht auch zusammen mit ihm alles schenken?** Es ist, als ob eine Lawine losgetreten sei. Über unserm Leben bricht vorbehaltloses Schenken aus. »Alles schenken« heißt zunächst: Alles vergeben![c] Das Gewissen ist wieder so sauber wie ein Maimorgen. Aber »schenken« geht nach biblischem Gebrauch noch darüber hinaus. Gott kehrt die toten Werke nicht aus, ohne zweitens einzukehren mit seinen positiven gegenwärtigen Heilsgaben.[d] Drittens legt hier der Zusammenhang ab 8,17 auch den Gedanken an Zukünftiges, eben an das »Erbe« nahe. Es besteht in der »Erlösung unseres Leibes« als der »herrlichen Freiheit der Kinder Gottes« (V. 18.21.23.30). Freie genießen Herrenrecht. So werden die Glaubenden mit Christus herrschen über das All[122] und über die Mächte. Sie erben die Herrschaft Gottes.[e] Erst damit ist hier das Wörtchen »alles« ausgeschöpft. Die ursprüngliche Würde des Menschen nach 1Mo 1,26 (»die da herrschen«) ist wieder hergestellt.

33-34 Es folgt ein ähnlicher Gedankengang wie 31-32. **Wer erhebt Anklage gegen die Auserwählten Gottes? Gott (ist ja) der Gerechtsprechende! Wer (ist) der (sie) Verurteilende? Christus (ist) der**

120 V. 32: »*wird* schenken«, V. 33: »*wird* anklagen«, V. 35: »*wird* trennen«, V. 39: »*wird* nicht trennen können«.

121 W. Popkes, Christus, S. 286; vgl. Gal 3,13.

122 Griech. *ta panta* kann sowohl mit »alles« als auch mit »das All« übersetzt werden.

(für sie) Gestorbene. Aber dann spitzt Paulus anders zu: Christus ist **vielmehr der Auferweckte, der auch da ist zur Rechten Gottes, der auch Fürsprache für uns einlegt!** In V. 32 und 34a ist er derjenige, an dem gehandelt *wird*, in V. 34b dagegen der Handelnde. Die Aussage über Christus leitet Paulus hier mit einem »vielmehr« ein und entfaltet daraus ein zweifaches »nicht nur, sondern auch«: Er ist nicht nur gestorben, sondern erstens auch auferweckt und zweitens auch als Erhöhter tätig. Dadurch ist der Wert seines Sterbens in gar keiner Weise herabgestuft; das »vielmehr« besteht darin, dass es sich wirksam in die Gegenwart hinein verlängert. Ein Christus, der nur früher einmal da war und starb, später einmal wiederkommt und dazwischen Pause hat, wäre nicht der biblische Christus. Den urchristlichen Glauben beschäftigte zentral Jesu gegenwärtige Rolle zur Rechten Gottes, dem Platz des Mitregenten. Die Wendung stammt aus Ps 110,1, ein Basisvers für das NT, den es häufiger zitiert als jedes andere Schriftwort. Nach diesem Psalm ist der Herr zu unserer Zeit nach zwei Seiten tätig. Einerseits legt er im Rahmen des Weltgeschehens einen Feind nach dem anderen zu seinen Füßen nieder (1Kor 15,25). Andererseits aber steht er als Priester für seine Gemeinde ein[f]. Von einer Sekunde zur anderen verdankt sie sich diesem seinem Wirken. In keiner Befindlichkeit steht sie vor Gott allein, allein als die, die sie in sich selber ist, sondern immer als die, die sie in Christus ist.

[f] Hebr 4,15-16 7,25 Joh 14,16f 17,9-17 1Joh 2,1 Jes 53,12 Hi 19,25-29

35-36 Dies Für-uns-Sterben und Für-uns-Leben bezeichnet Paulus jetzt als die Liebe des Christus[123] und stellt sich für einen Augenblick der atemberaubenden Frage: **Wer wird uns trennen (können) von der Liebe des Christus?** Das Einssein mit ihm verlieren, hieße wahrhaftig Verlierer sein. Tatsächlich wird an dieser Verbundenheit gerüttelt, z.B. durch apostolische Leiderfahrung. Trotz ihrer Hingabe für ihre Mitmenschen erleben christliche Zeugen sich ausgegrenzt aus der bürgerlichen Gemeinschaft, manchmal als »erbärmlicher als alle anderen Menschen« (1Kor 15,19). Da sind **Bedrängnis oder Beengung**[124] **oder Verfolgung oder Hunger oder Nacktheit**[125] **oder Gefahr oder** Richter**schwert?**[g] Passen solche Erlebnisse überhaupt zu ihrer Überzeugung, »Auserwählte Gottes« (V. 33), erklärte Lieblinge der Heilsgeschichte zu sein? War da nicht doch eigene Schuld

[g] 1Kor 4,9-13 2Kor 4,9,7-12 6,4-10; 11,23-27

[123] In dieser »Liebe des Christus« erweist sich die »Liebe Gottes« (V. 39, vgl. V. 37). So ist nicht nur Gott für uns (V. 31), sondern auch Christus (V. 34-37) und der Geist (V. 26).

[124] LÜ übersetzt hier »Angst«, aber in die Aufzählung äußerer Leiden fügt sich ein seelischer Zustand weniger gut ein. Wahrscheinlich denkt Paulus an ausweglos scheinende praktische Engpässe. In 2Kor 1,8f erzählt er, dass er manchmal nicht mehr weiterwusste. Die Vokabel *stenochôria* findet sich auch 2Kor 4,8; 12,10.

[125] Galt als Zeichen äußerster Armut Mangel an nötigster Kleidung.

im Spiel und darum Trennung von Gott und allen guten Geistern? Haben die Verfolger und Spötter und die ringsherum so sicher Dahinlebenden immer nur Unrecht? Aber der Apostel findet in seiner Erschütterung Halt an der Schrift: So ungeschützt er allen möglichen Fehldeutungen ausgeliefert ist, die Gestalt seines Lebens erklärt sich von höherer Warte aus ganz anders. **Wie geschrieben ist (Psalm 44,23): »Deinetwegen,** gerade wegen tiefster Bindung an den gekreuzigten Herrn (V. 17), gerade *weil* »uns die Liebe des Christus im Griff hat« (2Kor 5,14), **werden wir getötet den ganzen Tag, wir werden angesehen als Schlachtschafe«;** nicht einmal zur Gewinnung von Wolle hält man uns für nützlich.

37 An diesem Tiefpunkt erhebt sich ein unwiderstehlicher Siegeshymnus. Schon in 5,3-5 wurden selbst erfahrene Bedrängnisse in einen Prozess der Hoffnung hineingerissen. **Aber in diesen (Dingen) allen siegen wir überwältigend durch den, der uns geliebt hat.** Paulus fügt dem Wort »siegen« die Vorsilbe »über« hinzu[126]: nicht nur siegen, sondern »übersiegen«, glänzend siegen.

38-39 Schließlich wollen uns auch geistige Mächte vom Segens- und Machtbereich der Liebe Gottes abschotten. In seiner großen Darstellung der Menschenschuld von 1,18-3,20 hatte Paulus diese Mächte noch völlig ausgeblendet. Nichts sollte die eigene Verantwortung des Menschen für sein Tun verdecken. Sobald er aber ab 3,21 das Evangelium einführte, musste er auch von überindividuellen Mächtigkeiten sprechen, wie besonders ab Kap. 5 deutlich wird. Das Evangelium, das nach 1,16 selber eine dynamische Macht (*dynamis*) darstellt, stößt nämlich nicht in ein Machtvakuum hinein, sondern in ganze Systeme, die sich im Aufruhr gegen Gott befinden.[127] Dieser Tatsache stellt sich der Apostel jetzt zusammenfassend und abschließend, um auch auf diesem Feld das Bekenntnis zur Übermacht der Liebe Gottes aufzurichten. Dazu beruft er sich auf das Gewicht geistlicher Erfahrung: **Ich** wurde überzeugt und **bin nun gewiss.**

Die folgende Aufzählung hat in vielen Briefen Parallelen[h], übertrifft sie aber an Umfang und Geschlossenheit. Unter den zehn Ausdrücken stehen sich vier Mal zwei Eckpunkte gegenüber, die offenbar jedes Mal die ganze Fülle dessen umfassen, was zwi-

[h] 1Kor 3,22 15, 24-26 Phil 2,10.20 Eph 1.21 6,12 Kol 1,16 2,10.15 1Petr 3,22

[126] Solche enthusiastischen Wortzusammensetzungen mit »über« (*hyper*) liebte er sichtlich, z.B.: überreiches Wachstum (2Thess 1,3), überragende Herrlichkeit (2Kor 3,10), Übermaß der Kraft (2Kor 4,7), über alle Maßen mehr, als wir erbitten (Eph 3,20), unüberbietbare Erkenntnis (Phil 3,8), Gnade im Übermaß (Röm 5,20), überschwängliche Gnade an mir (1Tim 1,14), Christus durch Gott übererhöht (Phil 2,9).

[127] Weiteres zu diesen Mächten s. zu V. 39. Herrschaft stößt auf Herrschaft. Darum rüstete Jesus seine Jünger mit »Vollmacht über die unreinen Geister« aus, als er sie aussandte, die Gottesherrschaft auszurufen (Mk 6,7).

schen ihnen liegt. **Tod** und **Leben** umfasst ähnlich wie in 14,7 und Phil 1,20 unser ganzes geschöpfliches Dasein. Bei »Tod« sind alle seine Vorformen einzubeziehen (Offb 21,4), so dass der Einfluss mannigfacher Leidensmächte vor Augen steht (Krankheit, Mühsal, Unglück, Armut, Unterdrückung, Streit und Krieg). Ebenso ist »Leben« aufzufächern, nämlich nach seinen aufbrechenden, drängenden, mitreißenden Kräften, die immer auch des Menschen Unglück werden können. Das Paar **»Engel – Herrschaften«** lässt in die vielschichtige Hierarchie von dienenden und gebietenden Geistern hineinblicken. **»Gegenwärtiges – Zukünftiges«** macht die unheimliche Größe »Zeit« bewusst. Man soll den Tag nicht vor dem Abend loben. Die Zeit läuft, wir laufen unweigerlich mit, ob wir wollen oder nicht. Was kommt noch alles auf uns zu! **»Höhe – Tiefe«** vergegenwärtigt die Weite des Raumes. Schon damals wurden solche Ortsbezeichnungen auch zu bedrohlichen Machtsphären in ihrer Erhabenheit oder Abgründigkeit aufgeladen. 2Kor 10,5 spricht Paulus von überheblichen, »hohen Gedankengebäuden, die sich gegen die Erkenntnis Gottes auftürmen«. Wir Heutigen sprechen auch von seelischen Hochs oder Tiefs und kennen unsere Abhängigkeit von ihnen. Noch in V. 38 wurde als Sammelausdruck **»Mächte«** eingestreut. Der Abschluss: **noch irgendein anderes**[128] Geschöpf, ordnet alle genannten Größen rückschauend innergeschöpflich ein (vgl. Kol 1,16). Gott schuf nach 1Mo 1-2 nicht nur Gegenständliches, sondern auch Kräfte, die die Dinge bewegen, ordnen, durchwalten. Aber auch sie sind in den Fall des Menschen hineingerissen, was nun auf ihn zurückschlägt. Statt dem Menschen zu dienen, können sie ihn bedrohen. Der Kosmos funktioniert nicht mehr ohne weiteres. Sie befehden sich auch gegenseitig. Als Chaoten hätten sie aus dem Kosmos längst ein einziges Chaos gemacht, wäre da nicht das Aufhalten Gottes (2Thess 2,6). Von Gott gelöst, können sie nur von Gott lösen und verderben. Darum erstreckt sich das Werk Christi auch auf sie. Gott hat Christus zu ihrem Herrn gemacht, sie niederzuringen (Eph 1,10.20-22; 1Kor 15,25). Dabei darf das Thema »Christus und die Mächte« nicht auf Christus und die politischen Mächte verkürzt werden und die Gemeinde darf nicht kurzschlüssig politisiert werden.

[128] Ihre Zahl ist für Paulus hier nicht erschöpft. Ähnlich fügt er Eph 1,22 an: »und jeder Name (jede Autorität), *der genannt werden mag*«, so dass wir ergänzen dürfen: geistige Prinzipien, Gesetzmäßigkeiten, die sich absolut setzen wollen, Denkschablonen, Systeme, Vorurteile, Ideologien, Utopien, geistige und kulturelle Traditionen. Ganze Epochen sind von ihnen wie chloroformiert.

Paulus geht an dieser Stelle nicht in die Einzelheiten. Er ist gefesselt von »Gottes großer Liebe, mit der er uns geliebt hat« (Eph 2,4), wohlgemerkt von dieser Liebe als Tat, nicht als ruhender Eigenschaft.[129] Gott trat zu einem bestimmten Datum aktiv in die gestörte Welt ein. Das Opfer Christi verlieh dem Gesamten der Schöpfung das entscheidende und unaufhaltsame Gefälle zum Heil. Aus seiner Auferweckung schöpft Paulus jene Gewissheit, die er schon V. 28-30 umriss. Nichts kann diese Tat und dieses Tun der Liebe aufheben noch unsere darin gründende Gemeinschaft mit Gott aufbrechen. Ein ganzer Kosmos von Antikräften **wird** nicht **das Vermögen haben, uns zu trennen von der Liebe Gottes in Christus Jesus, unserm Herrn.** Im Gegenteil: Unser Glaube ist der Sieg, der den Kosmos überwunden hat (1Joh 5,4).

129 Die allgemeine Rede vom »lieben Gott«, der gar nicht anders kann als einfach lieb zu sein, ist eine Erfindung des 18. Jh.s Verbissen halten wir an dieser Ideologie fest, erscheinen damit im Gottesdienst und erwarten von der Predigt in kindischer Anspruchshaltung die uns zustehenden Streicheleinheiten. Das ist denkbar weit weg von der »Liebe Gottes in Christus Jesus unserm Herrn«.

Abschnitt D

SOLLTE DIE UNTREUE ISRAELS GOTTES TREUE AUFHEBEN? (9,1-11,36)

Schon im letzten Kapitel stand neben der Sieghaftigkeit auch das Seufzen des Glaubens (8,23.26). So schließt sich hier das schmerzliche Ertragen der »unbegreiflichen Entscheidungen und unerforschlichen Wege« Gottes an (11,33), und zwar mit Brennpunkt Israel. Dabei liegt Paulus mit dieser neuen Thematik voll im Plan. Nach 1,16f beabsichtigte er einerseits, »Rettung für alle« darzulegen, wobei »alle« nach V. 16 ausdrücklich Juden und Heiden umfasst. Dieses Zeugnis vom universalen Heil erfüllte die ersten acht Kapitel. In Christus »kein Unterschied«!, hieß es in 3,22-24. Andererseits setzte der Apostel schon dort das Vorhandensein einer geschichtlichen Ordnung voraus: »*zuerst* die Juden«. Gleichmacherei zwischen den Völkern und diesem Volk wäre unfromm, obwohl er immer wieder so missverstanden wurde.

Schon 3,1-8 sah er sich genötigt, auf eine Verunsicherung in der Frage Israels einzugehen. Hatte nicht das jüdische Nein zur nachösterlichen Verkündigung Jesu als des Herrn[1] die Erwählung dieses Volkes aufgehoben und seine Vorrechte gelöscht? Durch ein zweimaliges »Ausgeschlossen!« wehrte Paulus dort ab. »Sollte ihre Untreue Gottes Treue aufheben?« (V. 3; danach hier die Überschrift für Kap. 9-11). Mehr aber war dort innerhalb des Gedankengangs nicht möglich. Zunächst hatte die Entfaltung des universalen Heils Vorfahrt. Doch plante er für die Israelfrage einen eigenen Abschnitts.[2]

1. Vorarbeit: Gottes Erwählen (9,1-29)

Paulus überrascht uns zu Beginn seines großen Israel-Abschnitts durch Vorschaltung eines ersten größeren Gesprächsgangs, der die Schuld Israels noch mit keinem Wort erwähnt. Dagegen beginnt

[1] Auf dieses Nein bezieht sich alles, was Paulus in Röm 9-11 vom Unglauben und Ungehorsam Israels schreibt, nicht auf ihr »Kreuzige!« nach den Evangelien.

[2] Dass Paulus sich die Kap. 9-11 von vornherein vorbehalten hatte, wird auch durch eine Beobachtung am Wortschatz unterstützt. Bisher fehlte das wichtige Stichwort »Rettung« aus seiner Themenangabe von 1,16f fast ganz (nur 5,1.10; 8,24). Jetzt erscheint es in auffälliger Häufigkeit: 9,27; 10,1.9.10.13; 11,11.14.26a.26b.

eine Vorarbeit über Erwählung nach der Schrift, offenbar in Abgrenzung gegen die Gestalt des Erwählungsglaubens in Teilen des Judentums, die für ihn exegetisch unhaltbar ist.[3]

Exkurs: *Die allgemeine und die erwählende Liebe Gottes*

Gott liebt alles, was er schuf, und erbarmt sich aller seiner Werke (Ps 145,9). Aber wenn seine allgemeine Liebe blockiert wird, greift Gott zum Mittel der erwählenden Liebe, indem er sich auf eine bestimmte Person oder Körperschaft konzentriert. Es ist wie mit einem Flussdampfer, der festfährt und durch kein Ziehen oder Schieben wieder flottzumachen ist. Dann wird eine neue, vertiefte Fahrrinne ausgebaggert. Eine solche Engführung setzt in der Bibel augenfällig mit 1Mo 12 ein: Gott rief Abraham heraus, ohne Terach, seinen Vater, ohne seinen Bruder Nahor, ohne seinen Neffen Lot. In der nächsten Generation erwählte er den Isaak, aber nicht seinen Halbbruder Ismael. Von den zwei Enkeln nahm er Jakob, nicht dessen Zwillingsbruder Esau. Später erwählte er Mose, aber nicht Pharao, schloss einen Bund mit dem Volk Israel, aber nicht mit dem ägyptischen Volk. Würde man diese Erwählungslinie, die die ganze Bibel durchzieht, streichen, bliebe von ihr nur noch eine Broschüre übrig. Doch widerlegen solche Engführungen nicht Gottes allgemeine Liebe? Erwählung beschränkt keineswegs das Heil von vornherein auf den Erwählten, sondern nimmt ihn in Dienst für das Heil der Welt. Abraham wurde durch seine Erwählung im Nu in ein Dreieck versetzt, das er sich vorher niemals hätte träumen lassen: »Gott« – »Abraham« – »alle Geschlechter der Erde«[4]. Indem Gott ihn erwählte, hat er also keinesfalls den anderen Völkern den Rücken zugekehrt. Im Gegenteil, er wendete sich ihnen mit neuen Mitteln zu. Der Segen gehörte nicht eigentlich dem Erzvater und seinen Nachkommen, sondern sollte sich von ihnen her in der fluchbeladenen Umwelt ausbreiten. Die Evangelien spitzen diese Wahrheit zu und bezeugen den Weg einer atemberaubenden Engführung. Am Ende stellte Gott seine Sache in dieser Welt auf einen einzigen Erwählten: den gehorsamen toten Jesus. Doch welch ungeahnte Ausweitung enthüllte sich! Mit seiner Auferweckung rollte ein Geschehen an, in dem wir noch mitten darin stehen. Durch diesen Einen will Gott die gesamte Menschenwelt zu sich herumwenden.

[3] Die dichte Kette von Bibelzitaten in diesem Abschnitt spricht für sich: V. 7.9.12.15.17.25.26.27.28. Vgl. den Exkurs »Zu den AT-Zitaten bei Paulus«.

[4] Diese völkerumspannende Weite behält das ganze AT bei: 1Kön 8,41ff; Jes 2,2-4; 19,19ff; 42,4.10.12; 43,9f; 45,23; 49,1.6; 48,20f; 51,5; 55,4ff; 66,19; Jer 12,15-17; 16,19-21; Mi 4,1ff; Zef 3,9ff; Ps 96; 98; 145.

Exkurs: *Zu den AT-Zitaten bei Paulus*

Röm 9-11 stechen durch 38 Bezugnahmen auf das AT heraus. Der Einfachheit halber spricht man von den Schrift»zitaten« des Paulus. Tatsächlich kann er sehr genau zitieren, arbeitet aber auch die AT-Stücke frei in seinen Zusammenhang ein. Genaues Vergleichen würde nicht selten nur herausgerissene Satzbrocken aus dem AT zu Tage fördern, das eine Mal aus dem hebräischen Text (MT), meistens aus dem griechischen Text (LXX), dazu Einfügungen, Umstellungen, Mischungen und Abwandlungen. Diese Art war im Judentum völlig geläufig. Heute kennen wir »Zitat« im strengen Sinn, wonach die geringste Abweichung als Verstoß zählt. Das setzt natürlich moderne technische Mittel voraus. Aber einen für damalige Verhältnisse fremdartigen Maßstab von »Zitat« erst an Paulus anzulegen und sich dann zu mokieren, dass er grotesk zitiere, wäre selber grotesk.

a) Vorspruch: Geliebtes Israel! (9,1-5)

1 Die Wahrheit sage ich in Christus, ich lüge nicht, wobei mir (zustimmend mit)bezeugt mein Gewissen im Heiligen Geist:
2 Großes Leid (setzt) mir (zu) und unaufhörlicher Schmerz meinem Herzen.
3 Ich bäte nämlich (gern), selbst Anathema zu sein weg von Christus für meine Brüder, meine Stammverwandten nach dem Fleisch,
4 die (doch) Israeliten sind: denen die Sohnschaft und die Herrlichkeit und die Bundesschlüsse und die Gesetzgebung und der Gottesdienst und die Verheißungen (gehören),
5 denen die Väter (gehören) und von denen der Christus nach dem Fleisch (stammt), der über allem Gott ist, gepriesen in die Zeitalter hin, Amen.

Dieser Vorspruch ist überaus bemerkenswert. Er enthält Klage ohne Anklage. Nicht Israels Verhalten, sondern allein sein Geliebtsein kommt zur Sprache, ob nun durch den ungebrochen israeltreuen Apostel oder durch den beschenkenden Gott. Hier beweist Paulus, dass sich in ihm kein Fädchen Judenfeindschaft[5] findet,

[5] Dieser Ausdruck ist sachlich treffender als die Bezeichnung »Antisemitismus«, die den Tatbestand verschleiert, dass die Feindschaft speziell den Juden gilt. Der Ausdruck »Antijudaismus« empfiehlt sich nicht, weil er nicht berücksichtigt, was Paulus nach Gal 1,13.14, vgl. 2,14, unter »Judaismus« versteht.

auch nicht, wenn er später unbestechlich Anklagen erheben muss. Ihre Härte entspringt vielmehr wie bei den atl. Propheten innerster Sorge.

1-2 Zu Beginn gibt er eine Versicherung ab, für die er keine Bekräftigung scheut. **Die Wahrheit sage ich in Christus, ich lüge nicht, wobei mir (zustimmend mit) bezeugt mein Gewissen im Heiligen Geist: Großes Leid (setzt) mir (zu) und unaufhörlicher Schmerz meinem Herzen.** Vier Doppelungen schaffen letzten Nachdruck: Paulus – Christus; Wahrheit sagen – nicht lügen; Gewissen – Heiligen Geist; Trauer – Schmerz. So spricht jemand, der eine Verkennung seines innersten Wollens und Wesens abwehren muss.

3 Paulus ist kein Feind Israels! **Ich bäte**[6] **nämlich (gern), selbst Anathema zu sein, weg von Christus für meine Brüder.** Fürbitte um Rettung seines Volkes ist für ihn nach 10,1 ständiges Herzensanliegen. Ihn hat die Gesinnung seines Herrn erfasst, der über Jerusalem weinte (Lk 19,41-44), für seine Feinde betete (Lk 23,34) und für sie sein Leben gab (Mk 10,45). Wie Mose sich für sein bundesbrüchiges Volk einsetzte (2Mo 32,32), ist Paulus bereit, selbst Anathema zu sein.[7] Damit befiehlt er seinen Fall Gott an, und zwar dem Zusammenhang nach: zum Gericht. Er bietet für die Rettung Israels im Gegenzug den nachträglichen Verlust seines eigenen Gnadenstandes in Christus an, »für meine Brüder weg von Christus«. In welchem Sinn er hier von Brüdern spricht, fügt er hinzu: **meine Stammverwandten nach dem Fleisch.** Er beruft sich also nicht auf geistliche Bruderschaft, sondern auf seine natürliche Volkszugehörigkeit. Doch spürt er auch die Grenzen seiner menschlichen Möglichkeiten[8] (Ps 49,8).

4 Jetzt aber geht Paulus von der Bezeichnung »Juden« zum Titel »Israel« über[9]: **die (doch) Israeliten sind.** Damit lenkt er auf das hin, was dies Volk eigentlich charakterisiert. Im Unterschied zu 3,2 macht er die Eigenart dieses Volkes diesmal an einer Mehrzahl von Merkmalen fest. Zunächst besitzt Israel korporativ – nicht in seinen einzelnen Gliedern – die **Sohnschaft.** Seit der Zeit in Ägypten tritt Gott als sein Eigentümer auf, verpflichtet, sein Nothelfer zu sein, aber auch berechtigt, seinen Dienst zu erwarten (2Mos 4,22f; Hos 11,1). Mit **Herrlichkeit** wird die Summe der Gotteserscheinungen

[6] Das Wort *euchomai* gehört in die Gebetssprache, erst in zweiter Linie kommt es als allgemeines »wünschen« in Betracht.

[7] Vgl. zum Ausdruck ausführlich WStB, Galater, S. 43-45.

[8] Beispiel für Gebete des Paulus, die sich nicht verwirklichen ließen, ist 2Kor 12,8f, für solche Wünsche 1Kor 7,7; 14,5; Gal 4,20, vgl. zu Röm 10,1. Auch das Angebot des Mose wurde abgewiesen (2Mo 32,33).

[9] Bisher im Röm 9-mal »Juden«, ab jetzt in Kap. 9-11 elf Stellen mit »Israel«, »Juden« nur noch 9,24; 10,12.

beschrieben, die Israel im Laufe der Geschichte genoss (z.B. 2Mo 29,43-46). Dabei kam es an Knotenpunkten je und je zu **Bundesschlüssen** (Abraham, Mose, Josua, David u.a.), in denen Gott sich Israel verpflichtete. Zum Schutz eines Bundes gehörte die **Gesetzgebung.** Sie bleibt Gnadengabe, auch wenn sie sinnwidrig genutzt wird (9,31; 10,2) und dadurch umschlägt in Steigerung der Schuld (3,20; 4,15; 5,20; 7,12-13). Auf der Habenseite stand für Israel ferner der **Gottesdienst**, Stichpunkte: Tempel, Priestertum, Opfer, Anbetung. Was dies Volk aber unter den Völkern in einzigartiger Weise (Eph 2,12!) und auch in dunkelster Nacht eine Nation der Hoffnung bleiben ließ, sind seine Heils**verheißungen.** Soweit Israels unverlierbare Gaben (11,29).

Nun wechselt Paulus in die personale Ausdrucksweise. Dabei 5
schlägt er den geschichtlichen Bogen von den Erz**vätern** (11,28) der Vorzeit bis hin zum **Christus nach dem Fleisch** in der Endzeit. Dies letzte Merkmal ist nicht eines unter achten, sondern Ziel aller Veranstaltungen Gottes mit seinem Volk (Joh 4,22). Auf Christus hin wurde es erwählt, gesegnet, beauftragt, erzogen und erhalten. Um Christus unmissverständlich als Höhepunkt zu bestimmen, fügt Paulus an: **der über allem Gott ist, gepriesen in die Zeitalter hin, Amen.** Mit diesem Lobpreis[10] bringt Paulus das volle christliche Bekenntnis in den Gedankengang herein. Der erwartete »Christus nach dem Fleisch« ist inzwischen als Herr und Gott (10,9) »nach dem Geist« und »in Kraft durch die Auferstehung von den Toten« (1,3-4) anwesend.

b) Erwählung bleibend als reine Gnade des Berufenden (9,6-13)

6 Es ist aber nicht so, dass herausgefallen ist das Wort Gottes,
denn nicht alle, die vom Israel (abstammen), diese (sind) Israel,
7 auch (ist es) nicht (so): Same Abrahams sind alle Kinder (Abrahams), sondern »im Isaak wird dir Same (durch Gott) berufen werden« (1Mo 21,12).
8 Das heißt: Nicht die Kinder des Fleisches, diese (sind) Kinder Gottes, sondern die Kinder der Verheißung werden (durch Gott) als Same gerechnet werden.
9 Das Verheißungswort (ist) nämlich dies: »Entsprechend der Zeit werde ich kommen, und es wird der Sara ein Sohn sein« (1Mo 18,10.14).

10 Mit Hilfe einer geringen Veränderung des überlieferten Textes kommen andere Ausleger hier zu einem Lobpreis Gottes, nicht Christi. O. Cullmann hat den Sachverhalt sorgfältig geklärt (Christologie, S. 320f).

10 **Nicht aber allein (bei ihr war es so), sondern auch der Rebecka, als sie (mit beiden Kindern) von einem (Mann) schwanger war, von Isaak, unserm (Stamm)Vater,**
11 **als sie noch nicht geboren worden waren und noch nicht etwas Gutes oder Schlimmes getan hatten, – damit der Vorsatz Gottes nach Art der Auswahl (bestehen) bleibe,**
12 **nicht aufgrund (menschlicher) Werke, sondern gemäß dem Berufenden – wurde zu ihr gesagt: »Der Ältere wird dem Jüngeren dienstbar sein« (1Mo 25,23).**
13 **Wie (ja auch) geschrieben ist: »Den Jakob habe ich geliebt, den Esau aber habe ich gehasst« (Mal 1,2f).**

Nach seinem Bekenntnis zu Israel und dessen heilsgeschichtlicher Rolle schaltet Paulus einen Abschnitt über die Art und Weise göttlichen Erwählens vor (vgl. Einführung zu 9,1-29) und damit über die Frage: Wer ist Israel? Gott hatte dem Abraham verheißen, aus ihm ein irdisches Volk zu machen. Ein Volk ist eine Gemeinschaft, für die neben Sprache, Sitte und Kultur auch Abstammung eine Rolle spielt. Aber für das Volk Israel darf zu keinem Zeitpunkt seines Bestehens der Faktor »Gott« vergessen werden. Hier liegt das Anliegen des Paulus.

6 Zunächst geht er hinter die Vielzahl von Vorrechten Israels zurück und fasst als seinen letzten Daseinsgrund »das (erwählende) Wort Gottes« ins Auge (ähnlich 3,2). Für ihn duldet es keinen Zweifel: **Es ist aber nicht so, dass herausgefallen ist das Wort Gottes.** Es entfiel seinem Gedächtnis weder aus Vergesslichkeit noch Unachtsamkeit[11], er hat sich dem gegenüber, was er da einmal gewollt hat, nicht inzwischen entfremdet, indem er es in menschliche Verwaltung und Verwertung gegeben hätte. Denn mit diesem Wort hatte er damals nicht nur *etwas* zugesagt, sondern zuerst und zuletzt sich selbst, und zwar als den Gnädigen. In diesem Sinne bleibt das Verhältnis eine lebendige Größe. Niemals wird Gott sich aus ihm hinausdrängen lassen. Das macht die unvergleichliche Wertbeständigkeit dieser Zusage der Erwählung aus. Sie ist und bleibt »Wahl *der Gnade*« (11,5). Das war sozusagen von Anfang an »Geschäftsordnung« für den Umgang zwischen dem Rufenden und den Berufenen, an der nachträglich nichts mehr geändert wird.[a]

[a] Röm 4,17; 8,28.30; 9,24; 11,29; Gal 1,6

Auf dieser Linie liegt der anschließende Begründungssatz. Erwählung wurde nicht allmählich Gewohnheitsrecht: **denn nicht alle, die** nur äußerlich, körperlich **vom Israel (sind), diese (sind erwähltes) Israel.** Das Israel, das die Schrift meint, deckt sich nicht

[11] Anschaulich die Redewendung in 2Kön 10,10: »Kein Wort ist (ihm aus der Hand) auf die Erde gefallen«, wo es als bedeutungslos zertreten würde.

mit einem Blutsverband. Jüdische Geburt verbindet nicht naturhaft mit Gott, ihr wohnt keine Heilsmächtigkeit inne[12]. Fortpflanzung[13] in diesem Volk ist nicht schon Heilsgeschehen[b]. Gott lässt sich nicht als Volksgott vereinnahmen. Wahres Israel bleibt Geschenk. Wer hier nicht unterscheidet und noch mit einem erstarrten Israel-Begriff umgeht, hat die eigentlichen Vorgänge in und um Israel noch nicht erfasst. Der hohe Gott gehört immer selber in die Definition von Israel mit hinein. Das ist auch für die Deutung von »ganz Israel« in 11,26 zu beherzigen.

[b] Hes 33,24-25 Mt 3,9 Joh 8,39-45

Für solch ein Erwählen setzte Gott gleich am Anfang, beim Über- **7-9**
gang in die zweite Generation von Abraham zu Isaak, ein Ausrufezeichen. Anfänge sind typisch für den Fortgang. Deswegen sind die Vätergeschichten auch »um unsretwillen aufgeschrieben« (4,23; 15,4). **Auch (ist es) nicht (so): Same Abrahams sind alle Kinder (Abrahams), sondern »im Isaak wird dir Same (durch Gott) berufen werden«** (1Mo 21,12). Auf welchem Wege wurde einer der Söhne Abrahams zum Segensträger berufen, so dass »im Isaak« die Welt gesegnet wurde (1Mo 26,4)? Bibelleser wissen, dass Gott dazu schöpferisch in diese Familie hineinrief. Dagegen wurde sein Halbbruder Ismael, genauso legitim Abrahams Sohn[14] und ebenfalls beschnitten (1Mo 17,25), aus dem Volk Gottes ausgegliedert. Aufgrund verborgener Wahl behandelte Gott die Brüder unterschiedlich. Er lässt sich eben nicht verpflichten, den ganzen biologischen Nachwuchs seiner Leute zu nehmen, wird nicht Familiengott, sondern hält sich frei für reine Gnadenwahl. **Das heißt: Nicht die Kinder des Fleisches, diese (sind) Kinder Gottes, sondern die Kinder der Verheißung werden (durch Gott) als Same gerechnet werden. Das Verheißungswort (ist) nämlich dies: »Entsprechend der Zeit werde ich kommen, und es wird der Sara ein Sohn sein« (1Mo 18,10.14).**[15]

[12] So lehrte es allerdings die herrschende Richtung im Judentum: Hauptsache, der Stammbaum ist in Ordnung! Schon durch leibliche Abstammung von Abraham sind Juden Gottes Kinder und erwartet sie ewiges Leben: »Ganz Israel hat Anteil an der zukünftigen Welt« (Bill III, S. 263f). Ganz anders lauten die Aussagen des Täufers Mt 3,8 und Jesu Mk 3,35; Joh 8,33ff. Der reiche Jude im Gleichnis Lk 16,19ff gelangte nicht in Abrahams Schoß, weil er nicht auf Mose und die Propheten gehört hatte.

[13] Anders Fr.-W. Marquardt, S. 4, der der »jüdischen Fortpflanzungsgemeinschaft« Offenbarungsqualität zuspricht. Israel war jedoch von Anfang an eine gemischte Gesellschaft. Schon Abraham nahm Fremdgeborene durch Beschneidung in sein Haus (1Mo 17,13.23). Josef heiratete eine Ägypterin (1Mo 41,45ff; 48,5), Mose eine Midianiterin (2Mo 2,21). Beim Auszug aus Ägypten schloss sich »viel Mischvolk« an und ging später in Israel auf (2Mo 12,38.44.48; vgl. 5Mo 23,8f). Solche Vorgänge, als völlig normal empfunden, setzten sich in den Jahrhunderten fort. In einer späteren Phase entschied die Einhaltung des Sabbats, ob jemand zum erwählten Volk gehörte, nicht jüdische Geburt (Esra 6,21; Jes 56,1-8). Die Stammbäume im NT (Mt 1; Lk 3) nennen ehrfurchtsvoll aus dem Heidentum eingefügte Einzelpersonen.

[14] Für altorientalisches Denken handelten Abraham und Sara ethisch erlaubt.

[15] Zu den Begriffen »Kinder des Fleisches« und »Kinder der Verheißung« s. Gal 3,23, vgl. WStB, Galater, S. 191f.

10-13 Besonders eignete sich auch das Beispiel der dritten Generation für das Anliegen des Paulus. **Nicht aber allein (bei ihr war es so), sondern auch der Rebekka, als sie (mit beiden Kindern) von einem (Mann) schwanger war, von Isaak, unserm Vater.** In diesem Fall gab es noch weniger fassbaren Grund für unterschiedliche Behandlung: die gleiche Mutter, der gleiche Vater, sogar der gleiche Zeugungsakt! Nach dem geltenden Recht stand der Erstgeburtssegen und damit das Herrenrecht dem Esau als dem Älteren der Zwillinge zu. Doch das Maß der Verborgenheit göttlicher Wahl wird noch weiter vorangetrieben (der Einschub V. 11b-12a ist hier zunächst ausgeklammert): **Als sie noch nicht geboren worden waren und noch nicht etwas Gutes oder Schlimmes getan hatten, wurde zu ihr (der Mutter) gesagt: »Der Ältere wird dem Jüngeren dienstbar sein« (1Mo 25,23).** Gott entschied unabhängig von menschlichem Tun, Können, Verdienen, Wissen und Erwarten. Er wählte ohne jede Wahlbeeinflussung. V. 13 fasst zusammen: **Wie** ja auch Mal 1,2f **geschrieben ist: »Den Jakob habe ich geliebt, den Esau aber habe ich gehasst.«** Das Gegensatzpaar »lieben« und »hassen«
[c] Mt 10,37; Lk 14,26 — beschreibt hier wie auch an ähnlichen Stellen[c] nicht Gefühlslagen, sondern den Willensentschluss innerhalb eines Wahlvorgangs. Von zwei Kandidaten war einer für eine bestimmte Aufgabe zu finden. Dazu wird der eine dem anderen vorgezogen, der andere hintangesetzt. Der Begriff »hassen«[16] meint demzufolge nichts weiter als »nicht erwählen«, während »lieben« eng mit »erwählen« zusammenrückt[17]. Dieser Sprachgebrauch ist schon im AT vorgebildet[d].

[d] 5Mo 4,37; 7,7f; 10,15; Ps 78,68; Jes 41,8

Gott erwählte ohne einen erkennbaren Grund, wohl aber mit einem erkennbaren Zweck. Diesen benennt ein Damit-Satz, den Paulus viel sagend einschiebt: **damit der Vorsatz Gottes nach Art der Auswahl (bestehen) bleibe, nicht aufgrund (menschlicher) Werke, sondern gemäß dem Berufenden.** Dieses Wörtchen **gemäß** führt den entscheidenden Maßstab ein. Es darf nicht nach den Gerufenen gehen, es darf am Ende in keiner Weise Selbstrettung, Selbstbestätigung und Selbstehrung herauskommen, denn wahre Rettung der Welt steht auf dem Spiel. Darum muss es unbedingt nach Gott gehen. So kommt von Anfang bis Ende in allen Stadien nur Gnadenwahl in Frage. Diese scharfe Entgegensetzung von Menschenwerk und Gnade Gottes und das Ringen um die Aus-

16 Gott hat den nicht gewählten Esau nicht in unserm Sinne »gehasst«, ihn nicht aktiv mit Feindseligkeit verfolgt, bis er ihn und seine Nachkommen in der Hölle hatte. Nach 1Mo 27,38-40, vgl. Hebr 11,20, empfing auch er einen Segen, ähnlich nach 1Mo 21,18 Ismael.

17 Da das Tätigkeitswort »erwählen« (*eklegomai*) im Röm fehlt, ist »lieben« hier und auch 9,25; 11,28 als Ersatzwort für »erwählen« anzusprechen. Die Hauptwörter »Wahl, Erwählter« finden sich dagegen in 8,33; 9,11; 11,5.7.23.

schaltung des Selbstruhms zugunsten alleiniger Verherrlichung Gottes ist uns aus der ersten Hälfte des Briefes noch gut im Ohr.[e] Wenn solche Merkmale hier wiederkehren, was sich auch in der Fortsetzung immer wieder bestätigen wird[f], bedeutet das, dass Paulus in Röm 9-11 die Israelproblematik ganz und gar mit der Botschaft von Röm 1-8 lösen will: allein Christus, allein durch den Glauben, allein aus Gnaden. Auch für die Israelfrage gilt: kein anderes Evangelium (2Kor 11,4).

[e] Röm 3,24.27-30 4,2.4-6 5,1-2
[f] Röm 9,32 10,2-3 11,5-6

c) Im Erwählen und im Nichterwählen ein erbarmender Gott (9,14-23)

14 Was werden wir folglich sagen? (Findet sich) etwa Ungerechtigkeit bei Gott? Ausgeschlossen!
15 Dem Mose nämlich sagt er (2Mo 33,19): »Ich werde mich erbarmen, wessen immer ich mich erbarme, und werde Mitleid haben, mit wem immer ich Mitleid habe.«
16 Demnach also ist es nicht (Sache) des Wollenden und nicht des Laufenden, sondern des erbarmenden Gottes.
17 Denn es sagt die Schrift dem Pharao (2Mo 9,16): »Eben dazu habe ich dich erstehen lassen, damit ich erweisen werde an dir meine Macht und damit verkündet werde mein Name auf der ganzen Erde.«
18 Folglich also: Wessen er will, erbarmt er sich, wen er aber will, verhärtet er.
19 Du wirst mir folglich sagen: Was tadelt er noch (uns Menschen)? Seinem Willen – wer hätte ihm (je) widerstanden?
20 O Mensch, wer eigentlich bist du, ja du, der rechtet mit Gott? Es wird doch nicht das Gebilde dem Bildner sagen: Warum hast du mich gerade so gemacht?
21 Oder hat nicht Verfügungsgewalt der Töpfer über den Lehm, aus seinem Gemenge zu machen das eine Gefäß (Werkzeug) zur Ehre, das andere aber zur Unehre?
22 Wenn aber Gott, willens, (einerseits) Zorn zu erweisen und seine Macht bekannt zu machen, trug in großer Langmut Werkzeuge des Zorns, zugerichtet zum Untergang,
23 (andererseits) damit er bekannt mache den Reichtum seiner Herrlichkeit an Werkzeugen der Barmherzigkeit, die er vorherbestimmte zur Herrlichkeit – (um wie viel mehr muss dann dein Trotz umschlagen in Lobpreis?)

Es ist üblich geworden, bei der Auslegung dieses Abschnitts mit Wucht von der »Freiheit« Gottes zu sprechen. Das könnte schon ein schiefer Ansatz sein. Paulus sagt nicht: Gott ist frei! eher schon: Gott ist Gott, und das Geschöpf hat sich mit seiner Macht abzufinden. Aber der Abschnitt geht darüber hinaus und sagt: Gott ist der erbarmende Gott[18], ob er nun erwählt oder nicht erwählt. Jedenfalls sinnt Paulus nicht über Gott »an und für sich« nach, freischwebend, außerweltlich, überzeitlich, so ganz allgemein. Allgemein gültiges über Gott ist ungültig, denn wir haben nur einen bestimmten Gott, der sich längst zu einem bestimmten Zeitpunkt für ein bestimmtes Volk, für Israel, entschieden hat. Er begab sich gleichsam in eine Abhängigkeit und ist im strengen Sinn nicht mehr frei und ungebunden. Soweit ging Israel auch mit, bekam dann aber Schwierigkeiten mit der Art und Weise von Gottes Erwählen und Nichterwählen im Einzelnen (vgl. 9,6-13). Israel glich einer Frau, die mit ihrem Mann nur äußerlich zusammen lebt, praktisch jedoch durch ein Phantom von Ehemann besetzt ist, was im Zusammensein mit dem wirklichen Mann zu viel Herzeleid führt. Israel lebte mit seinem Phantom-Gott und lag mit dem wahren Gott im Streit. Diesen Streit greift Paulus jetzt auf.

14 In gewohntem Stil (6,1; 7,7) gibt er einem neuen Gedankengang Raum: **Was werden wir folglich sagen?** Der folgende Einwurf erinnert so stark an 3,5-8, dass man auch hier an die »Lästerer« von dort denken darf: **(Findet sich) etwa Ungerechtigkeit bei Gott?** Dieser versteckte Vorwurf wird vorzüglich beleuchtet durch das Gleichnis Jesu von dem »ungerechten« Hausherrn in Mt 20,1-16. Vorausgesetzt ist die damalige jüdische Empörung über die Praxis Jesu, nach der Letzte Erste wurden (V. 16).[19] Jesus rechtfertigt sein Handeln, indem er in Form des Gleichnisses zurückfragt (V. 15): »Darf ich mit dem, was mir gehört, nicht tun, was ich will? Siehst du so scheel drein, weil ich *so gütig* bin?« Das ist die »Ungerechtigkeit« der Gnade und zugleich die »bessere Gerechtigkeit« von Mt 5,20, die er sich als der Gesandte Gottes königlich erlaubt. Verbände Gott sich allerdings ernstlich mit Ungerechtigkeit, also mit etwas, was es nur bei Menschen gibt[a], wäre er nicht mehr Gott. Darum: **Ausgeschlossen!** Ist Gott nicht mehr Gott, ist sowieso alles aus – mit Israel, Gemeinde und Welt.

[a] Röm 1,18.29 2,8; 3,5

15-16 Paulus geht dem Anstoß an Gottes »ungerechtem« Erwählen nach. Dabei leitet ihn der Gedanke: Es kann nicht unrecht sein, was schon immer Israels Vorhandensein und Überleben ausmachte. So lässt er die einfachen Wahrheiten aufleuchten, denen Israel sich von Anfang an verdankte. So tat er es übrigens schon im letzten Ab-

[18] Die Wortgruppe »Erbarmen, Mitleid, Langmut« beherrscht diese zehn Verse von Anfang bis Ende (acht Vorkommen in V. 15.16.18.22.23). Sie erweist sich hier als Schlüssel der Auslegung.

[19] So zog Gott auch zur Zeit Isaaks dem Esau als dem Ersten den Jakob als den Letzten vor (V. 13).

schnitt V. 6-13. Nur blättert er jetzt im AT weiter und gelangt von den Vätergeschichten zur Mosegeschichte. **Dem Mose nämlich sagt er (2Mo 33,19): »Ich werde mich erbarmen, wessen immer ich mich erbarme, und werde Mitleid haben, mit wem immer ich Mitleid habe.« Demnach also ist es nicht (Sache) des Wollenden und nicht des Laufenden, sondern des erbarmenden Gottes.** Immer das Gleiche, Generation für Generation: Gott nahm dieses Volk sich selbst aus der Hand und ließ es von reinem Erbarmen leben. Es fehlte bei diesem Volk wahrlich nicht an Versuchen der Selbstverwirklichung, am Wollen und Laufen.[20] Es wollte groß, stark und bedeutend sein wie andere Völker und erwartete dafür von Gott Unterstützung. Aber auf dieser Linie hatte Israel keine Verheißung. Noch immer galt Gottes Ankündigung bei Beginn der Volksgeschichte aus 2Mo 3,14: »Ich werde sein, der ich sein werde«, d.h. nicht der, von dem ihr euch eure Phantombilder macht.

Wie aber verträgt sich dies Beiseitestellen von jeglichem Wollen und Laufen damit, dass Jesus fragt: »Was *wollt* ihr, dass ich für euch tue?« und ausdrücklich zusagt: »Dir geschehe, wie du *willst*!« (Mk 10,36; Mt 15,28). Oder der gleiche Paulus spornt an: »*Lauft*, dass ihr den Siegespreis erlangt!« (1Kor 9,24; vgl. Phil 3,12f; Hebr 12,1). Gewiss, in allen Gemeindebriefen ruft er die Glaubenden auf, mit allen Kräften durch Gott, aus Gott und für Gott zu leben. Aber für eines ist der Mensch eben nicht zuständig, dafür, dass Gott ihn erwählt, dass er ihn überhaupt haben will, ruft und liebt. Das holt niemand von uns durch keinen Einsatz vom Himmel herunter, sondern ist Sache des erbarmenden Gottes.

Als zweiten Beleg für das Handeln des erbarmenden (!) Gottes **17**
bringt Paulus die Rolle Pharaos. **Denn es sagt die Schrift dem Pharao (2Mo 9,16): »Eben dazu habe ich dich erstehen lassen, damit ich erweisen werde an dir meine Macht und damit verkündet werde mein Name auf der ganzen Erde.«** Hier wird in einer solchen Verkürzung gesprochen, dass ein Unkundiger meinen möchte, er läse hier die Berufung eines Evangelisten: »damit verkündet werde mein Name«. Dabei stellte sich dieser König in geradezu klassischer Weise gegen die Erlösungsabsichten Gottes. Seine tyrannische Macht schien die Macht des gerechten Gottes völlig zuzudecken. Aber Gott, obwohl Feind der Sünde, regierte sogar das sündige Tun Pharaos. Nur ließ sich der heilsame Sinn dieses Geschehens nicht von der Oberfläche ablesen. Die folgenden Verse klären weiter ab.

[20] Bei »laufen« ist an den Läufer im Stadion zu denken, der sich mit letztem Einsatz ins Zielband wirft.

18 Zunächst bringt Paulus Gottes allmächtiges Handeln an Mose und Pharao auf den Begriff. **Folglich also: Wessen er will, erbarmt er sich, wen er aber will, verhärtet er.** Solche Gegenüberstellungen (sich erbarmen – verhärten, vgl. V. 13: lieben – hassen) könnten falsche Vorstellungen über die Gewichtsverteilung wecken. Aber dass hier ab V. 15 sechsmal der Gnade Ausdruck verliehen wird, bevor in diesem Vers einmal etwas vom Verstocken verlautet, ist zeichenhaft. Erbarmendes Erwählen auf der einen Seite und Verwerfen auf der anderen Seite halten sich hier und in der ganzen Bibel nicht die Waage, sondern haben völlig unvergleichbaren Rang. Das Wort »sich erbarmen« ist Leitwort[21] bis in den Zielvers 11,32[b], »verhärten«[22] oder »verwerfen« dagegen ist nur als Schatten dabei.

[b] Röm 9,15.16.18 11,30.31

Um hier den Sinn des Verstockens zu erfassen, ist einmal zu erwägen, woran Paulus hier bewusst vorbeischreibt. Er schildert nicht Pharaos sündiges Verhalten im Einzelnen. Das reiche atl. Material darüber bleibt ungenutzt.[23] Auch zieht Paulus weder den Gedanken nach rückwärts aus, ob Gott den Pharao schon vor Ewigkeiten so programmiert habe, noch nach vorwärts, welches Geschick ihn im Endgericht erwarte. Was tatsächlich gesagt ist: Mit seiner Verstockung empfing Pharao eine Bestimmung in der Zeit für eine Aufgabe in der Zeit, nämlich »Werkzeug« (V. 21f) zu sein in der Hand des befreienden Gottes. In diesem Sinne ordnete schon V. 17 seine Rolle dem Geschehen der machtvollen Errettung Israels ein und unter.

19 Wie V. 13 den Protest von V. 14 hervorrief, so der soeben behandelte V. 18 hier einen neuen Einwand. **Du wirst mir folglich sagen: Was tadelt er noch (uns Menschen)? Seinem Willen – wer hätte ihm (je) widerstanden?** Gut gefragt! Zwingende Logik hat Paulus in die Enge getrieben. Seine Lehre scheint praktisch Gottes Richtertum aufzuheben (vgl. 3,6), womit sie sich als unseriös entlarvt. Selbst Pharao hätte sich so auf Gottes Verantwortung herausreden können, um Israel getrost weiter auszubeuten. Doch läuft hier einiges schief. Die Wahrheit ist anders: Der Mensch erträgt nicht die Verfügungsgewalt Gottes, weil er sein eigener Gott sein will (1Mo 3,5). Er bockt gegen Gott und angelt sich zur Ablenkung ein gut klingendes Thema, das ihn im Grunde herzlich wenig umtreibt,

21 Darum ist hier auch nicht die Lehre von der Prädestination zu entfalten (s. zu 8,28). Es wird im Rahmen der Heilsordnung gedacht. Welche Figur Pharao innerhalb der Schöpfungsordnung abgab, steht auf einem anderen Blatt. Sicher fehlte es auch in seinem natürlichen Leben nicht an Segnungen Gottes, an Gesundheit, Gaben und Gelingen. Das Urteil über Pharao im Endgericht steht Gott allein zu.

22 Wie Gott nach Apg 16,14 das Herz öffnet, kann er es auch hart machen und verschließen.

23 Zehnmal verstockt Gott: 2Mo 4,21; 7,3; 9,12; 10,1.20.27; 11,10; 14,4.8.17. Zehnmal Selbstverstockung: 7,13.14.22; 8,15.19.32; 9,7.34.35; 18,5.

weil er sowieso sein eigenes Leben lebt. Aber dieser Trotz und auch dieses Thema vergehen einem: Dem erbarmenden Gott gegenüber nimmt man alles an, sein Tadeln wie Gerechtsprechen, seinen Willen wie seinen Unwillen, sein Erwählen wie sein Verwerfen.[24] Ihm gegenüber »legt man die Hand auf den Mund« (Hiob 40,4) und wird sich hüten, mit ihm, dem Erbarmer, zu rechten.

Jetzt hinterfragt Paulus die scheinbar gelungene Frage, um den Fragesteller zu sich selbst zu bringen. **O Mensch, wer eigentlich bist du, ja du, der da rechtet mit Gott?** Im Erkennen der eigenen Geschöpflichkeit wird man zur Bejahung seines Schöpfers und dessen »Überlogik« geführt. Es wird einem peinlich, ihn auf die Anklagebank zu setzen. **Es wird doch nicht das Gebilde dem Bildner sagen: Warum hast du mich gerade so gemacht?** Das Wort aus Jes 29,16, auf das Paulus hier anspielt, beginnt: »Wie kehrt ihr alles um!« **Oder hat nicht Verfügungsgewalt der Töpfer über den Lehm, aus seinem Gemenge zu machen das eine Gefäß** (ursprünglich »Werkzeug«[c]) **zur Ehre, das andere aber zur Unehre?** Diese Ausmalung des Bildes hat man in ihrer Offenheit schon als »Rohheit« empfunden. Aber auf einen groben Klotz gehört auch ein grober Keil.[25] **20-21**

[c] Jer 18,1-11 Apg 9,15 2Kor 4,7

Nach Feststellung, was Gott kann, tritt abschließend in den Vordergrund, was er will. Dabei verblasst die Gestalt des verstockten Pharao von V. 17, und das verstockte Israel kommt in Sicht (der Ausdruck in 11,7). **Wenn aber Gott, willens, (einerseits) Zorn zu erweisen und seine Macht bekannt zu machen, trug in großer Langmut Werkzeuge des Zorns, zugerichtet zum Untergang, und (andererseits) damit er bekannt mache den Reichtum seiner Herrlichkeit an Werkzeugen der Barmherzigkeit, die er vorherbestimmte zur Herrlichkeit – um wie viel mehr muss dann dein Trotz umschlagen in Lobpreis?** Dieser vielleicht aus Erregung abgebrochene[26] und hier versuchsweise ergänzte Satz ist in seiner Reichhaltigkeit nicht ganz leicht zu überschauen. Bisher standen Erwählen und Verwerfen nebeneinander, einfach hinzunehmen als zwei Möglichkeiten Gottes. Dies unterschiedliche göttliche Tun wird jetzt zusammengespannt. Beides wird durchstrahlt von einem einheitlichen Willen. Dieser Wille zielt auf Herrlichkeit, wie der Satz doppelt ausmündet, d.h. auf das Herrsein Gottes in seiner ganzen Macht und Schönheit. Auch Gottes innergeschichtlicher Zorn **22-23**

[24] Zu diesem Geschehen folgt mit V. 25f eine wichtige Ergänzung.

[25] Man verkenne auch nicht den eigentlichen Vergleichspunkt. Selbstverständlich sind wir Menschen nicht Masse und ist Gott nicht Töpfer; zwischen Töpfer und Material besteht ja auch kein Liebesband, aber ein Eigentumsverhältnis: »sein« Gemenge! Man lese noch einmal Mt 20,15 (s. zu V. 14).

[26] Dem Wenn-Satz fehlt ein Hauptverb.

(1,18) steht im Dienst dieser Macht (vgl. schon V. 17). Die V. 22 erwähnte große Langmut schränkt nicht den Zorn ein, sondern bedeutet: Das Böse wird nicht auf der Stelle vernichtet, es bekommt nach dem unerforschlichen Rat Gottes sogar gehörigen Auslauf, nach Menschenmeinung manchmal über Gebühr: »Wie lange noch?« Aber: »Hier ist Geduld und Glaube der Heiligen!« (Offb 6,10; 13,10). Gott »lässt beides miteinander wachsen« (Mt 13,30). Doch der Zusatz »zugerichtet zum Untergang« erinnert tröstlich an das geschichtliche Abtreten auch dieses Werkzeugs zu seiner Zeit. Die Heilsgeschichte wird die Unheilsgeschichte überwinden. So offenbart sich der Gott des Erbarmens im erwählenden wie im nicht erwählenden Tun, beides in Wechselwirkung zueinander und im Gefälle auf das Heil für die Welt.

d) Neuschöpfung Israels aus Juden und Heiden (9,24-29)

24 Welche (Werkzeuge der Barmherzigkeit) er auch gerufen hat – (nämlich) uns, nicht allein aus den Juden, sondern auch aus den Heiden,
25 wie (Gott) auch in dem (Buch) Hosea sagt (2,25 und 2,1): »Ich werde rufen das ›Nicht mein Volk‹: ›Mein Volk!‹ und die ›Nicht Geliebte‹: ›Geliebte!‹,
26 und es wird geschehen an dem Ort, wo ihnen gesagt worden ist: ›Nicht mein Volk seid ihr‹, dort wird gerufen werden: ›Söhne des lebendigen Gottes!‹«.
27 Jesaja aber schreit über Israel (10,22f): »Wenn (auch) wäre die Zahl der Söhne Israels wie der Sand des Meeres – der Überrest wird gerettet werden,
28 ein Wort nämlich, das erfüllend und verkürzend tun wird der Herr auf der Erde.«
29 Und ebenso hat Jesaja vorhergesagt (1,9): »Wenn der Herr Zebaoth uns nicht Samen übrig gelassen hätte, wären wir wie Sodom geworden und wie Gomorra gleich geworden.«

Paulus beendet den ersten Durchgang durch die Erwählungsgeschichte Israels, der mit Abraham einsetzte (9,6f) und hier bis zur Neuschöpfung Israels aus Juden und Heiden führt. Dabei vermeidet er noch, die Schuld Israels anzusprechen, obwohl sie sich hier doch geradezu aufdrängt. Noch schaut er allein auf Gott und sein Verhalten. Von dort allein verspricht er sich Orientierung. Dass er hier in eine feierliche Reihung von Bibelworten ausmündet, markiert einen Höhepunkt. Seine Grundposition, aus der heraus er die folgenden Kapitel niederschreibt, wird sichtbar.

Paulus wendet sich jetzt den »Gefäßen der Barmherzigkeit« aus 24
V. 23 zu. Sie sind für ihn nicht nur gedachte Bilder, sondern etwas gegenwärtig Vorhandenes. **Welche er auch gerufen hat – uns!** Der Boden wundersamer Wirklichkeit ist betreten, die christliche Gemeinde. Ihr Entstehen und Bestehen wurde im ersten Jahrhundert als etwas überaus Erstaunliches empfunden[a]. Die ganze Apg ist von diesem Staunen getragen. Das Wort Jesu von den »größeren Werken« der Jünger erfüllte sich (Joh 14,12). Es geschieht durch Gottes schöpferisches Rufen[27]: Gott »macht die Toten lebendig und ruft (ins Dasein) das, was nicht ist, dass es sei« (4,17). Das substantivierte Partizip »Rufender« wurde im NT Gottesbezeichnung[b]. Durch die mächtige Stimme des Totenauferweckers erstand wie aus Gräbern eine lebendige Gemeinde (vgl. Hes 37), **nicht allein aus den Juden, sondern auch aus den Heiden.** In beiden Fällen hatte ein »aus … heraus« aus dem bisherigen Kollektiv stattgefunden, aus Judentum oder Heidentum. So auch Petrus in Apg 2,40: »Lasst euch erretten aus diesem verkehrten Geschlecht!«

[a] Röm 1,7f 16,19f 2Kor 4,6 Gal 2,8b Apg 15,12

[b] Gal 1,6 5,8 1Thess 2,12; 5,24 1Petr 1,15 2,9; 5,10

Das Gesagte war für das Denken der Synagoge so umstürzend, 25-26
dass Paulus ab jetzt nur noch die Schrift sprechen lässt. V. 25-26 bezieht er (wie übrigens auch 1Petr 2,10) auf Heiden, V. 27-29 auf Juden. Die Prophetie des Hosea 2,25 und 2,1 spricht ursprünglich das Israel des 8. Jh.s v.Chr. an. Wenn Paulus sie der äußeren Umstände von Wann und Wo entkleidet, missachtet er nicht etwa deren Sinn. Vielmehr enthüllt er charismatisch ihren bleibenden Kern, nämlich Gottes Möglichkeit überhaupt und immer wieder. **Wie (Gott) auch in dem (Buch) Hosea sagt: »Ich werde rufen das ›Nicht mein Volk‹: ›Mein Volk!‹ und die ›Nicht Geliebte‹: ›Geliebte!‹, und es wird geschehen an dem Ort, wo ihnen gesagt worden ist: ›Nicht mein Volk seid ihr‹, dort wird gerufen werden: ›Söhne des lebendigen Gottes!‹«** Namenswechsel bedeutet grundstürzenden Wandel des Daseins[c]. Gott macht alles neu. Dieses Rufen »ging hinaus in alle Lande« (10,18) durch das Evangelium und schuf nicht nur Juden, sondern auch Heiden um. Dabei wich dieser Vorgang in keiner Weise von Gottes ursprünglichem Plan ab, sondern ergab sich in gerader Linie aus der Verheißung an Abraham, »unser aller Vater« (4,16). Deren Ziel war von Anfang an eine gesegnete Völkergemeinschaft (1Mo 12,3), was das AT nie aus dem Auge verloren hat[d].

[c] Jes 1,26 9,5; 62,2 65,15 Offb 2,17

[d] 1Kön 8,41ff Ps 93; 96 98 Jes 2,2-4 19,19ff 42,4; 43,9f 49,6 48,20f 55,4ff Jer 12,15-17 16,19-21 Mi 4,1ff Zef 3,9ff

Besondere Aufmerksamkeit verdient die Umbenennung von »Nicht-Geliebte« zu »Geliebte«.[28] Da »lieben« Ersatzwort für »er-

[27] Dieses gewichtige »rufen« (dreimal im Abschnitt!) hat Paulus auch in das folgende Hosea-Zitat eingerückt; die LXX, aus der er zitiert, hat dort nur »sagen, nennen«. Bei der Übersetzung des Zitats sollte man dies von Paulus beabsichtigte »rufen« nicht wieder auf jenen blassen Sinn bringen.

[28] Hosea 2,25 verwendete »sich erbarmen«, Paulus aber ersetzt das Wort durch »lieben« (vgl. Anm. 17).

wählen« ist (s. zu 9,13), werden somit Nichterwählte, d.h. Verworfene, zu Erwählten. Der Hinweis auf den unveränderten Schauplatz[29] dieser Wandlung treibt den Gedanken auf die Spitze: »Es wird geschehen an dem Ort, wo ihnen gesagt worden ist …« Man ist an 5,20 erinnert: Gott zieht sich nicht auf leichtere Fälle zurück, sondern genau dort, wo tief schwarze Verworfenheit herrscht, soll die Gnade seiner Erwählung triumphieren.

[e] Röm 10,20 11,1. 14f.23
[f] 5Mo 4,25f 2Kön 21,14 23,27 Ps 78,59f.67f Jer 6,30
[g] Mt 3,8f Joh 8,33f
[h] Röm 11,20-22 1Kor 10,12

Somit ergeben sich neue Horizonte für Verworfene. Verworfensein ist eine offene Situation[e]. Verworfene können Erwählte werden. Das hat schon das AT vorgezeichnet, und Paulus ist nur sein Exeget. Aber umgekehrt ist auch Erwähltsein eine offene Situation. Erwählte können verworfen werden, wie es im AT an zahllosen Stellen zu lesen ist[f], aber auch das NT es bezeugt[g], ohne die Christen auszunehmen[h]. Vielleicht hat Paulus schon das Töpfergleichnis in V. 21 im Sinne des Vorbildes von Jer 18,1-12 verstanden: Der Töpfer entwirft vor Arbeitsbeginn seinen Plan, aber kann ihn auch während der Ausführung abändern. Die Ansicht, Gott könne nicht mehr zurück, wenn er einmal entschieden habe, und könne dann nur noch tatenlos zusehen, wie alles abläuft, ist falsch.

27-28 Auch den Weg der Juden beleuchtet die Schrift. **Jesaja aber schreit über Israel.** Nur an dieser Stelle zitiert Paulus eine Stelle aus dem AT mit dem Ausdruck »schreien«.[30] Der folgende Ausspruch erging in einem bestimmten geschichtlichen Zusammenhang, aber wieder überragt er ihn, so dass er auch in anderen Zusammenhängen gilt. Er begleitet Israel, Jes 10,22f: **»Wenn (auch) wäre die Zahl der Söhne Israels wie der Sand des Meeres – der Überrest wird gerettet werden.«** Die Rede vom Überrest[31] beschäftigt 11,3-5 weiter. Trotz der Verheißung an Abraham, seine Nachkommenschaft werde sich wie der Sand des Meeres vermehren (vgl. 1Mo 13,16), konnte sich Israel nicht ohne weiteres seines Volkstums erfreuen. Sein allzu menschliches Vertrauen auf sein Erwähltsein prallte immer wieder auf die Wirklichkeit härtester Gerichte in Form von schrecklichen Verlusten. Immerhin aber blieb ein Rest übrig und damit die Verheißung: Es gibt noch Zukunft in Gestalt eines erstaunlichen Wiederauflebens. Paulus verwendet dies Wort hier im Zusammenhang (V. 24!) als Heilswort. **»Ein Wort nämlich, das erfüllend und verkürzend tun wird der Herr auf der Erde.«** Gott wird es in die Tat

29 Diese Nuance geht in der LÜ verloren.

30 Die Schriftgelehrten taten es häufig, um auf Inspiration hinzuweisen (Bill III, S. 275).

31 Zum Hintergrund der Vorstellung vom Rest, die in vielen atl. Schriften begegnet: Im Altertum versuchten Sieger nicht selten feindliche Völker auszurotten. Dabei konnte sich manchmal durch irgendwelche Umstände ein kleines Grüppchen verbergen und der Vernichtung entgehen. Dieser kümmerliche Rest wurde eventuell Grundstock für einen Neuaufbau des schon todgeweihten Volkes.

umsetzen, und zwar vor dem Forum der Erde. Weltweit wird er seine Gottheit unter Beweis stellen. Der Ausdruck »verkürzend« spricht von der Raschheit des Handelns[32], wobei aber kaum eine zeitliche Beschleunigung im Sinn ist als vielmehr die entschlossene, unabänderliche Ausführung. Gott macht »kurzen Prozess«.

Ein zweites Wort aus Jesaja antwortet in tiefer Beugung auf die 29
eben erklungene Zusage der Rettung (1,9). **Und ebenso hat Jesaja vorhergesagt (1,9): »Wenn der Herr Zebaoth uns** – Jesaja selbst und auch Paulus schließen sich ein – **nicht Samen übrig gelassen hätte, wären wir wie Sodom geworden und wie Gomorra gleich geworden.«** Jerusalem ist in nichts verschieden von jenen verworfenen Städten. Aber Gott hält inne im Gericht und lässt unverdiente Gnade walten.

2. Der Tatbestand: Israels Unglaube (9,30-10,21)

Von der Klage zur Anklage. Im ersten Gesprächsgang V. 6-29 fiel kein Wort über das größte Verheißungsgut Israels, über den Messias (V. 5). Das ändert sich in der zweiten Runde. Zuerst erscheint V. 31 der messianische »Stein«, dann heißt es mehrmals »Christus« (10,4.6.7.17), »Herr« (10,9.12.13) oder einfach »Jesus« (10,9). Dazu gehört, dass nun auch (nach fast vier Kapiteln!) wieder »Glaube, glauben« erscheint (9,33; 10,4.6.8.9.10.11.14.16.17). Schon diese Statistik macht augenfällig, dass jetzt in breitem Strom die Lehre von Kap. 3 und 4 einfließt, um die Frage Israels zu erhellen. Dabei kommt allerdings das Unbegreifliche zur Sprache, dass Israel gerade an seinem Messias massiv schuldig wurde. Es glaubte nicht (9,32; 10,16), gehorchte nicht (10,16), verweigerte das Vertrauen und widersprach (10,21), wurde zornig (10,19), ordnete sich nicht unter (10,3), stieß sich am Felsen Christus (9,32), verfehlte seine Zielvorgabe (9,31), war uneinsichtig (10,2), verkannte die göttliche Heilsveranstaltung (10,3). Die Liste lässt sich in Kap. 11 verlängern. So wenig wie in Kap. 2 ist hier die Schuld Israels abzuschwächen, auch nicht durch die Tatsache, dass Gott sich nach 3,5; 11,11-15 Israels Unglauben bediente.

Exkurs: *Gottes Allmacht und die Verantwortung des Menschen*

Es könnte schon verwundern, wie Paulus kommentarlos zwei scheinbar unvereinbare Aussagereihen nebeneinander stellt, im

[32] So Delling zu diesem Ausdruck, dessen Sinn hier nicht leicht zu erfassen ist (ThWNT VIII, S. 65). Schlatter, S. 307, bezieht dies »kürzen« auf die Dezimierung der Judenschaft »zum kleinen Rest«.

ersten Gesprächsgang die alleinige Verfügungsgewalt Gottes und jetzt ab 9,30 die Eigenverantwortlichkeit und Schuld des Menschen. So unsystematisch das scheint, aber beides ist Wahrheit. Ohne Allmacht wäre Gott nicht Gott und ohne Verantwortlichkeit wäre der Mensch nicht Mensch. Würden wir die eine Wahrheit mit der anderen totschlagen, also das biblische Gottesbild um des Menschen willen aufopfern oder das biblische Menschenbild um Gottes willen fallen lassen, um uns dann aus einer einseitigen, isolierten Wahrheit eine stimmige Philosophie zu machen, gerieten wir ins Unfruchtbare. Von Werner de Boor, dem früheren Herausgeber dieser Reihe, stammt der Satz: »Die Bibel ist so wirklichkeitsnah, dass sie völlig unsystematisch ist.«

a) Der Glaube an Christus als Dreh- und Angelpunkt (9,30-33)

30 Was werden wir folglich sagen? Dieses: Heiden, die nicht der Gerechtigkeit nachjagten, ergriffen die Gerechtigkeit, eine Gerechtigkeit freilich aus Glauben.
31 Israel dagegen, das einem Gesetz der Gerechtigkeit nachjagte – zum Gesetz ist es nicht hingelangt.
32 Warum? Weil (es) nicht aus Glauben (geschah), sondern als ob (es) aufgrund von Werken (möglich wäre). Sie nahmen Anstoß an dem Stein des Anstoßes,
33 wie geschrieben ist (Jes 28,16; 8,14): »Siehe, ich setze in Zion einen Stein des Anstoßes und einen Fels des Ärgernisses, und der Glaubende an ihn wird nicht beschämt werden.«

Was Evv. und Apg in vielen Kapiteln ausbreiten, erscheint hier in letzter Verdichtung: Der Messias Jesus war seinem Volk im Wege.

30 In seiner bekannten Frageform rundet Paulus ab und führt zugleich weiter: **Was werden wir folglich sagen?** Zunächst zeigt er die heidenchristlichen Gemeinden als den Kontrasthintergrund, vor dem sich Israels Nein umso dunkler abhebt: **Heiden, die nicht der Gerechtigkeit nachjagen.** Nicht, dass er Heiden sittliches Streben überhaupt abspricht. Überall unter Menschen findet der moralische Wettlauf[33] statt, vor sich selbst und vor den anderen (2,7.14-15). Aber der Sinn für jene Gerechtigkeit, die Gott geschenkweise bereithält, geht dem Menschen außerhalb des Lichtkegels der Offenbarung ab. Im Blick darauf galt von den Heiden Eph 2,12: »Ihr hattet keine Hoffnung und lebtet ohne Gott in der Welt.« Doch als

[33] Das eindrückliche Bild vom Sprinter in 9,16, der um den Gewinn des Sieges läuft, legt sich hier und wieder 11,11 nahe, vgl. 5Mo 16,20; Jes 51,1.

Hörer des Evangeliums ergriffen sie diese Gerechtigkeit[a]. In einer Stadt nach der anderen nahmen Leute ohne Vorbereitung und Vorgeschichte Jesus an. Sie *taten* es einfach. »Wie ein Kind« empfingen sie die ganze Herrlichkeit (Mk 10,15). Aus Heidenangst vor Gott wurde Heidenjubel zu Gott (15,9-13; Gal 4,15). »Nicht-Volk« wurde nach V. 25f »Volk«. Das moralische Missverständnis ihrer Gerechtigkeit wird kurz abgewiesen: **eine Gerechtigkeit freilich aus Glauben.**

[a] Röm 3,25 4,25; 5,17f 1Kor 1,30 Apg 3,14 1Petr 3,18 1Joh 2,1

Ihrem unerwarteten Heilsgewinn steht die schmerzliche Heils- 31
ferne der Erwählten gegenüber. **Israel dagegen, das einem Gesetz der Gerechtigkeit nachjagte.** Das mosaische Gesetz wird hier bei seinem Wesen genommen und darum ehrfürchtig als »Gesetz der Gerechtigkeit« bezeichnet. Dass es gerecht ist und auf Gerechtigkeit zielt, stimmt mit einer stattlichen Reihe von positiven Aussagen über das Gesetz bei Paulus überein[b]. So liegt auch noch kein Tadel darin, dass Israel diesem Gesetz[34] nachjagte. Gott selbst hatte es auf diese Bahn geschickt. Aber Paulus kann nur bedauernd feststellen: Dennoch verfehlte es das Ziel, **zum Gesetz,** d.h. zur Erfüllung seines Wesens, **ist es nicht hingelangt,** seine Herrlichkeit hat es nicht wirklich erlebt. Man könnte erwarten, dass Paulus dafür wieder die Verstöße der Juden gegen einzelne Gebote ins Feld führt, wie schon in 2,17-24. Aber so übersieht man die maßgebliche Rolle des Zeitfaktors. Dort sah Paulus noch von der Äonenwende ab und konnte darum die Anklage der Propheten im AT nur verlängern. Hier dagegen ist die inzwischen stattgefundene Begegnung Israels mit seinem Messias das Thema. Man muss jetzt den Ruf von 8,34 im Ohr haben: »Christus ist hier!« Unter diesen Umständen, also vis-à-vis mit der anwesenden rettenden Macht Jesu (10,8), ist die entscheidende Sünde, über die noch zu reden ist, der Unglaube[c]. Weil das jüdische Volk nicht zum Glauben an Jesus Christus fand, gelangte es auch nicht zum Gesetz in seinem eigentlichen Sinn.

[b] Röm 3,31 7,14.16 10,4; 13,8 Gal 5,14

[c] Joh 15,22-25 16,9

Die Auslegung hat vorgegriffen, wird aber jetzt bestätigt. Also 32
warum diese Zielverfehlung? Der Fehler lag schon im Ansatz (s. zu 3,27): **weil** jenes Nachjagen **nicht aus Glauben (geschah), sondern als ob (es) aufgrund von Werken** (möglich wäre). Paulus versetzt sich in die Köpfe seiner jüdischen Brüder. Ihre Illusion: Um Gottes Gerechtigkeit teilhaftig zu sein, müsse der Mensch »Werke des Gesetzes« tun, Riten wie Beschneidung, Sabbat und Speisegebote erfüllen. Darauf beruhe das rechte Gottesverhältnis. Aber so fehlt gerade die Grundlage. Man muss mit dem Anfang anfangen. Wenn Gott in Gnaden ruft, kann es beim Hörer nur darum gehen, im Ge-

[34] Es gilt, den positiven Begriff des »Gesetzes« vom negativen Begriff der »Werke des Gesetzes« (3,20.28; Gal 2,16; 3,2) zu unterscheiden.

horsam des Glaubens (1,5; 10,3) Ja und Amen zu sagen (1,5). Da ruft auch das Gesetz nichts dazwischen. Für den Gewinn der Gerechtigkeit vor Gott ist eben der Glaube das Werk aller Werke.

Der unverbundene Anschluss des nächsten Satzes zeigt, wie etwas hervordrängt, was für Paulus schon beim Stichwort »nicht glauben« im Hintergrund aktiv war: **Sie nahmen Anstoß an dem Stein des Anstoßes.** Sie hatten nicht etwa ein falsches Ziel und gingen nicht einen falschen Weg, aber sie stolperten unterwegs, weil sie nicht mit Gottes Gottheit rechneten. Der erwartete und dann doch so unerwartete Messias erwies sich für Israel zum zwischen die Füße gerollten Stein des Anstoßes[d], der es aus der Bahn warf.

[d] Lk 5,30 15,1.25-30 19,7

33 Angesichts dieses Erschütternden rettet Paulus sich auf den Boden der Schrift: **Wie geschrieben ist (Jes 28,16; 8,14): »Siehe, ich setze in Zion einen Stein«.** Die »Stein-Theologie« findet sich nicht nur im AT[e] (z.B. Ps 118,32), sondern in mancherlei Abwandlungen auch weit verzweigt im NT[f]. Die Leser in Rom verstanden diese verschlüsselte Rede von Christus offenbar sofort. Allerdings verkürzt Paulus. Nach der Jesaja-Stelle dient der Stein nicht *nur* als Anstoß, es handelt sich auch um »einen bewährten Stein, einen kostbaren Eckstein, der fest gegründet ist«, und zwar auf dem **Zion.** Diese geographische Bezeichnung galt ursprünglich dem ältesten Teil von Jerusalem, dann vor allem dem Ort der Bundeslade und damit dem Thron Gottes, von dem aus er Israel regiert. An diesem zentralen Ort war auch die endgeschichtliche Wiederherstellung Israels zu erwarten. Tatsächlich drängte Jesus, als der Höhepunkt seines Werkes nahte, zielstrebig nach »Zion«, in den Tempel von Jerusalem. In den dortigen letzten Streitgesprächen fielen die Würfel, entschied sich sein Gang ins Opfer. Wenige hundert Meter vom Tempel entfernt wurde das Kreuz Jesus zum neuen und wahren Thronort Gottes. Aber das Geographische war nur Anknüpfung, nicht Bindung. Auch die politischen Erwartungen werden abgestreift und wichen priesterlichen und gottesdienstlichen Zügen[g]. Der Gekreuzigte wurde in der Folgezeit der in der ganzen Welt betretbare rettende Felsen, Eckstein für Gottes verheißenen Neubau. **Der Glaubende an ihn wird nicht beschämt werden.**

[e] 5Mo 32,4.15.18. 30.31.37 Ps 118,32

[f] Mt 16,18 Mk 12,10 Lk 2,34 Apg 4,11 1Kor 10,4 Eph 2,20 1Petr 2,4-6

[g] Röm 11,9 1Kor 1,18.21.23. 25; 2,14 3,18; 4,10 Gal 5,11

Doch im Unterschied zur Zion-Stelle 11,26b hebt Paulus hier durch Einarbeitung von Jes 8,14 die Unheilsrolle des Steins hervor: Der gleiche Stein wurde zum **Stein des Anstoßes und Fels des Ärgernisses.** In diesem Christus begegnet uns auch unser Richter. »Wer aber nicht glaubt, der ist schon gerichtet, denn er glaubt nicht an den Namen des eingeborenen Sohnes Gottes« (Joh 3,18). Man mag so hart sein wie Emaille, aber Emaille springt. Früher oder später liegt man zerbrochen vor dem Felsen Christus. Das offizielle Israel zerschellte damals an diesem Stein, auf dem es doch stehen sollte – ganz wie Evv. und Apg es erzählen. Bei diesem Stein beharrt Gott: Ich, nicht der Mensch, setze ihn! Wir Menschen bestimmen eben nicht die letzten Grundlagen für Leben und Überleben. Gott bestimmt sie. Gegen menschliche Rebellion heißt es Ps 2,6-12: »Ich habe meinen König eingesetzt auf meinem heiligen Berg Zion. Küsst seine Füße mit Zittern. Wohl denen, die auf ihn trauen!« Niemand von uns ist zum Unglauben bestimmt.

b) Der heilsgeschichtliche Unverstand Israels (10,1-4)

1 **Brüder, der Wunsch zwar meines Herzens und die Fürbitte zu Gott für sie (ist) auf (ihre) Rettung (gerichtet).**
2 **Ich bezeuge ihnen nämlich, dass sie Eifer um Gott haben, aber nicht nach (richtiger) Erkenntnis.**
3 **Missachtend nämlich die Gerechtigkeit Gottes und im Bestreben, ihre eigene Gerechtigkeit aufzurichten, ordneten sie sich nicht der Gerechtigkeit Gottes unter.**
4 **Ende/Ziel nämlich des Gesetzes ist Christus, zur Gerechtigkeit für jeden Glaubenden.**

Der letzte Abschnitt gipfelte in dem ausdrucksstarken Bild, wie Israel, während Heiden an ihm vorbeizogen, durch einen Stolperstein aus dem Lauf geworfen wurde. Wir eilten voraus und sprachen schon im Klartext von dem Felsen Christus. Paulus entschlüsselt das Bild erst jetzt. Was ist die letzte Ursache von Israels Verlorenheit, aus der Paulus Rettung erfleht?

Wie in 11,25 wendet Paulus sich mit der Anrede **Brüder** betont an 1
die Heidenchristen. Sie sollen jetzt sein »Zeugnis« (V. 2) für Israel entgegennehmen. **Der Wunsch zwar meines Herzens und die Fürbitte zu Gott für sie (ist) auf (ihre) Rettung (gerichtet).** Wie schon 9,2f verbinden sich »Herz« und »Gebet«, so dass Paulus wieder die Dringlichkeit seines Flehens beteuert. Wieder verbindet es sich auch mit restloser Ergebung in den Willen Gottes.[35] Das »zwar«, dem kein zu erwartendes »aber« folgt, bedeutet sinngemäß: »soweit es auf meinen Wunsch ankommt«.[36] Inhalt ist das große Thema »Rettung« von 1,16. Paulus stellt es an die Spitze des Kapitels.

[35] Fürbitte gehört zum Dienst des Propheten (1Mo 20,7; 2Mo 8,26; 9,28f; 32,11.37; 4Mo 11,11; 1Sam 7,5; 12,19.23; 2Kön 19,4). Erhörung kann abgewiesen werden (Jer 7,16; 11,14; 14,11f; 15,1, vgl. auch Am 7,7-9 und 8,1-3 mit 7,2.5; 1Joh 5,16). Das »vielleicht« in Jer 21,2 ist darum durchaus am Platz, denn Beten löst keinen Automatismus aus. Zur Sorgfalt der Fürbitte s. Dieter Schneider, Jeremia, WStB, S. 79, Anm. 259.

[36] So BDR 447,2., Anm. 14

2 Zunächst kann und muss er von Israel sagen: **Ich bezeuge ihnen nämlich, dass sie Eifer um Gott haben.** Damit wird der Ausdruck von 9,31 »sie jagen dem Gesetz nach« vertieft. »Eifer« ist in solchen Zusammenhängen immer Fachausdruck für »Gesetzeseifer«[a]. Eifer um Gott wird umgesetzt in den Eifer, das mosaische Gesetz bis in alle Verästelungen des Alltags hinein und bis zum letzten Atemzug zu halten. Das Wort kennzeichnet also die strenge Richtung der Pharisäer[37], eine der großen Bußbewegungen der Religionsgeschichte[38].

[a] Gal 1,14 Phil 3,6 Apg 22,3

Doch dieser ganze emsige Betrieb ist fehlgeleitet: **aber nicht nach (richtiger) Erkenntnis.** Mangelte es ihnen an Information über Jesus? Allein die Notiz in 2Kor 11,4, dass Paulus fünfmal die schreckliche Synagogenstrafe der 39 Schläge erlitt, beweist sein aufopferungsvolles Bemühen, mit seinen Stammesgenossen im Gespräch zu bleiben. Unkenntnis entlastete sie jedenfalls nicht, wie auch V. 18-21 darlegen wird. Ihr Mangel an Erkenntnis[b] hatte vielmehr Gründe, die bis in ihr Gewissen hinabreichten. Stephanus wagte das Urteil: »Ihr widerstrebt allezeit dem Heiligen Geist« (Apg 7,51; vgl. Mk 3,28f).

[b] Röm 1,28.32 3,20 1Kor 2,8 1Tim 1,13 Lk 23,34

3 Sie waren sperrig in ihrem Denken, **missachtend die Gerechtigkeit Gottes.** Der Genitiv »Gottes« kann nicht nachhaltig genug ins Bewusstsein genommen werden: Es handelt sich für uns Menschen in der Tat um Fremdgerechtigkeit, die ausdrücklich *nicht* unsere eigene ist. Durch den sühnenden Christus erwies Gott zunächst, dass er selbst gerecht ist, dann aber auch, dass er gerecht *macht*, indem er dem Menschen auf puren Glauben hin diese Fremdgerechtigkeit zuspricht. So grundlegend 3,25f und zuletzt noch 9,30.

Aber ihr **Bestreben** war verbissen darauf aus, im Endgericht **ihre eigene** durch Gesetzeseifer erworbene **Gerechtigkeit** vor dem Richterthron Gottes **aufzurichten,** damit Gott sie anerkenne. Paulus selbst hatte als Pharisäer in dieser Verblendung gelebt (Phil 3,9: »*meine* Gerechtigkeit, die aus dem Gesetz kommt«). Dafür lief er an Christus vorbei, ja rannte er gegen ihn an (9,32). Dafür verfolgte er die Gemeinde Gottes (Gal 1,13). Er kam ins Schleudern bis hin zu blindwütigem Mord (Apg 9,1). Hier deutet er diese Haltung als Ausfluss einer tiefen Rebellion[c] gegen die Gottheit Gottes: **Sie ordneten sich nicht der Gerechtigkeit Gottes unter.** Das rechthaberische Geschöpf lehnt sich gegen den Recht habenden Gott auf.

[c] Röm 8,7 10,21 1Kön 18,39

37 Diese Kennzeichnung Israels ist für das Verständnis von Röm 9-11 wichtig. Paulus behandelt dort nicht alles mögliche Judentum, nicht religiös erschlaffte und verweltlichte Schichten seines Volkes. Schon Kap. 9 zeigte, dass ihn Gesichtspunkte wie Blut und Rasse nicht leiteten.

38 Über Ursprung und Geschichte s. Galater, WStB, S. 53ff, »Paulus als früherer ›Eiferer‹«.

Endlich setzt Paulus das seit 9,30 herrschende Gegenüber von 4
Gesetz und Christus ins Verhältnis. **Ende/Ziel nämlich des Gesetzes ist Christus.** Seit den Tagen der Kirchenväter schwelt hier eine Übersetzungsfrage. Die Wiedergabe des griech. Wortes *telos* durch den Doppelbegriff »Ende/Ziel« ist ein Versuch. Sie soll andeuten, dass diese beiden Übersetzungsmöglichkeiten[39] in diesem Fall kein Entweder-oder darstellen und beide festzuhalten sind. Wir lassen die Wahrheit beider Wiedergaben (A und B) einzeln auf uns wirken.

Zu A (temporal, zeitbezogen): Christus ist des Gesetzes Ende. In die Heilslinie von Abraham bis Christus schob Gott die Zeit des Sinaigesetzes ein[d]. Es lehrte den Willen Gottes[e], aber mit einer anderen Zwecksetzung als vor dem Fall. Vor dem Fall diente das Gebot unmittelbar dem Leben[f]. An diesen ursprünglichen Sinn der Gebote hat Israel sich immer erinnert. Daher auch das hohe Lob des Gesetzes im AT[g]. Doch inzwischen war die Macht der Sünde hereingebrochen. Unter diesen Umständen verdüsterten sich die Horizonte. Was bisher Merkmal des Lebens war, wurde Merkmal einer Existenz in der Sünde. Jedes »Du sollst!« bedeutete: Gott kümmerte sich weiter um mich, aber jetzt im Zorn. Das Gesetz wurde zur Fluchmacht (Gal 3,10), stand im »Dienst der Verurteilung« (2Kor 3,9). Durch das Gesetz nahm Gott jetzt die Sünder »unter Verschluss« (11,32). Als moderner Vergleich diene das Tun des Ermittlungsrichters. Um einer Flucht des Missetäters vorzubeugen[h], nimmt er ihn in Untersuchungshaft, bis das Material für die Anklage vervollständigt ist. Paulus bietet im Röm serienweise Aussagen über das Gesetz, die sich in diesem Rahmen auslegen lassen[i]. Im Gal wählte er als Bilder für das Gesetz Gefängnis, Aufpasser und Vormund[j]. Dort arbeitet er auch stärkstens die zeitliche Befristung dieser Gesetzesfunktion heraus.[40] Eine Zeitenwende ohnegleichen bringt ein göttliches Handeln völlig anderer Art an den Tag, ausdrücklich gekennzeichnet: »ohne Gesetz« (Röm 3,21). Die Sendung des Sohnes in die Welt und des Geistes in die Herzen der Glaubenden wendet alles (Gal 4,4-6). Die Herrschaft des Gesetzes ist beendet. »Christus hat das Gesetz aufgehoben« (Eph 2,15). Mit Schärfe scheidet und unterscheidet Paulus darum die Epochen. Sie bilden ein Entweder-oder, schließen einander aus[k].

[d] Röm 5,20 Gal 3,19
[e] Röm 2,15.18.25 7,22; 8,4
[f] Röm 7,10 Gal 3,21
[g] Ps 1; 19 119 Hes 11,1f 39,26f Jer 31,31-34
[h] Röm 11,32a Gal 3,22a
[i] Röm 2,12.15 3,20b 4,15 5,13.20 7,5.7.8f.10. 11.13
[j] Gal 3,23 3,24-29 4,1-7
[k] Gal 2,21 3,13 4,9.19.30 5,2.9.12

[39] Dass *telos* sowohl mit »Ende« als auch mit »Ziel« übersetzbar ist, ist unbestritten, WB, Sp. 1617f. In 2Kor 3,13 wäre z.B. jede andere Übersetzung als mit »*Ende*« sinnlos. Dagegen wäre 1Petr 1,9 umgekehrt die zeitliche Übersetzung sinnlos. Dort ist natürlich vom *Ziel* des Glaubens die Rede.

[40] Man beachte dort die Reihe der temporalen Bestimmungen: »ehe der Glaube kam« (3,23), »bis zu Christus hin« (3,24), »nachdem« (3,25), »nicht länger« (3,28; 4,7), »solange« (4,1), »bis zum Termin« (4,2), »als die Zeit kam« (4,4). Zum Gewicht der Zeitangaben auch im Röm: 3,21.26; 6,17.18; 7,5; 8,1.

Zu B (final, zielbezogen): Ziel des Gesetzes ist Christus. Derselbe Paulus behandelte das Gesetz aber in anderer Hinsicht durchaus nicht als Auslaufmodell. In größter Selbstverständlichkeit zog er es in den Gemeinden ermahnend heran. Es besaß zwar keine Kraft, zu bewirken, was es forderte, aber es hatte mit seinen Forderungen Recht (8,3-4). Jetzt, eingeordnet in die geistliche Machtsphäre des Christus, soll und kann es auch erfüllt[l] werden. Weder der Geist noch die Liebe sind Ende des Gesetzes, sondern sie erfüllen es.

[l] Röm 13,8 Gal 5,14 Mt 5,17 Lk 16,17

Diese Erfüllung wurzelt im Gehorsam des zweiten Adam. Als neues Menschheitshaupt hat Jesus durch sein gesetzestreues Leben und Sterben[m] uns zugute jene Untersuchungshaft aufgelöst und gleichzeitig das Gesetz wieder für seine ursprüngliche Aufgabe freigestellt. Es signalisiert nicht mehr Gottes Zorn, sondern seine Liebe zu uns. Es unterstützt bei der Verwirklichung eines Lebens mit Gott auf dieser Erde. Frei vom Gesetz alter Art ist die Gemeinde unter dem Herrn Jesus Christus frei fürs »neue Gebot«. Er erfüllte es grundlegend, er legte es maßgeblich aus und er ist als der wahre Sachwalter des Willens Gottes selber gebietend unter uns.

[m] Röm 8,3f Gal 3,13 4,4f 2Kor 5,21 Mt 3,15

Überwiegend und oft recht einseitig wird die Übersetzung A vertreten (vgl. LÜ). Sie soll sich zwingend aus dem Zusammenhang ergeben.[41] Doch ganz so verhält es sich nicht. Im Umfeld erscheinen Gesetz und Christus durchaus nicht in Schwarzweißmalerei. Man folge dem Gedankenfaden ab V. 2: Das Synagogenjudentum eifert um Gott, doch ohne Durchblick für das heilsgeschichtliche Ziel, das ihm in Christus vorgehalten wird. Gegen diese Verkennung bildet Paulus seinen Schlüsselvers, wobei er wohlgemerkt *telos* an die Spitze des Satzes stellt: »Ziel des Gesetzes nämlich ist Christus«, der alle Gerechtigkeit und damit das Gesetz erfüllte. Auch der Schluss des Satzes zeigt, dass Paulus hier nicht auf der Schiene bloßer Gegensätzlichkeit fährt. Gerade auch seine jüdischen Brüder möchte er an die neue **Gerechtigkeit** heranführen, wenn er betont: **für *jeden* Glaubenden.** Dieses Anliegen bewegt ihn deutlich bis V. 12f. Die Polemik gegen den pharisäischen Gesetzesdienst schwingt zwar zwangsläufig immer mit (»Christus ist des Gesetzes *Ende*«), hat aber nicht das gleiche Gewicht wie die Gewinnung für die Gerechtigkeit des Glaubens (»*Ziel* des Gesetzes ist Christus«).

[41] Z.B. G. Bornkamm, Gesammelte Aufsätze, Band IV, S. 137; Anm. 45: »Die scharfen Antithesen« in 9,30-10,8 »lassen keinen Zweifel daran, dass *telos* Ende (und nicht: Ziel) bedeutet.«

c) Die rettende Glaubensgerechtigkeit (10,5-13)

5 **Mose nämlich beschreibt die Gerechtigkeit aus dem Gesetz (3Mo 18,5): »Der Mensch, der diese (Dinge) getan hat, wird leben durch sie.«**
6 **Die Glaubensgerechtigkeit aber spricht so (5Mo 9,4; 30,12; Ps 107,26): »Sage nicht in deinem Herzen: Wer wird hinaufsteigen in den Himmel?« Das heißt, um Christus herunterzuführen.**
7 **Oder: »Wer wird hinabsteigen in die Totenwelt?« Das heißt, um Christus von den Toten heraufzuführen.**
8 **Sondern was sagt sie? »Nahe dir ist das Wort (Gottes), in deinem Mund und in deinem Herzen« (5Mo 30,14). Das heißt, das Wort des Glaubens, das wir (als Herolde) verkünden.**
9 **Denn: Wenn du bekennst mit deinem Mund den Herrn Jesus und glaubst in deinem Herzen: Gott hat ihn auferweckt von den Toten! Wirst du gerettet werden.**
10 **Mit dem Herzen nämlich wird geglaubt zur Gerechtigkeit, mit dem Mund aber bekannt zur Rettung.**
11 **Es sagt nämlich die Schrift (Jes 28,16): »Jeder an ihn Glaubende wird nicht beschämt werden.«**
12 **Nicht nämlich besteht (in dieser Hinsicht) ein Unterschied (in Betreff) eines Juden und eines Griechen, denn ein und derselbe Herr aller (ist da), reich (sich erweisend) für alle ihn Anrufenden.**
13 **»Jeder« nämlich, »der auch immer anruft den Namen des Herrn, wird gerettet werden« (Joel 3,5).**

Die Rettung Israels, die Paulus V. 1 erflehte, dachte er sich grundsätzlich und bis an das Ende des Kapitels so, wie es soeben die letzten Worte von V. 4 sagten: durch den Glauben. Diesen Rahmen füllt jetzt der folgende Einschub. Es handelt sich um die ausführlichste Darstellung der Glaubens-Entstehung bei Paulus überhaupt. Dabei konnte der Apostel jedoch nicht die anders lautende pharisäische Heilslehre übergehen. Er profiliert also die Glaubensgerechtigkeit auf dem Hintergrund der Gesetzesgerechtigkeit, und das von Anfang bis Ende mit der Schrift als seiner Kronzeugin (vgl. Exkurs zu 9,1-29: Zu den AT-Zitaten bei Paulus). Am Ende dieser exegetischen Arbeit kehrt er deutlich zu seinem Ausgangspunkt in V. 1 zurück (dreimal »Rettung, gerettet werden« in V. 9.10.13).

3Mo 18,5 war für Paulus offenbar[a] ein wichtiger Einsatz, seine 5
Glaubensbotschaft zu entwickeln. **Mose nämlich beschreibt die Gerechtigkeit aus dem Gesetz: »Der Mensch, der diese (Dinge) getan hat, wird leben durch sie.«** Geleitet durch unsere protestantische Tradition nehmen wir hier sofort die Bindung an das

[a] Gal 3,12 Röm 2,10.25.26 7,10

menschliche Tun aufs Korn und schwärzen sie an. Wir meinen, hier läge schon das Übel. Gesetzesfrömmigkeit und Glaube ständen sich gegenüber wie Tun und Nichtstun. Doch Menschen und auch Christen handeln ununterbrochen, und nach Paulus sollen sie gute Werke tun[b], denn ihre ganze Tatwelt erscheint einmal vor dem Richterstuhl Gottes[c]. So in Übereinstimmung mit AT und Judaisten. Im Unterschied zum Judaismus besteht er aber auf dem vollen Wortsinn, auf dem Ganzheitsanspruch des Gesetzes: diese Dinge, sie alle, nicht nur dies und das und ab und zu[d]! »Beharrlich bleiben *in allem*«, zitiert er Gal 3,10 mit Nachdruck. Gott verlangt damit nicht Unmögliches[42], aber er verlangt genau das, was der Mensch, der unter der Herrschaft der Sünde steht, nicht will. Er will Gott nicht ganz gehören. Und das ist unser Fall. Unter diesen Umständen ist das Gesetz nach Mose nicht zum Leben gegeben, sondern tritt – auch bei einer Menge guter Werke! – als Fluchmacht in Kraft. Daraus ist aber nicht zu schließen, die Zusage: »der wird leben durch sie!« sei nicht ernsthaft gewesen. Aber das Gesetz ist jetzt eine unerfüllte, von sich wegweisende und wartende Größe. Es will auf Christus hinaus!

[b] Gal 3,10 5,3; 6,13 Jak 2,10f
[c] Röm 13,3 2Kor 9,8 Eph 2,10 1Thess 2,10
[d] Röm 2,6-11 1Kor 4,5 2Kor 5,10

6-8 Die Fortsetzung setzt das Gekommensein des Christus voraus. **Die Glaubensgerechtigkeit aber,** plastisch als Person vorgestellt, **spricht so.** Sie muss nicht noch schreiben, denn geschrieben ist sie längst. Aber sie spricht das Geschriebene um, nämlich in die neue Lage hinein. Paulus schließt sich zwar an den geschriebenen Mose an, hebt sich aber zugleich von ihm ab. Dem dient auch die Mischung von Schriftworten (5Mo 30,11-14; 9,4; Ps 107,26): **»Sage nicht in deinem Herzen: Wer wird hinaufsteigen in den Himmel?« Das heißt, um Christus herunterzuführen. Oder: »Wer wird hinabsteigen in die Totenwelt?« Das heißt, um Christus von den Toten heraufzuführen. Sondern was sagt sie? »Nahe dir ist das Wort (Gottes), in deinem Mund und in deinem Herzen.«** Paulus legt die Wendung »das Wort ist dir nahe« eigen aus.[43] Mose verwies mit diesem Satz auf die Tatsache, dass die Forderungen Gottes in Israel einen befestigten Besitz darstellten, überliefert von Mund zu Mund und durch ständigen Gebrauch eingegraben in ihre Herzen. Weder Höhenflüge noch Tiefenschürfungen waren nötig, Ausreden darum unmöglich. Ihrer schlichten Befolgung stand nichts im Wege. Paulus aber geht es nicht um Mühelosigkeit (Phil 2,15!), vielmehr will er absolut Überflüssiges und Unzeitgemäßes abschneiden. Ein dreimaliges **das heißt**[44] leitet eine Auslegung ein,

[42] Für den Gottesmenschen eine Leichtigkeit: Mt 11,30; 1Joh 5,3!
[43] Für ihn ist vom AT inzwischen der Schleier abgetan (2Kor 3,14), so dass es Christus bezeugt.
[44] Die gebräuchliche Formel zur Einleitung einer Exegese, vgl. schon 9,8.

nach der die von Gott geforderte Gerechtigkeit bereits überwältigend genaht und nahe ist[e]. Gott hat im Wunder der Einzelperson Christi von sich aus die Kluft zwischen Himmel und Erde überwunden (hier V. 6), Christus ist als Besieger der Verderbenswelt gegenwärtig (V. 7), sein Herrsein, d.h. das Herrschen seiner Gerechtigkeit, wird nun in aller Welt ausgerufen (V. 8). Diese Verkündigung heißt **Wort des Glaubens,** wobei Glaube aber nicht im strengen Sinn als Vorbedingung vorgeschaltet ist, denn die Vorbedingungen für dieses Heil sind schon in der Vergangenheit erbracht. Glaube ist eher Erlaubnis, auf der Stelle unter die Herrschaft der Gerechtigkeit Christi zu treten. Das ist es, **das wir** als Herolde[45] **verkünden.** Die christliche Missionspredigt bringt das Heil real in Griffnähe.

[e] Jes 50,8 51,5

Wie geht's weiter? Zwischen das Hören und Gerettetwerden **9**
tritt immerhin ein Wenn.[46] **Denn: Wenn du bekennst mit deinem Mund den Herrn Jesus.** Wo das Herrsein Jesu gültig im Raum steht, kann sich der Hörer nicht schweigend nur etwas denken. Es drängt sich ihm eine Äußerung auf die Lippen, im negativen Fall Verneinung oder gar Lästerung, andernfalls das huldigende Bekenntnis: »Herr ist Jesus« – ich ergebe mich ihm als sein Sklave (6,16)! Im Bekenntnis steuert man also nicht religiöse Ansichten bei, sondern man anerkennt die neue Lage von Menschheit und Kosmos, was selbstverständlich auch das eigene Leben umprogrammiert. Ein Bekenntnis ist eine öffentliche Erklärung, die das Verhältnis zu diesem Herrn aus dem Gewoge schwankender privater Empfindungen herausnimmt und mit rechtlicher Kraft ordnet. Im Rahmen dieses Rechtsvorganges wird das Bekenntnis erfragt[f], mit dem Mund abgelegt[g] und von den Ohren der Zeugen, Menschen und Engel, vernommen[h]. Darum kann später auch ermahnt werden, an diesem Bekenntnis festzuhalten und die Folgen auf sich zu nehmen.[i] Wiederum kann es nicht rituell als »Herr-Herr«-Plappern abgeleistet werden, sondern: **und glaubst in deinem Herzen.** Das Wort hatte die Außenschicht durchschlagen und erfüllte jetzt das Herz[j] mit dem Werk Gottes: **Gott hat ihn auferweckt von den Toten!** Ohne dies Wissen wäre Glaube wie Bekenntnis leer (1Kor 15,14.17). Wer sich aber in dieser Weise der Herrschaft Christi unterstellt, **wird gerettet werden.** Zugehörig-

[f] Joh 1,19f Mt 16,15f 26,71f Apg 8,37
[g] Phil 2,11
[h] 1Tim 6,12 Mt 10,32 Lk 12,8
[i] Hebr 4,14 10,23 2Kor 9,13 Joh 9,27 12,42
[j] Apg 2,37 8,37; 15,9 Röm 2,5 5,5; 6,17

[45] Griech. *käryssô*, von *käryx*, Herold, Ausrufer. Das Wort konnte ganz abgeblasst verwendet werden, z.B. 2,21 (Lehrvortrag in der Synagoge). Aber an den drei Stellen in 10,8.14.15 ist es offensichtlich abhängig von Jes 52,7 und hat seinen ursprünglichen Hintergrund: Herolde erscheinen auf dem Marktplatz und rufen umstürzende, aufwühlende Nachricht aus: Änderung der Machtverhältnisse!

[46] Der Wenn-Satz sollte nachempfunden werden. Er nennt eine Voraussetzung der zukünftigen Rettung, die nicht selbstredend bei jedem Menschen zutrifft. Ab V. 16 kommt auch die Möglichkeit einer Ablehnung des Evangeliums in den Blick.

keit zu Christus rettet aus der Not (s. zu 1,16b) – aus einer in die andere und ganz gewiss auch einmal aus der letzten Not im Endgericht.

10 Paulus fasst das Gesagte seiner Wichtigkeit wegen in einen förmlichen Lehrsatz. Dabei werden die Vorgänge jetzt in ihre dogmatische Reihenfolge gebracht. **Mit dem Herzen nämlich wird geglaubt zur Gerechtigkeit, mit dem Mund aber bekannt zur Rettung.** Dreierlei Einheiten werden hier festgeklopft. Zunächst gehören die Heilsgüter Gerechtigkeit und Rettung zusammen. Erstere befreit von der Schuldanklage, die andere vom Straftod. Wenn alles mit guten Dingen zugeht, sind auch Herz und Mund eins[k]. Schließlich sind auch Glauben und Bekennen ungespalten. Das bekennende Reden des Mundes gehört nach 2Kor 4,13 zum »Geist des Glaubens«. Weder verheimlicht sich der Glaube, noch wird das Bekenntnis unabhängig vom Zustand des Herzens geschauspielert.

[k] Spr 16,23 Mt 12,34 2Kor 6,11

11-12 Die Wiederholung des AT-Zitates aus 9,33b unterstreicht, dass sich die Rettung bis ins Endgericht hinein bewährt: **Es sagt nämlich die Schrift (Jes 28,16): »Jeder an ihn Glaubende wird nicht beschämt werden.«**[47] Anknüpfend an V. 4 legt Paulus stärkstes Gewicht darauf, dass hier **jeder**[48] hoffen darf. **Nicht nämlich besteht (in dieser Hinsicht) ein Unterschied (in Betreff) eines Juden und eines Griechen, denn ein und derselbe Herr aller (ist da), reich (sich erweisend) für alle ihn Anrufenden**[49]. Was Paulus hier im Ergebnis zusammenfasst, entfaltet Eph 2,14-18: Das Gesetz hatte sich spaltend als »Zaun« und »Feindschaft« zwischen Israel und den Völkern auswirken müssen. Indem aber der Gekreuzigte das Gesetz erfüllte und aller Herr wurde, fiel auch jener Unterschied zwischen Juden und Griechen dahin (vgl. 3,22.29). Alle haben »in *einem* Geist« Zugang zum Vater, hier: in »ein und demselben Herrn«. Unvorstellbar, dass sein Reichtum, den Paulus so gern rühmt[l], jemals einen seiner Anrufer arm dastehen lässt.

[l] Röm 9,23 2Kor 8,9 Phil 4,19 Eph 1,18 2,4 Kol 1,27

13 Speziell ist an den Reichtum der Barmherzigkeit im Gericht gedacht. Dazu wieder die Schrift (Joel 3,5): **»Jeder« nämlich, »der auch immer anruft den Namen des Herrn, wird gerettet werden«.** Im Unterschied zu V. 12 steht »anrufen« hier nicht mehr in Dauerform, sondern bezeichnet den einzelnen Akt. So hat Paulus hier weniger das Christ*sein* im Auge als das Christ*werden*, das mit der erst-

47 Zur Nicht-Beschämung s. zu 1,16a.

48 Das universale »jeder« viermal: V. 11.12.13.

49 Im Vorgriff auf das folgende Schriftwort in V. 13 tauscht Paulus jetzt den Ausdruck »Glaubende« gegen »Anrufende« (noch Apg 9,14.21; 1Kor 1,2).

maligen Anrufung[50] beginnt. Im Anrufen verwirklicht sich ganz praktisch das Bekennen von V. 9-10.

d) Israel verschließt sich dem genahten Heil (10,14-21)

14 Wie freilich werden sie den anrufen, an den sie nicht zum Glauben kamen? Und wie werden sie (an den) zum Glauben kommen, von dem sie nichts gehört haben? Wie aber werden sie hören ohne Verkünder?
15 Wie aber werden (die Verkünder) verkünden, wenn sie nicht gesandt sind? Wie geschrieben ist (Jes 52,7): »Wie schön die Füße derer, die Gutes als Evangelium bringen!«
16 Aber nicht alle wurden gehorsam dem Evangelium. Jesaja nämlich sagt (53,1): »Herr, wer hat unserer (zu Gehör gebrachten) Botschaft geglaubt?«
17 Folglich: Der Glaube aus der Botschaft, aber die Botschaft durch das Wort Christi.
18 Aber ich sage (fragend): Haben sie etwa nicht gehört? Gewiss doch! »In alle Lande ging hinaus ihr Schall und bis zu den Enden der (bewohnten) Erde ihre Worte« (Ps 19,5).
19 Aber ich sage (weiterfragend): Hat Israel es etwa nicht verstanden? Als erster Zeuge sagt Mose (5Mo 32,21): »Ich selber werde euch eifersüchtig machen auf ein Nicht-Volk, auf ein unverständiges Volk werde ich euch zornig machen.«
20 Jesaja aber wagt (Israel) sogar frei heraus zu sagen (Jes 65,1): »Ich wurde gefunden von denen, die mich nicht suchten, ich machte mich offenbar den nicht nach mir Fragenden.«
21 In Bezug auf Israel aber sagt er (in der Fortsetzung Jes 65,2): »Den ganzen Tag streckte ich meine Hände aus nach einem Volk, das Vertrauen verweigert und widerspricht.«

Paulus spitzt jetzt die soeben dargelegte Wahrheit vom »nahen Wort« (V. 6-8) auf Israel zu und greift damit zugleich das Thema von dessen Schuld und Verlorenheit wieder auf. Zunächst stellt er sicher, dass seine Brüder glauben *könnten*. Vor ihnen zuerst wurde

50 Die zitierte Stelle Joel 3,5 spielte eine wegweisende Rolle bei der »Geburt« der christlichen Gemeinde in Apg 2. Ab V. 21 ist sie sozusagen Predigttext des Petrus. Wörter aus Joel 3,5 durchziehen das Kap. bis zum Ende: »Herr« in V. 25.34.36.39.47; »anrufen« des »Namens« in V. 38 (die auffällige Präposition *epi* weist auf das *epikaleisthai* für »anrufen des Namens« zurück); »jeder« in V. 36. 39.43.44.45, »herbeirufen« in V. 39 und »gerettet werden« in V. 40.47. Lukas berichtet für dieses »anrufen« auch eine Parallele aus dem nicht-religiösen Bereich. Fünfmal verwendet er das gleiche Wort für den Rechtsvorgang, durch den Paulus sich unter den Schutz des Kaisers stellte, was ihn für seine korrupten Richter unantastbar machte (25,11.12.25; 26,32; 28,19).

die Heilsgegenwart ausgerufen, und für den Heiligen Geist ist auch die Verhärtung eines Menschen immer noch porös. Aber da, wo Gott seinem Volk ganz nah war, sagte es nein. Wieder birgt der Apostel sich bei diesen hoch empfindlichen Aussagen Satz für Satz in der Schrift.

14-15 In Form von vier Fragen, die fest verbundenen Kettengliedern gleichen, führt Paulus vor, was Gott alles getan hat, damit Glaube auch wirklich entstehen kann. An alles ist gedacht, Gott hat es an nichts fehlen lassen: Sendung – Botendienst – Hören – Möglichkeit zum Glauben – Anrufen. Paulus gleitet diese Abfolge allerdings rückwärts entlang. Auf diese Weise stehen am Ende die christlichen Träger der Frohbotschaft werbend vor Israel. Zugleich aber steht es auch Heidenchristen gut an, Gottes Kettenschlüsse zu Herzen zu nehmen und nicht zu zerstören. **Wie freilich werden sie den anrufen, an den sie nicht zum Glauben kamen?** Ein Unding, sich unter die Verehrer Christi zu mischen ohne wahren Glauben. **Und wie werden sie (an den) zum Glauben kommen, von dem sie nichts gehört haben?** Ein Unding, zum Glauben aufzufordern, ohne Christus zentral vor die Augen zu malen (Gal 3,1). Ebenso ein Unding, glauben zu wollen ohne das hörende Herz[a], das sich bereitwillig unter die christliche Verkündigung stellt. Niemand in der Bibel glaubt von selbst, aus eigenem Entschluss und Wagnis oder im menschlichen Kraftakt. »Höre!« ist im AT und NT ein Schlüsselwort[b]. **Wie aber werden sie hören ohne Verkünder?** Ein Unding, »sich nach eigenen Wünschen immer neue Lehrer zu suchen, die den Ohren schmeicheln« (2Tim 4,3). **Wie aber werden (die Verkünder) verkünden** (s. zu V. 8b), **wenn sie nicht gesandt sind?** Ein Unding, Sendung durch Studium ersetzen zu wollen und ohne Berufung seine Stimme im Namen Gottes zu erheben.[51] Doch Gott sorgt für wahre Freudenboten (Eph 4,11-12). **Wie geschrieben ist (Jes 52,7): »Wie schön die Füße derer, die Gutes als Evangelium bringen!«** Indem Gott seinen Fuß in die Welt setzte, brachte er Sesshafte auf die Beine und die Füße von Meldegängern in Bewegung, machte sie hurtig und ließ sie Berge von Hindernissen und Täler von Finsternissen überwinden. Indem sie kommen, ist der Herr da (Lk 10,16) und spricht befreiend, erfreuend und rettend. Sollte Israel sie nicht mit offenen Armen empfangen? Trotz der allgemeinen Redeweise mit »sie« hat Paulus schon hier bei V. 14-18 Israels Verhalten im Auge (s. V. 19).

[a] 1Kön 3,9-12 5Mo 10,16 Jer 3,10 29,13 Hes 11,19f
[b] 5Mo 6,5 Mk 4,9 9,7 Offb 2,7.12. 17.29; 3,6. 13.22

[51] Gewiss gibt es eine Sendung für alle Glieder der Gemeinde: »Ihr sollt verkünden!« (1Petr 2,9). Davon ist jedoch die besondere Berufung zum Dienst des Wortes zu unterscheiden (Apg 6,2-4). »Sind etwa alle Apostel? Sind sie alle Propheten? Sind sie alle Lehrer?« »Lasst nicht zu viele von euch Lehrer werden, meine Brüder!« (1Kor 12,29; Jak 3,1).

Den folgenden Satz spricht er gewiss in tiefer Trauer, aber nicht 16
in Zorn oder Entsetzen. Er verarbeitet seine Erfahrung nämlich in der Weite und Tiefe der Schrift. **Aber nicht alle wurden gehorsam dem Evangelium. Jesaja nämlich sagt** (53,1, vgl. Joh 12,38): **»Herr, wer hat unserer (zu Gehör gebrachten[52]) Botschaft geglaubt?«** Das Evangelium versetzt seine Hörer nicht in eine Zwangslage, sondern in eine offene Situation. Weil für sie der Stand der Unwissenheit beendet ist, *können* sie jetzt glauben oder *können* es lassen. In keinem Fall kommt das Wort »leer zurück« (Jes 55,11). Ob es Gnade oder Gericht wirkt – es wirkt[c].

[c] 2Kor 2,14-16 4,4-6 2Thess 1,8; 3,2

Nachdem die Vorstellung von einem Glaubensautomatismus 17
unter der Predigt abgewiesen ist, kann Paulus über die Entstehung des Glaubens zwei Sätze aufstellen: **Folglich: Der Glaube aus der Botschaft.** Bevor der Glaube kommt, kommt die Botschaft (s. Anm. zu V. 16), der Glaube ist Annahme der Botschaft. **Aber die Botschaft durch das Wort Christi.** Hinter dem Mund des Boten steht der Mund des auferstandenen Christus[d].

Ist der Schuldspruch gegenüber Israel noch zu umgehen? **Aber** 18
ich sage (fragend)[53]: Haben sie etwa nicht gehört? Schon zu V. 2 wurde festgestellt, dass die christliche Missionspredigt den Kern des Judentums sehr wohl erreicht hatte. Hier aber antwortet Paulus offenbar auf einer anderen Ebene. **Gewiss doch! »In alle Lande ging hinaus ihr Schall und bis zu den Enden der (bewohnten) Erde ihre Worte« (Ps 19,5).** Das Psalmwort weiß um eine weltweite Botschaft vom Himmel her, unterschieden vom Gesetz, das vom Sinai kam. Sie besteht im Lobpreis der Schöpferherrlichkeit Gottes, die besonders an der Pracht des Sonnenballs festgemacht wird. Sie dringt immerzu auf alle unter der Sonne Lebenden ein (Mt 5,45; Röm 1,19f). Von daher zieht Paulus einen Vergleich: Die Erlösung ist so weltweit wie die Schöpfung. Darum überragt die Macht des Evangeliums auch die unmittelbaren missionarischen Bemühungen, von deren Begrenzungen Paulus sonst wirklichkeitsnah spricht (1,10.13; 15,19-24). Doch Christus ist über die kleine Zahl von Bekehrten hinaus »das Licht, das alle Menschen erleuchtet, die in diese Welt kommen« (Joh 1,4.9). Bevor es ihnen einleuchtet, noch mit geschlossenen Augen, werden sie beschienen von seiner Macht. Das gilt auch für die Juden. Wie die Sonne den ganzen Tag scheint, gilt ihnen das Händeausstre-

[d] Mt 28,19 Mk 16,15 Lk 24,47 Joh 20,21 Apg 10,42 2Kor 5,18b

[52] Das Wort *akoä,* das Paulus hier und V. 17 aus dem griech. Text von Jes 53,1 übernimmt (vgl. Gal 3,2.5; 1Thess 2,13), bezeichnet eigentlich keine Rede, sondern eine »Höre«. Dafür gibt es schwerlich ein einziges Übersetzungswort.

[53] Es folgt der erste von vier Selbsteinwänden des Paulus: 10,18.19; 11,1.11. Paulus macht sich seine Urteile über Israel nicht leicht.

cken und Rufen Gottes »**den ganzen Tag**«. Der Apostel vertraut hier Umständen, die mit der Auferstehung Jesu Christi in Kraft sind (Mt 28,18). Sie sind für ihn unbezweifelbare Wirklichkeit, der er sich öffnet. Hätten sich die ersten Jünger nur von Umfragen, Statistiken, Trendmeldungen, Berechnungen und Prognosen leiten lassen, gäbe es heute nirgendwo Bibeln und christliche Gemeinden.

19 **Aber ich sage (weiterfragend).** Das Verlangen, Israels Verhalten zu ergründen, treibt Paulus um. Israel könnte ungewollt etwas überhört und darum nicht recht verstanden haben. **Hat es etwa nicht verstanden?** Im Sinne von V. 18 ist hier zu antworten: »Gewiss doch!« Weil es nur zu gut verstand, hörte es vorbei und verfiel einem schuldhaften Unverstand (V. 2f; 1,21c). Doch dieser Not, die allgemein menschlich ist, ist Gott in seinem Erbarmen gewachsen. Darauf lenkt jetzt die Fortsetzung. **Als erster Zeuge sagt** als Sprecher Gottes **Mose**, auf den sich die Schriftgelehrten so gern beriefen (5Mo 32,21): »**Ich selber werde euch eifersüchtig machen auf ein Nicht-Volk, auf ein unverständiges Volk werde ich euch zornig machen.**« Schon 9,25-26 pries Paulus die Erweckung von Heiden zur Verständigkeit, obwohl sie doch allbekannt als hoffnungslos unverständig gelten. Aber sie wurden Musterbeispiel für das, was Gottes Erbarmen vermag. Damit entschwindet für Israel die letzte Entschuldigung, keimt aber auch seine schönste Hoffnung. Denn wie viel mehr kann das auch mit dem seit Jahrtausenden erwählten Volk geschehen (s. Auslegung zu 11,11).

20 Ein zweiter Zeuge hielt Israel ebenfalls die Verheißung von Heidenbekehrungen vor. **Jesaja aber wagt (Israel) sogar frei heraus zu sagen (Jes 65,1): »Ich wurde gefunden von denen, die mich nicht suchten, ich machte mich offenbar den nicht nach mir Fragenden.«** Das Suchen und Fragen nach Gott einstellen (1,28; 3,11), sich im Fortgehen nicht einmal mehr über die Schulter nach ihm umsehen, das zeigt den Menschen, der nicht nur äußerlich fern von Gott ist. Solche Menschen dennoch in vollkommener Gottesgemeinschaft zu schauen, das ist schon eine gewagte, unerhörte und unerhört tröstende Prophetie.

21 Das Kapitel von der Schuld Israels war getragen von der Gewissheit unablässiger Bemühungen Gottes um sein gefallenes Volk. Damit schließt es auch. **In Bezug auf Israel aber sagt er** (in der Fortsetzung Jes 65,2): »**Den ganzen Tag streckte ich meine Hände aus nach einem Volk, das Vertrauen verweigert und widerspricht**« (vgl. zu V. 18). Weil dem Apostel die Autorität der Schrift entscheidend und genug ist, ergreift er im Anschluss an diese reiche Zitatenkette wie auch schon nach 9,25-29 nicht noch einmal das Wort zu einer eigenen Zusammenfassung.

Exkurs: *Judenmission?*

Mission ist Weitergabe der Guten Nachricht. Eine solche Botschaft kann jedoch nicht nur Inhalt sein, sondern will auch die missionarische Praxis bestimmen. Darum wird der Missionar jedermann, aus welchem Volk auch immer, achtungsvoll begegnen und ihn nach 2Kor 5,20 in wahrer Menschenfreundlichkeit »bitten«, ersuchen, einladen, seine Kandidatur für das wunderbar Große und Neue anzunehmen. Jede andere Art und Weise wäre ein Widerspruch in sich selbst, wäre nicht Mission. Völker, die das Evangelium empfangen haben wie man Schläge empfängt, können auch nicht als christlich gelten.

a) Im Blick auf die Judenmission zweier Jahrtausende ist weithin von fragwürdiger Mission zu sprechen. Gewalttätig, unter Einsatz sozialen Drucks wurden Juden besonders in der Zeit der Inquisition auf staatlichen Befehl zwangsbekehrt.

b) Aufgrund solcher Erfahrungen wird Judenmission von Juden scharf abgelehnt. Sie erfuhren sie als Dezimierung ihres Volkes, ja empfinden sie heute als »Fortsetzung des Holocaust mit anderen Mitteln«. Aber ihre Ablehnung wendet sich nicht erst gegen die Methoden christlicher Mission, sondern schon gegen das Zeugnis des NT selber. Jüdische Forscher, auch wenn sie den historischen Jesus tief verehren, weisen jedes Messiastum an ihm als christliche Verfälschung zurück. Darum: »Christlich-jüdische Begegnungen oder Gespräche sind meistens verbunden mit der jüdischen Forderung nach einer Erklärung zum Verzicht auf Judenmission.«[54] Am besten funktionieren solche Gespräche, wenn die christliche Seite die Positionen der liberalen protestantischen Theologie einnimmt, denn diese erklärt von sich aus, dass Jesus zwar bemerkenswert, aber völlig unmessianisch lebte, starb, begraben wurde und verweste. Dieser Umstand wird von vielen Christen verdrängt oder nicht durchschaut.

c) In weiten kirchlichen Kreisen wird heute der geforderte Preis für Gespräche tatsächlich gezahlt: »Ablehnung der Judenmission in jeder Form«. Allerdings erfolgt das nicht immer auf der Basis der Liberalen Theologie. Oft handelt es sich um Christen, die gläubig auf die Schrift hören wollen. Danach ist Israel trotz teilweiser Verhärtung Gottes Volk und bleibt Eigner der höchsten Gaben und Berufungen (9,4f; 11,29). Es gleicht dem älteren Sohn im Gleichnis Lk 15,11-32. Er blieb immer im Haus des Vaters und lebte unter seinem Gebot. Trotz des Zwistes mit ihm empfängt er die Bestätigung: »Kind (!), du bist allezeit bei mir, und alles, was mein ist, ist dein.«

[54] A. Burchartz, ELThG, S. 1009

Kurzschlüssig wird aus dem Gleichnis gefolgert: Israeliten müssten nicht umkehren. Sie glaubten schon immer an den einen Gott, besäßen im AT die gleiche Heilige Schrift wie wir und seien deswegen unsere geistlichen »Brüder«. Sie bekehren zu wollen, sei unter diesen Umständen grober Missverstand. Kein Geringerer als Karl Barth lehnte darum Mission unter den Juden ab. Nachdem er uns »armen Heiden« den »einzigartig begnadeten Juden« vor die Augen gestellt hat, fragt er: »Was gibt es da zu ›missionieren‹?« »Was hätten wir ihn zu lehren, was er nicht schon wüsste, was wir nicht vielmehr bei ihm zu lernen hätten?« (KD IV,3 (1959), S. 1006). Die Antwort darauf ist nicht so einfach, wie Karl Barth nahe zu legen scheint. Es macht einen Unterschied, ob »der Jude« z.B. Jesus selbst ist oder z.B. Paulus vor seiner Bekehrung. Legen wir uns hier einmal auf den Juden fest, den der Röm voraussetzt. Er »rühmt sich des Gesetzes« und »hat Eifer um Gott, aber ohne richtige Erkenntnis« (2,17-23; 10,2f). Darum lässt er sich auch durch seine heiligen Schriften nicht zu Jesus Christus führen. Eine Decke hat sich für ihn auf das AT und auf sein Herz gelegt (2Kor 3,14-16). Was hat er – mit dieser Decke! – uns dann noch zu lehren? Er kann uns in Informationsgesprächen Sachfragen zu Sprache, Denkweise und Zeremoniell des Judentums erläutern, aber nicht den eigentlichen Dienst tun, für den Gott Israel erwählt hat: Er ist nicht Zeuge Gottes (Jes 43,10; 44,8; Apg 1,8) und kann uns nicht den Christus »nach der Schrift« groß machen (1Kor 15,3-5).

d) Zurück zur aktuellen Lage. Schulden Christen auch Juden das Evangelium in Wort und Tat? Oder hat an diese Stelle »die brüderliche Solidarität und der ökumenische Dialog« mit den Juden zu treten?[55] Dialog ist gut, aber worüber? Wie ist die biblische Sicht? Das Evangelium von Jesus Christus als dem gegenwärtigen Herrn aller Menschen steht aufgrund der gesamten Offenbarungsgeschichte seit Abraham bleibend den Juden zu. Die urchristlichen Missionare übersprangen darum weder das erzjüdische Jerusalem noch die halbjüdischen Gebiete Judäa und Samaria. Auch für Lehre und Praxis des Paulus blieb grundlegend: »die Juden zuerst« (1,16). Niemals lehrte er die Umkehrung: die Juden zuletzt. Er tat, wo er ging und stand, sein Äußerstes, »damit ich die Juden gewinne«, d.h. rette (1Kor 9,20-22). Judenmission, recht verstanden, ist sogar Voraussetzung der Heidenmission, denn wie sollte etwas für die Heiden gut sein können, was nicht einmal für die Geliebten Gottes gut ist?

[55] H. Kremers, 1979

3. Die Lösung: Gleiches Erbarmen für Israel und Heiden (11,1-36)

Nach Vorarbeit in Teil 1 und Darstellung des bedrückenden Tatbestandes in Teil 2 kann Paulus sich der Lösung des Themas zuwenden, das er 9,6a angekündigt hatte: Gottes unerschütterliche Treue zu seinen Verheißungen für Israel. Gott geht dabei ungeahnte, geheimnisvolle Wege, aber er erreicht das Ziel. Darum säumt eine Reihe von Finalbestimmungen den Gedankengang (Damit-Sätze in V. 11.19.25.31.32). Endlich mündet alles in den Zielsatz: »damit Gott sich aller (nämlich Juden und Heiden) erbarme« (V. 32). Mit »Erbarmen, sich erbarmen« fasst Paulus das vollendende Heilshandeln Gottes zusammen (9,15.18.23; 11,30.31.32; 15,9).

a) Israel nicht verstoßen, wenn auch teilweise verstockt (11,1-10)

1 Ich sage also (fragend): Hat Gott sein Volk etwa verstoßen? Ausgeschlossen! Auch ich selbst bin nämlich Israelit, aus dem Samen Abrahams, Stamm Benjamin.
2 »Nicht verstoßen hat Gott sein Volk« (1Sam 12,23), das er im Voraus erkannt hat. Oder wisst ihr nicht, was im Elia(abschnitt) die Schrift sagt, als er Klage führt gegen Israel?
3 Herr, »deine Propheten haben sie getötet, deine Altäre haben sie niedergerissen, und ich bin allein zurückgelassen, und sie trachten nach meinem Leben« (1Kön 19,10.14.18).
4 Jedoch was sagt ihm der Gottesspruch? »Ich habe mir zurückbehalten siebentausend Männer, die nicht ihre Knie gebeugt haben vor der Baal(sgottheit)« (1Kön 9,18).
5 Auf diese Weise also ist auch in der Jetzt-Zeit ein Rest nach Auswahl der Gnade entstanden.
6 Wenn aber durch Gnade (geschehen), dann nicht mehr durch Werke. Denn sonst geschieht Gnade nicht mehr als Gnade.
7 Was folglich? Was Israel anstrebte, das hat es nicht erlangt, aber: die Auswahl erlangte (es), die Übrigen wurden verhärtet.
8 Wie geschrieben ist: »Gott gab ihnen einen Geist der Betäubung, Augen des Nicht-Sehens und Ohren des Nicht-Hörens, bis zum heutigen Tag« (5Mo 29,3; Jes 29,10).
9 Und David sagt: »Es werde ihr Tisch zur Schlinge und zum Fangnetz und zum Anstoß und ihnen zur Vergeltung.
10 Verfinstert seien ihre Augen, nicht sehen zu können, und ihre Rücken beuge allezeit« (Ps 69,23-24).

Das Bild eines Gottes, der Israel mit beiden Armen wegstößt, ist für Paulus keine Sekunde annehmbar. Gott ist für sein Volk, wie es der letzte Vers von Kap. 10 gerade schauen ließ, ein Gott der ausgebreiteten, offenen Arme. Auf der anderen Seite war das Nein der Synagoge zu Christus in Rom bekannter Tatbestand, so dass sich bei den dortigen heidenchristlichen Lesern die Erklärung nahe legte, Gott habe dies Volk offensichtlich aus der Heilsgeschichte entfernt (vgl. V. 17-22). Wie sollte er auch seine Absicht von 1Mo 12,3, die Welt zu segnen, durch Feinde des Evangeliums (V. 28) verwirklichen! Hier schaltet sich Paulus ein.

1 **Ich sage also (fragend): Hat Gott sein Volk etwa verstoßen?** Von der Schrift her kommend, etwa als Beter von Ps 94,11, gibt es nur eine Antwort: **Ausgeschlossen!** Schon er selbst war ein lebendiges Gegenargument: Gott hatte ihn angenommen! Er macht seinen Lesern bewusst, wen sie vor sich haben: **Auch ich selbst bin nämlich Israelit, aus dem Samen Abrahams, Stamm Benjamin**. Wer also über Israel spricht, unterscheide bitte. Der Verweis auf seinen Stammbaum hat hier nichts zu schaffen mit dem törichten Erwählungsstolz von früher (Phil 3,5; 2Kor 11,22), sondern dient lediglich der Erinnerung: Ich war nicht, ich *bin* Jude und Israelit im Vollsinn! Aber das eigentlich Wichtige in diesem Zusammenhang hängt nicht an einer Einzelperson.

2-4 Erst einmal zurück zu jenem »Ausgeschlossen!« von V. 1: **»Nicht verstoßen hat Gott sein Volk« (1Sam 12,22), das er im Voraus erkannt hat,** also erwählt hat (s. zu 8,29). Selbst die Tatsache, dass Israel in seiner Mehrheit das Evangelium von Jesus Christus und seine Boten verstieß, kommt gegen diese Gewissheit nicht an. Sie speist sich aus einem Wort, das angesichts eines früheren Abfalls Israels wie ein Blitzstrahl Gottes Bundestreue erhellte. **Oder wisst ihr nicht, was im Elia(abschnitt) die Schrift sagt, wie er Klage führt gegen Israel? Herr, »deine Propheten haben sie getötet, deine Altäre haben sie niedergerissen, und ich bin allein zurückgelassen, und sie trachten nach meinem Leben« (1Kön 19,10.14.18).** Worin dies Beispiel aus der Schrift wegweisend ist, folgt V. 4: **Jedoch was sagt ihm der Gottesspruch? »Ich habe mir zurückbehalten siebentausend Männer, die nicht ihre Knie gebeugt haben vor der Baal(sgottheit)** (1Kön 9,18). Der Anfang des Satzes: »Ich habe zurückbehalten!« stellt eine Tat Gottes an die Spitze. Weil Gott inmitten seines Volkes aktiv ist, ist bei Israel zu unterscheiden. Da ist die Gruppe der zurückbehaltenen Männer, unabhängig von menschlicher Tapferkeit und Treue, auch von ihrem Bekanntheitsgrad, denn selbst Elia war ahnungslos. Durch ihr bloßes Vorhandensein stellten sie wandelnde Prophetie dar. Dadurch, dass es sie gab und dass Elia ab jetzt an sie denken durfte, vermittelten sie Hoffnungskraft. In ihnen steckte schon etwas von einem vollständigen Israel, denn ihre Zahl, Siebentausend, ist nicht Zählzahl[56], sondern Sinnzahl, Zahl einer von Gott gewollten Fülle. So trieb Gott seine Sache mit Israel selbst durch den Abfall hindurch voran.

Die Schriftstelle erlaubt eine Übertragung auf die gegenwärtige 5-6
Heilszeit[a], weil Gott heute derselbe ist wie damals. **Auf diese Weise also ist auch in der Jetzt-Zeit ein Rest.** Wieder begegnet der prophetische Kernbegriff[b] vom »Rest« (s. zu 9,27). Im Judentum, das diese Lehre ebenfalls bewahrt hatte, galt durchweg als Rest, wer inmitten der allgemeinen Verweltlichung seine Frömmigkeit durchhielt. Dagegen verlegte Jesaja den Akzent vom »frommen« Rest auf den durch Gott (9,28!) bekehrten und also auch bekehrungsbedürftigen Rest: »Ein Rest kehrt um!« (zweimal in Jes 10,21f). Auf dieser Linie liegt Paulus: Es ist ein Rest **nach Auswahl der Gnade,** es sind begnadigte Sünder aus den Juden, was kräftig unterstrichen wird: **Wenn aber durch Gnade (geschehen), dann nicht mehr durch Werke. Denn sonst geschieht Gnade nicht mehr als Gnade.** Durch diesen Hinweis auf den Gegensatz Gnade – Gesetzeswerke ragt wieder Röm 1-8 herein (vgl. schon z. 9,11b-12a). Was jene Siebentausend zur Zeit des Elia waren, sind also zur Zeit des Paulus die zu Christus bekehrten Juden.

[a] Röm 3,26 8,18 11,5.30.31 2Kor 6,2
[b] Jes 1,8f 4,2ff; 6,13 7,3 10,20-21 11,11.16 28,5; 37,32 45,20ff Jer 23,3 31,7 50,20 Hes 11,13 14,21 36,36 Joel 3,5 (ff: s.u.)

Das bedeutet aber nicht, dass Gott dem Nein der jüdischen 7-10
Mehrheit gegenüber in Passivität versinkt. Gott ist immer Gott, darum gibt es kein folgenloses Sündigen. **Was folglich? Was Israel anstrebte, das hat es nicht erlangt, aber: die Auswahl erlangte (es), die Übrigen wurden verhärtet.** Obwohl letztere im Unterschied zu den unbekannten Siebentausend das offizielle Israel darstellten, wird von ihnen wie beiläufig als von den »Übrigen« gesprochen. Weil sie vor dem Evangelium in Selbstrechtfertigung verfielen (10,2f), erlangten sie nicht ihre Rechtfertigung, ja ernteten zeitweilige Verhärtung[57] der vorhandenen Willenseinstellung. Hierher gehört sachlich auch die Rede vom »Dahingeben« Gottes nach 1,24.26.28. Weil sie »allezeit dem Heiligen Geist widerstreben« (Apg 7,51), überließ Gott sie einem Ungeist. **Wie geschrieben ist: »Gott gab ihnen einen Geist der Betäubung** oder nach Jes 29,10 des Tiefschlafs, **Augen des Nicht-Sehens und Ohren des Nicht-Hörens**[58]**, bis zum heutigen Tag**« **(5Mo 29,3).** Gott kann, um eine flache Bekehrung zu verhindern, in einer bestimmten Phase

Am 4,11 5,15 Obd 17 Mi 2,12 4,6f; 5,6f 7,18 Zef 2,9 3,12f Sach 13,7ff 1Mo 45,7

[56] Sonst müssten gewiss auch viele ihrer Frauen hinzugezählt werden.

[57] Das griech. *pôrôsis* kommt von *pôros,* Tuffstein, bezogen auf innere Abstumpfung von Juden (11,25; 2Kor 3,14) und Heiden (Eph 4,18). Sinngleich ist das Wort *sklärotäs,* Starrsinn, das Paulus 2,5; 9,18 verwendet.

[58] Die Verwendung solcher Stellen auch in Mt 13,10-17; Mk 4,10-12; Lk 8,9-10; Joh 9,39; 12,37-40; Apg 28,26-27 zeigt, dass die Urchristenheit dieser Wahrheit ihr volles Gewicht gelassen hat.

Umkehr blockieren. Er schenkt sich uns erst durch Gericht hindurch.

Ein zweites Schriftzeugnis greift das Nicht-sehen-Können auf und unterstreicht das Thema mit ungeheurer Wucht: **Und David sagt: »Es werde ihr Tisch zur Schlinge und zum Fangnetz und zum Anstoß und ihnen zur Vergeltung. Verfinstert seien ihre Augen, nicht sehen zu können, und ihre Rücken beuge allezeit« (Ps 69,23-24).** Das Wort »Tisch« verwendet Paulus in 1Kor 10,21 für den Altartisch in heidnischen Kulten. Dies Gerät umkreisten die heidnischen Priester in liturgischer Begehung in ungezählten Verbeugungen (vgl. 1Kön 18,26). So heißt es hier am Ende, jetzt sinnbildlich bezogen auf den jüdischen Gesetzesdienst: Mögen sich seine Anhänger ihm nur eifrig hingeben, sich also in ihrer Religiosität verfestigen und festfahren!

Um bei der Auslegung solcher Aussagen nicht ins Schleudern zu geraten, rufe man sich noch einmal die hoffnungsvollen Verse 4-6 ins Gedächtnis. Es war nicht die Meinung des Paulus, dass dies göttliche Gerichtshandeln Bekehrungen von Juden überhaupt unmöglich mache. Verhärtung ist nicht Verstoßung, sondern immer noch eine offene Situation (s. zu 9,26 am Ende). In Kap. 2 hält Paulus seinen unbußfertigen Brüdern den »Reichtum der Güte« (V. 5) vor, der sie in Fülle machtvoll umgibt (V. 4).

b) Der göttliche Heilszweck im Blick auf den verhärteten Teil Israels (11,11-16)

11 Ich sage also (fragend): Sind sie etwa angeprallt, um zu fallen? Ausgeschlossen! Sondern durch ihre Verfehlung (wurde sogar) die Rettung den Heiden (zuteil), mit dem Ziel, (auch) sie selbst (zum Nacheifern) zu reizen!
12 Wenn aber ihre Verfehlung Reichtum der Welt und ihr Versagen Reichtum der Heiden, wie viel mehr ihre Erfüllung!
13 Euch Heiden aber sage ich: Gerade insofern ich Apostel der Heiden bin, preise ich meinen Dienst,
14 ob ich vielleicht mein Fleisch (zum Nacheifern) reizen werde und einige von ihnen retten werde.
15 Wenn nämlich ihre Verwerfung Versöhnung der Welt, was die Annahme, wenn nicht Leben aus den Toten!
16 Wenn aber die Erstlingsgabe heilig (ist), (ist es) auch der Teig, und wenn die Wurzel heilig (ist), (sind es) auch die Zweige.

Ein erstes Hoffnungszeichen stellte der bekehrte Volksteil Israels dar (11,1-6). Aber damit nicht genug. Gott nimmt ebenfalls das

Nein der Verhärteten in sein zielstrebiges Walten hinein, so dass dies Volk, ob bekehrt oder unbekehrt, bleibend eine heilsgeschichtliche Rolle spielt. Damit die Auslegung aber nicht über das Ziel hinausschießt, beachte man, dass dieser Abschnitt von dem Wörtchen »wenn« regiert wird (V. 12.15.16).[59] Es geht demnach nur um bedingte Mitteilungen: vorausgesetzt das und das, gilt das und das, ohne Erörterung, ob bzw. wann und wie sich die Bedingung erfüllt. Zweitens handelt es sich in V. 12 und 15 um Nominalsätze, nur von Hauptwörtern bestimmt, während Verben fehlen. Die Übersetzung verzichtete darauf, das Fehlende zu ergänzen, stattdessen wurden die Sätze mit einem Ausrufezeichen versehen. Dem Wortlaut nach beschreibt Paulus eben nicht Handlung, kündigt keine Vorgänge an, sondern betrachtet staunend Sachverhalte in ihrem Verhältnis zueinander. Er besaß zwar die Gabe der Prophetie, hielt sie aber unter Kontrolle (1Kor 14,32). Wo sie endete, spekulierte er nicht weiter. Wohl konnte er dann weiter beten. Nach 10,1 ist gerade dies Kapitel unter Gebet geschrieben. Er ergibt sich mit seinen Wünschen und Hoffnungen völlig in Gottes Willen.

Die Frage von V. 1 bohrt weiter. Wie steht es also mit dem verhär- **11**
teten Teil Israels, über den Paulus in den Versen 7-10 so bedrückend sprechen musste und die mit dem Wort »allezeit« endeten? Verwerfung also als Dauerzustand? **Ich sage also (fragend): Sind sie etwa angeprallt** (vgl. 9,32f)**, um zu fallen?** »Fallen« ist hier wie 14,4 Bildwort für Verdammung im Endgericht, im Gegensatz zu »Stehen«[a]. Aber solch »Fallen« Israels ist nimmermehr Gottes Absicht: **Ausgeschlossen,** sonst würde ja auch sein Wort »hinfallen« (9,6). Er überließ sein gestraucheltes Volk nicht dem freien Fall, **sondern** behielt es als sein Werkzeug in der Hand. Er handelt durch diese Verhärteten, aber Erwählten, ja durch diese Feinde, aber Geliebten (V. 28) weiter segnend! Wie soll man das verstehen? Bereits 9,23 bezeugte Paulus sehr allgemein, dass Gott an Verworfenen seine Herrlichkeit kundtun kann. Jetzt aber wird's praktisch.

[a] Röm 11,20; 14,4 1Kor 10,12 Jak 5,12

Das Nein Israels stiftete einen großen Segen: **Durch ihre Verfehlung (wurde) die Rettung den Heiden (zuteil).** Im Bild: Das Wasser eines gestauten Stromes fließt über in ein anderes Flussbett und bewässert dadurch andere Landstriche. Oder nach Mk 7,28: Die Brosamen, die vom Tisch der Kindlein fallen, kommen den Hündlein unter dem Tisch zugute. Dieser Übergang des Evangeliums zu den Heiden, nachdem es zunächst nur Israel gegolten hatte (Apg 11,19), dort aber abgeblockt wurde, war immer wieder praktische

[59] Im klassischen Griech. »bezeichnet *ean* (wenn) mit Konjunktiv das Erwartete, das auf eine eventuelle Verwirklichung hindeutet«, auch »das sich unbestimmt häufig Wiederholende«. Es ist in diesem Sinn auch im NT »voll im Gebrauch« (BDR § 373,1; § 371,4).

[b] Apg 13,45-47 18,6 19,8-10 28,24-28

Erfahrung der christlichen Missionare im ersten Jahrhundert[b] und leuchtete ihnen schließlich in seiner Regelmäßigkeit als höheres Walten ein. Jüdisches Versagen brachte den Heiden Rettung. Das aber nicht nur als historisches Anfangsereignis vor neunzehnhundert Jahren, sondern heute noch fasslich z.B. durch jedes Exemplar eines AT in unserer Hand. Wenn wir es mit sehenden Augen sähen, würde es uns aufs Höchste verwundern, dass diese Sammlung jüdischer Schriften unter uns ist. Die Literatur anderer Völker aus dem Altertum findet sich nur noch in den Fachbibliotheken der Gelehrten, aber diese jüdische Bibel segnet uns im Alltag, erhält die Christlichkeit unserer Gemeinden. In ihr ist uns die heilsgeschichtliche Rolle auch des verhärteten Israel alle Tage gegenwärtig. Bezüglich ihres Inhalts schreibt K. Haacker zu Recht: »Wir kennen den lebendigen, wahren Gott nur durch die Erfahrungen, die Menschen aus dem Volk Israel mit ihm gemacht haben ... Die Gotteserkenntnis in Israel ist die Grundlage auch unserer Gotteserkenntnis. Eben darum sind die heiligen Schriften Israels zur Bibel der Kirche geworden, nur ergänzt – nicht ersetzt! – durch das NT. Der Gott, an den wir Christen glauben, kann als ›der Gott Israels‹ von den heidnischen Göttern unterschieden werden, auch von den Gottesvorstellungen der Philosophie.«[60]

Aber das ist nur die eine Seite. Heidenmission erschöpft sich nicht in der Gewinnung von Heiden. Zwar benutzte Gott zunächst den Ungehorsam Israels, das Evangelium in die Völkerwelt zu lenken, tat das aber **mit dem Ziel, (auch) sie selbst,** die Juden, **(zum Nacheifern) zu reizen.**[61] Dies Motiv des Reizens, das Paulus nach 10,19 dem Gesang des Mose in 5Mo 32,21 entnommen hat und das er hier und in V. 14 wiederholt, wurde für ihn wegweisend. Er nimmt dies Reizen positiv, als werbendes Locken zum Nacheifern: Schmeckt und seht, wie freundlich, wie begehrenswert der Herr ist (Ps 34,9)! Auch in diesem Locken verwirklicht sich 10,21 das Händeausstrecken Gottes nach seinem Volk »den ganzen Tag«. Gewiss reizt die Rettung der Heiden die Juden auch zu Ärger und Wut. Beispiel ist Jona, als er Gottes Barmherzigkeit für das heidnische Ninive erlebte: »Das aber verdross Jona sehr und er ward zornig« (Jona 4,1). Ähnlich erboste sich der ältere Bruder im Gleichnis gegen seinen Vater, als der sich des verlorenen Bruders erbarmte (Lk 15,28). Doch beide Bibelabschnitte enden mit einem gewaltigen Bemühen, den Erzürnten zu gewinnen und in das Miterbarmen und in den Empfang der Barmherzigkeit Gottes für sich selber hineinzuziehen.

60 Biblisches Wörterbuch, Wuppertal 1982, S. 204

61 Schon Jesus erwartete, dass die Bekehrung völlig gottentfremdeter Menschen das ablehnende offizielle Israel locken würde, hinterherzukommen (Mt 21,32f).

Bezeichnend jedoch, wie das geschah. Dem Jona hielt Gott nicht etwa den erfreulichen Stand der Frömmigkeit der Niniviten vor, wie auch der Vater in Lk 15 den älteren Sohn überhaupt nicht mit der neuen Bravheit des Heimkehrers hereinlockte. So hob Paulus gegenüber seinen Stammesgenossen auch nicht die sittlichen Vorzüge der heidenchristlichen Gemeinden hervor. Vielmehr rühmte er die Gnade, die für Gottlose eintritt (5,6).[62] Von daher versuchte er seine Brüder aus ihrer tief sitzenden Resignation herauszuführen (7,24; Mt 11,28), die wohl mehr als alles andere Bekehrungen verhindert: Wenn Gott solche Leute annahm, darf auch das ungetreue Israel hoffen. In diesem Sinne erkannte Paulus eine wunderbare Wechselwirkung zwischen Heidenmission und Israelmission, »damit ihr einmütig mit einem Munde Gott lobt, den Vater unseres Herrn Jesus Christus« (15,6). Diese Hoffnung beweist auch, dass Paulus, wenn er von der Verhärtung seines Volkes durch Gott spricht, nicht der Lehre von einer mechanistischen Vorherbestimmung huldigt. Israel ist nicht in eine unabänderliche Erstarrung versetzt, sondern wird von einem Reichtum der Güte, Geduld und Langmut Gottes umspielt, auf den es antworten kann.

Die folgenden Verse vermitteln einen Begriff von diesem Wer- **12**
ben. Paulus lässt erkennen, wie er vor seinen jüdischen Brüdern die Gnade groß machen würde. **Wenn aber ihre Verfehlung Reichtum der Welt und ihr Versagen Reichtum der Heiden …** Zunächst greift er noch einmal den Ausdruck »Verfehlung« aus V. 11 auf, bewertet ihn jetzt aber in einem Nachsatz als sein Versagen.[63] Durch seinen Abfall vom Messias beschädigte es seinen messianischen Charakter, was nach V. 15 durch seine »Verwerfung« quittiert wurde. Trotzdem leitete Gott aus diesem Zusammenbruch den geistlichen Reichtum[c] der Heiden ab. Daraus ergibt sich: Bewirkt Gott schon durch das Israel, das versagt hat, einen solchen Reichtum, dann wird er sich über einem Israel, dass zu seinem wahren Sein zurückfindet, bestimmt nicht arm zeigen. Man muss das Gegenteil folgern: wie viel mehr[64] ihre, nämlich Israels, Erfüllung! Ein »erfüll-

[c] Röm 9,23 11,33 2Kor 8,9 Eph 2,4

[62] Wenn im folgenden Vers zweimal vom »Reichtum« der heidenchristlichen Gemeinden die Rede ist, steht 10,12 im Hintergrund: »Der *Herr* ist reich für alle, die ihn anrufen.« Der Blick staunt also nicht zu attraktiven Gemeinden empor.

[63] Zahn betont S. 506, dass das Wort *hättäma* nicht den Vorgang einer Niederlage bezeichnet, sondern den durch sie herbeigeführten Zustand. Aufschlussreich ist die zweite Stelle der Bibel, in der es vorkommt. Paulus hatte es kurz zuvor 1Kor 6,7 verwendet. Dort warnt er die Korinther: Wenn sie mit einem Bruderstreit vor ein weltliches Gericht zögen, würden sie ihren Charakter als Gemeinde Jesu einbüßen (»es wäre für euch ein *hättäma*«, also eine Niederlage, ein Verlust an geistlicher Substanz).

[64] Eine ähnliche Denkweise (»um wie viel mehr«) fand sich schon 5,9.10.15.17; 8,32, dann auch hier wieder V. 24. Eine Lawine, einmal ins Rollen gekommen, wird immer größer.

tes Israel« ist in diesem Zusammenhang selbstverständlich nicht ein zahlenmäßig aufgefülltes Israel, bekommt doch das an sich sehr vieldeutige Wort »Fülle« hier sein klares Profil durch sein Gegenüber, eben als Gegenteil von »Versagen«. Paulus schaut ein Israel, das in der Fülle seiner messianischen Sendung steht. Als solches ist es in einem weit höheren Maß Segensträger für die Welt als in seiner Verhärtung.

13-14 Der letzte Satz war nicht vollständig ausformuliert. So wurde nicht recht fasslich, woran der Apostel dachte. In den folgenden Versen bekommen es seine Leser im Klartext: **Euch Heiden aber sage ich: Gerade insofern ich Apostel der Heiden bin, preise ich meinen Dienst (auch im Blick auf Israel), ob ich vielleicht mein Fleisch (zum Nacheifern) reizen werde.** Bei diesem auf Israel gerichteten Reizen handelt es sich also nicht um ein Geschehen vom Himmel her, sondern um Vorgänge innerhalb des geschichtlichen Missionsprozesses. Die Ankündigung in 5Mo 32,21: »Ich will sie reizen«, verwirklicht Gott durch Menschen, hier vornehmlich durch den Apostel der Heiden Paulus. Er wünscht also nicht missverstanden zu werden: Die Heidenchristen, die hier bis V. 32 angeredet werden, mögen seine glühende Hingabe an das Werk unter ihnen nicht judenfeindlich vereinnahmen. Er versteht sein Wirken unter ihnen zugleich als gewaltiges Locken Gottes[65] gegenüber seinem eigenen Volk. Dabei trug dies Wirken die Merkmale echter christlicher Mission: Sie steht grundsätzlich unter dem **ob vielleicht[66] einige[d] von ihnen gerettet werden**[67]. Gerettet wird, wer glaubt – Person um Person. Kein übermächtiges Kollektivereignis wird vorausgesagt.

[d] 1Kor 9,22 Apg 14,4 17,4.32.34 28,24

15 Nach dieser Klarstellung wiederholt Paulus den Lobpreis der Gnade von V. 12, verwendet aber diesmal Ausdrücke, die weniger die Erscheinungen an Israel selbst hervorheben als vielmehr das dahinter stehende Handeln Gottes. **Wenn nämlich ihre Verwerfung Versöhnung der Welt, was die Annahme, wenn nicht Leben aus den Toten?** Gott hat ihr selbst verschuldetes Versagen (V. 12) mit Verwerfung belegt, verwendete dies Volk aber trotzdem als Ins-

[65] Zu den erstaunlichen Wirkungen des göttlichen Lockens in der neueren Zeit gehört schon die gründliche Erforschung des NT und die Aufhebung der Verdammungsurteile über Jesus und Paulus in jüdischen Kreisen. (C.H. Ratschow, RGG³, S. 660; dazu Sh. Ben Chorin, Jesus im Judentum, Wuppertal 1970).

[66] Diese Wendung (*ei pôs*) zeigt, dass Paulus hier nicht im Rahmen einer Prophetie, sondern eines Gebetswunsches spricht. Darin bestärkt der Gebrauch der Wendung auch in 1,10, wo die Beugung unter den Willen Gottes, wie sie zu jedem echten Gebet gehört, ausdrücklich erwähnt wird.

[67] Dass er »etliche« seiner Stammesbrüder retten wollte (hier V. 14 und 1Kor 9,20), war über die Absichtserklärung hinaus auch Bericht aus seiner Praxis. Die Apg illustriert seine Erfolge (13,43; 14,1; 16,1; 17,4.11; 18,4; vgl. 19,10.17).

trument des Segens. Der Völkerwelt wurde dadurch der Teppich der Versöhnung unter die Füße geschoben. Hier ist 2Kor 5,18-21 nachzulesen. Im Rahmen der Verkündigung unter allen Völkern, auch unter Israel, rechnete Paulus damit, wie in V. 14 gerade gesagt, dass auch Glieder des verworfenen Teils Israels »gerettet werden«. Den Vorgang hat 10,9-13 ausführlich geschildert. Dort steht auch außer jedem Zweifel, dass der Herr, reich an Erbarmen, Juden, die ihn anrufen, unterschiedslos annimmt. Diese Annahme[68] gipfelt jedes Mal im Freudenruf von Lk 15,24: »Dieser mein Sohn war tot[69] und ist wieder lebendig geworden!« Dem Angenommenen ist neues Leben gewiss[70]. Darum: **Was die Annahme, wenn nicht Leben aus den Toten!** Schon im Glauben Abrahams offenbarte sich der Lebendigmacher, und nach 4,17-18 hat auch der christliche Glaube hier seine Wurzeln. Nach 8,2 erfährt die Gemeinde den »Geist des Lebens« von Hes 37. In dieser Schau war die Urchristenheit zu Hause. »Leben aus den Toten« war für sie Gegenwart[e], nicht äußerster Rand der Heilsgeschichte.[71]

[e] Röm 6,4-11.13 8,10 Eph 2,1.5; 5,14 Kol 2,13 3,3 1Joh 3,14 Joh 5,24f

16 Zwei Bilder nennen eine zusätzliche Voraussetzung für die Zuversicht des Paulus in Bezug auf bisher verhärtete Juden. Das erste Bild erinnert an die Vorschrift der Teigabgabe nach 4Mo 15,18-20. **Wenn aber die Erstlingsgabe heilig (ist), (ist es) auch der Teig.** Von einem zur Brotbereitung hergerichteten Teig musste die Hausfrau erst eine kleine vorgeschriebene Menge in das Haus des Priesters senden.[72] Damit galt die ganze Masse als gottgeweiht und gottgefällig und war zum Gebrauch freigegeben. So bewirkt der kleine treue Rest in Israel, dass nicht das ganze Volk »wie Sodom und Gomorra geworden« ist (9,29), sondern weiter Gott gehört und somit heilig ist. Das andere Bild bezieht nicht einen kleinen Teil auf die große Masse, sondern den Ursprung des Volkes auf seine Entfaltung in seinen Gliedern. **Und wenn die Wurzel heilig (ist), (sind es) auch die Zweige.** Die Qualität der Zweige eines Baumes ist von der Wurzel bestimmt (zur Deutung der Wurzel s. zu V. 17). Zum

68 »Annahme« als Ausdruck für eine endgeschichtliche Volksannahme ist nirgendwo belegt. Das Substantiv *proslämpsis* findet sich nur hier in der Bibel. Das Verb *proslambanesthai* erscheint wiederholt in den Psalmen, wo einzelne Beter engste Gemeinschaft mit Gott geschenkt bekamen (Ps 18(17),17; 27(26),10; 65(64),5; 73(72),24; Psalmnummern in Klammern beziehen sich auf die Zählung in LXX).

69 Die Bezeichnung der Sünder als geistlich Tote war im Judentum wohl bekannt (Bill I, S. 489).

70 In diesem »wenn nicht« (*ei mä*) liegt keine Steigerung von der »Versöhnung der Welt« zum »Leben aus den Toten«. Versöhnung lässt sich nicht steigern, sondern enthält schon Gerechtigkeit und Leben.

71 Über die allgemeine Auferstehung der Toten bei der Vollendung spricht das NT überaus häufig, aber immer sprachlich anders als hier, nämlich unter Verwendung der Vokabeln *anastasis, exanastasis, anhistämi, exanhistämi, stämi, egeirô.*

72 Ausführlich Bill IV, S. 665ff

Heiligkeitsbegriff an dieser Stelle: In 1Kor 7,13-16 kann Paulus gegen seinen gewöhnlichen Sprachgebrauch einen nicht gläubigen und noch nicht geretteten Menschen als »heilig« bezeichnen, »wenn es ihm gefällt, bei ihr (der gläubigen Ehefrau) zu wohnen«. Dadurch lebt er nämlich real im Heiligkeitsbereich. Es gibt also eine Heiligkeit aus zweiter Hand. Sie stellt gewiss nicht das Ziel der Wege Gottes dar, aber ist verheißungsvoll. Dies Verständnis von »heilig« trifft sicher auch den Sinn in unserm Vers.

c) Die Art und Weise, wie Rettung geschieht – auch und zuerst für die Juden (11,17-24)

17 Wenn aber einige Zweige ausgebrochen wurden, du aber (als Zweig) vom wilden Ölbaum wurdest eingepfropft unter sie und bist Mitteilhaber (an) der Wurzel der Fettigkeit des Ölbaums geworden,

18 rühme dich nicht (triumphierend) herab(blickend) gegenüber den Zweigen! Wenn du dich aber rühmst, (so bedenke): Nicht du trägst die Wurzel, sondern die Wurzel trägt dich.

19 Du wirst folglich sagen: Ausgebrochen wurden Zweige, damit ich eingepfropft würde.

20 Schön! Aufgrund von Unglauben wurden sie ausgebrochen. Du aber stehst aufgrund des Glaubens. Denke nicht Hohes, sondern fürchte (Gott)!

21 Wenn nämlich Gott die naturgemäßen Zweige nicht schonte, wird er dich auch nicht schonen.

22 Sieh also Güte und Strenge Gottes: Gegen die Gefallenen zwar Strenge, aber gegen dich Güte, wenn du in der Güte verharrst. Sonst wirst auch du ausgehauen.

23 Auch jene aber, wenn sie nicht verharren im Unglauben, werden eingepfropft werden. Kraft hat nämlich Gott, sie wieder einzupfropfen.

24 Wenn nämlich du aus dem von Natur wilden Ölbaum herausgehauen und gegen die Natur eingepfropft wurdest in den edlen Ölbaum, wie viel mehr werden diese von Natur (edlen Zweige) in den eigenen Ölbaum eingepfropft werden!

Jetzt macht Paulus seine Sicht der Dinge im groß ausgeführten Bild vom Ölbaum fasslich. Es strahlt noch auf den folgenden Abschnitt aus, so dass wir hier vor einem Kernstück von Röm 11 stehen. Dabei deckt sich der Lehrgehalt des Bildes dreifach mit 1,16. Erstens kehrt hier in V. 23 die Bezeugung der »Kraft Gottes« wieder: »Gott hat die Kraft!« (*dynamis – dynatos*). Zweitens ist bei der

Rettung wieder der Glaube Dreh- und Angelpunkt (V. 20.23), und zwar in ungeheurer Dringlichkeit für jeden, ob Jude oder Heide. Schließlich besteht Paulus hier deutlich auf dem »zuerst für den Juden« von dort, indem er in V. 24 die jüdischen Privilegien bewusst macht: »um wie viel mehr die Juden!«

Der Zusammenhang von Wurzel und Zweigen nach V. 16b be- 17
schäftigt weiter, aber in anderer Weise. Die Zweige bilden jetzt nicht mehr ein unterschiedsloses Kollektiv, sondern können voneinander abstechen. Von **einigen Zweigen** im Unterschied zu anderen ist die Rede. Es sind die ungläubigen Israeliten (V. 20), die durch einen Gerichtsakt aus dem edlen Ölbaum **ausgebrochen wurden**. Andererseits wurdest **du**, der Heidenchrist, als Wildling **eingepfropft unter sie,** eben unter die stehen gebliebenen christusgläubigen Juden.

Gewiss kennt Paulus das Bild vom Ölbaum in Jer 11,16, lehnt sich dort aber kaum an. Dort erscheint Israel als einst fruchtbarer Ölbaum, dem im Feuersturm des Gerichts sämtliche Zweige verbrannten, hier dagegen wurden nicht einmal die ausgebrochenen Zweige verbrannt (V. 24). Außerdem ist Israel hier nicht mit dem Baum als solchem verglichen, sondern mit seiner Bezweigung. Was sich zwischen Wurzel und Zweigen befindet, Stamm und Äste, wird nicht bedacht. Die Wurzel ist in Übereinstimmung mit jüdischen Schriften Bild für Abraham.[73] Paulus hat ihm nicht umsonst das gesamte Kap. 4 gewidmet, wenn dort auch nicht als der Wurzel, sondern in ähnlich grundlegender Bedeutung als der Stammvater. In Übereinstimmung mit dem AT arbeitete Paulus für Abraham eine Art Vatertum heraus, bei dem leibliche Fortpflanzung zurücktritt. Entscheidend wichtig ist sein Glaube. Durch ihn wurde er weit mehr als nur Ahnherr des jüdischen Volkes, nämlich »Vater vieler Völker« (4,17). In seinem Glaubensakt wurzelt die ganze Heilsgeschichte. Das ist auch hier der leitende Gesichtspunkt. Allein im Glauben ist man, ob Jude oder Heide, **Mitteilhaber (an) der Wurzel der Fettigkeit,** nur Glaubende **trägt die Wurzel** (V. 17f).

Der sechsmal erwähnte Vorgang des Einpfropfens hat mit der uns gewohnten Veredelungspraxis nichts zu tun, empfängt dieser Baum doch nicht ein edles Reis, das ihn verbessern könnte. Auch ist nicht an die im Altertum gelegentlich geübte Einpfropfung von Wildreisern zu denken, um alternde Ölbäume aufzufrischen, denn diese Wurzel verdankt dem Wildling nichts, sondern umgekehrt dieser alles der Wurzel. So sprengt Paulus bewusst das natürliche

73 »Auserwählte Wurzel« bezeichnet ihn Henoch 93,8; vgl. Testament des Judas 24,5. – Karl Barth erklärt dagegen die Synagoge, also das gesetzestreue Judentum, zur »Wurzel der Kirche«, das die Kirche nun bleibend trage (KD IV,3, S. 1007).

Bild; nicht umsonst hebt er V. 24 das **»gegen die Natur«** hervor. Gott handelt hier nicht nach dem Muster eines Gärtners, sondern als Neuschöpfer. So kommt es auch zur Wiedereinpfropfung herausgehackter Zweige, die doch normalerweise längst verbrannt sind.

18 An den Tatbestand, dass ein »Wildling« jetzt im vollen »Saft« der Heilsoffenbarung leben darf, knüpft Paulus eine an sich unnötige Mahnung an, unbegreiflicherweise dennoch nötig: **Rühme dich nicht (triumphierend) herab(blickend)**[74] **gegenüber den Zweigen!** Ein dreifaches Unding: a) Im begnadigten Heiden flackert das Ich-Fieber auf. Er entwickelt für sich ein Vorrangbewusstsein, mausert sich unter der Hand zum Edelreis; b) er empfindet für den Juden, der doch um der Väter willen ein Geliebter sein müsste (V. 28b), gehässige Schadenfreude; c) er vergisst ganz und gar das Stehen vor Gott (V. 20). Er steht Kopf, er muss die Füße wieder auf den Boden bekommen. **Wenn du dich aber rühmst, (bedenke): Nicht du trägst die Wurzel, sondern die Wurzel trägt dich.** Das letzte **du** ist mit erhobener Stimme gesprochen: Wie unpassend ist solch ein Verhalten für einen wie gerade dich! Zur Deutung der **Wurzel** s. zu V. 17.

19-20 Jetzt verteidigt der getadelte »christliche« Judenfeind sein Verhalten mit einer Theorie, die er angeblich vom Handeln Gottes abgelesen hat. **Du wirst folglich sagen: Ausgebrochen wurden Zweige, damit ich eingepfropft würde.** So spricht die »Enterbungstheorie«: Israel habe seine Erwählung verwirkt. Es trete somit in die Reihe der anderen Völker zurück, um der christlichen Kirche als seiner Rechtsnachfolgerin Platz zu machen. Die lobende Antwort: **Schön!** hat den spitzen Unterton: Es ist nicht alles völlig falsch, was du sagst. Sachlich richtig ist das Fallen des Juden und Stehen des Heidenchristen beobachtet. Falsch ist die Sicht, wonach hier ein planmäßiger Mechanismus abläuft, abgehoben vom Hereinwirken Gottes. Gott verplant keinen einzigen Menschen von vornherein und für alle Ewigkeit, vielmehr **aufgrund von Unglauben wurden sie ausgebrochen.** Genauso empfindsam reagiert er aber auch auf die leiseste Regung im Winkel des eigenen Herzens. **Du aber stehst aufgrund des Glaubens.** Darum: **Denke nicht Hohes,** hebe nicht ab vom Boden in die Höhen deiner menschlichen Theorien, **sondern fürchte** den lebendigen Gott! Wie in einem gewaltigen Crescendo heißt es im Folgenden immer: Gott (V. 21), Gott (V. 20a), Gott (V. 22b), Gott (V. 23)! In diese Wirklichkeit reißt Paulus uns hinein.

[74] Das einfache Wort für »sich rühmen« (so 2,17.23; 5,3.11; vgl. 3,27) ist hier verstärkt durch die Vorsilbe *kata,* herab (diese Form im NT noch Jak 2,13; 3,14).

Wir Heidenchristen sollten eine doppelte Lektion gelernt haben. 21
Einerseits gibt es vor Gott keine »natürliche« Anwartschaft auf die Hölle. Offenkundig Nicht-Erwählte können Erwählte werden (9,25f). Aber auch umgekehrt: Es gibt keine mechanische Anwartschaft auf das Heil. **Wenn Gott die naturgemäßen Zweige nicht schonte, wird er dich auch nicht schonen.** Erwählte können verworfen werden. Das NT enthält für die Glieder der christlichen Gemeinde Warnungen, die an die Wurzel gehen[a].

[a] Gal 6,7-10 1Kor 4,4.5 9,24-27 10,11f 2Kor 5,10 Phil 2,12 Offb 3,5.16

Paulus fasst zusammen. **Sieh also Güte und Strenge Gottes: Ge-** 22
gen die Gefallenen zwar Strenge, aber gegen dich Güte, wenn du in der Güte verharrst. Sonst wirst auch du ausgehauen. In dieser Gottesverkündigung bilden schenkende Güte[b] und richterliche Strenge eine unzertrennliche Einheit. Zunächst zur Strenge: Tatsächlich ist Gott gefährlich (vgl. V. 20: Fürchte Gott!), und zwar gegen jedermann und allezeit. Rettung vor Gott liegt allein in der Flucht zu Gott (Martin Luther). Bleiben in der Rettung ist nur möglich, »wenn du in der Güte verharrst«[c] – eine besonders schöne Umschreibung für das »Stehen im Glauben« in V. 20.

[b] Röm 2,4 Eph 2,7 Tit 3,4

[c] Joh 15,4-16

Jetzt kann Paulus seine Hoffnung für Israel genauer ausspre- 23
chen. **Auch jene aber, wenn sie nicht verharren im Unglauben, werden eingepfropft werden** in jenen guten Ölbaum. Dieses »wenn nicht« ist nicht zu überhören. Von 1,16 an bis Kap.10 hinein hat Paulus unmissverständlich gemacht: Rettung ist unlöslich mit dem Herrn Jesus Christus und darum mit dem vertrauensvollen Glauben an ihn verbunden. Hier gilt: »Kein anderes Evangelium!« (2Kor 11,4). Noch in 10,12 ließ er darin ausdrücklich keine Ausnahme gelten. Es gibt keinen zweiten Heilsweg. Juden werden nicht anders gerettet als Heiden. Nur so verwirklicht sich ihre »Annahme« (V. 15). **Kraft hat nämlich Gott, sie wieder einzupfropfen.** Schon zum Beginn der Heilsgeschichte leuchtete diese Schöpfermacht auf (4,17.21, vgl. 11,15 und 16,25).

Jetzt zieht Paulus von etwas viel Schwererem, das Gott aber be- 24
reits vermocht hat, einen Rückschluss auf die vergleichsweise »leichte« Wiedereinpfropfung von Juden in den Ölbaum. **Wenn nämlich du** Heide **aus dem von Natur wilden Ölbaum herausgehauen und gegen die Natur eingepfropft wurdest in den edlen Ölbaum, wie viel mehr werden diese von Natur (edlen Zweige) in den eigenen Ölbaum eingepfropft werden!** Zwar gibt es für den Allmächtigen keine schweren und leichten Fälle; alles vermag er mit Leichtigkeit. Um aber des Menschen Skepsis niederzuringen, lässt Paulus einmal auch für Gottes Allmacht unterschiedliche Grade von Schwierigkeit zu. So gesehen ist es doch über die Maßen erstaunlich, dass Gott sich aus Steinen, sprich aus dem Betonboden des Heidentums, Kinder erweckte (Mt 3,9; Eph 2,12). Um wie viel

mehr und erst recht kann er seine erwählten Israeliten, denen man außerdem Eifer um Gott und sein Gesetz bescheinigen muss (9,31; 10,2), wieder annehmen.

Rückblickend gilt es, den genauen Sinn des langen Satzes von V. 23-24 zu erfassen: Das zweimalige Futur »sie werden eingepfropft werden« hängt an der vorangestellten Zeile: **Wenn sie** unter der missionarischen Verkündigung **nicht verharren im Unglauben,** dann[75] wird Gott sie wieder einpfropfen. Aber werden sie es tun? Paulus hat dieses »wenn nicht« sehnlichst erfleht (10,1).

d) Das Geheimnis der Rettung für »ganz Israel« (11,25-32)

25 Nicht nämlich will ich, dass ihr unwissend seid, Brüder, in Bezug auf dies Geheimnis, damit ihr nicht in euch selbst klug seid: Verhärtung ist Israel teilweise geschehen, bis die Fülle der Heiden eingegangen ist,

26 und so wird ganz Israel gerettet werden, wie geschrieben ist (Jes 59,20; 27,9): »Es wird kommen vom Zion der Erretter, er wird abwenden die (Handlungen der) Unfrömmigkeit von Jakob.

27 Und das ist von mir her der Bund mit ihnen, wenn ich wegnehmen werde ihre Sünden.«

28 Nach dem Evangelium (sind die Juden) zwar Feinde um euertwillen, nach der Auswahl aber Geliebte um der Väter willen.

29 Denn unwiderrufbar sind die Gaben und die Berufung Gottes.

30 Wie nämlich ihr einstmals Gott ungehorsam geworden seid, jetzt aber Erbarmung erfuhrt durch deren Ungehorsam,

31 so sind sie jetzt ungehorsam geworden durch eure (Erfahrung der) Erbarmung, damit auch sie jetzt Erbarmung erführen.

32 Denn zusammengeschlossen hat Gott alle in den Ungehorsam, damit er sich aller erbarme.

[a] Röm 1,13 1Kor 10,1 12,1 2Kor 1,8 1Thess 4,13

Die Heidenchristen bleiben angeredet, aber das lebhafte Wechselgespräch von 11,1-24 verebbt. Nachdem die Grundlage für eine Lösung der Israelfrage gelegt ist und im Ölbaum-Gleichnis plastisch vor Augen steht, folgt eine lehrhafte Zusammenfassung.

25a Eine Redefigur, die sich bei Paulus noch fünfmal[a] findet, leitet ein: **Nicht nämlich will ich, dass ihr unwissend seid.** In diesem Fall versieht er sie aber mit einer ausdrücklichen Begründung: **damit ihr nicht in euch selbst klug seid**. Er verweilt also noch bei

[75] Das Futur ist demnach nicht als *futurum propheticum* zu nehmen, sondern als *futurum logicum*.

der eben geäußerten Gefahr (V. 18-22), seine heidenchristlichen Leser könnten überheblich auf das verstockte Israel herabblicken. Dort gab er die Macht Gottes zu bedenken (V. 23b), hier seine Weisheit (vgl. V. 33-35). Er spricht vom **Geheimnis.**

Die urchristlichen Missionare wussten sich als Verwalter einer Mehrzahl von Geheimnissen[b]. Dabei lassen sich die zwanzig Vorkommen in den Paulusbriefen gruppieren in solche Stellen, die sich auf einzelne Punkte[c] des göttlichen Plans beziehen, und andere, die sein Zentrum zum Inhalt haben. Dann heißt es in Einzahl »Geheimnis Gottes, Geheimnis seines Willens, Geheimnis des Christus, des Evangeliums, des Glaubens« oder keiner Beifügung bedürftig, allein mit hinweisendem Fürwort versehen wie hier, **»dies Geheimnis«**[d]. Diesem Schlüsselgeheimnis galt der eigentliche Lebensdienst des Paulus, nämlich der Verkündigung des gekreuzigten Christus als Gottes allgenugsame Weisheit (1Kor 1,30). Es handelt sich nicht um einen Punkt neben anderen Punkten der Heilslehre, sondern bildet deren Mittelpunkt, auf den alles hingeordnet ist und der alle anderen Geheimnisse entschlüsselt (2Kor 1,20). Diesem Herzstück seiner Theologie widerstanden freilich die Judaisten mit solcher Wucht, dass er immer wieder um Fürbitte nachsuchte, damit er dies »Geheimnis des Evangeliums« nicht irgendwelchen Einschüchterungsversuchen zum Opfer brächte.[e]

Wenn Paulus, wie wir lasen, es für außerordentlich wichtig hielt, seinen römischen Leser diese Christuswissenschaft mitzuteilen, wird ihm das für die anderen Gemeinden nicht weniger am Herzen gelegen haben. Das Anliegen müsste sich auch in anderen seiner Briefe niederschlagen. Die Erwartung bestätigt sich. Der Römerbrief steht nicht isoliert da. Schon in den beiden ersten Kapiteln des 1Kor geht es genau wie hier um die »Klugen«, die befangen sind von der »Weisheit dieser Welt« und verblendet für die »Weisheit Gottes im Geheimnis« (dort 2,7; vgl. 1,17.18; 2,1-5.6-9). Als deren zentraler Inhalt erscheint »Christus als Gottes Kraft und Weisheit« (1,24). Es geht wie auch hier um ein Heilsgeheimnis, denn wieder regiert die Vokabel »retten«. Wie hier sticht an dieser Rettung das Universale hervor, für »Juden sowohl als auch Heiden« (1,22.23. 24). Im später geschriebenen Eph erwägt Paulus noch einmal dies Heil, nun ganz ausführlich, ausgereift und unmissverständlich und wieder unter dem Stichwort »Geheimnis«. Gleich im ersten Kapitel tritt es uns entgegen: Es besteht darin, dass in Christus alles zusammengefasst wird – »wir« Juden und »ihr« Heiden (1,9-14). Kap. 2 folgt der große Abschnitt über den Fall der »Mauer« zwischen Juden und Heiden, Kap.3 dann die Passage mit dreimal »Geheimnis«, jetzt eindeutig inhaltlich bestimmt: »Durch Offenbarung ist mir das **Geheimnis** kundgemacht worden, … ihr könnt meine Einsicht in

[b] 1Kor 4,1 13,2; 14,2 Mt 13,11 Lk 8,10

[c] 1Kor 15,51 Eph 5,32 2Thess 2,7

[d] Röm 16,25 1Kor 2,1.7.8 Eph 1,9 3,3.4.9 6,19 Kol 1,26.27 2,2; 4,3 1Tim 3,9

[e] Röm 15,30 Eph 6,19 Kol 4,3 2Thess 3,1

das **Geheimnis** Christi erkennen, ...: *nämlich dass die Heiden Miterben (Israels) sind und zu einem Leib gehören und Mitgenossen der Verheißung (mit Israel) in Christus sind durch das Evangelium* ... Ich sollte ans Licht bringen, was die Verwaltung des **Geheimnisses** sei« (Eph 3,3-9). Schließlich wurde »Geheimnis« auch im Kol Schlüsselbegriff. Der »herrliche Reichtum des Geheimnisses« besteht dort nach 1,26f im »Christus in euch (Heiden)«, so dass glaubende Juden und Heiden im umfassenden Leib Christi eine versöhnte Gemeinschaft bilden. Dies Geheimnis, für das Paulus eine ganz besondere Zuständigkeit und auch Verantwortung besaß, war den Römern, die außerhalb seines Wirkungskreises Christen geworden waren, noch nicht in dieser Klarheit gesagt worden. Es gehörte zur »geistlichen Gabe« und »zum Segen Christi«, mit dem er auch nach Rom kommen wollte (1,11; 15,29).

Wir stehen hier an einem wichtigen Punkt der Auslegung des Römerbriefs, der bei den Auslegern immer wieder höchstes Interesse gefunden hat. Man kann die verschiedenen Auslegungen etwa so zusammenfassen:

25b Es folgt der Geheimnissatz selbst, gipfelnd in V. 26a. Er bezieht sich zunächst auf die beiden Grundvorgänge der Jetztzeit, die schon damals für jedermann offen zutage lagen: a) die Ablehnung des Evangeliums seitens maßgeblicher Teile der Synagoge und b) die Entstehung christlicher Gemeinden unter den Völkern. Beides hatte der Apostel in 9,30-33; 10,1-3.16-21; 11,7-24 schon zu Genüge behandelt. Weil er aber sah, dass seine Leser in Rom mit diesen Fakten falsch umgingen und sich versündigten (V. 8-22.25a), deckte er ihnen den göttlichen Sinn dieser Vorgänge auf. Eben darin kommt auch der Geheimnischarakter zum Tragen. Die beiden Vorgänge verlaufen gegen allen Anschein nicht gegeneinander, nicht einmal beziehungslos nebeneinander: **Verhärtung ist Israel teilweise geschehen, bis die Fülle der Heiden eingegangen ist.** Das »bis« zeigt an;

a) dass dies göttliche Verhärten anhält, *solange die Mission durch die Völker läuft, ja damit sie läuft.* Durch dieses Verhärten widerfährt ja auf der anderen Seite den Heiden das Heil, wie Paulus V. 11 erklärt hatte;

b) zugleich gilt umgekehrt: Die Völkermission hält an um Israels willen *bis ans Ende dieser Zeit, und zwar als Treuezeichen für Israel und Ansporn zur Rettung von Juden,* wie Paulus V. 13-14 den Heiden ausdrücklich versicherte (vgl. 10,19; 11,11). So geht »jetzt in dieser Zeit«[76] der Strom der Gnade hinüber und herüber. Keine Barmher-

[76] Dieses »jetzt« von V. 5 wird bis zum Schluss des Kapitels festgehalten: noch drei Mal V. 30.31, ohne zwichendurch eine Bezugnahme auf die Wiederkunft Christi.

zigkeit für die Heiden ohne Israel, keine Barmherzigkeit für Israel ohne die Heiden, »damit er sich aller erbarme« (V. 32).

»Verhärtung« bedeutet demnach für die Juden nicht, in eine unabänderliche Erstarrung versetzt zu sein, bis der Herr wiederkommt. Vielmehr: Weil sie »Geliebte sind um der Väter willen« (V. 28), streckt Gott den ganzen Heilstag seine Hände nach ihnen aus, um sie durch den Glauben an ihren Messias zu retten (V. 14.23-24). Bei der »Fülle der Heiden« mag man an eine festgesetzte Zahl von Bekehrten denken[77], aber auch der Hinweis auf die »Erfüllung (Verbform von *pläroô*) des Evangeliums« nach 15,19 ist angebracht: Eines Tages, den Gott setzen wird, wird es gültig vollstreckt sein. Die Verkündigung des Evangeliums hat nicht nur ihr Muss (Mk 13,10), sondern auch ihr Maß.

Jetzt legt Paulus das ganze »Geheimnis« frei. Unter der darge- **26a**
stellten göttlichen Doppelstrategie geschieht ein Drittes. Dieses begann schon damals und ist noch heute im Gange. Aber erst mit dem Ende der Missions- und Gnadenzeit wird es vollendet sein. Darum wechselt Paulus jetzt in die Form der Zukunft: **und so wird ganz Israel gerettet werden**. Ein typischer Ergebnissatz! Mit **und so**[78] knüpft er an die soeben beschriebene Verfahrensweise Gottes an. Gott wird also im Rahmen der Weltmission zum verheißenen Ergebnis führen: **»Ganz Israel wird gerettet werden«**.

Man nennt diese Auslegung auch die inklusive Auslegung. Andere Ausleger (s. Exkurs S. 238) sehen den Vorgang der Rettung von ganz Israels nicht innerhalb der laufenden Missionsgeschichte. Für sie setzt sie erst nach deren Schluss ein, bei der Wiederkunft Christi (die sog. exklusive Auslegung). Oft übersetzen sie darum das kleine Wörtchen »so« *gegen* den lexikalischen Befund[79] mit »dann«. Ein

[77] Dieses »eingehen« steht im Zusammenhang mit den Einlasssprüchen Jesu, in denen er die Bedingungen für den Eintritt in das Königtum Gottes nennt, z.B. in Mt 5,20; 7,21; 18,3; 19,23; Mk 10,15.23f; Lk 9,61; 18,17; Joh 3,5; vgl. 1Kor 6,9f; 15,50; Gal 5,2l; Offb 21,27; 2,14.

[78] Dieses »und so« (*kai houtôs)* ist grundlegend für das Verständnis dieses Abschnitts. Bringt es den bisherigen Gedanken zum Abschluss oder eröffnet es einen neuen Gedanken? Im zweiten Fall wäre der Sinn: »Und so wird ganz Israel gerettet, wie es geschrieben steht …« V. 26b wäre also auf die Wiederkunft Jesu gedeutet. Die Funktion von »und so« an dieser Stelle kann man letztlich nicht beschwören, aber J. Jeremias hat das zweite Verständnis schon durch sprachliche Erhebungen unwahrscheinlich gemacht (Sprachliche Beobachtungen, S. 198.207f).

[79] Das griech. *houtôs* ist ein modales, nicht temporales Adverb. Trotzdem wird es an dieser Stelle häufig temporal wiedergegeben: »dann schließlich« (Lietzmann), »alsdann« (Zahn), »dann« (Michel), »so/dann schließlich« (H.W. Schmidt), »sodann« (Käsemann). »Aber diese temporale Bedeutung ist nicht belegt und fehlt mit Recht in den Lexika von W. Bauer und Liddell-Scott« (J. Jeremias, Sprachliche Beobachtungen, S. 198). Die gleichen Übersetzer haben mit *houtôs* fünf Verse später (V. 31) keine Schwierigkeit. Hier aber setzen sie stillschweigend *kai tote* voraus. Die Folgen dieser Textänderung sind erheblich. Man stelle sich z.B. für das *houtôs* in Joh 3,16 die Wiedergabe vor: »*Dann erst* hat Gott die Welt geliebt«. So käme heraus, Gott habe die Welt vor Christus noch nicht geliebt und sich erst später dazu entschlossen.

»und dann« an dieser Stelle lenkt natürlich den Blick auf ein nachfolgendes Ereignis und unterstützt jene Auslegung aufs Beste.

Über die logische Verbindung der Satzteile hinaus sind aber auch die tragenden Begriffe zu erfassen. Was Paulus unter »Rettung«[f] und »**gerettet werden**«[g] versteht, hat er in 1,16 seinem ganzen Brief vorangestellt und gerade noch 10,8-13 in besonderer Ausführlichkeit erläutert: Rettung geschieht im Glauben aufgrund der apostolischen Predigt. Die beiden genannten Stellen betonen, dass darin für Juden und Heiden kein Unterschied besteht.

[f] Röm 5,9.10 8,24 10,9.13 11,14
[g] Röm 1,16 10,1.10

Doch was ist **ganz Israel**? Im AT gehört die Wendung zum geläufigen Begriffsschatz, ohne sonderliche Feierlichkeit.[80] Dem gegenüber sticht hier der markante Gebrauch ab: nach zehnmaligem einfachen »Israel«[81] wird mit erhobener Stimme als Gegenstand eines Geheimnisses verkündet: »ganz Israel«. Man lasse das förmliche Aufstrahlen des Ausdrucks auf sich wirken. Doch weiter: Durch das beigefügte »ganz« oder »all«[82] steht dies Israel in Verbindung mit V. 32. Auch dort triumphiert dies »alle«. Dort zieht Paulus nach Darstellung der getrennten Wege von Juden und Heiden einen Strich und bündelt das Gesagte: *Alle* wurden von Gott in ihrer Schuld ertappt, um für *alle* Erbarmen in Kraft zu setzen. Da ist nichts zu verkürzen. Israel allein wäre »zu wenig« hieß es schon Jes 49,6 (vgl. Apg 13,47).[83] Es soll nicht beim »Rest«, bei der »Auswahl«, bei der »Erstgabe« oder bei der »Wurzel«[h] bleiben. Alle diese Begriffe, wie sie Kap. 11 durchziehen, verlangen eine Auffüllung zum Ganzen, zum »ganz Israel«. Wie kommt es dazu? Auf dem Weg der »Einpfropfung«, »Einbürgerung«, »Einleibung«, des »Einbaus« oder des »Eingehens«[i] von Nichterwählten. Erst mit diesem Hinzukommen von Gliedern aus allen Völkern wird das Volk Gottes vollzählig, wie es Hebr 11,40 ansagt: »damit sie nicht ohne uns vollendet würden«. Dieses Israel, das nicht »ganz« ist ohne Einschluss der glaubenden Juden und nicht »ganz« ist ohne Einschluss der glaubenden Heiden, sollten die Römer als den ewigen Plan Gottes in Jesus Christus begreifen. Hier zeigt sich auch die Basis für

[h] Röm 11,7.16 9,27; 11,25
[i] Röm 11,17 Eph 2,19.21 3,6

[80] Etwa 140 Stellen, *kein* feststehender Begriff, sondern recht lose für wechselnde Personenkreise verwendet: das eine Mal für die Gesamtbevölkerung von ganz Israel, das andere Mal nur für die im Südreich oder für alle Soldaten, für alle Bauern, für alle Festteilnehmer usw., aber immer für Israeliten.

[81] Röm 9,6.27.31; 10,19.21; 11,2.7.25

[82] Hier in V. 26 wie auch in V. 32 stehen im Griech. Formen von *pâs*. Man könnte auch »All-Israel« übersetzen, um den Gleichklang hier und dort empfinden zu lassen.

[83] Die Verheißung eines inklusiven Heils findet sich konzentriert im sog. »Heilsbüchlein« Jes 60-62. Leitwort ist dort »Völker«. Angezogen vom Licht, nicht im Eroberungszug, ziehen sie herbei in die Stadt der offenen Tür. Zusammen mit heimgekehrten Israeliten huldigen sie dem Gott Israels. Nach Jes 66,21 werden auch aus ihren Reihen Priester und Leviten genommen.

die leidenschaftlichen Mahnungen von Röm 14-15. Man beherzige das Schlusswort des Paulus zum Israel-Thema in Röm 15,7-12.

Aufmerksame Hörer des Römerbriefs damals und heute kann dieses inklusive (einschließende) Verständnis von Israel kaum überraschen. Schon im AT ist es breit angebahnt. Von Anfang an führte Gott Wege, die die Herausbildung eines exklusiven Selbstverständnisses in Israel massiv durchkreuzten.[84] Es zeigte sich, dass weder alle Abkömmlinge Abrahams als Israel zählten noch alle Israeliten Abkömmlinge Abrahams waren. Im NT werden die Früchte dieses Erziehungsweges geerntet. Da kann die Abrahamskindschaft bestimmten Juden abgesprochen und bestimmten Heiden zugesprochen werden.

Wenden wir uns dem zweiten zu: Gott kann Abraham aus Steinen Kinder erwecken (Mt 3,9) und tut es auch. »Ihr seid Abrahams Nachkommen und Gottes Kinder!« schreibt Paulus Heidenchristen in Galatien. Ab jetzt konnten alte Titel Israels in großer Selbstverständlichkeit auf örtliche Christengruppen angewandt werden, die scharenweise oder gar mehrheitlich Heiden einschlossen. Sie werden »Volk des Eigentums«, »königliche Priesterschaft«, »Tempel«, »Bund«, »Licht«, »Ekklesia«, »Herde«, »Braut« genannt. Sie gelten als die »Erwählten, Berufenen, Heiligen«. Es kam sogar zu aufreizenden Spitzenaussagen dieser Art. Heidenchristliche Gemeinden werden rundheraus als »Israel Gottes« angesprochen (Gal 6,16), Unbeschnittene heißen tatsächlich »die Beschneidung« (Phil 3,3), Abraham ist »Vater« von Nichtjuden, Sara ihre »Mutter« (Röm 4,16; Gal 4,26). Auf diesem breiten Unterbau einer inklusiven Verwendung von Israelbezeichnungen kann Paulus auch hier vom »Israel« sprechen, das nach der Verheißung der Propheten und durch den neuen Bund im Blut Jesu »ganz« geworden ist.

Wie alle wichtigen Lehrpunkte versieht er auch diesen mit einem **26b-27**
Schriftbeleg. Er eröffnet ihn nach jüdischer Sitte mit der geläufigen Wendung[85]: **Wie geschrieben ist.** In freier Wiedergabe folgt Jes 59,20; 27,9: **»Es wird kommen vom Zion der Erretter, er wird abwenden die (Handlungen der) Unfrömmigkeit von Jakob. Und das ist von mir her der Bund mit ihnen, wenn ich wegnehmen werde ihre Sünden.«**

Eingedenk des Wortes aus 2Petr 1,20, »dass keine Weissagung in der Schrift eigener Auslegung untersteht«, bemühen wir uns um Einbindung in das apostolische Vorbild, wie es im NT niedergelegt ist. Dann erinnert das Stichwort »Zion« sogleich an 9,33: Dieses alte Symbol des Heils ist bereits erfüllt (s. dort). Der Christusfelsen ist

[84] Vgl. die Anm. zu 9,6a.

[85] Über 20-mal im NT, allein 10-mal im Röm.

gelegt, der messianische **Erretter**[86] ist da. Was zu Jesajas Zeiten noch heißen musste: Er **wird kommen**! ist inzwischen gnadenreiche Gegenwart: Er ist gekommen und kommt auch noch heute im Heiligen Geist **vom Zion**[87], von Golgatha her, diesem Ausgangspunkt aller Hilfe und Wiederherstellung. Er reinigt **Jakob,** eine Bezeichnung, die im AT häufig fürs Volksganze steht, parallel zu »Israel«. Er tut es, indem er ihn von aller **Unfrömmigkeit** erlöst und **ihre Sünden wegnimmt.** Im Opfertod Jesu verwirklicht sich der **Bund** in neuer Gestalt. Wir kennen solche Kernworte als die tragende Aussage in allen vier Abendmahlstexten des NT. In der Mitte des Mahls steht nicht ein noch zu erhoffender Bund, sondern die Erinnerung an den gewirkten »neuen Bund in meinem Blut zur Vergebung der Sünden«. Das war überhaupt der Zweck seines ersten Kommens. Es ist vollbracht! Und hierin geschieht nun nichts zweimal: »Er ist *einmal* am Ende der Zeiten geoffenbart worden, um die Sünden durch sein Opfer aufzuheben, … beim *zweiten Mal wird er nicht der Sünde wegen erscheinen*« (Hebr 9,26-28).

Exkurs: *»Ganz Israel wird gerettet werden« (11,26)*

Die hier dargebotene (sog. inklusive) Auslegung weiß sich in Übereinstimmung mit namhaften Bibeltheologen wie Joachim Jeremias, Oskar Cullmann, Karl Barth und nicht zuletzt Luther und Calvin. Wie oben erwähnt, folgt die Mehrzahl der Bibelausleger dieser Deutung nicht, sondern vertritt die sog. exklusive Auslegung, wonach »ganz Israel« an dieser Stelle nicht die geretteten Heiden einschließt, sondern sich ausschließlich auf das jüdische Volk bezieht, Die wesentlichen Argumente dieser Auslegung sind Folgende:

1.) Paulus führt in V. 25-27 nicht die Gedanken von V. 1-24 zu Ende; er bricht den vorigen Gedankengang ab und deutet auf ein Geheimnis hin, das er als Geheimnis stehen lässt und nicht näher erklärt. In den Versen 1-24 hat er seine Erfahrungen im Missionsdienst unter Juden zusammengefasst und sie im Licht der Heilsgeschichte reflektiert. Er spricht von der Einstellung Israels dem Evangelium gegenüber »jetzt zu dieser Zeit« (11,5.31f). Mit den Worten »Nicht will ich, dass ihr unwissend seid« beginnt er in V. 25 eine prophetische Aussage im Blick auf die Zukunft Israels bei der Wiederkunft Christi. Darauf weist seine Formulierung »bis die volle Zahl der Heiden eingegangen ist«. Paulus fügt an den bisherigen Gedankengang hier eine eschatologische Aussage an. Das ist nichts Unge-

[86] Bedingt durch das Zitat erscheint hier für »erretten« eine andere Vokabel als eben noch in V. 26a. Aber der Zusammenhang mit all den Stellen von Errettung von 1,16 an ist selbstverständlich.

[87] Auch Hebr 12,21-24 ist der »Berg Zion« schon als Ort des Heil eröffnet. Das Kommen des Erretters, das Heil, der Bund und das Wegnehmen der Sünde werden schon gefeiert.

wöhnliches: Auch Röm 8,18ff hat Paulus in seine Aussagen über »die gegenwärtige Zeit« einen Ausblick in die Zukunft eingeblendet, nämlich das Offenbarwerden der Kinder Gottes und die Erlösung der Schöpfung. Ebenso stellt Paulus in V. 12 die Gegenwart der Zukunft gegenüber:

V. 12: Israels »Verschulden« (*hättäma*) wird in der jetzigen Zeit zum »Reichtum der Heiden« (*ploutos*) – in der Zukunft wird »wie viel mehr ihre (Israels) Fülle« (*pläröma* vgl. V. 25) ein noch größerer Reichtum sein.

V. 15: Der »Verwerfung« (*apobolä*) in Gestalt der »Verhärtung« (V. 7) tritt die »Annahme« (*proslämpsis*) Israels gegenüber, die wie »Leben aus den Toten« ausschließlich Gottes wunderbares Handeln sein wird. Es erscheint willkürlich, wollte man alle Begriffe auf die Mehrzahl der Israeliten beziehen, bei dem Wort »Annahme« aber eine Ausnahme machen und dieses Wort, das nur hier im NT vorkommt, in seiner Bedeutung auf »die Annahme einzelner Juden« beschränken.

V. 25: Die »Verhärtung« Israels gilt jetzt für einen Teil der Juden (*apo merous*) für eine von Gott begrenzte Zeit (*achri hou*), dann folgt die Rettung von »ganz (*pas*) Israel«.

Paulus hat offenbar die Gesamtheit des Volkes Israel in ihrer von Gott bestimmten Fülle im Blick.

2.) Die Formulierung »ganz Israel« in V. 26 »und so wird ganz Israel gerettet werden« finden wir nur hier im NT. Sie kann nicht aus der LXX abgeleitet werden, sondern ist das Äquivalent für das hebr. *kol-jisrael* im AT. »Ganz Israel« ist im AT der immer wiederkehrende Begriff für die Gesamtheit Israels in der jeweils lebenden Generation (Jos 3,17; 23,2; 24,1; 2Chr 30,1; Jer 9,25; Mal 3,22 u.a.), wobei oft das Volk Israel durch einzelne Gruppen, etwa die Ältesten, Familienoberhäupter, Richter u.a. repräsentiert wird. Immer steht die Gruppe für das Ganze (2Chr 29,24; Esr 6,16f; 8,35), ist Hinweis auf das Volk; aber nie geht das Ganze in der Gruppe auf. Es sei nicht anzunehmen, dass die atl. Bedeutung von »ganz Israel« in Röm 11,26 abgewandelt sei und in »inklusivem Sinn«, d.h. die bekehrten Juden, aufgefüllt durch die Zahl der bekehrten Heiden, verstanden werden müsse. »Ganz Israel« meint im AT die von Gott gewollte Körperschaft des erwählten Volkes Israel, und diese kollektive Bedeutung finden wir auch im NT, wenn Jesus zu seinen Jüngern sagt Mt 19,28: »Ihr werdet auf zwölf Thronen sitzen und die zwölf Stämme Israels richten« (vgl. Lk 22,30). In die gleiche Richtung weisen die Worte vom »Haus Israel« Mt 15,24 und Apg 2,36.

3.) Der Übergang von V. 25 u. V. 26 (*kai houtôs*) kann durchaus – wie im vorliegenden Kommentar – rückbezogen verstanden werden, so dass er den vorausgehenden Gedanken zum Abschluss bringt. Dies ist aber nicht zwingend. Es gibt auch die andere Möglichkeit, dass sich die Formulierung *kai houtôs* wie in Röm 15,20f auf den nachfolgenden Satzteil bezieht (ebenso Lk 24,24; Phil 3,17). Dann stellen diese beiden Worte den Bezug zu dem Schriftzitat her, so dass es heißen kann: »So (auf diesem Wege) wird ganz Israel gerettet, wie es geschrieben steht …« Damit zöge V. 26 eine sachliche Folgerung aus V. 25. V. 25 spräche von der teilweisen »Verhärtung« Israels und der dafür von Gott gesetzten zeitlichen Begrenzung, wenn »die volle Zahl der Heiden« erreicht sein wird. V. 26 zeigt dann die Folge – ganz Israel wird errettet – und die Weise, wie Gott die »Verhärtung« aufheben wird: »Der Retter wird aus Zion kommen und die Gottlosigkeit von Jakob abwenden«.

Da die Worte des Apostels Paulus in V. 25 u. V. 26a auf die Zukunft gerichtet sind, muss auch das atl. Bibelzitat als Verheißung auf die Zukunft gedeutet werden. Christus wird bei seiner Wiederkunft aus der unsichtbaren Welt Gottes hervortreten und Israel von der Last seiner Schuld befreien. Es gibt eine Reihe atl. Verheißungen, die sich mit Jesu Kommen erfüllt haben, aber deren »Erfüllung im Vollsinn erst noch kommen muss« (vgl. Hab 2,3f mit Hebr 10,37; Jes 9,6 mit Lk 1,32f u. Offb 19,6; ebenso Ps 2 mit Apg 4,25ff und Offb 11,15). So erwartet Paulus unter Hinweis auf atl. Verheißungen, dass »ganz Israel« bei der Wiederkunft Jesu ihn als seinen Messias erkennen und anerkennen wird.

4.) Das Wort »Geheimnis« in V. 25 bezeichnet ein eschatologisches Geheimnis Gottes. Paulus wusste, dass Gottes Offenbarung viele Geheimnisse einschließt (1Kor 4,1). Sicher gehört es zum »Geheimnis des Evangeliums«, das Paulus anvertraut war und das er seinen Lesern aufschließt, dass Christus bis zu seiner Wiederkunft die »Glieder seines Leibes« aus Juden und Heiden sammelt. Aber von anderen Geheimnissen hat Paulus nur andeutungsweise gesprochen, ohne nähere Ausführungen darüber zu machen, so von der Verwandlung der Glaubenden bei der Wiederkunft Jesus (1Kor 15,51) und von dem »Geheimnis der Gesetzlosigkeit (2Thess 2,7). Jedesmal ist das Wort »Geheimnis« auf einen bestimmten eschatologischen Vorgang bezogen. Auch in Röm 11,25-27 deutet Paulus auf einen Vorgang, ohne ihn näher zu erklären: Bei der Wiederkunft Jesu wird »ganz Israel« gerettet. Wie Gott das machen wird, das bleibt Gottes Geheimnis. Paulus betont ausdrücklich: »Gott kann« (V. 23).

28-32 Das richtende und rettende Tun Gottes an Juden und Heiden in der Jetztzeit ist dargestellt, soll jetzt aber erkenntnismäßig aufgearbeitet werden. Dazu stellt Paulus am geschichtlichen Verlauf zwei Gegensätzlichkeiten heraus, um sie jedes Mal mit einem Denn-Satz aufzuklären (V. 29.32).

28 Die erste Gegensätzlichkeit: **Nach dem Evangelium,** d.h. hinsichtlich ihrer Einstellung zum Evangelium, sind die Juden **zwar Feinde**[88] um euertwillen, aber nach der Auswahl, d.h. auf Grund ihrer Erwählung, sind sie **Geliebte um der Väter willen.** Sie sind also schon jetzt, noch in ihrer Gegnerschaft und gerade in ihrer Gegnerschaft gottgeliebt. Dies wurde daran sichtbar, dass Gott durch sie die Heiden mit dem Evangelium segnete, und zwar aus Treue zu den Vätern, denen er verheißen hatte, durch ihre Nachkommen die Völker zu segnen. Dass Gott ihnen verhärtend entgegentreten musste, hatte seinen Grund also nicht allein in ihrer Schuld, sondern auch in ihrem Gesegnetsein. Zur Erklärung folgt:

29 Dahinter steht die Verlässlichkeit Gottes: **Denn unwiderrufbar sind die Gaben und die Berufung Gottes,** nämlich dass Abraham ein »Vater vieler Völker« sein sollte (4,17). Das Wort zu Beginn des Satzes heißt wörtlich »unbereubar«, aber innerhalb juristischer Zusammenhänge wie hier sprechen wir nicht von Reue, sondern von Widerruf. Gott ist nie und nimmer vertragsbrüchig.[89]

30-31 Paulus formuliert jene Verzahnung der Geschicke von Juden und Heiden mit ihren Gegensätzlichkeiten ein zweites Mal, aber jetzt aus einer anderen Sicht. In V. 29 stand Israel im Vordergrund, während die Heiden nur mit den Wörtern »um euretwillen!« auftauchten. Diesmal treten sie in den Vordergrund, um von ihnen aus zu Israel zu führen. **Wie nämlich ihr einstmals Gott ungehorsam geworden seid, jetzt aber Erbarmung erfuhrt durch deren Ungehorsam, so sind jetzt sie ungehorsam geworden durch eure (Erfahrung der) Erbarmung, damit auch sie jetzt Erbarmung erführen.** In gemeißelter Sprache bringt Paulus die Dinge, mit denen er kapitellang gerungen hat, auf einen Satz. Nichts wird hier auf die Wiederkunft Christi vertagt. Ein dreimaliges **»jetzt«** bindet alles Gesagte an die gegenwärtige Heilszeit, in der Paulus, die römische Gemeinde und wir uns befinden[i].

[i] Röm 3,21.26 2Kor 6,2

32 Wieder, wie schon V. 29, strahlt über allem ein Denn-Satz auf. Außer dem Nebeneinander von Juden und Heiden gibt es auch ihren Zusammenschluss. **Denn Gott hat zusammengeschlossen alle in den Ungehorsam, damit er sich aller**[90] erbarme. Man denke an ein großes Fischernetz (vgl. Pred 9,12), mit dem Gott Juden und Heiden

[88] Paulus denkt an bestimmte jüdische Kreise, die sich als erbitterte Gegner der missionarischen Kräfte in Jerusalem erwiesen, dann genauso dem Werk des Paulus selbst widerstanden (1Thess 2,14-16).

[89] Was die Geschehnisse um Israels *im Einzelnen* anbetrifft, bezeugt das AT dagegen an etwa 30 Stellen die Reue Gottes, jedoch immer im Rahmen des unwiderruflichen Bundes.

[90] »Alle« blickt hier nicht auf die Vielzahl einzelner Menschen, sondern hat den Sinn »beide«, nämlich die beiden Körperschaften, von denen gerade die Rede war, Juden und Heiden. Das gleiche »alle« findet sich in 3,9, dort auch erklärt mit »Juden und Griechen«, ähnlich das »alle« in 10,13 im Zusammenhang.

unentrinnbar **zusammengeschlossen** hat. Sachparallele ist Gal 3,22: Gott hat die Menschheit insgemein richterlich eingezingelt, indem er sie unwidersprechlich unter seinen Schuldspruch stellte. Keine Ausflucht führt mehr hinaus und keine Hilfe mehr herein. Es bleibt nichts als die Erfahrung des blanken Zorns. Allein Gnade vermag in diesen Bereich einzubrechen. Damit ist gesagt, worauf Gott hinauswollte: damit er sich aller erbarme. Weder der Triumph der Heidenchristen noch der Stolz der Juden bekommen Recht, sondern allein die Verherrlichung der Gnade unseres Herrn Jesus Christus.

e) Abschließender Lobpreis Gottes (11,33-36)

33 O Tiefe des Reichtums und der Weisheit und Erkenntnis Gottes! Wie unerforschlich seine Gerichtsentscheidungen und unaufspürbar seine Wege!
34 Denn, »wer hat den Sinn des Herrn erkannt? Oder wer ist sein Ratgeber gewesen?« (Jes 40,13).
35 Oder wer hat ihm zuvor gegeben, und er wird ihm zurückgeben?
36 Denn aus ihm und durch ihn und auf ihn hin (ist) alles. Ihm die Herrlichkeit in die Zeiten! Amen.

Weil die Behandlung der Israelfrage in Kap. 9-11 voll und ganz auf Kap. 1-8 basierte, bezieht sich der abschließende Lobpreis sicher auf den gesamten lehrhaften Briefteil Kap. 1-11. Die Darstellung dieser Kapitel, niedergeschrieben unter höchstem Einsatz geistiger Kräfte, ist jetzt dem Schreiber selbst zu mächtig. Er betet. Dabei bewegt er sich in der Gebetssprache, wie sie ähnlich die Beter in AT, Judentum und auch Griechentum pflegten. In der Anbetung Gottes erstirbt das Bemühen, sich selbst wortschöpferisch bemerkbar zu machen.

33 Die Anbetung beginnt ohne förmliche Anrede mit staunenden Ausrufen über Gottes Offenbarungen: welch **Reichtum** seiner Gaben (10,12), welche **Weisheit** seines Handelns (8,28), welche **Erkenntnis,** d.h. welch erwählendes Erkennen (8,29), in seiner überzeugenden Wahrhaftigkeit. Dazu: **O die Tiefe!** Vor ihr weiß sich der Mensch in seine Schranken gewiesen[a]: **Wie unerforschlich seine Gerichtsentscheidungen und unaufspürbar seine Wege!** Gott befriedigt zwar vollauf unsern Glauben, er offenbart sich als der, der durch und durch Licht ist, ohne den Schatten einer Trübung, aber er befriedigt nicht unsere Theorien, auch nicht unsere Glaubenstheorien. Wir haben eine letzte Undeutbarkeit seines richtenden und rettenden Handelns auszuhalten. Der offenbare Gott ist gleichzeitig der verborgene. Wie das zusammenstimmt, mag ein Vergleich zei-

[a] 1Kor 2,10 Eph 3,18

gen: Es gibt Bergseen, denen man trotz ihres kristallklaren Wassers nicht bis auf den Grund sehen kann, eben wegen ihrer Tiefe.

Drei Fragen unterstreichen die Unergründbarkeit Gottes. **Denn** 34-35
(nach Jes 40,13), **»wer hat den Sinn des Herrn erkannt«?** Uns ist zwar aufgetragen, die Kette der Taten Gottes zu bezeugen. Aber wir übernehmen uns schon, wenn wir alle Sinnzusammenhänge zwischen den einzelnen Kettengliedern herstellen wollen und zu wissen vorgeben. **»Oder wer ist sein Ratgeber gewesen?«** Ein irdischer Herrscher kann seine Augen nicht überall haben. Darum benötigt er den Austausch mit einem Beraterstab. Dessen Hinweise fließen in seine Entscheidungen ein. Gott aber hat seine Augen und seinen Geist überall (Ps 33,18; Offb 1,4; 4,5.6.8). **Oder wer hat ihm zuvor gegeben, und er wird ihm zurückgeben?** Gott ist in seinem Walten durch keine Vorgaben gebunden. Er muss sich bei niemand revanchieren. Er lässt sich nichts abhandeln. Die drei Fragen rufen den Menschen, auch den Propheten, auch den Ausleger zu einer letzten Ehrfurcht. Wer sich der ganzen Schrift stellt, erlebt immer wieder, wie sie zu verhindern weiß, ihr Zeugnis mit unseren theologischen Entwürfen stimmig zu machen.

Zweieinhalb Verse benötigte dieser Beter, angesichts der Weisheit Gottes seine eigenen Begrenzungen anzunehmen. Unser Denken, Erkennen und prophetisches Reden ist eben »Stückwerk«, ist »kindisch«, ist Erblicken nur »rätselhafter Umrisse« (1Kor 13,9-13). Dennoch täuscht der Eindruck, Paulus resigniere hier am Ende doch noch vor einer heilsgeschichtlichen Bemühung. Er nimmt die Gültigkeit seiner in Kap. 9-11 erteilten Antwort nicht zurück. Ihm ist es nach wie vor nicht gleichgültig, »dass ihr unwissend seid« (V. 25a). Aber darin ist er Vorbild, dass Theologie durch Gebet und Anbetung hindurchmuss, damit sie auch zur Anbetung führt und nicht zu streitbarer Rechthaberei.

Unter Staunen über diese Tiefen wird Paulus gewiss, dass Gott 36
der Geschichte vollkommen mächtig ist. Keine Gegenregierung und keine Nebenregierung wird sich behaupten. »Einer ist über allen« (Eph 4,6). **Denn aus ihm und durch ihn und auf ihn hin (ist) alles.**[91] Nach diesem »aus«, »durch« und »auf hin« besteht die Welt weder aus einem großartigen Stillstand, noch dreht sie sich im endlosen Kreislauf, sondern gleicht einer zielgerichteten Bewegung von ungeheurer innerer Dynamik. Der Beter spricht diesem Herrn zu, was ihm rechtens zusteht: **Ihm die Herrlichkeit,** d.h. die Endverherrlichung[b], **in die Zeiten! Amen.**

[b] Röm 8,17.21.30 2Kor 2,18 Eph 1,18 Phil 1,9-11 2,11 Kol 1,27 3,4 2Thess 1,9

[91] In diese und ähnliche Umschreibungen der Allmacht Gottes (1Kor 8,6; Eph 4,6; Kol 1,16; Hebr 2,10; Offb 4,11) nisten sich gern Sonderlehren ein (Pantheismus, Fatalismus, Allbeseligungslehre). Doch diese Allmacht ergoss sich wohlgemerkt vollständig in Christus hinein. Es gibt bei ihm daneben keine Geheimnistuerei. In 2Kor 5,18 folgt einem ähnlichen Satz eine Kernstelle des Evangeliums.

Der mahnende Briefteil (12,1-15,13)

Schon Kap. 6 brachte den Nachweis, dass Glaubensgerechtigkeit und Lebensgerechtigkeit zuinnerst miteinander verschränkt sind. Doch grundsätzliche Erörterungen genügen nicht. Darum geht der Apostel im letzten und längsten Briefteil zu einer Kette von praktischen Ermahnungen über: So soll, kann und darf die irdische Alltäglichkeit der Glaubenden aussehen. Zahlreiche ntl. Briefe gliedern sich ähnlich in einen lehrhaften und einen mahnenden Teil[1], hier insgesamt überschrieben mit: »Ich ermahne euch.« Grundsinn des griech. Wortes *parakaleô* ist »zurufen«, dann auch verwendet für »auffordern, ermahnen«. Im NT tritt ein zusätzlicher Ton hinzu, den das Wort als Übersetzungswort im AT gewonnen hatte: trösten[2]. Von daher zeichnet es sich durch seinen freundlichen und herzlichen Klang aus. Es genügt, Jes 40,1f zu lesen, um die Atmosphäre zu spüren, in die uns dies tröstende Mahnen schlagartig versetzt. Die Ermahnten befinden sich voll und ganz im Schallraum des Heils. Hier nach V. 7f gehört Ermahnung zu den Gaben der Gnade. Mahnen und Empfang von Mahnung sind Grundvorgänge gesunden Christseins. Durch sie vermittelt Gott seine unverzichtbaren Steuerimpulse, so dass die Gemeinde sich nur gratulieren kann, dass es sie in ihren Reihen gibt.

1. Aufruf zum Lebensgottesdienst (12,1-13,14)

Ein Teil der Christen in Rom stand schon länger im Glauben als Paulus selbst. Sie waren in Verfolgungen erprobt und reich an geistlicher Erkenntnis und tätiger Liebe. Wenn er jetzt ein ganzes Sortiment von Weisungen vor ihnen ausbreitet, spricht das nicht gegen seine Wertschätzung dieser Gemeinde. Man muss hier nicht hinter jedem Vers akute Notstände in Rom vermuten.[3] Ermahnung ist eben nicht nur für Schwerenöter, nicht nur für Unwissende, Neulinge, Straffällige, nicht nur fürs Grobe (vgl. die Einführung oben zum ganzen Briefteil).

[1] Solche Ermahnungsteile bezeichnet die Bibelauslegung in Anlehnung an die antike Rhetorik als Paränese, von *paraineô*, ermahnen. Anstelle dieser Vokabel steht bei Paulus allerdings *parakaleô*, so dass man auch von Paraklese spricht. »Ich ermahne« als Überschrift für einen ganzen Briefteil findet sich ebenfalls Eph 4,1, ähnlich 1Thess 4,1, abgesehen von zahlreichen Einzelermahnungen.

[2] Die LXX verwendete nämlich *parakaleô* für das hebr. *nacham* (nif. und pi.), sich Trauernder und Leidender erbarmen, ihre Schmerzen lindern, sie trösten und aufbauen.

[3] Etwas anders verhält es sich bei dem zweiten großen Abschnitt 14,1-15,13.

a) Vorwort: Erfahrene Barmherzigkeit wird Mahnung (12,1-2)

1 **Ich ermahne euch folglich, Brüder, durch die Barmherzigkeit Gottes, darzubringen eure Leiber zu einem Opfer, lebendig, heilig, wohlgefällig für Gott, als euren »vernünftigen Gottesdienst«.**
2 **Und werdet nicht konform mit dieser Weltzeit, sondern gestaltet euch um durch die Erneuerung eurer Gesinnung, damit ihr prüft, was der Wille Gottes ist, der gute und wohlgefällige und vollkommene.**

Nach der Einführung in den ganzen Briefteil sei hier nur noch darauf verwiesen, dass diesem Vorwort der Paränese am Schluss in 13,11-14 ein Nachwort von gleichem Gewicht gegenübersteht (s. Einführung dort).

Paulus stellt seine gesamte apostolische Mahnung in den Bereich 1a
»des Vaters der Barmherzigkeit« (2Kor 1,4). **Ich ermahne euch folglich, Brüder, durch die Barmherzigkeit Gottes.** Eigentlich ermahnt gar nicht er selber.[4] Das wäre ihm zu schwächlich, ja zu gewagt.[5] Die Barmherzigkeit Gottes[6] dagegen ist eine Vollmacht und Großmacht ohnegleichen, kaum erfahrbar, ohne anders zu werden, ohne dass sie in uns »Wollen und Vollbringen bewirkt« (Phil 2,13). Wenn wir uns nicht selber die Augen zuhalten, werden wir durch den Anblick seines Christus »verwandelt von Herrlichkeit zu Herrlichkeit« (2Kor 3,18). Freilich kommt dies Verwandeltwerden nicht wie unter Betäubung über uns, sondern durchläuft Mahnung, gehorsames Hinhören, freies Entscheiden, entschlossenes Wollen und energisches Tun. Was Paulus hier mit »Barmherzigkeit« der Sache nach vor Augen steht, verrät das vorangestellte »folglich«. Es knüpft an 11,30-32 an, denn dort hatte er gerade das ganze rettende Tun Gottes unter dem Stichwort »Barmherzigkeit, sich erbarmen« zusammengefasst[7]. Es umgreift, was Paulus elf Kapitel lang nahe zu bringen sich gemüht hat. Damit schwingt jetzt die Ermahnung

[4] Vgl. auch sein Ermahnen »durch die Gnade«, »durch unsern Herrn Jesus Christus«, »durch den Namen unseres Herrn Jesus Christus«, »durch die Sanftmut und Güte Christi«, »im Herrn Jesus Christus« (V. 3; 15,30; 1Kor 1,10; 2Kor 10,1; 1Thess 4,1; 2Thess 3,12).

[5] So 15,18: »Ich werde es nicht wagen, auch nur etwas zu reden, was nicht Christus durch mich gewirkt hat.«

[6] Das Wort (*oiktirmos*) ist an dieser Stelle trotz seiner Mehrzahlform als Einzahl zu übersetzen, weil Paulus sich offensichtlich an AT-Sprache anlehnt. Dort erscheint »Barmherzigkeit« über 30-mal in dieser Weise (*rachamim*). Der Plural stellt die genannte Sinnesart in ihrer Fülle und Umfänglichkeit vor Augen.

[7] Viermal! Dort allerdings anders als hier *eleeô*, von *eleos*. Wie parallel oder sinngleich Paulus jedoch beide Vokabeln empfindet, zeigt etwa 9,15 (in Übereinstimmung mit dem AT). Darum können auch beide Ausdrücke mit »Barmherzigkeit« übersetzt werden.

im Kraftfeld der Christusbotschaft. Zwar fehlt der Name »Christus« in diesen zwei Kapiteln (bis auf 12,5), aber der Vollklang »Herr Jesus Christus« im letzten Vers (13,14) zeigt, was immer gegenwärtig war.

Wie mag nun das Leben derer aussehen, die von einer Viertelstunde zur anderen durch diesen Inbegriff der Barmherzigkeit Gottes und sonst nichts gehalten werden?

1b Ganzheit göttlichen Erbarmens ruft nach unserer Ganzheit. Das findet hier einmaligen Ausdruck: **Ich ermahne euch, darzubringen**[8] **eure Leiber zu einem Opfer.** Ohne Frage wird hier bildlich gesprochen, und zwar im Gedanken an Tempelgottesdienste, bei denen auf dem Altar »Leiber« lagen (Hebr. 13,11). Sofort aber macht Paulus die Grenzen dieses Bildes bewusst. Es geht jetzt nicht um Tierleiber, sondern um »eure Leiber«, und es geht nicht um Leichname, sondern um **lebendige** Opfer.

Die bildliche Rede vom Opfer gerade des Leibes fällt auf.[9] Im Hintergrund steht sicher der Opferleib Christi, zu dem sich das NT häufig und mit großem Gewicht bekennt[a]. Sein Opfer in diesseitiger, sichtbarer, öffentlicher Leiblichkeit und unsere Opfer gehören zusammen. Aber wie? Paulus fordert, wenn man die Fortsetzung in V. 2 und im ganzen Kapitel beachtet, nicht zum Martyrium auf. Wenn er trotzdem zur Hingabe des Leibes mahnt, setzt er einen besonderen Akzent. Bliebe es bei dem allgemeinen Ruf von 6,11: »Lebt für Gott!«, könnte die Hingabe leicht einseitig nach innen schlagen und dadurch eine rein innerliche, gedankliche, religiöse, mystische Gestalt annehmen – ohne ernsthafte Bedeutung für die Praxis. Es ist aber so, als ob Paulus seine Leser herausfordernd anschaut: »Habt ihr angesichts der Barmherzigkeit Gottes im Opfer Christi dazu noch Lust? Zieht doch die Konsequenzen und setzt eure gesamte Geschöpflichkeit seiner Barmherzigkeit aus!« »Leib« unterscheidet sich vom einzelnen Glied als das Umfassende. Der nur abgezirkelte, auf *eine* Stunde, auf *einen* Raum, auf *eine* Gefühlslage begrenzte Gottesdienst ist es darum nicht, was Paulus vorschwebt. Im NT werden einzelne Zusammenkünfte der Christen nie »Gottesdienst« genannt, sind sie doch nur Teilstücke eines Gottesdienstes, der das ganze Leben umspannt.

[a] Röm 7,4 1Kor 12,24.27.29 1Petr 2,24 Hebr 10,5.10 Mt 26,26 Mk 14,22 Lk 22,17

[8] Das Wort »darbringen, zur Verfügung stellen« (*parhistämi*) erscheint auch fünfmal in der wichtigen Parallele Kap. 6 (V. 13.16.19), dort allerdings im Rahmen des Sklaven- oder Kriegsdienstes, hier des Priesterdienstes.

[9] Was Christen sonst als »Opfer« darbringen: Gebete (Hebr 13,15; Offb 5,8; 8,3f), Absage an Bosheit (1Petr 2,5), Wandel in selbstverleugnender Liebe (Eph 5,1-2), Wohltätigkeit (Hebr 13,16), Unterstützungsgaben (Phil 4,18), Einsatz zur Verbreitung des Evangeliums (Röm 15,15-17), Martyrium (Phil 2,17; 2Tim 4,6).

Überflüssig zu sagen, dass der »Leib« hier nicht geringschätzig[10] als äußerliches Anhängsel angesehen wird. Sonst käme ja die unsinnige Aufforderung heraus: Gebt Gott das Nebensächliche, das Eigentliche könnt ihr behalten! Die wesentliche Rolle des Leiblichen wird uns bewusst, wenn wir uns vorstellen, wir hätten keinen Leib. Ohne ihn könnten wir nicht essen, nichts sagen, hören, sehen, fühlen. Ohne die Nervenzellen unseres Gehirns könnten wir nicht denken, lesen, verstehen, glauben. Wir könnten nicht lieben, nicht Gutes tun, wie uns auch nicht Gutes getan werden könnte. Wir könnten schließlich auch nicht auferstehen. Es gibt kein leibloses Menschsein. Darum darf man zuspitzen: Wir *haben* nicht einen Leib, sondern wir *sind* Leib. Dieses Leibsein, sprich Menschsein, ist hier eingefordert. Gott hatte es uns verliehen, doch es wurde Bereich der Sünde und des Todes[b]. Aber durch Christus erkauft, soll dieser Leib wieder uneingeschränkt Segensbereich des Heiligen Geistes werden, so dass an ihm Christus hochgepriesen wird[c].

[b] Röm 6,6.12 7,24 8,10.11.23

[c] 1Kor 6,13.19f Phil 1,20

Hier ist ein Einwand möglich: Wenn es um ein **heiliges, Gott wohlgefälliges Opfer** geht, darf man ihm dann das streckenweise so unbedeutende und glanzlose Leibesleben unsortiert anbieten? Muss man nicht wenigstens das Kostbare heraussuchen? Doch was ist an unsern sterblichen, verweslichen Leibern (8,11), behaftet mit Schwäche, Irrtum und Schuld, schon kostbar? Tatsächlich sind sie nie kostbar an sich, aber sie werden es dadurch, dass sie als Material für Gottes Allmacht in seine Hände gelangen. Darin besteht des Menschen Vollkommenheit, dass er sich in nichts seinem Gott vorenthält. So wird er auferstehen in Unverweslichkeit, Herrlichkeit und in Kraft (1Kor 15,42-44).

Das wäre **»vernünftiger Gottesdienst«!** Schon die Propheten des AT übten vernichtende Kritik an widersinnigen Gottesdiensten ihrer Zeit[d]. Paulus scheint hier gewisse Erscheinungen seiner Zeit zu treffen. Er könnte einen Lieblingsausdruck damaliger heidnischer Philosophen kritisch aufgenommen haben[11] – darum hier die Anführungszeichen. Gebildete Kreise jener Zeit wandten sich von den groben blutigen Opfern und der Fülle äußerer Zeremonien in den Tempeln ab und priesen einen rein gedanklichen Gottesdienst. Gott war für sie nämlich reiner Gedanke, höchste Vernunft. Darum galt ihnen auch der Gedanke als das Höchste, was Gott darzubringen war, während sie das Leibliche für verächtlich erklärten. In diesem

[d] Jes 1,11-15 Am 5,21-23

10 In der griechischen Philosophie galt der Leib als Strafgefängnis, in das wir Menschen wegen unseres Abfalls von Gott eingesperrt worden seien.

11 Dafür spricht, dass Paulus das griech. *logikos*, vernünftig, sonst nie verwendet (im NT nur noch 1Petr 2,5; in der LXX fehlt das Wort). Dagegen gehörte »vernünftiger Gottesdienst« zur philosophischen Schulsprache.

Sinne rühmten sie den »vernünftigen Gottesdienst«. Nun brüskiert Paulus diesen Modetrend. In einem deutlich erkennbaren Zusatz entwindet er den Philosophen diesen Ausdruck und füllt ihn neu: Wahrhaft »vernünftig« ist nur ein Gottesdienst, der folgerichtig und angemessen auf Gottes Barmherzigkeit in Jesus Christus antwortet. Damit ist er vom feinen Heidentum genauso weit entfernt wie vom groben Heidentum. Völlig ungriechisch mahnt er gerade zum Opfer des Leibes als von **eurem,** der Christusangehörigen, »vernünftigen Gottesdienst«. Man spürt, was er von einem gedanklich verdünnten Christentum, von Theologie nur als Denkerlebnis halten würde.

2 Bisher wurde geredet, als ob der Glaubende allein im Zweierverhältnis zu Gott lebt. Aber er lebt im Dreieck Ich – Gott – Welt. Unter diesem Gesichtspunkt kann der Ruf zum Gott wohlgefälligen Leben jetzt nur lauten: **Werdet nicht konform mit dieser Weltzeit.** Der einmal schön und gut geschaffene Kosmos ist nicht mehr unproblematisch Welt unter Gott. Ein »Gott dieser Weltzeit« vernebelt das Feld, verunklart die ursprüngliche Klarheit des Daseins (2Kor 4,4). Dadurch fehlt der Durchblick. Für den verblendeten Menschen verkürzt sich der Lebenssinn auf Befriedigung seiner Triebe (6,12; 7,8; 13,14). Da diese Geld kostet, steht Gewinnstreben ganz obenan, also gute Examen für eine einträgliche Stellung. Sie gilt es zu erkämpfen, anschließend zu sichern und zu verteidigen, gesteuert von Machtstreben und Ehrsucht. Gemeinschaft entpuppt sich dabei oft genug als im Kollektiv organisierter Egoismus. Aber im Grunde ist da kein Blick fürs Ganze, keine Verantwortung fürs Ganze, keine Sendung fürs Ganze, nur der dumpfe Ruf: Ich will doch glücklich sein! Doch von diesem Lebensschema[12] fühlt sich der Durchschnittsmensch so recht verstanden. Darum drängt er es treuherzig jedermann auf, auch dem Christen. Gegen diese Zumutung heißt es hier: Nicht konform werden!

Allerdings lebt dies Nicht-konform-Gehen nicht allein vom Neinsagen. Darum die Fortsetzung: **Gestaltet euch um,** lasst euch umgestalten[13] **durch die Erneuerung eurer Gesinnung.** Es geht um ein Tun in dem Sinn, dass man etwas an sich geschehen *lässt*. Oder umgekehrt: Es soll uns etwas widerfahren, was wir auch selber wollen. Neuschöpfung soll uns widerfahren. In dies im Gange befindliche große Neue (13,12) mögen wir laufend unsere Gesin-

[12] Der Begriff »Schema« steckt in dem griech. Wort *syschämatizô*, hier recht wörtlich mit unserm Fremdwort »konform gehen« übersetzt. Sein Sinn: gleiche Form oder Gestalt annehmen, sich damit identifizieren und in ihrem Wesen aufgehen.

[13] Beide Übersetzungen sind möglich und sinnvoll, aber hier wie schon V. 1 (»Werdet nicht konform!«) trägt die Aufforderung zur eigenen Bereitschaft und Mitwirkung den Ton.

nung[14] hineinhalten, um uns der Gestaltungskraft des Geistes Jesu im Gebet und im Gehorsam des Glaubens auszusetzen (2Kor 3,18). Neusein gibt es nicht auf Vorrat. Wir müssen laufend zur Vernunft gebracht und ins Neue eingewiesen werden: Tag für Tag, von Fall zu Fall[e].

Schließlich zeigt Paulus diese sich in ständiger Erneuerung befindliche Gesinnung in Aktion: **damit ihr prüft, was der Wille Gottes ist, der gute und wohlgefällige und vollkommene.** Den Willen Gottes tun ist im NT Inbegriff des Christseins[f]. An erster Stelle wird er »der gute« genannt, ein Stichwort, dass markante Stellen im AT aufnimmt und im Folgenden mehrmals den Maßstab des Handelns angibt[g]. Allerdings ist auch für den Christen »das Gute« nicht immer sofort erkennbar. Naives[15] Christsein stände in Gefahr, gleichgeschaltet zu werden. Oft sind die Verhältnisse undurchschaubar, oft kommt ihre formende Gewalt über einen, ehe man sich's versieht. Darum fordert und wünscht Paulus in seinen Briefen prüfendes Christsein[h]: »Prüft, was der Wille Gottes ist, der gute und wohlgefällige und vollkommene«. Das Gute ist oft erst herauszufinden, kritisch zu ermitteln, womöglich in gemeinschaftlicher Bemühung. Zum Nachlesen (nämlich in der Bibel) gehört auch das Nachdenken. »Verstehst du auch, was du liest?« (Apg 8,10). Unser Vers warnt vor dem »Schema dieser Welt«, bietet aber nicht stattdessen ein christliches Gegenschema an, sondern ein prüfendes, ständig lernwilliges Trachten nach dem Willen Gottes. »Lernt von mir!« (Mt 11,29)

[e] 1Kor 15,32 2Kor 4,16 Eph 4,23 Kol 3,10 Lk 9,23
[f] Mt 5,10 Mk 3,35 Lk 22,42 1Petr 4,2 1Joh 2,17 Hebr 13,21
[g] Jes 5,20 Hos 8,3 Am 5,14f Mi 3,2; 6,8 Röm 12,9. 17.21 13,3.4
[h] Phil 1,9f Eph 5,10.17 Kol 1,9f 3,10 1Thess 5,21

b) Mahnungen für die Funktionsträger im Gemeindeleben (12,3-8)

3 Ich sage nämlich durch die mir gegebene Gnade jedem, der unter euch (etwas) ist, dass er nicht über das hinaussinnen soll, was man sinnen muss, sondern darauf sinnen soll, besonnen zu sein, wie Gott einem jeden Einzelnen zugemessen hat das Maß des Glaubens.
4 Gleichwie wir nämlich in *einem* Leib viele Glieder haben, die Glieder aber nicht sämtlich dieselbe Funktion haben,
5 so sind wir, die Vielen, *ein* Leib in Christus, als Einzelne aber sind wir untereinander Glieder,

[14] Der sehr häufige griech. Wortstamm *nous* meint ursprünglich und auch hier nicht die neutral betrachtende, sondern die *trachtende,* auf etwas gerichtete Vernunft, darum hier »Sinn, Gesinnung«, vgl. 1,28; 7,25; 14,5.

[15] Naiv wäre die Losung: »Nichts mitmachen!« (vgl. 1Kor 5,9f) und genauso naiv das Gegenteil: »Alles mitmachen!« (vgl. 1Kor 6,12; 10,23). Es ist um uns herum nicht alles schlecht, es ist nicht alles gut.

6 **Inhaber aber von unterschiedlichen Charismen nach der uns gegebenen Gnade: Sei es Prophetie, (dann bitte) im (richtigen) Verhältnis zum Glauben (ausüben),**
7 **sei es Diakonie, (dann bitte) in Diakonie, sei es der Lehrende, (dann übe er es bitte aus) in der Lehre,**
8 **sei es der Ermahnende, (dann bitte) in der Ermahnung, der Anteil Gebende (gebe) in Einfalt, der Vorstehende (wirke) im Eifer, der Sicherbarmende (handle) in Fröhlichkeit.**

Suche und tue in jeder Lage den Willen Gottes! Das war der Vorspruch nach 12,1-2. Das Ja zum Willen Gottes hat notgedrungen das Nein zu den Schemata dieser Weltzeit bei sich, d.h. es verwirklicht sich in ständiger Bereitschaft, sich zu verändern und anders zu sein. Mit diesem Ja und Nein geht Paulus jetzt in den christlichen Alltag. Gern leitet er mit einer Verneinung ein, um dann die Einweisung in den guten Willen Gottes folgen zu lassen (V. 3.11. 14.16.17.19.21).

Bezeichnend, dass er als erstes Beispiel den Gottesdienst vornimmt. Offenbar hat die Verweltlichung dort ihre besondere Einbruchsstelle. Nach 16,5.10.11 lebten die römischen Christen in mehreren über das Stadtgebiet zerstreuten Hausgemeinden, jede als eine Art Großfamilie, in der sich Frauen, Männer, Jung und Alt auf engstem Raum begegneten (s. zu 16,5). Damit waren persönliche Spannungen und sachliche Engpässe vorprogrammiert. Solch eine Gemeinde war bald »zerstört« (14,20), wenn ihre Glieder nicht beständig in der Erneuerung von 12,2 standen.

3 Als erstes und ernstestes Beispiel für Verweltlichung behandelt Paulus Grenzüberschreitungen bei den Funktionsträgern. **Ich sage nämlich durch die mir gegebene Gnade jedem, der unter euch (etwas) ist.** Diese Auslegung macht den Vorschlag, »sein« an dieser Stelle nicht ganz blass als Dazugehörigkeit zu verstehen, sondern als qualifiziertes Dabeisein[16]. Angesprochen sind dann diejenigen, die in der Hausgemeinde einen Aufgabenbereich gefunden und dafür auch eine Gabe unter Beweis gestellt haben. Die anschließende Aufzählung der Gabenträger bestätigt diese Sicht. Dem Mitarbeiter ist also gesagt, **dass er nicht über das hinaussinnen soll, was man sinnen muss.** Er dränge nicht über eine ihm gesetzte Grenze hinweg, er verletze nicht ein »man muss«.[17] Hier kommt das Ja zum Willen Gottes nach V. 2 ins Spiel. **Darauf soll er sinnen, besonnen**

16 In Gal 2,6 wird solch ein »sein« ausformuliert: »die das Ansehen haben, *etwas* zu sein«. Danach habe ich auch hier »etwas« ergänzt.

17 Dabei hat Paulus nicht das »man muss« des bürgerlichen Anstands im Sinn: Das und das tut man nicht, man drängt sich nicht hervor, man gibt nicht an!, obwohl auch das schon etwas ist (Phil 4,8-9).

zu sein, wie Gott einem jeden Einzelnen zugemessen hat das Maß des Glaubens. Die Rede vom Maß setzt für den Glauben unterschiedliche Bemessungen voraus, die wohlgemerkt einem jeden Einzelnen durch Gott selbst zugeteilt worden sind. Also ist hier nicht an den Heilsglauben zu denken, denn darin schafft Gott keine Unterschiede: »*ein* Herr, *ein* Glaube« (Eph 4,5). Auch Unterschiede in der Stärke der persönlichen Gläubigkeit sind hier nicht im Blick, denn Derartiges geht auf menschliche Trägheit oder Treue zurück. Der schwierige Ausdruck scheint vielmehr sinngleich mit »Maß der *Gaben*« oder »Maß der *Kraft*« verstanden zu sein (Eph 4,7.16; vgl. 1Kor 7,7; 1Petr 4,10). Vom Geber her sind es Gnadengaben, aber vom Empfänger her Glaubensgaben, allen Glaubenden zugedacht. Von daher können und sollen die Gemeindeglieder auch Verschiedenes verrichten. Auf diese nicht hinterfragbaren[a] Entscheidungen Gottes mögen sie sich besinnen. So wird ihr Verhalten besonnen[18] und auch maßvoll. Andernfalls verliert der »vernünftige Gottesdienst« von V. 1 seine Vernünftigkeit. Zweierlei Weisen der Verweltlichung wären hier nämlich denkbar. Der eine Gabenträger füllt sein Maß nicht aus. Er ist träge (V. 11), steht nicht zu seiner Verantwortung oder macht sich gegen 1Kor 15,10 selbst zur Null: Ich bin nichts, ich kann nichts, ich will auch nichts. Der andere geht über sein Haben, Können und Sollen hinaus, bläst sich auf, reckt sich hoch, übernimmt sich, arbeitet sich in fremde Rollen vor, eifert in lächerlicher Weise Leitbildern nach, die nicht zu ihm passen. Das Schlimmste aber: Wo einer damit anfängt, tut das bald auch ein Zweiter und dann mehrere. Der Gottesdienst wird zum Wettstreit[b] gemeindeunfähiger Gabenträger. Die Gemeinde gerät aus dem Gleichgewicht. Damit liegen ihre wahren Möglichkeiten brach.

[a] 1Kor 12,11.18 2Kor 12,9 Eph 4,7 Joh 21,22

[b] Mk 9,33-37 1Kor 4,6b; 6,7 2Kor 12,20 Gal 5,15.26

Paulus veranschaulicht das Leben unter dem »Maß des Glaubens« mit dem Bild vom Leib. **Gleichwie wir nämlich in *einem* Leib viele Glieder haben, die Glieder aber nicht sämtlich dieselbe Funktion haben, so sind wir, die Vielen, *ein* Leib in Christus, als Einzelne aber sind wir untereinander Glieder, Inhaber aber von unterschiedlichen Charismen nach der uns gegebenen Gnade.** Dies ist Nachhall des 1Kor, den Paulus vielleicht nur Monate zuvor schrieb. Die dortigen Kap.12-14 entfalten das Leib-Bild breiter und spezieller. Wir sind schon Glieder am Leib, müssen uns nicht noch dazu machen. Gott hat uns in seiner Sorgfalt dazu gemacht. Jeder ist ein Geschenk an die Gemeinde, zu dem sie sich gratulieren kann. Doch sind wir tatsächlich Inhaber von Charismen **4-6a**

[18] Wörtlich: gesunden Sinnes sein. So buchstäblich für geistige Gesundheit in Mk 5,15 oder für normale Bewusstseinslage in Apg 26,25, dagegen hier wie auch häufig in den Briefen an Timotheus und Titus im übertragenen Sinn.

nach der uns gegebenen Gnade?[19] In einer überschaubaren Gemeinde wie in Rom gleitet man unwillkürlich in irgendein Mittun hinein. Manchmal erstaunlich, bei wem sich Gaben zeigen, wer da zunächst notgedrungen, dann mit wachsendem Eifer initiativ wird. Natürlich treten einige Funktionen besonders hervor, aber niemand macht daraus sofort eine Hierarchie, ein Stufensystem mit einem genauen Oben und Unten. Die Leitungsfunktion »versteckt« sich hier in V. 8 unter anderen Gaben, denn »wir, die Vielen, sind untereinander Glieder«.

6b-8 V. 6b-8 folgen Weisungen[20] für einzelne Dienstträger. Weil Paulus nach V. 3 lediglich Mahnungen einschärfen will, sind keine belehrenden Dienstbeschreibungen zu erwarten[21]. Seine ersten Leser waren sofort im Bilde, wir nicht. Manchmal gelangen wir nur zu tastenden Versuchen einer Deutung. Wer hier also eine festgeklopfte Ämterlehre sucht, bekommt Schwierigkeiten. Das NT hat noch keine einheitlichen Dienstbezeichnungen. Als diese sich in späteren Jahrhunderten verfestigten, schrumpfte ihre Zahl meist auf drei oder vier. Diese wenigen Funktionäre zogen dann viel zu viel Zuständigkeiten auf sich und ragten aus der passiven Gemeinde heraus.

6 **Sei es Prophetie.** Prophetie steht hier und regelmäßig in der Spitzengruppe der Gabenlisten[c], gehört also zur Grundversorgung jeder Ortgemeinde. Allerdings sind unsere Vorstellungen davon angesichts der Vielgestaltigkeit der Prophetie und des reichen Materials im AT und NT stark verengt. Es gibt Prophetie wider Willen[d] oder als Impuls eines jeden beliebigen Gemeindegliedes[e], aber auch personengebunden, so dass es zur feststehenden Bezeichnung »Prophet« kommt. Eigentliche Triebkraft der Prophetie ist im NT das lebendige Jesuszeugnis (Offb 19,10), das die Gemeinde geistlich aufbaut und korrigiert (1Kor 14,3). Inhaltlich hat Prophetie ein weites Feld: Rückblick auf die Vergangenheit, Durchblick in der Gegenwart, Ausblick in die Zukunft. Sie deckt einem einzelnen Hörer, einer ganzen Gemeinde oder einem Volk Verborgenes[f] auf, wie es nur Gott sieht, so dass der Prophet »redet als Wort Gottes« (1Petr 4,11). Diese hohe oder gar höchste Gabe (1Kor 14,1) ist auch besonders stark durch Verweltlichung gefährdet. Darum beschäftigt das Thema der Falschprophetie und ihrer Prüfung die ganze Heilige

[c] 1Kor 12,28 Eph 4,11

[d] 4Mo 23,20 Joh 11,51

[e] 1Kor 11,4-5 14,24. 29-31

[f] 1Kor 14,25 13,2

19 Der Plural *charismata* (Charismen, Gnadengaben) ist hier lehrreich verbunden mit dem Singular *charis* (Gnade). In den *charismata* individualisiert sich die eine universale *charis*.

20 An dieser Stelle bedient Paulus sich der Siebenzahl. In anderen Briefen verwendet er andere Ordnungsschemata. Es gibt kein bestimmtes Gabensoll für alle Gemeinden.

21 Daher auch die überaus knappen Nachsätze, in allen sieben Fällen ohne Verb, die der Übersetzer mit Imperativen auffüllt.

Schrift (vgl. »prüfen« in V. 2). Hier also die Mahnung: Die Prophetie bitte **ausüben im (richtigen) Verhältnis zum Glauben**, d.h. zum überlieferten apostolischen Glaubensgut, wie es im Röm durchgehend vorausgesetzt wird[g]. Der Prophet könnte die Glaubensbasis verlassen, sich eigenen seelischen und intellektuellen Wucherungen überlassen (2Kor 4,5). Aber wahre Propheten sind den Aposteln als den Garanten der Jesusüberlieferung untertan. Ihr Evangelium regiert in der christlichen Gemeinde auch die höchsten und glänzendsten Begabungen. Sogar Paulus selbst zwang sich nach Gal 1,8 unter diesen Maßstab.

[g] Röm 12,7 6,17 14,14 15,4 16,17

Wir versuchen zunächst, die weiteren Tätigkeiten einigermaßen 7-8
zu bestimmen. Neben die Prophetie tritt die **Diakonie.** Wie Jesu Tun in Worte und Taten unterteilt wurde, so auch das Wirken der Jüngergemeinde: Ihr Wortdienst ist umringt von einem Kranz karitativer Dienste. In V. 8b folgen Beispiele. Am Anfang war der Stand der **Lehrer** besonders wichtig. Männer mit zuverlässigem Gedächtnis und gründlicher Ausbildung[22] mussten in den Zusammenkünften die lebensnotwendigen Überlieferungen einprägen[h]. Nach Apg 13,1 bildeten sie ein besonderes Gegenüber zu den Propheten. Während die Propheten die lebendige Anrede Gottes verkörperten, verkörperten diese Lehrer die Heilige Schrift, die Jesusüberlieferung und die apostolischen Glaubenssätze. Sie bewahrten einen Schatz und waren deswegen ein Schatz. Wieder andere Gemeindeglieder, die **Ermahnenden,** waren unterwegs zu den Einzelnen und erwiesen sich als geschickt zum brüderlichen, väterlichen und mütterlichen Beistand[i]. Sie halfen, dass die pauschale Verkündigung nicht über die Köpfe hinweg, sondern in die einzelnen Köpfe hineinging und für den eigenen Alltag verstanden wurde. Im Bereich der diakonischen Aufgabe führen die drei letzten Bezeichnungen. Der an seinem Besitz **Anteil Gebende** könnte z.B. derjenige sein, der der Gemeinde sein Haus öffnete: »Kommt in mein Haus und bleibt da!« (Apg 16,15) – Bedingung für das Entstehen und Bestehen einer Hausgemeinde. Man vergegenwärtige sich, was das für Wohnraum, Küche, Privatleben und auch für den Geldbeutel bedeutete. Leicht erklärlich, dass dabei dem Hausbesitzer auch eine gewisse Leitung zufiel. Vielleicht folgt deswegen hier ein Wort an den **Vorstehenden.** Er wird hier nicht bei seiner Würde, sondern bei seiner Bürde genommen, ist seine Stellung doch noch ganz in die anderen Dienste eingebettet. Er ragt nicht aus der Gemeinde her-

[h] Mt 28,20 Apg 2,42 13,1 Gal 6,6 2Tim 2,2 Hebr 13,9 Jak 3,1

[i] 1Thess 2,3-8 1Tim 5,1 Apg 9,26f

[22] Bibeln in jedem Gemeindesaal und in Privatbesitz gab es erst anderthalbtausend Jahren später, nachdem die Buchdruckerkunst erfunden, die Bibelgesellschaften gegründet und die allgemeine Schulpflicht eingeführt worden war.

aus, sondern in sie hinein. Mit seinem Blick fürs Ganze koordiniert und organisiert er. Eine Gemeinde, in der die Leitungsfunktion vernachlässigt wird, gleicht einem Fluss ohne Flussbett. Vieles versickert und kommt nicht zur Wirkung. Schließlich: Wie der irdische Jesus wird auch seine Gemeinde zu einem Magnet für auffällig viele Schwache, Kranke und Arme. Darum empfangen einzelne Glieder besonders deutlich das Jesus-Charisma[i] des **Sich-Erbarmens**.

i Mt 9,36; 14,14; 15,32; 20,34

Der Telegrammstil der Nachsätze zeigt die Energie, mit der Paulus seine Weisungen zur »Erneuerung des Sinnes« nach V. 2 vorbringt. Die Mahnung an die Propheten wurde schon ausgelegt. Bei den folgenden drei Beispielen verdoppelt er nur: Diakonie **in Diakonie**, Lehren **in der Lehre**, Ermahnen **in Ermahnung!** So einfach ist das: Verhalte dich sachorientiert und gabenorientiert! Die tänzelnden Grenzüberschreitungen weichen einer wachen Konzentration auf das, wofür man von Gott her wirklich zuständig ist. Man lässt sich an seiner Gnade genügen, schöpft sie voll aus und bringt viel Frucht. Das erspart eine Menge Störungen wie Missverständnisse, Rempeleien, Rivalitäten und Neid. Die letzten drei Beispiele mahnen, den anvertrauten Dienst **in Einfalt, Eifer und Fröhlichkeit** zu verrichten. Wo das geschieht, wäre das die Erneuerung des unzufriedenen dritten Knechts im Gleichnis von den anvertrauten Pfunden (Lk 19,20f). Er ist endlich zufrieden. Er erkennt die Güte seines Herrn und findet gerade seine eigene Aufgabe schön. Er steht im »vernünftigen Gottesdienst«.

c) Mahnungen an alle Glieder der Gemeinde (12,9-21)

9 Die Liebe (sei) ungeheuchelt. Verabscheut das Böse. Geht mit dem Guten eine feste Verbindung ein.
10 In der Geschwisterliebe seid einander liebevoll treu. In der Ehrerbietung geht einander voran.
11 An Eifer (seid) nicht träge, seid brennend im Geist, dient dem Herrn.
12 In Hoffnung freut euch, in Bedrängnis haltet durch, im Gebet beharrt.
13 An den Bedürfnissen der Heiligen nehmt (tätigen) Anteil, die Gastfreundschaft übt (ohne Erlahmen).
14 Segnet, die euch verfolgen, segnet und verflucht nicht.
15 Freut euch mit den Fröhlichen, weint mit den Weinenden.
16 Trachtet miteinander auf ein und dasselbe, trachtet nicht nach hohen Dingen, sondern beugt euch herab zu den Geringen. Seid nicht klug bei euch selbst.

17 Gebt niemand Böses für Böses zurück. »Seid bedacht auf das Gute« (Spr 3,7; 17,13) gegenüber allen Menschen.
18 Wenn es möglich ist und was euch anlangt, haltet mit allen Menschen Frieden.
19 Rächt euch nicht selbst, Geliebte, sondern gebt Raum dem Zorn (Gottes), es steht nämlich geschrieben (5Mo 32,35): »Mein ist die Rache, ich werde vergelten, spricht der Herr.«
20 Sondern »wenn deinen Feind hungert, speise ihn; wenn er dürstet, tränke ihn. Indem du das tust, häufst du glühende Kohlen auf sein Haupt« (Spr 25,21f).
21 Lass dich nicht besiegen durch das Böse, sondern besiege durch das Gute das Böse.

Durch längere Beschäftigung mit diesem Abschnitt gerät man in die volle Wohltat des Evangeliums. Durch gewisse Anklänge in V. 14.17.21 an die Bergpredigt sind auch deren Seligpreisungen gegenwärtig. Der Opfergang Jesu selbst erscheint als der eigentliche Beweger. Was anfänglich als Sammelsurium von Sprichwörtern erschien, weicht dem Eindruck einer starken inneren Geschlossenheit.

Im deutlichen Unterschied zu V. 3-9 berührt der neue Abschnitt mit keinem Wort die Geistesgaben, wohl aber die Frucht des Geistes nach Gal 5,22 (Liebe, Geduld, Freude, Friede).[23] Was hat dieser Unterschied auf sich? Die Geistesgaben sind in der Gemeinde *unterschiedlich* verteilt, darum bekommen auch V. 6-8 die verschiedenen Dienstträger je ihre besondere Mahnung. Dagegen werden die Geistesfrüchte bei allen Gliedern in gleicher Weise erwartet, wie die Mahnungen hier zeigen.

Abgesehen von zahlreichen Parallelen im AT und in jüdischen Schriften[24] finden sich für solche Mahnungen auch deutliche Anklänge bei heidnischen Schriftstellern. Wo immer sittliche Ansprüche gestellt werden und Wert auf Herzensbildung gelegt wird, ist eine weithin vergleichbare Spruchweisheit lebendig. So bewegt auch Paulus sich im Bereich eines allgemeinen Sinnes für Gut und Böse. Christen sollen auch gar nicht als Sonderlinge erscheinen. Das unterscheidend Christliche liegt vielmehr im Woher und Wozu. Paulus kommt her von der Barmherzigkeit Gottes (V. 1), und letztes Ziel ist nicht Bildung und Bewahrung des eigenen Charak-

23 Trotzdem überschreibt Käsemann den Abschnitt: »Die charismatische Gemeinde« und bezeichnet die Liebe als die höchste Geistesgabe. Doch keine Charismenliste erwähnt die Liebe. Nach 1Kor 12,31 ist sie nicht Gabe, sondern ein geistlicher Weg. Dieser wird dort Schritt für Schritt und Fall für Fall in 13,4-6 beschrieben.

24 Aufgeführt bei Bill III, S. 296-303.

ters, sondern die Auferbauung der Gemeinde zu Christus hin als dem Herrn. Als Auslegungsschlüssel kann V. 11c gelten: »Dient dem Herrn!«

9-10 Sobald ein Christ wirklich tut, was er doch glaubt, übt er Liebe. Das stellte Paulus schon Gal 5,6b fest. Es ist jene Liebe, die sich nicht am Liebenswerten orientiert, sondern Echo auf die Barmherzigkeit Gottes gibt (V. 1). Insofern durchbricht sie die Verhaltensmustern dieser Weltzeit (V. 2). Aber Liebe kann in bloßes christliches Gehabe absinken. Wenn sie nur noch durch Gesichtsausdruck und Begrüßung gespielt wird[25], gerät eine ganze Gemeinde ins Unechte und Maskenhafte. Weil das ihr Wesen entscheidend verfremden würde, mahnt das NT unermüdlich zur Wahrheit in der Liebe[a]. **Die Liebe (sei) ungeheuchelt.** Die folgenden Zurufe zeigen Liebe in ihrer Substanz: **Verabscheut das Böse.** Wahre Liebe lässt erkennen, wozu sie – aus Liebe! – nein sagt (1Kor 13,6). Und: **Geht mit dem Guten eine feste Verbindung ein.** Das **Gute** ist hier nach V. 2 der »gute, vollkommene und wohlgefällige« Wille Gottes. An ihm gilt es unbedingt zu »kleben«[26]. Leitbild ist der Zusammenhalt in einer guten Familie[27]. **In der Geschwisterliebe**[28] seid einander liebevoll treu, im wechselseitigen[29] Eintreten füreinander. Wie tief dies Eintreten reicht, sagt die Aufforderung: **In der Ehrerbietung geht einander voran.** Hier ist nicht die Ehre im Blick, die einem Amt oder Stand gebührt[b], sondern die jedem Glied als einem Geschöpf von unendlichem Wert zu zollen ist[c]. Darin Ausnahmen zu machen (Jak 2,1-9) ist nicht nur Schuld gegen den Himmel, sondern auch schwere Last für den, der geringschätzig behandelt wird. Geachtet werden, Menschenwürde genießen ist für jeden Menschen Grundbedingung zum eigentlichen Weiterleben. Wo dies zu kurz kommt, wuchert Ehrsucht[d].

[a] 1Thess 4,9 Hebr 13,1 Jak 3,17 1Petr 1,22 2,17; 3,8 1Joh 2,10 3,8.11.14

[b] Röm 13,7 Eph 6,2 1Thess 4,4; 5,20 1Tim 5,17

[c] Phil 2,3b 1Petr 2,14 Jak 2,1

11-13 V. 11-13 fasst das Tätigkeitsfeld der Gemeinde ins Auge. **An Eifer (seid) nicht träge.** Die Mahnung zum Eifer kommt V. 8 nahe, dort auf die Einsatzbereitschaft des Vorstehers bezogen, hier auf die eines jeden. Alle zusammen sollen gern Gemeinde sein, die weiß, was sie ist, was sie tun soll und es auch willig tut. Die Gemeinde zu

[d] Joh 5,44 Gal 5,26 Phil 2,3a

25 Das Wort »spielen« ist hier sachgemäß, denn das griech. Wort für Heuchler (*hypokritäs*) stammt aus dem Schauspielerwesen, vgl. Anm. zu 2,21f.

26 Das griech. *kollaô* meint ursprünglich »leimen«, »unauflöslich verlöten«. Beachte auch die Verwendung in Mt 19,5; 1Kor 6,17!

27 Dabei hebt der Ausdruck *philostorgos* nicht auf familiäre Umgangsformen ab, sondern auf Opferbereitschaft.

28 Wörtlich »Bruderliebe«, aber sachlich im NT eindeutig auf alle Glieder der Gemeinde bezogen (mit WB, 1712).

29 Typisch für Paulus das Wort »einander«, in diesem Abschnitt dreimal, dazu ausführlich Galater, WStB, S. 233f.

Laodizea war mit ihrer Lauheit gar in die äußerste Gefahrenzone geraten[e]. Berufen zum Mittun am größten Geschehen, das es geben kann, nämlich am Geschehen des Willens Gottes auf Erden, gilt für sie: **Seid brennend im Geist.** Und: **Dient dem Herrn.**[30] Im Deutschen ist »Herr« verwendbar für jeden Herrn von nebenan, aber die Gemeinde dient dem Herrn aller Herren und nicht zuletzt dem Herrn der Zukunft. Eben das kann man nur »brennend« tun, nie gelangweilt und nur auf Sparflamme. Vielmehr **in Hoffnung freut euch**. Nach 5,2f können die gegenwärtigen Bedrängnisse diese Freude nur umso stärker entfachen. **In Bedrängnis haltet durch, im Gebet beharrt.** Eine Durchsicht der Stellen, die »beharren« und »Gebet« verknüpfen[f], lässt auch hier an regelmäßige Teilnahme an den Gebetsversammlungen denken. Gemeinsames Beten ist Merkmal einer glaubenden Gemeinde. Wo nicht mehr gebetet wird, wird nicht mehr geglaubt. Man kann nicht nur gedanklich glauben. Die erwähnten Bedrängnisse führen zur nächsten Mahnung: **An den Bedürfnissen der Heiligen nehmt (tätigen) Anteil.** Einzelne Glieder, die einer Hausgemeinde beitraten, verloren leicht ihren bisherigen sozialen Rückhalt, z.B. konnten Witwen um ihres Glaubens willen aus der bisherigen Armenpflege herausfallen. Damit waren sie der Gemeinde als Aufgabe vor die Füße gelegt (Jak 1,27). Unterstützungsbedürftig waren auch die urchristlichen Gemeindelehrer, weil ihr hingebender Dienst ihren Broterwerb beeinträchtigte (Gal 6,6; 1Kor 9,14). Auffällig ist für heutige Leser die Fortsetzung: **Die Gastfreundschaft übt (ohne Erlahmen).** Warum im NT so nachdrücklich diese Mahnung[g], warum das Lob und die Dankbarkeit gerade für diese Aufgabe[h]? Im Altertum war jemand, der als Fremder »ohne Bürgerrecht«, »außerhalb des Bundes« lebte, schutzlos (Eph 3,12.19; 1Mo 4,14). Das galt doppelt, handelte es sich um einen Missionar, der einer argwöhnisch beäugten Gemeinschaft zugehörte, und dreifach, wenn ein solcher gar schon steckbrieflich gesucht wurde (Apg 9,23-25). Für ihn war der Unterschlupf im Haus eines Glaubensgenossen die einzige Zuflucht und für diesen selbst nicht ungefährlich (Beispiel: Apg 17,6-8). Also nicht hausfrauliche Bequemlichkeit ist hier Thema, sondern Angst, die vor Gewährung von Gastfreundschaft zurückschrecken ließ. Aber an solch offenen Häusern hing die Ausbreitung des Urchristentums.

[e] Hebr 10,24f 12,12f Offb 3,15f

[f] Apg 1,14 2,42.46 Eph 6,18 Kol 4,2 1Thess 5,17

[g] Hebr 13,2 1Petr 4,9 Mt 25,35.38.43f

[h] 16,23 2Kor 11,33 Phlm 22 1Tim 3,2 5,10 Tit 1,5 2Joh 5 Mk 9,41

[30] So wörtlich auch Kol 3,24. Hier aber teilen sich aufgrund unterschiedlicher Handschriften die Meinungen. Schrieb Paulus »Dient dem Herrn« (LÜ) oder »Dient der Zeit«? Zur Sache: Selbst wenn man unter »Zeit« (*kairos*) Gnadenzeit versteht, bleibt es schwierig, als Meinung des Paulus zu verstehen, dass Christen der Zeit wie Sklaven (!) dienen sollen. Wenn er Eph 5,16; Kol 4,5 auffordert: Nutzt sie! bringt das eben nicht diese Abhängigkeit zum Ausdruck. – Wahrscheinlich unterlief einmal eine Verschreibung, die aus »dem Herrn« unabsichtlich »der Zeit« gemacht hat (aus *kyriô* das ähnliche *kairô*). Ihr folgten dann spätere Abschreiber.

14 Der Gedanke an die Verfolgung der Gemeinde lässt Paulus einen kurzen Einwurf machen, auf den er aber V. 17-20 noch einmal ausführlich zurückkommen wird. **Segnet, die euch verfolgen, segnet und verflucht nicht.** Hier versagen alle Parallelen.[31] Nirgendwo gibt es den Ruf zur Feindesliebe in gleicher Unzweideutigkeit wie bei Jesus, so dass Paulus hier unmittelbar als Stimme seines Herrn spricht. Seine Nähe zu Jesus zeigt sich auch in seinen Begründungen für Feindesliebe. Erstens: Nach Mt 5,44-45; Lk 6,35f sollen die Jünger ihre Feinde lieben, um sich als Nachahmer Gottes zu erweisen; denn Gott ist barmherzig auch zu den Gottlosen. Ebenso verankert Paulus seine Ermahnungen in der Barmherzigkeit Gottes (oben V. 1). Zweitens: Nach Mt 5,46-47 sollen die Jünger ihre Feinde lieben, um sich von heidnischer Mentalität zu unterscheiden und in dieser Welt das »Besondere« zu tun. Ebenso ruft auch Paulus auf, nicht mit dieser Weltzeit konform zu gehen (oben V. 2). Das ist jedoch nur in der Gegenwart Gottes realisierbar. Dort wird man ganz wahr in der Liebe. Es kommt zur segnenden Fürbitte. Sie möchte vom Verfolger den Zorn Gottes abwenden, ganz wie Jesus es tat (Lk 23,34). So ist hier nicht nur die Stimme Jesu gegenwärtig, sondern auch sein segnendes Sterben.

15 V. 15 gilt gewiss innerhalb der Gemeinde, mag aber auch in Fortsetzung von V. 14 alle Mitmenschen einschließen: **Freut euch mit den Fröhlichen, weint mit den Weinenden.** Das Erleiden von Verfolgungen könnte verhärten, so dass nichts mehr mitschwingt bei Freud und Leid dieser Erde. Darum: Werdet nicht überirdisch oder unmenschlich fromm!

16 V. 16 führt wieder eindeutig in die Verhältnisse der Gemeinde zurück. **Trachtet miteinander auf ein und dasselbe.** Die Übersetzung soll an das schöne deutsche Wort »Eintracht« erinnern. Die Mahnung findet sich bei Paulus sprachlich ganz ähnlich siebenmal[i]. Selbstverständlich weiß er um Meinungsverschiedenheiten in den Gemeinden. Sie sind so lange etwas Normales, wie sie unter Kontrolle bleiben. Die Kontrolle lautet nach V. 11: »Dient dem Herrn!« Solange das durchschlägt, sucht man und finden sich Mittel und Wege, die Schwierigkeiten zu überwinden. Aber diese beginnen zu triumphieren, wenn die Beteiligten nicht mehr dem Herrn unterstellt bleiben. Ein fremdes Trachten schleicht sich ein: **Trachtet nicht nach hohen Dingen, sondern beugt euch herab zu den Geringen.** Hohe Dinge, die sich im Kopf eingenistet haben, stoßen jetzt Menschen beiseite, die einem beim Vorwärtsstürmen

[i] Röm 15,5 2Kor 13,11 Gal 5,10 Phil 2,2 3,15; 4,2

[31] Jüdische Schriftgelehrte gaben zwar schöne Beispiele der Nachgiebigkeit und hörten Schmähungen an, ohne sie zu erwidern (Bill I, S. 341), aber eine Sendung zur aktiven Feindesliebe lag fern. Paulus bezeugt 1Kor 4,12: »Schmäht man uns, so segnen wir.«

im Wege sind. Sie erscheinen als die Geringen, Bedeutungslosen, Uninteressanten. **Seid nicht klug bei euch selbst.** Selbstklug setzt man sich sowohl über das Herrsein Jesu als auch über das Bruder-Sein hinweg. Der Tatbestand der Verweltlichung (vgl.V. 2) ist vollständig gegeben.

17-20

Die Verse 17-20 ergänzen das bereits in V. 14 angeschnittene Thema Feindesliebe nach zwei Seiten. Einerseits durchzieht die folgenden Sätze die Universalität der christlichen Liebe[i], die um keinen Menschen einen Bogen macht, andererseits drängen sie, auf Vergeltung zu verzichten. Der Fürbitte nach V. 14 muss auch die Praxis entsprechen. **Gebt niemand Böses für Böses zurück.** Und dann positiv: **»Seid bedacht auf das Gute« (Spr 3,7; 17,13) gegenüber allen Menschen.** Im Trachten nach dem »Guten« löst man sich vom parteilichen Standpunkt. Übergeordnet ist die Bemühung um Ausgleich und Besserung. Der Beginn des folgenden Satzes, **wenn es möglich ist und was euch anlangt,** zeigt, dass dem Apostel bei seinen Mahnungen die Wirklichkeit »dieser Weltzeit« (V. 2) durchaus bewusst ist. Nicht immer gewinnt Liebe, nicht immer ist Liebe beliebt. Aber dass sie ihr Ziel nicht immer erreicht, ist für sie kein Grund, es zu ändern. Es bleibt dabei: **Haltet mit allen Menschen Frieden.** »Frieden halten« ist mehr als: »Seid friedlich!« Im Sinne von Mt 5,9 schwebt eine aktive Rolle vor, die eine Konfliktlösung anstrebt. Wenn sie nicht gelingt und nun Unrecht herrscht, heißt es: **Rächt euch nicht selbst, Geliebte, sondern gebt Raum dem Zorn (Gottes), es steht nämlich geschrieben (5Mo 32,35): »Mein ist die Rache, ich werde vergelten, spricht der Herr.«** Unsere Empörung über Unrecht in Ehren, aber allein Gott kann und wird sie stillen, zunächst in begrenzter Form durch die Regierungsgewalt (13,4), vollkommen am nahenden Tag des Zorns. Drängen wir uns jedoch selbst in Gottes Amt, wäre das das Ende *unseres* Amtes, für das wir in diese Weltzeit gestellt sind, nämlich die Barmherzigkeit Gottes auszuleben (Mt 5,38-48; 13,29-30). Paulus besteht darum auf der christlichen Sendung: **Sondern »wenn deinen Feind hungert, speise ihn; wenn er dürstet, tränke ihn. Indem du das tust, häufst du glühende Kohlen auf sein Haupt« (Spr 25,21f).** Auf dem Haupt angehäufte Kohlenglut ist auf jeden Fall, milde gesagt, spürbar. Das drastisches Bild sagt also mindestens dies: Euer Tun in Gott ist inmitten des sonst üblichen und sinnlosen Wiedervergeltens spürbares und wirksames Tun! Auch wenn der geliebte Feind nicht auf der Stelle reuig vor euch auf die Knie geht, hat ihn doch eine Erfahrung von etwas Neuem berührt. Er war für Sekunden ein Berührter, Bewegter, Erstaunter, vielleicht ein Beschämter (vgl. 1Petr 2,15; 3,16), jedenfalls ein Gesegneter. Gott wird sich in seinem ferneren Leben weiter seiner annehmen.

[i] Gal 6,10 Phil 4,5 1Thess 5,14f 1Tim 2,1.3f Tit 2,11 3,2.4 Hebr 12,44

21 Nach Schluss dieser Lektion verallgemeinert Paulus und spitzt zugleich persönlich zu: **Lass dich nicht besiegen durch das Böse, sondern besiege durch das Gute das Böse.** Diese Welt ist ein Ort des Kampfes zwischen zweierlei Weisen, Mensch zu sein, Mensch unter dem »Gott dieser Welt« oder Mensch unter dem Gott und Vater unseres Herrn Jesus Christus. Sieger sind wir nicht erst durch irdische Erfolge unseres Tuns, sondern in verborgener Weise schon durch das Tun des Guten selbst.[k]

[k] 1Joh 5,4f Offb 2,7.11. 17.26; 3,5.12.21

d) Mahnung zur Unterordnung unter die Regierungsgewalt (13,1-7)

1 **Jedermann ordne sich den vorgesetzten Behörden unter. Denn es gibt keine Regierungsgewalt außer durch Gott. Die existierenden (Behörden) sind durch Gott angeordnet.**
2 **Daher, wer sich der Regierungsgewalt widersetzt (entgegenordnet), widersetzt sich der Anordnung Gottes, die sich Widersetzenden aber werden für sich Verurteilung empfangen.**
3 **Denn die Regierenden sind nicht Schrecken dem guten Werk, sondern dem bösen (Werk). Willst du dich aber vor der Regierungsgewalt nicht fürchten, tue du das Gute, und du wirst Belobigung von ihr her haben.**
4 **Denn Gottes Bediensteter ist sie, dir zum Guten. Wenn du aber das Böse tust, fürchte dich. Sie trägt nämlich das Schwert nicht umsonst. Denn sie ist Gottes Dienerin als Rächerin zum Zorn gegen den, der das Böse tut.**
5 **Darum ist es nötig, sich unterzuordnen, nicht allein wegen des Zorns, sondern auch wegen des Gewissens.**
6 **Deswegen zahlt ihr ja auch Steuern; Beamte Gottes sind sie nämlich, für eben dies energisch tätig.**
7 **Erstattet allen die Verpflichtungen: dem (ihr) die Steuern (schuldet), (erstattet) die Steuern; dem (ihr) den Zoll (schuldet), den Zoll; dem Respekt (gebührt), Respekt; dem Ehrerbietung (gebührt), Ehrerbietung.**

Das Wort »Liebe«, von Paulus im vorangehenden wie im nachfolgenden Abschnitt immer wieder als Leitwort in Gebrauch genommen (12,9.10.17b; 13,8.9.10), hat in diesen sieben Versen über die staatliche Ordnung Pause. Damit ist von vornherein klar: Es ist hier nichts mit dem »heiß geliebten Vaterland«, mit »innig geliebten« Kaisern, Königen oder Führern und mit »lang anhaltendem stürmischen Beifall« vor ihrem Podest. Schon der Ausdruck »Staats*treue*« ist hier fast zu viel. Dagegen verlängert sich sehr wohl eine andere Linie. Sie beginnt 12,2 mit dem Tun des »Guten« nach dem Willen Gottes, läuft über 12,9.17b.21 und spielt hier in V. 3-4 die maßgebliche Rolle. Liebe ist immer Tun des Guten, sie »geht mit dem Guten eine feste Verbindung ein« (12,9), aber je nach ihrem Gegenüber wird sie sich wandeln. Gegenüber Menschen ist sie menschlich (12,10: »herzlich«), gegenüber Sachen aber handelt sie sachlich, sachkundig und sachdienlich. So spricht und denkt Paulus sehr diszipliniert, wenn er staatliche Organe nicht zum Gegenstand persönlicher Liebe macht, sondern ihnen gegenüber schlicht zum Rechtverhalten aufruft. Diese Wandlungsfähigkeit der Liebe gehört zu ihrer Glaubwürdigkeit. Unsere Liebe ist unglaubwürdig, wenn wir sie zwar gewissenhaft auf Personen richten, z.B. niemals eine alte Frau überfallen und ausrauben könnten, aber bedenkenlos eine Behörde betrügen. Sonst stellte man sich der Staatsgewalt gegenüber »dieser Weltzeit« gleich (12,2): behandelte sie gleichgültig, wie es die Umwelt tut. Man hasst und hetzt mit, kuscht vor ihr, wird frech, nörgelt, beutet sie aus und provoziert sie – ganz wie die Umwelt. Übrigens neigt gerade eine politisch einflusslose und an die Macht ausgelieferte christliche Gemeinde, die nicht viel Gutes von den Behörden erwarten kann, zu einer negativen Haltung gegenüber dem Staat. Unbekümmert breitet sich hier Verweltlichung im Sinne von 12,2 aus.

Aber staatliche Ordnung ist zu wichtig, als dass christliche Ethik sie aussparen dürfte. Abgesehen von einzelnen Hinweisen spiegelt das NT an sechs Stellen die urchristliche Belehrung wider: Mk 10,42-45 (par.); Mk 12,13-17 (par.); Röm 13,1-7; 1Tim 2,1-2; Tit 3,1 und 1Petr 2,13-17. Dass unser Abschnitt diese Parallelen an Umfang und Gewicht übertrifft, erklärt sich befriedigend einerseits aus dem Zuschnitt des Schreibens. Paulus arbeitete hier mit größerem Zeitaufwand und nach absichtsvoller Planung, zudem schreibt er an Leser, die als Bewohner der Hauptstadt einem besonders traditionsreichen und selbstbewussten Machtapparat gegenüberstanden, auch über einschneidende Erfahrungen mit dessen Maßnahmen verfügten (Einleitungsfragen 2a-b). Zwei Konstruktionen erübrigen sich deswegen. Erstens muss es in der römischen Gemeinde keine revolutionäre Strömung gegeben haben, die Paulus angeblich niederhalten wollte.[32] Zweitens fehlen im Röm Spuren einer schwärmerischen Geringschätzung irdischer Ordnungen.[33]

32 Man könnte an Einflüsse der Zeloten denken, die damals in Palästina stark im Kommen waren und den »heiligen« Krieg gegen Rom schürten und in den Jahren 66-70 auch erreichten. Ihr Ansatz war die Verweigerung der Steuern. Zelotismus wurde auch Jesus vorgeworfen (Lk 23,2.14). Doch kann Paulus in V. 7 davon ausgehen, dass die römischen Christen wie selbstverständlich Steuern zahlten.

33 In der Gemeinde Korinth führte dagegen ein falsches Geistverständnis zu anarchischen Tendenzen, vgl. besonders die Parole: »Es ist alles erlaubt!« (1Kor 6,12; 10,23).

In der Auslegung taucht immer wieder der Einwand auf, Paulus urteile hier unbegreiflich blauäugig über den Staat.[34] Hätte er z.B. nach Erfahrung der 30-er Jahre in Deutschland seine Auslassungen noch einmal wiederholen können? Doch davon abgesehen, dass er den Terror staatlicher Gewalt bis zur Neige auskosten musste[a], hat man so sein eigentliches Anliegen noch nicht begriffen. Zu ermessen ist auch, dass die Christen nach dem Einsetzen der großen planmäßigen Verfolgungen im zweiten Jahrhundert in ergreifender Weise an Röm 13 festhielten. Selbst Offb 13, wo der Staat als antichristliches »Tier« geschaut wird, das sein großes Lästermaul öffnet und sich von jedermann als Alleskönner anbeten lässt, gibt nicht eine veränderte Parole aus. Der Zuruf an die Leser dort in V. 10 lautet ganz im Geiste des Paulus: »Hier ist Geduld und Glaube der Heiligen!«

[a] 1Kor 15,19. 30-32 2Kor 1,8-11 11,25 Phil 1,13 1Thess 2,2 Apg 16,23f 24,27

Röm 13 wird aber auch dadurch unterschätzt, dass Ausleger dazu neigen, zu unkritisch über neuzeitliche Demokratie zu urteilen. Gewiss unterscheidet sie sich von antiken oder heutigen totalitären Regimen wie Tag und Nacht. Trotzdem weckte Jesus nicht umsonst den untrüglichen Blick für menschliche Machtgebilde überhaupt, indem er zu seinen Jüngern sagte: »Ihr aber wisst, dass die, die als Herrscher der Völker gelten, sie unterjochen und dass ihre Großen sich Gewalt über sie aneignen« (Mk 10,42f). Er erwartet, dass wir Sonntagsreden der Regierenden nicht für bare Münze nehmen, sondern Erscheinungsformen und Techniken der Machtausübung prüfen und durchschauen. Kann man wirklich sagen, dass »im modernen demokratischen Staat das in Röm 13 vorausgesetzte Gegenüber von Herrschenden und Untertanen prinzipiell aufgehoben (ist)«, dass die Funktionen der Herrschenden nun »verteilt« seien, dass aller Gewaltgebrauch dem »Volk verantwortlich« ist, also »im Namen des Volkes« geschieht?[35]

Exkurs: *Zur antiken und gegenwärtigen Sozialordnung*

In allen Jahrhunderten stießen Bibelleser auf den Graben zwischen biblischer Zeit und ihrer eigenen Zeit. Unser Abschnitt über den Umgang mit den Behörden macht diesen Graben für unsere Zeit besonders augenfällig. Kaum ein Leser wird nicht irgendwie stutzig. Damit er aber dies gewichtige Stück nicht kurz angebunden beiseite legt, möchte dieser Exkurs helfen, das Damals und das Heute überhaupt zu erfassen.

[34] »Der moderne Leser ist immer wieder unangenehm berührt von der Naivität …« (Zeller, S. 220, ähnlich Wilckens III, S. 44).

[35] U. Wilckens, III, S. 41f

a) Sobald es um praktisches Christsein ging, besonders um ethische Fragen, musste für die ersten Gemeinden die Strömung des Stoizismus interessant werden.[36] Sie erstarkte in den ersten Jahrhunderten zunehmend und bot für ungezählte Menschen sogar bis heute Lebenshilfe und ethisches Geleit. Sie prägte weithin die Idealvorstellung von einem ehrbaren bürgerlichen Leben. Zum weltanschaulichen Hintergrund: Der Stoiker schaut bewundernd auf ein unpersönliches Weltgesetz der Vernunft in allem Sein, vom Größten bis zum Kleinsten. Er nennt es auch Gott, Gottheit oder Vorsehung. Darum gibt es keine Willkür und Zufälligkeit, es läuft gleichsam eine Weltmaschine in ungeheurer Präzision vor sich hin. Was geschieht, muss geschehen, und es ist gut und vernünftig, wie es geschieht. Unter dieser Voraussetzung ist glückliches Menschenleben allein gehorsames Menschenleben. Es ist bestrebt, mit diesem allseitigen Ordnungsgefüge in Einklang zu bleiben. »Sträube ich mich, so handle ich schlecht – und folgen muss ich doch.«[37] Man entsagt der Triebhaftigkeit, dem Gelüste, der Affekthandlung. Man lässt sich nicht hinreißen, sondern hält sich in allem an das gute Maß. Man tut, was geboten ist. Das Gesollte steht auf allen Gebieten in hoher Geltung.

b) Der Bibelleser fühlt sich jetzt an zahlreiche formale Berührungspunkte mit ntl. Anweisungen erinnert. Die Mahnung zum unbedingten Tun der Gebote, zur Besonnenheit, zum reiflichen Überdenken und Prüfen, zur bedächtigen Rede, zum schicklichen Handeln fand damals bei ernst gerichteten Heiden eine geebnete Bahn. In diese Reihe gehört nun auch das Vorherrschen des Ordnungsbegriffs in unserm Abschnitt. Allein in den beiden ersten Versen verwendet Paulus viermal den Wortstamm »ordnen«: *hypotassesthô, tetagmenai, antitassomenos, diatagä* (die Übersetzung ahmt die Vokabeln nach). »Ordnung« spielt für Paulus eine bemerkenswerte Rolle, wie sich an weiteren Ableitungen zeigt: *taxis* (1Kor 14,40), *ataktos, atakteô:* ungeordnet leben, ohne Sinn für Verpflichtungen (1Thess 5,14; 2Thess 3,6-7.11), *hypotagä:* Unterordnung unter Autorität (Gal 2,5; 2Kor 9,13). Die Mahnung zur Unterordnung ist im NT das unverhohlene Grundwort christlichen Handelns: Die Bürger sollen sie der Regierungsgewalt gegenüber üben (Röm 13,1.5; Tit 3,1; 1Petr 2,13), die Sklaven dem Sklavenbesitzer gegenüber (Tit 2,9; 1Petr 2,18), die Frauen den Ehemännern gegenüber (Eph 5,22.24; Kol 3,18; 1Tim 2,11; Tit 2,5; 1Petr 3,1.5), die Kinder den Eltern gegenüber (1Tim 3,4), die Glieder der Gemeindeleitung gegenüber (1Petr 5,5; 1Kor 16,16) und eins dem anderen gegenüber (Eph 5,21).

36 Zwar lesen wir Apg 17,18, dass Paulus mit den Stoikern stritt, aber dort ging es auch um die Gottesfrage.

37 Epiktet, bei Bruce, I, S. 50

c) Die Christusgemeinde weiß, dass Christentum und Stoizismus trotz dieser sprachlichen Parallelen Welten trennen. Das hat seinen Grund schon im Gotteszeugnis des AT und vor allem in der Offenbarung Jesu Christi. Aber die ersten Christen waren in den damaligen Lebensrahmen hineingestellt, nicht um ihn einfach zu ändern (z.B. Sklavengesetzgebung), sondern darin ihren Glauben zu bewähren. Es ist Aufgabe der Auslegung, Punkt für Punkt zu zeigen, wie im NT stoische Ausdrücke in einer Art Dialyse christlich umgefüllt wurden, ihr eigenes Leben haben und deswegen ihr Missbrauch unverzeihlich wäre.

d) Zunächst aber ist der Schock nachzuempfinden, den der heutige Hörer, der in einer völlig veränderten Sozialordnung aufwächst und der ihr eben auch nicht einfach entspringen kann, erlebt. Nicht mehr »Unterordnung« ist heute das faszinierende Schlüsselwort, sondern »Freiheit«. Alles soll frei sein: das Denken, die Forschung, das Gewissen, der Glaube, die Kirche, die Presse, das Volk, der Bürger, der Arbeiter, die Frau, die Jugend, die Liebe, das Kind, die Abtreibung und vieles mehr.

e) Wir wollen nicht zurück ins Mittelalter. Schon nach einer Probe von vierzehn Tagen würden wir uns wieder zurückmelden. Die freiheitliche Sozialordnung lockt uns wirklich mit einem Zipfel der Wahrheit. Aber sie ist zwiegesichtig. Die Freigelassenen werden auch wieder eingefangen. Geistige Machtzentren haben sich gebildet und normieren und formieren die Gesellschaft erschreckend. Und die Befreiten zeigen sich wild, böse und undankbar. Die Notbremse wird gezogen: Strafen werden verschärft, Polizei verstärkt, Instrumentarien der Verbrechensbekämpfung verbessert, immer mehr Daten des Bürgers erfasst. Könnte nicht ein grundsätzlicher Fehler im Menschenbild und im Gottesbild stecken? Es gibt Gegenbewegungen. Doch der öffentlichen Meinung fällt nach wie vor nichts anderes ein, als noch draufzusatteln: Die »Freiheit« müsse noch weiter vorangetrieben werden, damit sich endlich das Gute im Menschen entfalten könne. – Mit diesem ganzen Gemisch hat es die Auslegung heute zu tun.

1a Paulus stellt eine bestürzend einfache, unumstößlich geltende Mahnung an die Spitze: **Jedermann,** ob Jude, Heide oder Christ, **ordne sich den vorgesetzten Behörden**[38] unter. Vorausgesetzt ist

[38] Griech. *exousia,* Gewalt, sehr vieldeutig, je nach Zusammenhang. In diesem Text gehört es zu einer Reihe von Begriffen, die auch in der damaligen Amtssprache geläufig waren (z.B. »Regierende« in V. 3, »Beamte« in V. 6). So ist *exousia,* hier in Mehrzahl, auch für »Behörde« belegt. Nach V. 4 und 7 ist an staatliche Organe wie Polizei, Gericht, Finanzamt oder Zollstelle zu denken. Durch sie erlebt der kleine Mann seine Regierung. In V. 2-3 erscheint das Wort noch dreimal in Einzahl, als Zusammenfassung oder Zentralgewalt. Darum dort immer mit »Regierungsgewalt« übersetzt.

das Wissen um eine umfassende Ordnung der Gesellschaft. Jedermann ist darin in ein bestimmtes Verhältnis zu den anderen versetzt und möge seinen Platz einnehmen. Dabei entsteht auch je und je ein Oben und Unten, was durch »vorgesetzt« (Obergewalt besitzen) bewusst gemacht wird. Gewiss wird es immer schwer sein, dies Sichunterordnen einem Menschen begreiflich zu machen, der mit heißem Herzen dem Bekenntnis lebt: »Mir geht nichts über mich!« Aber auch der heutige Hörer kennt die Sehnsucht nach Eltern, nach einem Lehrer oder Freund, die »in Ordnung sind«. Ohne zur Ordnung zu rufen, Ordnung zu schaffen und Ordnung zu halten können Menschen nicht zusammen sein.

Nachdem Paulus die Ordnung, die Bevölkerung und Regierung **1b**
umfasst, bewusst gemacht hat, nennt er Gott als den Urheber dieses Gebildes. **Denn es gibt keine Regierungsgewalt außer durch Gott.** Selbstverständlich waren Paulus die irdisch-menschlichen Umstände bekannt, wie Regierende an die Macht kommen. Zu seinen Lebzeiten gab es in Rom vier Kaiserkrönungen, davon drei nach Mord und Totschlag. Auch seine Bibel erzählt ungeschminkt von solchen Dingen. Aber Paulus verlegt sich hier ganz und gar auf die theologische Sicht. **Die existierenden (Behörden) sind durch Gott angeordnet.** Sobald hier das Wort »Gott« ertönt, geht es um den Gott des Lebens und des Friedens in Opposition gegen alles Chaotische, das das Leben zerstört. Dass es für das Zusammenleben und für das Überleben der Menschen im Kleinen und Großen nicht ohne eine Friedensordnung geht, weiß im Grunde jeder. Auch die christliche Gemeinde weiß sich ihr verpflichtet. Allerdings klang schon 12,18 an, dass dem Bemühen um Frieden und Ausgleich durch fehlenden guten Willen Einiger Grenzen gesetzt sind. In diesem Zusammenhang kommt jetzt die Einrichtung einer staatlichen Ordnungsgewalt zur Sprache (Näheres dazu V. 4). Sie ist keine Heilsordnung, gehört aber zu einem erträglichen Dasein.

Paulus liest sie nicht von der Natur ab, wie es griechische Philosophen taten[39], führt sie auch nicht auf die Schöpfung am Anfang zurück. Das bedeutet: Es gibt sie nicht als vorgegebene Idealgestalt, die nun den Staaten aller Zeitalter und Erdteile als Soll auferlegt wäre.[40] Vielmehr ruft der Ausdruck »durch Gott angeordnet« die Vorstellung einer Kette von Anordnungen hervor (vgl. sogleich zu V. 2), die Gott je und je in die Abläufe der Ereignisse hineingibt, ob

39 Z.B. in der Stoa (vgl. Exkurs oben): »Das wohlgefügte Universum ist Vorbild für den Idealstaat und das bürgerliche Leben« (Hauck, ThWNT III, S. 795,24).

40 In einer Massengesellschaft muss Staat sich anders ausbilden als in dünn besiedelten Gebieten, wo man das Haus des Nachbarn nicht einmal durchs Fernrohr sieht. Aber überall steht die getroffene Ordnung unter Gott und vor Gott.

nun im Zorn, in Geduld oder Gnade. In allen Phasen ist Gott der Menschengeschichte mächtig. Ohne seine Fügungen im Einzelnen durchsichtig machen zu können, stehen wir hier vor einem Allgemeingut biblischen Glaubens, klassisch im Buch Daniel[b]: »Gott setzt Könige ab und setzt Könige ein.« In Offb 13 heißt es zwar von der entarteten politischen Macht: »Und der Drache gab dem Tier seine Kraft und seinen Thron und große Macht« (V. 2), aber wenige Verse später wird die Aussage überhöht: »Ihm wurde (durch Gott!) Macht gegeben …« (V. 7). In der Tat ein für uns undurchdringliches Ineinander zweier Initiativen von total entgegengesetzter Richtung! Amos 3,6 bezeugt diese Allwirksamkeit (nicht Alleinwirksamkeit!) Gottes in dem Satz: »Trifft ein Unglück die Stadt, und Jahwe war nicht am Werk?« (Übersetzung nach H.W. Wolff). Gott ist auch in dieser gefallenen Welt an jedem Fleck der Erde pausenlos in Aktion (Joh 5,17). Er schaut nicht nur auf alles herab wie der stille Mond. Er lässt sich nicht im Jenseits einsperren, er ist nicht nur Gott im Himmel, sondern auch auf Erden (5Mo 4,39; Jos 2,11; Pred 5,2). Kein Bezirk (und auch kein Rathaus), der seinem Wirken entrückt wäre.[41] Wenn Gott nach Mt 10,29 sogar im Vogelflug und im Entstehen einer Glatze wirkt, wie viel mehr im Entstehen und Bestehen einer jeden real existierenden Regierung. »Ja, gewiss, Gott ist der Gott der Nationen!« (3,29). Es gibt keine in sich selbst ablaufende Weltgeschichte.

[b] Dan 2,21.37f 4,14.29 5,21 Spr 8,15f 21,1 Jes 45,1-7 Lk 1,52 Joh 19,11 Röm 9,17

2 Unter diesen Umständen entfällt die offene oder versteckte Verweigerungshaltung als christliche Möglichkeit. **Daher, wer sich der Regierungsgewalt widersetzt (entgegenordnet), widersetzt sich der Anordnung Gottes, die sich Widersetzenden aber werden für sich** im Endgericht Gottes **Verurteilung empfangen.** Folglich ist Anarchie, also grundsätzliche Widersetzlichkeit gegen Regierungsgewalt, kein christlicher Ausweg. Etwas anderes ist Verweigerung bestimmter Befehle der Staatsgewalt (dazu die Anm. zu V. 3b).

3-4 Damit wechselt Paulus vom Grundsätzlichen zum Praktischen, zum *Handeln* der Regierungsgewalt und zum *Tun* der Christen. Dabei arbeitet Paulus mit der Voraussetzung, beide Seiten würden in einem wesentlichen Punkt harmonieren: Sie wollen das Gute und bekämpfen das Böse. Genauer: Vom Staat her geschieht es so[42], die Christen werden ermahnt, es zu tun. Was letztere anbetrifft, zeigt die dreimalige Gegenüberstellung von Gut und Böse, dass sie noch einmal in den Gedankenstrom des letzten Kapitels hineingenom-

41 Anders etwa Albert Einstein: »Ich glaube an Gott, aber an einen Gott, der sich auf keinen Fall um uns kümmert« (bei H. Gollwitzer, Denken, S. 138).

42 Wer hier Mahnungen an die staatliche Seite vermisst, sucht etwas an einer Stelle, wo es nicht hingehört. Gemeindeparänese hat ihre eigene Aufgabe (vgl. Einführung in Briefteil 12,1-15,13).

men werden. In eindringlicher persönlicher Anrede werden sie wie schon 12,2 auf den Willen Gottes eingeschworen (V. 3b): **Tue du das Gute,** unbedingt! Wohlgemerkt heißt es nicht: Tue unbedingt das Befohlene![43] Beim Tun des Guten kommt ihnen in der staatlichen Struktur etwas entgegen, was sie als christliche Gemeinde nur bejahen können – eine zunächst sehr erstaunliche Behauptung. Die Staatsgewalt **belobigt** die Täter des Guten und bestraft **die, die das Böse tun.** Paulus hebt hier an der Staatsgewalt einzig und allein ihre ethische Funktion hervor.[44] Durch ihre Strafverfolgung ist sie Garant der Rechtsordnung, **als Gottes Bedienstete**[45] Rächerin zum Zorn für die, die das Böse tun (V. 4b). Nach 12,19 sollen Christen sich nicht in das Racheamt hineindrängen, sondern dem zukünftigen Zorn Gottes Raum geben. Hier jedoch ergänzt Paulus und lehrt, dass Gott dieses Amt schon gegenwärtig nicht völlig ruhen lässt, sondern es provisorisch durch die Staatsgewalt als sein Werkzeug ausüben lässt. Die gerichtliche Strafverfolgung ist, so bruchstückhaft sie geschieht, durchscheinend für Gottes kommenden Zorn. Dieser »kleine Zorn« verweist auf jenen »großen Zorn«. Gott will die Menschheit nicht in den großen Zorn hineinlaufen lassen, ohne dass ihr vorher Heil begegnet. Damit sie sich aber nicht vorher durch den Kampf aller gegen alle, durch Dschungelrecht, Lynchjustiz und Wechselmord selbst zum Verschwinden bringt, stellt Gott mindestens den gröbsten Exzessen des Bösen die juristische Gewalt entgegen.

Bei dieser Betonung gerade des richterlichen Elements im Staatswesen und im Gedanken an die real existierenden Gerichte staunt man über solche Aussagen: **Tue du das Gute, und du wirst Belobigung von ihr her haben** (V. 3b)**, wenn du aber Böses tust, fürchte dich, denn sie trägt das Schwert nicht umsonst** (V. 4b)**.** So einfach

[43] Im Einzelfall kann fraglos Widersetzlichkeit am Platz sein (Apg 4,19; 5,29). Die Bibel bringt zahlreiche Beispiele von Widerstand gegen Fürstenunrecht. Man denke nur an Hebr 11,23-27: Die Eltern des Mose übertraten »im Glauben« Menschensatzungen, und Mose »fürchtete durch den Glauben nicht den Zorn des Königs«. Für den Fall eines solchen Ungehorsams ist jedoch auch Bonhoeffer zu hören: »Überschreitet die Obrigkeit an irgendeiner Stelle ihren Auftrag…, so ist ihr zwar an dieser Stelle der Gehorsam … zu verweigern; es ist aber nicht erlaubt, aus diesem Verstoß (der Obrigkeit) verallgemeinernd zu folgern, dass diese Obrigkeit nun auch in anderen oder gar allen andern Forderungen keinen Anspruch auf Gehorsam mehr hat. Der Ungehorsam kann immer nur eine Entscheidung im Einzelfall sein …« (Ethik, München 1949, S. 267).

[44] Nur V. 6 streift ein Seitenblick auch die andere Seite des Staates. Er ist auch Garant der Wirtschaftsordnung, indem er durch Sorge für Straßen, Brücken, Währung, soziale Sicherungen usw. die Rahmenbedingungen für Handel und Wandel schafft. Beim totalitären Staat lassen sich auf diesem Gebiet noch am leichtesten die Reste der Rechtsstaatlichkeit nachweisen, und wenn es nur das ist, dass er für den Rechtsverkehr auf der Straße sorgt.

[45] In V. 4 zweimal *diakonos*, davon unser »Diakon«. In bestimmten Fällen können heidnische Könige sogar als »Gesalbter« oder »Knecht« Jahwes bezeichnet werden (Jes 45,1; Jer 25,9).

ist das alles? Nach dem Zusammenhang ist bei diesem Lob der guten Tat an das Lob aus Richtermund[46] zu denken: Im Rahmen eines Prozesses stellt er Gut und Böse fest und teilt insofern Lob und Tadel zu. Aber hatte Paulus nicht selbst schlimme Erfahrung mit der Brutalität, Korruption und rechtsstaatlichen Heuchelei seiner Richter gesammelt?[47] 8,35 fasst er zusammen: »Wir werden getötet den ganzen Tag, wir sind geachtet wie Schlachtschafe.« Und dennoch sollte der aufmerksame Leser des Röm an dieser Stelle nicht gar zu überrascht sein. Zunächst: Nach 1,32 »weiß« auch das Heidentum noch im Tun des Bösen, »dass die, die solches tun, … den Tod verdienen«. Das Wissen um Gut und Böse ist unter den Völkern ausnahmslos vorauszusetzen (2,15). Zweitens: Nach 7,16.22 lebt im Unerlösten nicht nur dies Wissen, sondern sogar Anerkennung, ja Gefallen am guten Willen Gottes. Mehr noch, nach 2,14 hält Paulus es drittens für möglich: »Sie *tun* von Natur, was das Gesetz fordert«. Obwohl sie ganzheitlich gesehen unentschuldbar unter Anklage stehen, geschehen unter ihnen wenigstens fragmentarisch gute Taten. Also: Wissen um das Gute, Bejahen des Guten und Tun des Guten! Für derartige Signale sogar beim heidnischen Staat sollten Christen sensibel bleiben. Ein Vorbild ist die Art ntl. Prozessberichte. Paulus erlangte dies »Lob« des Staates, indem der Oberst Lysias, die Statthalter Felix und Festus und König Agrippa wiederholt seine Unschuld bescheinigten[c], was sie freilich nicht hinderte, parallel dazu seine Haft hinauszuziehen[d]. Pilatus musste öffentlich dreimal feststellen: »Ich finde keine Schuld an diesem Menschen«, um diesen Unschuldigen dennoch der furchtbaren römischen Geißelung zu unterziehen. Herodes musste sich ihm im Urteil anschließen (Lk 23,4.14.15.22). Der Hohe Rat machte erstaunlich viel Umstände um Recht und Gesetz, wenngleich das Todesurteil über Jesus rechtswidrig schon vor dem Prozess feststand. Das erbärmlichste Regime kommt eben ohne Anlehnung an den hohen Begriff von Gut und Böse nicht aus. Auf diese Weise legt es sich Gott zu Füßen, wie die römischen Soldaten dem dornengekrönten und purpurbekleideten Jesus huldigten. Von Unrecht und Spott zugeschüttet triumphierte die Gerechtigkeit!

[c] Apg 23,26 24,22 25,25 26,32
[d] 1Joh 4,18 Apg 26,16 1Petr 3,13-17 4,15f

[46] Anders u.a. P. Stuhlmacher, S. 178: »Die Rede von der ›Belobigung‹ durch die Staatsmacht lässt sich schön von der Gepflogenheit römischer Kaiser her illustrieren, Belobigungsschreiben an verdiente Beamte und einzelne Städte im römischen Imperium zu senden, falls diese besonders politisches Wohlverhalten an den Tag gelegt haben.« Doch kaum wird Paulus den damaligen Christen, die politisch unbedeutend waren, den Empfang solcher Kaiserschreiben oder Vergleichbares in Aussicht gestellt haben. Darum hier besser mit Michel, S. 285: Das Schwert ist Symbol des Richteramtes. Das gilt auch für 8,35, dort zugleich ein Beispiel für missbrauchte Richtervollmacht.

[47] Vgl. Jesus in Lk 22,25: »Die Könige herrschen über die Völker, und ihre Machthaber lassen sich Wohltäter nennen. Ihr aber nicht so!«

Wir kehren zurück zur Mahnung an den Christen: Tue Gutes! Paulus schärft es nicht allein durch die Aussicht auf das zu erwartende Lob ein, sondern fast noch stärker durch Vergegenwärtigung drohender Strafe im Fall der Übeltat (dreimal in diesen beiden Versen das Furchtmotiv!): **Willst du dich aber vor der Regierungsgewalt nicht fürchten, tue das Gute!** Ein Christ soll es nicht auf die leichte Schulter nehmen, sich, weil er es »nur« mit einer weltlichen Behörde zu tun hat, über die Normen von Gut und Böse hinwegzusetzen. Er geriete dadurch auch vor Gott aus einem Rechtsbereich heraus. Das Recht, eigentlich gedacht **dir zum Guten**, kehrt sich gegen ihn, Sanktionen werden wirksam. Vor allem entzieht sich ihm in solch einem Fall vor den Schranken des Gerichts der wahre geistliche Mut, der nur dem Gottesfürchtigen geschenkt wird[e].

[e] Röm 8,32-36 Apg 4,13.29 1Petr 3,13-17

Paulus kann nun seine These von V. 1 verstärken und vertiefen. 5
Darum ist es nötig, sich unterzuordnen, nicht allein wegen des Zorns, sondern auch wegen des Gewissens. Keineswegs empfiehlt er bloß äußeres Sichfügen und vorauseilende Unterwürfigkeit als einzige Möglichkeit zum Überleben, noch weniger geschmeidige Anpassung zu eigenem Vorteil. Ihm geht es um eine Sache innerster Verpflichtung.

Die Tatsache, dass seine römischen Leser ihre Steuern offenbar 6
normal entrichten, wertet er als Zustimmung. **Deswegen zahlt ihr ja auch Steuern.** Schon an der Wiege des Christentums machte das Thema Steuern zu schaffen (Lk 2,1). In Rom litt man z.Zt. der Abfassung dieses Briefes ganz besonders unter hohen Abgaben und unter den gewaltsamen Methoden der Steuereinnehmer. Der Umschlag in Erbitterung lag immer nahe. Darum wendet Paulus seine Sicht von V. 4 gerade auf diese staatlichen Organe an: **Beamte Gottes sind sie nämlich, für eben dies energisch tätig.**

Ohne jedes Bindewort setzt der neue Satz ein und klopft noch 7
einmal die christliche Forderung in diesen staatsethischen Fragen fest. Durch seine Kürze und starke Verallgemeinerung gibt er sich als These zu erkennen: **Erstattet allen die Verpflichtungen.** Die Mehrzahl »Verpflichtungen« meint nicht eine Menge von Geldschulden, sondern umfasst hier alles, was Christen der Gesellschaft schulden. Von der Wiege bis zur Bahre empfangen sie im Rahmen der öffentlichen Ordnung Dienstleistungen. Nachdem sie für Gott aufgewacht sind, sind sie auch wach für Gottes Walten in diesen Weltverhältnissen und bringen ihm auch auf dieser Ebene ihren »vernünftigen Gottesdienst« dar (12,1). Sie tun es, indem sie allen Personen und Institutionen gegenüber gerecht und fair ihre Pflicht erfüllen. Es folgt eine Aufzählung von Beispielen: **Dem (ihr) die Steuern (schuldet), (erstattet) die Steuern; dem (ihr) den Zoll (schuldet), den Zoll; dem Respekt (gebührt), Respekt; dem Ehr-**

erbietung (gebührt), Ehrerbietung. Beziehen sich »Respekt« und »Ehrerbietung« vielleicht auf Gott? Der Vergleich mit Mk 12,17 und 1Petr 2,17 könnte diesen Gedanken nahe legen. Aber er passt nicht recht zur voranstehenden These und auch nicht in diese gleichförmige Reihe von Beispielen. Paulus zieht wirklich die Linie durch: Nehmt die bestehende Regierungsgewalt ernster als sie sich vielleicht selbst nimmt!

e) Nächstenliebe als Erfüllung des Gesetzes (13,8-10)

8 **Niemand sollt ihr etwas schulden, außer einander zu lieben. Denn wer den andern liebt, hat das Gesetz erfüllt.**
9 **Das nämlich (in 5Mo 5,17-21 Gebotene): »Du sollst nicht ehebrechen, du sollst nicht töten, du sollst nicht stehlen, du sollst nicht begehren« und wenn (da) irgendein anderes Gebot (ist), wird in diesem Wort zusammengefasst (3Mo 19,18): »Lieben sollst du deinen Nächsten wie dich selbst.«**
10 **Die Liebe tut dem Nächsten nichts Böses. Erfüllung des Gesetzes ist also Liebe.**

Mit 10,4f schien das Stichwort »Gesetz« aus dem Röm verschwunden zu sein und wurde sicher auch vom Leser nicht vermisst. In den beiden ethischen Kap. 12-13 hatte es scheinbar nichts mehr zu suchen, sieghaft im Namen der Liebe aus dem Feld geschlagen. Aber so wird Paulus weit unterschätzt. Er wurzelt im AT, denkt heilsgeschichtlich und sieht auch unbestechlich die Gefahr einer »christlichen« Gesetzlosigkeit. Gleich in doppelter Aussage zieht er jetzt die Frage des Gesetzes[48] wieder herein.

8 Paulus knüpft an die Mahnung an, im Rahmen des bürgerlichen Lebens jedem das ihm Geschuldete zu begleichen: **Niemand sollt ihr etwas schulden.** Es gibt aber auch eine weiter bestehende, unvergleichlich andere Verpflichtung, die schon 12,9-21 beschäftigte: **außer einander zu lieben.** Liebe setzt sich von genügsamer Bürgerlichkeit entschieden ab. Als Christ leben heißt nicht schon, finanzielle, rechtliche und moralische Verpflichtungen prompt abzugelten, um sich dann zurückzulehnen, sich auszuklinken aus dem restlichen Riesenbedarf an Aufgaben ringsherum. Ein Christ bleibt im Dienst. Nie sagt er zum Nächsten: Ich habe meine Schuldigkeit getan, wir sind uns quitt! Nie redet er sich mit bereits geleisteter

[48] Was die spannungsvollen Aussagen des Paulus zum Gesetz anbetrifft, wird auf die Auslegung zu 10,4 verwiesen.

Hilfe heraus: Den und den bin ich los! Damit wäre er ja schon aus der Liebe gefallen.[49]

Das NT verlangt nicht Liebe »in fröhlicher Grundlosigkeit« (Karl Barth), sondern breit begründet. Wir »schulden« zu lieben (1Joh 4,11), weil wir Liebe empfingen durch Gott den Vater (Mt 5,44f), den Sohn (1Joh 4,1) und den Heiligen Geist (Gal 5,22). Aber Liebe ist auch schlicht Gehorsam. Besonders in undurchschaubaren Lagen – und das sind die häufigsten Fälle – oder wenn die Psyche (noch) nicht mitmacht, tut sie das Gebotene. In diese Richtung weist unsere Stelle. **Denn wer den andern liebt, hat das Gesetz erfüllt.** Damit lenkt Paulus zum Ausgangspunkt der ganzen Paraklese von Kap. 12 und 13 zurück, ausgesprochen in 12,2b: Tue unbedingt den Willen Gottes! Wer den Willen Gottes tut, bleibt in Ewigkeit. Willst du zum Leben eingehen, halte die Gebote, eben die Gebote des Gesetzes![a] Es gibt bei Paulus wie bei Jesus keine Stelle, die auch nur ahnen ließe, dass der Wille Gottes anderswo zu finden wäre als im Gesetz und in den Propheten des AT. Das »neue Gebot« der Liebe macht nicht das »alte Gebot« überflüssig[b]. Liebe ist nicht das Ende des Gesetzes, sondern seine Erfüllung.

[a] 1Joh 2,17 Mt 19,17 Joh 15,10

[b] 1Joh 2,7f

Paulus verdeutlicht das enge Verhältnis der Liebe zum Gesetz. 9-10
Das nämlich (in 5Mo 5,17-21 Gebotene): »Du sollst nicht ehebrechen, du sollst nicht töten, du sollst nicht stehlen, du sollst nicht begehren« und wenn (da) irgendein anderes Gebot (ist), wird in diesem Wort zusammengefasst (3Mo 19,18): »Lieben sollst du deinen Nächsten wie dich selbst.« Wir setzen mit dem ersten Sätzchen aus V. 10 ein: **Die Liebe tut dem Nächsten nichts Böses.** Hierzu passt die Auswahl aus den Zehn Geboten, die Paulus ab V. 9 folgen lässt. Böse wäre z.B. die Verletzung der Ehe des Nächsten, seiner leiblichen Unversehrheit und seines Eigentums, böse wäre, ihn ständig in unseren Neid hineinlaufen zu lassen, statt ihm ein Segen zu sein. Das Gesetz insgesamt gleicht einer sorgfältigen Beschilderung des menschlichen Daseins mit Wegweisern, die immer in die gleiche Richtung und zum gleichen Ziele weisen: Deinem Nächsten soll durch dich nichts Böses geschehen, sondern Gutes. Gerade wenn er sich ins Unrecht gesetzt hat, sollst du ihm bis ins Herz hinein gut sein und ihm Beweise dessen liefern. Das war schon der Sinn der hier aus 3Mo 19,18 angeführten Stelle in ihrem Zusammenhang. Insofern wird das Gesetz durch das Gebot der Nächstenliebe zusammengefasst, d.h. auf einen Punkt, auf seinen

[49] Das klassische Beispiel steht in Mt 18,21-35: Darf man mit Vergeben beim siebten Mal anhalten und die Liebe einstellen? Jesus antwortet ganz im Sinne unserer Stelle: Liebe ist man immer schuldig!

Hauptpunkt gerichtet[50]. Jesus hat als Ausleger[51], ja als verkörperte Auslegung des AT dafür gesorgt, gelebt und gelitten, dass dieser Hauptpunkt nicht in einem Wust von Erörterungen untergeht und verloren geht, sondern wirklich erfüllt wird (Joh 4,34). Darin sind ihm die Apostel gefolgt. **Erfüllung des Gesetzes** und damit auch Ende seiner quälenden Funktion von Röm 7,14-25 **ist also Liebe.**

f) Nachwort: Zukunftsorientierte Lebensgestaltung im Licht des heraufziehenden Tages (13,11-14)

11 Und dieses (alles tut) im Wissen um die Zeit: Die Stunde (ist) schon da, dass ihr vom Schlaf aufsteht, denn jetzt (ist) unsere Rettung näher als (damals), als wir gläubig wurden.
12 Die Nacht ist vorgerückt, der Tag genaht. Folglich lasst uns ablegen die Werke der Finsternis, anziehen die Waffen des Lichts.
13 Wie am Tage lasst uns ehrenhaft wandeln, nicht in Gelagen und Zechen, nicht in Bordellbesuchen und perversen Lastern, nicht in Streit und Eifersucht,
14 sondern zieht an den Herrn Jesus Christus und übt nicht des Fleisches Fürsorge aus zur Gier hin.

Ein Nachwort begründet rückschauend die Paränese Kap. 12-13, allerdings in anderer Weise als im Vorwort 12,1-2. Dort berief Paulus sich auf die Schubkraft der erfahrenen Barmherzigkeit Gottes. Jetzt führt er die Zugkraft ins Feld, die von der Hoffnung auf das öffentliche Kommen Christi ausgeht. Oder ein anderes Bild: Herkunft und Zukunft der Gemeinde gleichen zwei Brückenpfeilern, zwischen denen ihre Gegenwart ausgespannt ist. Ohne diese beiden Pfeiler oder ohne einen der beiden würde sie abstürzen, würde sich christliches Leben unweigerlich im Strom des Üblichen auflösen.

Zur Naherwartung. Nach der griechischen Philosophie, wie sie bis heute als geistige Grundlage des Abendlandes nachwirkt, ist Gott

[50] *anakephalaioomai* meint eigentlich, etwas unter Konzentration auf die Hauptsache nochmals zusammenfassen. Es bringt nichts Neues, Höheres, sondern spitzt nur zu. Das Wort erscheint im NT nur noch Eph 1,10, dort aber als Handeln Gottes in besonderer Sinnfülle.

[51] Im Unterschied zu Jesus (Mt 7,12; 22,37-39 par.) verknüpft Paulus die Zehn Gebote hier nicht mit dem Gebot der Liebe zu Gott, erwähnt auch keine Gebote der ersten Tafel (vgl. Gal 5,14; Jak 2,8). Er verwendet »lieben« eben nur innerhalb der Ethik. Für »Liebe« zu Gott entdeckten die ersten Christen als neues Hauptwort »Glaube«: Gott liebt uns, wir glauben ihm seine Liebe. Dieser Glaube wiederum ist voll liebender Energien zum Nächsten (Gal 5,6).

gut, wahr und schön, aber absolut bewegungslos.[52] Die Bibel dagegen läutet Sturm: »Ich bin – der da kommt!«[a] Gott befindet sich in einer herannahenden und in unsere Welt hereintretenden Bewegung. Daher ist biblische Verkündigung Gottes immer auch Ankündigung und versetzt in Erwartung des Nahenden. Schon im 8. Jh. v. Chr. rief Jesaja: »Der Tag ist nahe!« (Jes 13,6), und alle folgenden Propheten frischten in ihrer Generation diese Naherwartung mit ähnlichen Wendungen auf[b]. Israel war seit Jahrhunderten ein Volk steter Naherwartung. Hier schloss sich Johannes der Täufer an: »Das Reich Gottes ist nahe herbeigekommen« (Mt 3,2). Alle vier Evangelien entfalten einmütig, wie diese Ankündigung sich zentral in der Passionsgeschichte erfüllte. Dort kam entscheidend Gottes Reich, geschah sein Wille und wurde sein Name auf Erden geheiligt. Am Kreuz wurde Jesus Herr über Sünde, Tod und Teufel – bestätigt zu Ostern. Seine Gemeinde erfuhr als Körperschaft des Heiligen Geistes in ihrer Mitte sein Herr-Sein. Umso mehr erlitt sie aber auch die schrille Dissonanz zwischen messianischer Erfüllung und weiter währenden unmessianischen Verhältnissen. Es kam zu einem neuen Warten, ja zu einem Hungern nach der uneingeschränkten öffentlichen Verherrlichung eben dieses Herrn in der ganzen Schöpfung. Weil sie auf den wartete, der der bereits Gekommene und täglich Nahe war, übertrifft die ntl. Naherwartung die atl. an Dringlichkeit und Ausdrücklichkeit. Das wiederum erhöhte die Geduldsprobe. So verarbeiten zahlreiche Stellen im NT das Thema vom »säumigen Herrn«, der menschliche Erwartungen nicht bestätigt[c]. Abgesehen vom Problem der Ungeduld gab es ferner *unwillkürliche* zeitliche Vorstellungen von der Ankunft des Herrn. Menschen können nicht anders, als alles, was sie stark bewegt, in ihren eigenen Lebenshorizont hereinzuziehen. Wir könnten uns z.B. eine Wiederkunft im übernächsten Jahrtausend nicht vorstellen und sie dennoch brennend erwarten. So scheint auch Paulus der Gedanke an ein persönliches Erleben der Wiederkunft Jesu noch zu seinen Lebzeiten nicht fern gelegen zu haben[d]. Aber solche Redeweise unterlief ihm nur. Nie rückte die Behauptung eines Termins in die Spitze seiner Gedankenführung. Sie wurde nirgendwo Lehraussage. Im Gegenteil, er und die von ihm Belehrten »wissen genau«, dass sie über das Wann nichts Genaues wissen (1Thess 5,1-2). Es ist grundsätzlich unberechenbar. »Der Tag ist (allein) dem Herrn bekannt« (Sach 14,7). Paulus ehrte die hoheitlichen Entscheidungen Gottes über Zeit und Stunde (11,33-35).

[a] Offb 1,8 4,8 22,7.20

[b] Jes 46,13 56,1 Zef 1,7.14 Obd 15 Hes 30,3 12,23 Joel 1,15 4,14 Am 6,3

[c] Mt 24,42-51 25,1-13 Mk 13,13 Lk 19,11 Joh 21,22 Apg 1,8 1Thess 5,1-3 2Thess 2,3.7 Hebr 10,35-39 Jak 5,7 2Petr 3,3-10 Offb 6,9-11 13,10

[d] 1Thess 4,15-17 1Kor 7,29-31 15,51

[52] Kleinknecht, THWNT III, S. 73-79

Alle christlichen Kirchen haben die Wiederkunft Christi in ihr Lehrsystem aufgenommen. Allerdings kann diese Erwartung für uns praktisch gegenstandslos werden, eine unverbindliche Fernerwartung, die unsere Gegenwart nicht gestaltet: »Mein Herr kommt noch lange nicht!« Ihr steht auf der Gegenseite die Soforterwartung gegenüber: »Dann und dann muss und wird er kommen!« In diesem Fall missbraucht man herausgepflückte Bibelstellen für prickelnde Voraussagen, die aber nur bis zur nächsten Blamage führen. Außerdem bringen sie die ehrbare biblische Naherwartung in Verruf.

11 Obwohl die römische Gemeinde keine Gründung des Paulus war, kann er auch bei den dortigen Lesern ein bestimmtes Wissen voraussetzen. Jede christliche Gemeinde stand damals in einer heilsgeschichtlichen Erkenntnis, so dass keiner Gemeinde das Folgende neu war. Aber wie 6,3 konnte solch Wissen der Beachtung entschwunden sein. Es will belebt werden, damit die apostolischen Mahnungen nicht ins Leere laufen. **Und dieses (alles tut) im Wissen um die Zeit.** Kurz umreißt Paulus das urchristliche Verständnis der Situation zwischen dem ersten und dem zweiten Kommen des Herrn, dem »Tag des Herrn«. Dieser Tag ist noch nicht da (2Thess 2,2), wohl aber genaht (V. 12). Dies »genaht« meint aber nicht: Er kommt morgen oder übermorgen! Vielmehr schaut Paulus den bereits eingetretenen Tagesanbruch. **Die Stunde ist schon da, dass ihr vom Schlaf aufsteht.** Der Wortlaut erinnert unwillkürlich an Gethsemane.[53] Auch dort bezieht sich die Mahnung, nicht mehr zu schlafen, auf eine markante Zeitangabe. Es ist die Weltstunde, Stunde der Weltgefahr, aber auch der Weltchance. Deswegen heißt sie einerseits »Stunde der Macht der Finsternis«, andererseits »Stunde des Menschensohnes«, »seine Stunde«. Ihr Inhalt ist das erlösende Handeln Gottes im Leiden Jesu. Sie mündete in den Triumphschrei aus: »Es ist vollbracht!«[e] Hier wurzelt das Zeitgefühl der christlichen Gemeinde. Im Tiefpunkt zu Karfreitag schaut sie den Höhepunkt der herrlichen Enthüllung Gottes, so dass sich jetzt alles ändert. Weltenwende ist geschehen, auch wenn die Welt so weiterläuft, als wäre nichts geschehen. Als Veranschaulichung dient das Dämmerspiel in frühster Stunde, wenn der junge Tag sich meldet. Ab jetzt ringen Licht und Finsternis miteinander, das aber nicht in ewiger Tragik wie in etlichen Religionen, sondern die Nacht ist schon geschlagen und befindet sich im Rückzug. Darum können die Schatten, die noch auf dem Dasein liegen, den Glaubenden nicht mehr imponieren, sie nicht ver-

[e] Mk 14,41 Lk 22,53 Joh 7,30 8,20 12,23.31 13,1; 17,1 19,30

[53] Mk 14,32-42 bringt dreimal »Stunde« und achtmal »Schlaf/schlafen/wachen«.

leiten, zu »schlafen wie die übrigen« (1Thess 5,6). Für sie ist die Schlafsucht von 11,8 verflogen. Nichts mehr ringsherum befindet sich in bleierner Zuständlichkeit, vielmehr alles in vorwärts drängender, unaufhaltsamer Bewegung. **Jetzt (ist) unsere Rettung näher als (damals), als wir gläubig wurden.** Aus »nahe« wird »näher« und »immer näher«. Kein Augenblick verharrt auf der Stelle. Der Christ sieht sich nicht auf dem Abstellgleis, sondern erfährt ein Vorwärtsschreiten von Glauben zu Glaube, Gnade zu Gnade und Herrlichkeit zu Herrlichkeit[f].

[f] Röm 1,17 Joh 1,16 2Kor 3,18

12-14 In V. 12-14 folgen Anweisungen zu zukunftsorientiertem Handeln. **Die Nacht ist vorgerückt, der Tag genaht.** Ist das erkannt, sind hellwach Folgerungen zu ziehen: **Folglich!** Paulus bleibt im Bild: Nach dem Aufstehen (V. 11) ist das Sichankleiden an der Reihe. Eine negative Möglichkeit steht der positiven gegenüber, im ersten Fall als Sortiment von »Kleidungsstücken«[54]. Wir folgen jetzt dem Text in thematischer Ordnung.

Zunächst die rückwärts gewandte Lebensgestaltung: **Folglich lasst uns ablegen die Werke der Finsternis.** Auf keinen Fall sollen Christen die alten befleckten Stücke, die sie in Reue und Umkehr von sich getan haben, noch einmal hervorholen. V. 13 bringt krasse Beispiele aus dem heidnischen Nachtleben.[55] **Gelage:** Sie werden sündhaft üppig aufgezogen, eine Schande angesichts der Hungernden der Welt (Lk 16,20f) und eine Goldgrube für die Ärzte, die die Eingeweide wieder auskurieren müssen. **Zechen:** Ein Gläschen verlangt nach dem nächsten, bis die ganze Gesellschaft alkoholisiert ist und die normalen Hemmungen ausgeschaltet sind. **Bordellbesuche**[56]: Hinweis auf Sexualität ohne jede Menschenwürde, oft bei den Feten angezielt, befördert durch die lähmende Wirkung des Alkohols und aufgereizt durch scharfe Speisen. **Perverse Laster**[57]: Man vgl. dazu 1,26f. **Streit und Eifersucht**: Es genügen jetzt Lappalien, um Mord und Totschlag heraufzubeschwören.

Hier lässt sich auch die zusammenfassende Mahnung V. 14b anschließen: **Und übt nicht des Fleisches Fürsorge aus zur Gier hin.** Das Wort »Fleisch« wird an dieser Stelle häufig als »Leib, Körper«

[54] An ein Nachtgewand ist also nicht gedacht; der Römer legte sich angekleidet ins Bett, zog nur Mantel und Schuhe aus (Michel, S. 293, Anm. 2).

[55] Kap. 2 und 7 zeigen, dass Paulus sehr wohl auch andere Gestalten der Sünde kannte. Auch ist von dieser Stelle nicht auf einen so niedrigen sittlichen Stand der römischen Christen zu schließen. Fälle grober Unzucht hätte er wohl so gründlich behandelt wie 1Kor 6,12-20. Aber hier passen diese Beispiele ins eindrückliche Bild von der Nacht.

[56] *koitä*, »Beischlaf«, hier in Mehrzahl; Übersetzung mit Stuhlmacher.

[57] *aselgeia:* auf die Spitze getriebene Ausschweifung mit dem »Element des Immer-mehr«, Ausdruck von »Bösartigkeit und Perversion«, »Verkehrtheit von Sodom und Gomorra«, vgl. Eph 4,19; 1Petr 4,3; 2Petr 2,7; Jud 4 (Goldstein, EWNT I, S. 407).

verstanden und darum auch so übersetzt, etwa EÜ: »Sorgt nicht so für euren Leib, dass die Begierden erwachen.« Aber dies Verständnis überzeugt im Gedankengang kaum, erscheint »Fleisch« hier doch als Gegenmacht[58] zum Herrsein Jesu Christi. Sein Ansatzpunkt sind die Triebe und Strebungen eines Menschen. Sie gehören gewiss zu seiner schöpfungsmäßigen Ausstattung[59], mit der er Gott verherrlichen soll. Wo sie aber unter die Macht des Fleisches geraten und zur Gier hin gehegt und gepflegt werden, entgleiten sie ihrer dienenden Rolle. Sie entarten und gebärden sich herrisch. Begehren wird zur Gier, Lust zur Lüsternheit.

Damit zur alternativen Lebensweise. Den »Werken der Finsternis« stellt Paulus nicht einfach die »Werke des Lichtes« gegenüber, sondern die »**Waffen** des Lichtes«. Das kämpferische Element[g] fällt auf: das Gute nicht nur tun, sondern auch vorantragen und durch das Gute das Böse besiegen (12,21). Christen gehen mit ihrer Sendung kampfbereit in den Tag. Dazu legen sie Waffen an, aber eben »Waffen **des Lichtes«.** Sie verschmähen die Mittel des Gegners, werden nicht höhnisch, werden nicht ungeduldig, nicht eitel und setzen nicht unter Druck. Sie kleiden sich mit dem Lichtkleid Gottes (1Joh 1,6).

[g] Röm 6,12-14 8,13.36 Eph 6,10-18 Kol 3,5

Auch in V. 14 bleibt Paulus noch im Bild vom Sichankleiden. Zugleich bündelt er damit die gesamte Paränese der beiden Kapitel: **Zieht an den Herrn Jesus Christus.** Das Anlegen der Christuskleidung hat im Bilderschatz des Apostels einen festen Platz mit einem eindeutigem Sinn[60]: a) In keinem dieser Fälle wird auf ein passives Überkleidet- und Verwandelt*werden* angespielt. Immer erscheint die aktive Verbform: »Legt an!« Erwartet wird, dass Stück um Stück dessen, was Gott bereitlegt, »ergriffen«, angenommen und angelegt wird (Eph 6,13.16). b) Das Bild betrifft regelmäßig die sittliche Gestaltung des Alltags nach dem Modell Christi[h]. Wer Christus anzieht, schlüpft in dessen Sendung hinein, so dass ihn ab jetzt die Herrschaft Jesu ganz praktisch umhüllt und prägt. Ein solcher Dienstantritt geschah nach Gal 3,27 grundlegend in der Taufe, soll aber an jedem Morgen in frischer Willigkeit bestätigt werden.

[h] Gal 3,27 Eph 4,20-32 6,11-17 Kol 3,8-17 1Petr 2,1 Hebr 12,1

[58] S. Einführung zu 8,1-30 (»Fleisch und Geist bei Paulus«).

[59] Das hier verwendete Wort *epithymia*, *epithymeō* kann ein »Begehren« oder »Verlangen« bezeichnen, das sittlich nichts Verwerfliches oder auch nur Bedenkliches an sich trägt: Verlangen nach Nahrung (Lk 15,16), geistiger Gemeinschaft (Lk 22,15; Phil 1,23), religiöser Erkenntnis (1Petr 1,12) oder auch nach Dienstämtern in der Gemeinde (1Tim 3,1).

[60] Ausführlich Galater, WStB, S. 155 und 166f.

2. Spezielle Mahnung zur gegenseitigen Annahme im gemeindlichen Konflikt (14,1-15,13)

Ein, zwei Sätze zur gegenseitigen Annahme hätten sich ohne weiteres in die bisherigen Ermahnungen einfügen lassen, etwa in 12,9-16. Aber Paulus schloss die Paränese in aller Form mit 13,11-14 ab und eröffnet jetzt gesondert eine zusätzliche, sehr ausführliche Runde zu diesem Thema (36 Verse!), und zwar in durchgehend direkter Anrede. Der Grund für diesen Sonderabschnitt wird in einer brennenden Not der römischen Gemeinde zu suchen sein. Bei der guten »Infrastruktur« der Urchristenheit (Einleitungsfragen 2c) war ihm nicht verborgen, dass in den römischen Hausgemeinden zwei Gruppen miteinander rangen, die »Starken« (der Ausdruck nur 15,1) und die »Schwachen« (14,1.2; 15,1, oft in 1Kor 8-9).

Der Sachkonflikt in Rom. Dem Abschnitt sind drei religiöse Anliegen der »Schwachen« zu entnehmen: Jeder Fleischgenuss ist zu vermeiden (14,2), bestimmte Tage sind zu begehen (14,5) und auf Weingenuss ist zu verzichten (14,17.21). Die zusammenfassende Art, wie Paulus diese drei Punkte behandelt, spricht dafür, dass es sich um den Forderungskatalog ein und derselben Gruppe handelte. Dabei treten Tagewählerei und Weinverzicht sichtlich zurück, während die Speisefrage im Vordergrund bleibt. Religiöse Strömungen, die das Ideal der Enthaltsamkeit und des Vegetarismus pflegten, kannte das Altertum in mannigfachen Schattierungen, und zwar bei Heiden und Juden. Die Ausleger sind sich aber weithin einig, dass bei dieser Gruppe in Rom mindestens judaistischer Einschlag[61] vorauszusetzen ist. Dafür spricht, dass Paulus im Unterschied zu der sehr ähnlichen Stelle 1Kor 8 hier mit keiner Silbe heidnischen Götzendienst berührt. Stattdessen führt er 14,14 Jesu Stellungnahme zur jüdischen Reinheitspraxis ins Feld und lässt den ganzen Abschnitt ab 15,7 in das Thema »Juden und Heiden« ausmünden. So hat die Gruppierung in Rom sicher im Jude- bzw. Heidesein ihre Wurzel.

Aktualität. Für heutige Gemeinden ist der Speisezettel kaum eine Angelegenheit der Glaubenslehre. Unsere Spannungsherde liegen woanders. Heute geht es um Fragen der Sexualethik, der Ehescheidung, des Umgangs mit Politik und Kultur, der Einstellung zur neuzeitlichen Aufklärung mit Folgen für das Schriftverständnis, der Dienste der Frau, der Gottesdienstgestaltung, der Formen cha-

[61] Es sei daran erinnert, dass »Judaisten« von »Juden« zu unterscheiden sind. Auch einzelne Heiden könnten von der judaistischen Ideologie gewonnen sein (vgl. Einleitungsfragen 1b-e).

rismatischen Lebens, der evangelistischen Praxis u.Ä. Was uns trotzdem zu erwartungsvollen Lesern des Paulus werden lässt, ist die außergewöhnliche Sorgfalt und durchdringende Kraft, mit der er die damals anstehenden Fragen behandelt. Diese Art ist beispielhaft für alle Zeiten.

a) Im Konfliktfall nicht das Herrsein Christi in der Gemeinde antasten! (14,1-12)

1 Den Schwachen im Glauben aber nehmt an, (doch lasst es ja) nicht zu Beurteilungen der Ansichten (kommen)!
2 Der eine glaubt, alles essen (zu dürfen), der andere, schwach (wie er ist), isst (nur) Pflanzenkost.
3 Der (auch Fleisch) isst, verachte nicht den, der nicht isst, aber der nicht (Fleisch) isst, verurteile nicht den, der isst, denn Gott hat ihn angenommen.
4 Du, wer bist du, der (da) verurteilt einen fremden Hausdiener? Dem eigenen Herrn steht oder fällt er. Er wird aber stehen, der Herr nämlich vermag ihn am Stehen zu halten.
5 Der eine nämlich beurteilt einen Tag höher als einen (anderen) Tag, der andere aber beurteilt jeden Tag (gleich). Jeder soll in seinem Sinn voll überzeugt sein.
6 Der auf den (besonderen) Tag bedacht ist, ist (darauf als) dem Herrn (ergeben) bedacht, und der (Fleisch) isst, isst dem Herrn (ergeben), er spricht nämlich das Dankgebet zu Gott, und der nicht isst, isst dem Herrn (ergeben) nicht, und spricht das Dankgebet zu Gott.
7 Niemand nämlich von uns lebt für sich selbst und niemand stirbt für sich selbst,
8 denn sowohl wenn wir leben, leben wir dem Herrn (ergeben), als auch wenn wir sterben, sterben wir dem Herrn (ergeben). Sowohl wenn wir sterben, wie wenn wir leben, sind wir (Eigentum) des Herrn.
9 Denn dazu ist Christus gestorben und lebendig geworden, damit er sowohl über Tote als auch über Lebende Herr ist.
10 Du nun, was verurteilst du deinen Bruder? Oder auch du, was verachtest du deinen Bruder? Alle nämlich werden wir vorgeführt werden vor den Richterstuhl Gottes.
11 Denn es ist geschrieben (Jes 49,18; 45,23): »So wahr ich lebe, spricht der Herr: Mir wird sich beugen jedes Knie und jede Zunge wird Gott (huldigend) anerkennen.«
12 Folglich wird jeder von uns für sich selbst Gott Rede (und Antwort) stehen.

Gleich in diesen ersten zwölf Versen gelingt es Paulus, Vordergründiges und Zeitbedingtes zu durchstoßen und in überraschender Tiefe Fundamentales freizulegen. Im Grunde ist hier schon alles Wesentliche gesagt. Seine Lösung: Da jeder der Kontrahenten in der Glaubensbindung zu Christus steht, sind alle von seiner Herrschaft umfasst (neunmal »Herr« in diesen zwölf Versen!). Einander nicht anzunehmen hieße da, Christi Herrenrecht anzutasten.

Die erste Zeile ist Überschrift zum Ganzen. In direkter Anrede an 1
die Starkgläubigen heißt es: **Den Schwachen im Glauben aber nehmt an.** Niemals hätten die Benannten sich selbst als Schwache gesehen. Aber Paulus steht zu dieser Bezeichnung[a]. Das griech. Wort für »schwach sein« kann Kraftlosigkeit unterschiedlichster Art ausdrücken. Da es im NT an vierzigmal auch für leiblich Kranke verwendet wird, liegt es nahe, hier an sinnbildlich »erkrankten« Glauben zu denken. Ein Infekt hat ihn betroffen. Dadurch ist er geschwächt, sein eigentliches Wesen konnte sich nicht ausprägen. Doch diesen Gläubigen gegenüber gilt: Annehmen![62] Zwar könnte die Gemeinde manche Spannungen schnell los sein, wenn sie bestimmte Brüder loswürde, aber was Gott zusammengefügt hat, soll der Mensch nicht scheiden. Die mögliche Übersetzung »aufnehmen« könnte verleiten, an eine juristische Aufnahme in die Gemeinde zu denken. Aber das wäre ein zu schmales Verständnis. Es geht hier um den Vollzug der Gemeinschaft als nie endende Aufgabe (13,8), die sich nicht mit einer einmaligen Geste abdienen lässt.[63]

[a] Röm 15,1 1Kor 8,9. 10.11.12

Dieses »Nehmt an!« wird hier im Unterschied zu 15,7 mit einer erregt hervorgestoßenen Abwehr versehen: Doch lasst es ja **nicht zu Beurteilungen der Ansichten** kommen! Ein solcher Satzbrocken bringt Ausleger in Verlegenheit und führt zu verschiedenen Umschreibungen. Der erste der beiden Begriffe gehört zu einer Vokabelgruppe, die das ganze Kapitel durchzieht und von dem Grundsinn ausgeht: ein Urteil fällen[64]. Paulus fordert die Starken entschieden auf: Verzichtet auf Beurteilungen jener angekränkelten, fragwürdigen Ansichten[65] der Schwachen, d.h. strebt nicht öffentliche Verhandlungen zu diesem Zweck an! Ein Teil der Übersetzer (z.B. LÜ)

62 In anderen Fällen trat Paulus judaistischen Einflüssen mit Schärfe entgegen, z.B. 16,17-19; Kol 2,16 und im Galaterbrief. Maßstab war für ihn, ob sie sich agitatorisch bemerkbar machten, das Evangelium veränderten und die Gemeinde gefährdeten.

63 Die wenigen Parallelen für »aufnehmen« (*proslambanomai*) im griech. AT handeln von Gott, der einen Menschen in seine besondere, enge Gemeinschaft rettet (Ps 18,17; 26,10; 65,5; 72,24).

64 *diakrisis* hier in V. 1 und *krinein, diakrinein, katakrinein* in 14,3.4.5.10.13.22.23. Zu Recht auch de Boor, S. 317: »Der Ausdruck ›Beurteilung der Ansichten‹ ist ganz parallel der ›Beurteilung der Geister‹ in 1Kor 12,10 gebildet und wird daher ebenso zu verstehen sein.«

65 Die Wortgruppe *dialogismos, dialogizomai* ist im NT fast ausschließlich mit einem negativen Klang versehen, z.B. 1,21; 1Kor 3,20; Phil 2,14.

umschreibt den warnenden Satz dagegen: »Streitet nicht ...!« Aber das trifft hier nicht das Anliegen. Der Apostel wehrt nicht erst dem Auswuchs, nicht erst den hässlichen Szenen, sondern schon dem Ansatz. Besorgt blickt er auf die Lage der Gemeinde. Der judenchristliche und heidenchristliche Teil drohen auseinander zu driften (vgl. schon 11,17-20). Die elementare Gemeinschaft steht auf dem Spiel. In dieser Zerreißprobe wären endlose Sachgespräche ein Missverständnis. Schroff weist Paulus sie zurück. Der Bruder soll nicht erst angenommen werden aufgrund einer Angleichung der Theologien, nicht nach Übernahme eines gewissen Blocks von Werten und Wahrheiten, nach bestandener biblischer Schulung, nach Gesundung und Stärkung seines Glaubens, sondern »weil Gott ihn angenommen hat« (V. 3) und »gleichwie Christus uns angenommen hat« (15,7). Das aber geschah nach 5,6 auf dieser Grundlage: »Christus ist schon zu der Zeit für uns Gottlose gestorben, *als wir noch schwach waren.*« Wir verdanken unser Christsein der Tatsache, dass diese Liebe wahr ist, ausgeschüttet in unsere Herzen durch den Heiligen Geist (5,5). Hier liegt nun auch die Basis unserer Gemeinschaft. In den folgenden Versen geht es darum, dass diese Christus-Basis eine wirksame und kraftvolle Wirklichkeit bleibt und sich nicht zu blasser Rhetorik verflüchtigt.

2 Getreu der eigenen Mahnung in V. 1b geht Paulus jetzt nicht auf die »Ansichten« ein, sondern kennzeichnet nur die jeweilige Praxis. **Der eine glaubt, alles essen (zu dürfen), der andere, schwach (wie er ist), isst (nur) Pflanzenkost.** Von V. 1 her kommend, wird man »**glauben**« an diesen beiden Stellen nicht zum bloßen »meinen« abschwächen. Die Gestaltung des Speisezettels wird hier wirklich hoch angebunden. Im ganzen Abschnitt[b] geht es um ein Ausleben des Heilsglaubens. Wir beginnen zu ahnen: Was die damaligen Hausgemeinden in Rom zu zerreißen drohte, steht der Bedrohlichkeit heutiger Meinungsverschiedenheiten nicht nach. Gewährung oder Verweigerung der Tischgemeinschaft griff tief. Ging jemand von einem Tisch fort und nahm an einem gesonderten Tisch mit eigenem Menü Platz, mochte von den Sitzengelassenen empfunden werden: Wozu sind wir dann noch Gemeinde, wenn wir nicht einmal zusammen essen können!

[b] Röm 14,1.2.22.23; 15,7

3 Es folgt eine zweiteilige apostolische Weisung, die in V. 10 noch einmal in dieser Form aufgenommen wird. Zunächst an den »Starken«, der sich guten Gewissens Fleischverzehr leistet: **Der (auch Fleisch) isst, verachte nicht den, der nicht isst.** Wer Oberwasser hat, und das hatten die Starken in Rom offenbar, macht sich mit seinem Gegner gewöhnlich wenig Mühe. Mit einem kurzen verächtlichen Blick braust er an ihm vorbei. Aber die Verse 10.13.15.21 werden ihm diesen Menschen als »Bruder« wertvoll machen. Anders

sieht der Apostel den, der die Freigabe der Fleischkost nicht verkraftet: **Aber der nicht (Fleisch) isst, verurteile nicht den, der isst.** Wer Verachtung spürt, bedarf umso mehr der Selbstachtung und findet sie. In diesem Fall etwa so: Ich bin als Christ ernster, schriftgemäßer, gewissenhafter, gehorsamer als jene! Er verurteilt den seiner Meinung nach verweltlichten Bruder. Doch er wird an das Machtwort Gottes erinnert: **Gott hat ihn angenommen!**[66]

Der über seinen Bruder schon zu Gericht sitzt, steht urplötzlich **4**
vor Gott und seinem eigenen unmöglichen Benehmen. **Du**[67]**, wer bist du, der (da) verurteilt einen fremden Hausdiener?** Ein Sklavenbesitzer besaß zum Haussklaven aufgrund des persönlichen Umgangs ein engeres Verhältnis als zu den Ackerknechten. Nun übertragen: Du brichst in ein Sonderverhältnis ein, in das du nicht hineingehörst, wenn du deinen Bruder verurteilst. Du machst Christus das Herrenrecht streitig und spielst dich selbst als Herr auf. Du leistest dir Eingriffe, die einfach zu weit gehen, weil sie dem Herrn zu nahe treten. An dieser Stelle bekundet Paulus auch seine Zuversicht für den Bruder. **Dem eigenen Herrn steht oder fällt er. Er wird aber stehen, der Herr nämlich vermag** ihn in der Endabrechnung[68] **am Stehen zu halten.** Bei allem Fragwürdigen befindet er sich in guten Händen, erfährt regulative Kräfte und wird gewiss einmal mit allen Glaubenden vollendet werden. Die Wirklichkeit der Schuld wird gesehen, aber auch die Macht der Gnade.

Es folgt eine der schönsten Beschreibungen der Gemeindewirk- **5-8**
lichkeit. **Der eine nämlich beurteilt einen Tag höher als einen (anderen) Tag, der andere aber beurteilt jeden Tag (gleich).** Nur am Rande taucht hier ein zweiter Streitpunkt auf. Der folgende Satz nimmt vor allem den Schwachen in Schutz: **Jeder soll in seinem Sinn**[69] **voll überzeugt sein.** Ohne mit ihm in der Sache übereinzustimmen (V. 14.20), gesteht Paulus ihm, da es ja nicht um letzte Wahrheiten des Evangeliums geht, eigene Überzeugungen zu, ja hält es für Unrecht, ihn in Zweifel zu stürzen (V. 15.20f). Einheit im Geist ist etwas anderes als Gleichschaltungen der Ansichten (V. 1).

[66] Mit dem Wort »annehmen« stehen wir wieder bei V. 1. Gegenbegriffe dazu sind somit »verachten« und »verurteilen« und weiter: »Anstoß zum Fallen geben« (V. 13.21), »betrüben«, »ins Verderben bringen« (V. 15), »Gottes Werk in ihm zerstören« (V. 20) und »verlästern« (V. 16). Ein grausiger Umgang miteinander in der Gemeinde!

[67] Dem genauen Zusammenhang nach wird weiter (bis einschließlich V. 9) zum Schwachen gesprochen, der da richtet. V. 10-13 fassen Richtende und Verachtende, Schwache und Starke, zusammen. Ab V. 13 geht die Anrede an die Starken. Jedoch mag sich Richten und Verachten in derselben Person mischen, so dass jeder Vers jeden anspricht.

[68] Stehen und Fallen kann Bewährung und Versagen im irdischen Leben umschreiben, wird an dieser Stelle aber wie 11,11 im Endgericht beurteilt.

[69] Zu »Sinn« (*nous*) vgl. 12,2.

Der auf den (besonderen) Tag bedacht ist, ist (darauf als) dem Herrn (ergeben) bedacht, und der (Fleisch) isst, isst dem Herrn (ergeben), er spricht nämlich das Dankgebet zu Gott, und der nicht isst, isst dem Herrn (ergeben) nicht, und spricht das Dankgebet zu Gott. Niemand nämlich von uns lebt für sich selbst und niemand stirbt für sich selbst, denn sowohl wenn wir leben, leben wir dem Herrn (ergeben), als auch wenn wir sterben, sterben wir dem Herrn (ergeben). Sowohl wenn wir sterben, wie wenn wir leben, sind wir (Eigentum) des Herrn. Wunderbar tröstlich, wie der Apostel über dieser gebeutelten Gemeinde die Herrenbeziehung aller Glieder zu erkennen vermag. Achtmal kehrt er in diesen Versen heraus: dem Herrn![c] Der Bruder lebt und stirbt eben nicht dir und mir. Auch der Schwachgläubige bleibt Hoheitsgebiet Jesu, das sogar seine Skrupel einschließt. Sie sind eine fehlgeleitete, aber ernst zu nehmende Konsequenz seiner Ergebenheit an den Herrn[70], machte er mit ihnen doch bereits geistliche Erfahrungen. Über dem armseligen, eigentlich unnötigen Gemüsetopf steigt sein Dankgebet auf (s. zu 1,21), und der Himmel hört es.

[c] Röm 6,10f.13 2Kor 5,15 Gal 2,19

9 Das achtfach benannte Herrsein Jesu darf nicht zur Floskel erstarren. Darum strömt in Form eines urchristlichen Bekenntnissatzes der volle Inhalt des Evangeliums ein. Er spielt eine ähnliche Rolle wie ein Beleg aus der Schrift und ist als Höhepunkt des Abschnitts anzusprechen. **Denn dazu ist Christus gestorben und lebendig geworden, damit er sowohl über Tote als auch über Lebende Herr ist.** Jenes gegenwärtige Herrsein Christi wurde geboren aus dem Sterben Jesu für alle und aus seiner Krönung mit unvergänglichem Leben am Ostermorgen für alle. Alle Glaubenden sind in seiner Heilsmacht und Schutzmacht geborgen.

Dies Bekenntnis zur geheimen Herrlichkeit der Gemeinde will genau verstanden sein. Paulus schönt nichts, er rechtfertigt nicht alles Gewordene in der Gemeinde als begrüßenswerten Reichtum.[71] 1Kor 10,23 gilt auch hier: »Es erbaut nicht alles.« So waren die Ansichten der Schwachen für ihn sicher schwer anhörbar. Die »Schwachheiten der Unvermögenden« fielen zur Last und waren schlicht zu »tragen« (15,1). Doch an einem hält er fest: Diese Schwachen sind Schwache »im Glauben« (V. 1f), und diese Glaubensbindung an den Herrn zählt. Wo immer sie gegeben ist, ist für

[70] Er spricht ihm nicht ab, dass sein Fasten den Herrn wirklich erreicht und erfreut; anders Sach 7,5 in anderer Lage.

[71] Auf dieser Linie etwa Käsemann, S. 355, wenn er in diesem Zusammenhang von »charismatischer Freiheit«, »geschenkter Gabe« und »unendlicher Weite vorhandener Möglichkeiten« spricht. Auf S. 365 führt er zu Unrecht 1Kor 12,22 als Parallele an. Paulus sieht diese Schwachheiten nicht als etwas, was Gott charismatisch zugeteilt hat.

Paulus im Ansatz wesentliche Gemeinschaft möglich. Freilich, der Glaube muss sich auch als solcher kundtun. Mit nomineller Gemeindezugehörigkeit oder subjektiver Aufrichtigkeit ist hier nichts geholfen. Glaube rechter Art führt zu wahrnehmbaren Lebenszeichen. Ein Glaubender ist Hörer des Wortes, betet, dankt, bekennt, gehorcht, übt Liebe und nimmt Teil am allgemeinen Geben und Nehmen.

10-12 Nach der Einlage von V. 4-9 kann Paulus auf Einverständnis hoffen und darum die Mahnungen von V. 3 wiederholen. **Du nun, was verurteilst du deinen Bruder? Oder auch du, was verachtest du deinen Bruder?** Beweggrund für unser Verhalten ist aber nicht allein das gegenwärtige, sondern auch das zukünftige Herrsein Christi: **Alle nämlich werden wir vorgeführt werden vor den Richterstuhl Gottes. Denn es ist geschrieben (Jes 49,18; 45,23): »So wahr ich lebe, spricht der Herr: Mir wird sich beugen jedes Knie und jede Zunge wird Gott (huldigend) anerkennen.« Folglich wird jeder von uns für sich selbst Gott Rede (und Antwort) stehen.** Die Schlussabrechnung findet hiernach vor Gott statt, aber sein Vollstrecker in allem ist Christus. Man vergleiche die Auslegung zu 2,16. Wir werden Gott im Angesicht des Herrn Jesus Christus begegnen. Ihm hat er nicht allein unsere Vergangenheit und Gegenwart, sondern auch unsere Zukunft übergeben.

b) Die Starken haben ihrer Schutzfunktion für den Schwachen gerecht zu werden (14,13-23)

13 Lasst uns folglich nicht mehr einander aburteilen, sondern kommt vielmehr zu diesem Urteil: nicht dem Bruder einen Anstoß geben oder ein Ärgernis (bereiten).
14 Ich weiß und bin überzeugt im Herrn Jesus, dass nichts durch sich selbst unrein ist, wenn nicht dem, der etwas für unrein erachtet; demselben (ist es) unrein.
15 Denn wenn dein Bruder wegen einer Speise Schaden erleidet, wandelst du nicht mehr gemäß der Liebe. Verderbe nicht wegen deiner Speise den, für den Christus gestorben ist!
16 Es soll folglich nicht verlästert werden euer Gutes.
17 Denn die Herrschaft Gottes ist (doch) nicht Speise und Trank, sondern Gerechtigkeit und Friede und Freude im Heiligen Geist.
18 Wer nämlich darin Christus (als Sklave) dient, (ist) Gott wohlgefällig und den Menschen bewährt.
19 Daher lasst uns den (Dingen) des Friedens nachjagen und den (Dingen) der Erbauung untereinander.

20 **Reiße nicht wegen einer Speise das Werk Gottes nieder. Alles ist zwar rein, doch zu etwas Bösem (wird es erst) dem Menschen, der es mit Anstoß isst.**
21 **Gut (ist am Ende dies): Nicht Fleisch essen noch Wein trinken, noch (etwas zu tun), woran dein Bruder sich stößt.**
22 **Den Glauben, den du hast, habe ihn bei dir selbst vor Gott. Glückselig, der sich nicht selbst verurteilt in dem, was er prüft (und zu tun für gut befindet).**
23 **Aber der Zweifler, wenn er isst, ist verurteilt, denn (er tut es) nicht aus Glauben. Alles aber, was nicht aus Glauben (getan wird), ist Sünde.**

In der römischen Gemeinde war ein unsichtbarer Gerichtshof eröffnet worden. Es drohte eine Atmosphäre, die das gemeinsame und einmütige Lob Gottes nach 15,6.9.11 erstarren ließ. Deswegen forderte Paulus gleich im ersten Satz (14,1), diese ganze gemeindefremde Art einzustellen. Davon lässt er auch jetzt nicht ab (V. 13a.b.15.16. 20). Während er zu diesem Zweck bisher das Herrsein Christi aufstrahlen ließ, bringt er jetzt besonders den teuer erkauften Bruder in den Blick.

Die Stellungnahme zum Konflikt der Starken und Schwachen im Röm ist deutlich 1Kor 8-10 nachgestaltet (höchstens ein knappes Jahr früher abgefasst!). Bei allen Parallelen haben die beiden Stücke aber unterschiedliche Ausgangspunkte. Für die Korinther geht Paulus von der Freiheit des Gewissens und seinem guten Recht aus, für die römischen Christen dagegen setzt er elementarer ein, nämlich beim Glauben an Christus als dem Herrn (s. zu V. 2). Heutige Leser springen natürlich sofort auf das zeitgemäße Wort »Freiheit« an. Um sich aber nicht die Gedanken des Paulus im Röm-Abschnitt zu verstellen, sollten sie dies Stichwort nicht hierher herüberziehen und zum Leitbegriff der Auslegung machen.[72]

13 Etwas spitz[73] fordert Paulus die Starken auf, ihr kritisches Vermögen auf ein völlig anderes Ziel zu lenken: **Lasst uns folglich nicht mehr einander aburteilen, sondern kommt vielmehr zu diesem Urteil: Nicht dem Bruder einen Anstoß legen oder ein Ärgernis (bereiten).** Die Begriffe »Anstoß« und »Ärgernis« haben in der Bibel einen unheimlichen Tiefgang. Paulus bittet nicht etwa: Verärgert euren Bruder nicht, ruft nicht seinen Unmut hervor!, sondern

[72] So z.B. Wilckens (Bd. 3, S. 89), der den Abschnitt überschreibt: »Freiheit durch Liebe, Freiheit als Liebe«. Aber der Ausdruck »Freiheit« fehlt in Röm 14 und 15 gänzlich.

[73] Schon zu V. 1 wurde darauf hingewiesen, dass das ganze Kapitel von immer neuen Abwandlungen des griech. *krinein* durchzogen wird. Um diese Art nach Möglichkeit nachahmen zu können, wähle ich hier statt der häufigen Übersetzung mit »richten« Formen von »urteilen« (vgl. Stuhlmacher).

nach V. 15: Seid für ihn kein Anlass zum Verderben![a] Auch Luther nahm »ärgern« noch nach dem ursprünglichen Wortsinn: jemanden ins Arge stoßen und der Macht des Argen überantworten. Hierher gehört Jesu Vorhaltung Mt 23,15: Erst entfaltet ihr größten missionarischen Aufwand, um einen einzigen Menschen zu retten, dann aber leistet ihr euch mit dem Geretteten einen Umgang, der ihn zu einem »Sohn der Hölle« werden lässt.

[a] 3Mo 19,14 Röm 9,31 11,9; 14,21 16,17 Mt 5,29 13,21.41 15,12; 16,23 18,7f; 24,10

Um Missverständnissen vorzubeugen, folgt ein Einschub: Keine 14
Preisgabe biblischer Wahrheit! Wo der Pegelstand der Wahrheit zu niedrig ist, oder wo sie in so viel Watte gewickelt wird, dass man keinen Kern mehr spürt, werden Bekundungen der Liebe hohl. Also umreißt Paulus in diesem öffentlichen Brief vor den Ohren der »Schwachen« unmissverständlich seinen Standpunkt. Die Einleitung, **ich weiß und bin überzeugt in dem Herrn Jesus,** benutzt er mehrmals[b], aber sonst ohne den Zusatz »Jesus« wie hier. Offensichtlich beruft er sich hier sinngemäß auf ein Wort des irdischen Herrn[74], wenn es heißt: **Nichts ist durch sich selbst unrein.** Mk 7,19c liegt nahe: »Damit erklärte Jesus alle Speisen für rein.«[75] Speisen gehören zu den natürlichen Dingen aus Gottes Hand (1Kor 10,26). Unter Dank genossen (V. 6), sind sie rein[c]. Damit ist aber auch schon die Ausnahme gegeben: **wenn nicht dem, der etwas** aufgrund seines Glaubensurteils[d] **für unrein erachtet** und deswegen natürlich auch nicht dankt; **demselben** ist es in der Tat **unrein.** Der griech. Ausdruck, hier mit »erachten« übersetzt, verbietet, die Bedenken der »Schwachen« auf die leichte Schulter zu nehmen. Die Macht der Tradition, Erziehung und Gewohnheit ist gewaltig. Dan 1,8 und noch krasser die erschütternde Geschichte 2Makk 6,18-21 geben einen Einblick in diese Geisteshaltung: Lieber sterben als dies Verbotene zu essen! Zwar hatte Jesus seinen Jüngern das Programm der Speisefreiheit hinterlassen. Aber Programm ist bei uns Menschen nicht ohne weiteres schon Praxis. Nicht nur verstandesmäßige Belehrung, auch ein seelischer Umbau war angesagt. Apg 10 und 11 zeigen, dass sogar zusätzliche Offenbarungen »vom

[b] Gal 5,10 Phil 2,24 2Thess 3,4

[c] Röm 3,28 4,3-9.22 6,11; 8,18

[d] 1Kor 8,8 10,25f 1Tim 4,4 Tit 1,15 Hebr 13,9

74 Auch in Eph 4,21 spielt die Nennung des einfachen Personennamens »Jesus« diese Rolle. In 1Kor 6,10.12.25 zeigt sich, dass der Apostel über einen wenn auch begrenzten Vorrat an Jesusworten verfügte, die er als letzte Autorität ins Feld führen konnte.

75 Jesus tat nach Mk 7,17-23 einen zweifachen Dienst. Erstens hob er als der Sohn Gottes feierlich die Speisegebote des Mose auf und enthob uns damit der Sorge um Verunreinigung durch Speisen. Zweitens erhöhte er aber auch unsere Sorge, uns zu verunreinigen, und zwar wieder durch den Mund und weithin wieder beim Essen. Sie geschieht durch das, was aus dem Munde »herausgeht«, also durch Zungensünden. Es gibt unreine Geister, die das Herz besetzen und über unsere Lippen »eine Welt voll Ungerechtigkeit« hervorbringen (Jak 3,6), vornehmlich bei alkoholisierten Festgelagen (vgl. 13,13 und 3,13-14). Schließlich benötigen wir einen dritten Dienst Jesu: dass er uns selber Tischherr, Tischdiener und Speise wird (Mk 14,22; Lk 22,27; Joh 6,48-56).

Himmel« (dort V. 11.16; 11,5.9) benötigt wurden. Selbst im engsten Jüngerkreis mischte sich der Glaube an das Herrsein Jesu mit Unglaube (Gal 2,13). Ängstlichkeit trieb wieder zurück in den Schutz alter, mächtiger Traditionen. Weil aber der Mensch ein ganzheitliches Wesen ist, mögen ihm vor den »Starken« zwar die Argumente ausgehen, mag er äußerlich sogar nachgeben, aber deswegen zieht der innere Mensch noch lange nicht nach.

15 Paulus bestätigte also die Überzeugung der »Starken«, nicht aber, wie der ganze Abschnitt zeigt, ihr Verhalten. So knüpft er wieder an V. 13 an und beginnt zu begründen: **Denn wenn dein Bruder wegen einer Speise** geistlichen **Schaden erleidet …** Die Ursache für dieses Erleiden ist mit »wegen einer Speise« recht allgemein angegeben. Wegen *seiner* oder *deiner* Speise? Zunächst gehen wir der ersten Möglichkeit nach. Autoritär durch die Starkgläubigen bedrängt, ließ ein Schwacher sich zum Fleischessen verleiten[76], aber unter Skrupeln. Sofort vermisste er in seinem Inneren die freudige Anerkennung durch seinen Herrn. Damit war sein Friede dahin. Er war um die Ernsthaftigkeit seines Christseins gebracht. Dass ihm seine Tat einen schweren geistlichen **Schaden** einbrachte, liegt auf der Hand. Wahrscheinlicher ist hier jedoch an den anderen Fall zu denken[77], spricht Paulus doch fortwährend vom Essen des Starken (besonders V. 21). Der Schwache bleibt also standhaft bei seinem Gemüsetopf, erlebt sich aber inmitten der starkgläubigen Mehrheit als Geächteter (V. 3.10). Eben dagegen erhebt Paulus den Vorwurf: **Du wandelst nicht gemäß**[e] **der Liebe,** denn was dem Schwachen jetzt empfindlich fehlt, ist das Angenommensein durch die Brüder. Vielleicht ist die Auseinandersetzung zwischen den Gruppen erhitzt genug, um das im Augenblick subjektiv nicht zu empfinden. Aber Entzug der Liebe ist objektiv[78] schädlich für unser Menschsein. Fehlen der Liebe in der Gemeinde betrübt den Heiligen Geist (Eph 4,30) und schadet ihr insgesamt.

[e] Röm 15,5 Eph 5,2

Damit ist zugleich die zur Schau getragene Glaubensstärke der Starkgläubigen angefragt. Wer tut, was er glaubt, müsste doch Liebe üben (s. zu 12,9), oder er befindet sich in einem schreienden Widerspruch: **Verderbe nicht wegen deiner Speise den, für den Christus**, an den du doch glaubst, **gestorben ist!** Das Drohwort

[76] Diesen Fall setzt die Wiedergabe der Guten Nachricht voraus.

[77] Gleich die zweite Vershälfte bestätigt: »*deine* Speise«. Darum hat die LÜ auch in der ersten Vershälfte eingefügt: »wegen *deiner* Speise«, ebenso Käsemann.

[78] Um dies Erleiden des Schwachen als geistliche Negativerfahrung, als echten Verlust, als gefährliche Schädigung erkennen zu lassen, habe ich das Passiv *lypeisthai* an dieser Stelle nicht mit »betrübt werden« übersetzt, sondern mit »Schaden erleiden«. Betrübtsein meint im heutigen Sprachgebrauch eine seelische Befindlichkeit. Auch sie zählt im Umgang miteinander, aber kann nicht im gleichen Maß berücksichtigt werden, wie das, was Paulus hier vorhält.

Jesu aus Mt 18,6 meldet sich. Der zum Hüter seines Bruders berufen war (1Mo 4,9), könnte sein Verderber werden.

Der folgende Satz enthält keine direkte Anrede an Gemeindeglieder. Der unpersönliche Stil **»es soll nicht verlästert werden«** lässt an die Reaktionen Außenstehender denken. Paulus fürchtet einen Vorgang, der ihm als Missionar weh tun muss. **Das Gute von euch** ist hier wie 8,28 und 10,15 die den Christen anvertraute einzigartige Heilsbotschaft von der »Herrschaft Gottes« (nächster Vers!). Aber nun verstrahlt der Richtgeist das ganze Gemeindeleben, was unweigerlich in der Umwelt wahrgenommen wird. Dabei kann der interne Konflikt um »Speise und Trank« (wieder nächster Vers!) für jeden normalen Heiden nur als gegenstandslos und lächerlich erscheinen. Es wiederholt sich 2,24: »Denn euretwegen wird Gottes Name gelästert unter den Heiden.« 16

Paulus setzt dieser Gemeinde den Kopf zurecht. **Denn die Herrschaft Gottes ist (doch) nicht Speise und Trank, sondern Gerechtigkeit und Friede und Freude im Heiligen Geist.** Es geht weiter um die Außenansicht der Gemeinde. Wenn sie schon das große Wort vom Reich Gottes in ihrer Umgebung allgemein verständlich machen will, dann bitte in den drei genannten Erscheinungsweisen. **Gerechtigkeit**: Das Gemeindeleben vermittle einen Geschmack vom Zurechtkommen einer Menschengemeinschaft auf Erden unter Gott (6,19). Friede: Sie finde und betrete Wege des Friedens auch da, wo man üblicherweise aufgibt (3,17). Freude: Sie feiere die ans Ziel gekommene Liebe Gottes (5,8). Und das alles nicht nur rhetorisch, sondern im Heiligen Geist, also real mit Herzen, Mund und Händen (1Kor 4,20). Dann, so ist Paulus überzeugt, wird die Gemeinde nicht nur das Lob Gottes ernten, sondern auch von ihrer Umwelt mindestens respektiert werden. **Wer nämlich darin Christus dient** (als Sklave dem Herrn, vgl. V. 9!), **(ist) Gott wohlgefällig und den Menschen bewährt.** »Sie fanden Wohlwollen beim ganzen Volk«, hieß es in Jerusalem, weil die Christen dort ihre Gemeinschaftsprobleme in der Kraft des Heiligen Geistes lösten (vgl. hier 15,13). Dass dann auch das äußere Wachstum nicht ausblieb, kann nicht verwundern (Apg 2,47; 6,7). 17-18

Abrundend fordert Paulus noch einmal die Gesamtgemeinde auf, in der gewiesenen Richtung vorwärts zu schreiten, wobei er sich selbst an ihre Seite stellt. **Daher lasst uns den (Dingen) des Friedens nachjagen und den (Dingen) der Erbauung untereinander.** Der ermutigende Ton verstärkt sich im nächsten Kapitel zusehends (15,5.13.14.29.32f). 19

Aber der Apostel kann sich nicht so schnell von seiner Sorge um die Gemeinde lösen. Er wiederholt einen ähnlichen Warnruf wie V. 15: **Reiße nicht wegen einer Speise das Werk Gottes nieder!** 20-21

Das **Werk Gottes** ist hier sicher wie 1Kor 3,9 das Wunderwerk der Gemeinde. Soeben war vom lebendigen Baugeschehen dort die Rede (V. 19). Ihm gegenüber erscheint die Speisefrage als eine unsagbare Nichtigkeit. Das veranlasst Paulus, noch einmal die Maßstäbe klarzustellen. **Alles ist zwar rein** – das hörten wir schon in V. 14. **Doch zu etwas Bösem (wird es) dem Menschen, der es mit Anstoß isst** – das war zu V. 15 auszulegen. Es ist für eine Gemeinschaft bedrohlich, wenn Menschen nur mit einem verletzten Gewissen in ihr leben können. Jetzt aber das positive Gegenstück zum Bösen: **Gut (ist am Ende dies): Nicht Fleisch essen und nicht Wein trinken und nicht (irgendetwas zu tun), woran dein Bruder sich stößt.** Nicht, nicht, nicht – bloß nicht! So radikal das klingt, so wenig empfindet ein Paulus die Radikalität. Das Herrsein Christi (V. 1-12) und die Kostbarkeit des teuer erkauften Bruders (V. 13-23) machen diese Entscheidung für ihn federleicht.

Das dritte »nicht« scheint ein Freibrief für die Diktatur des Schwachen zu sein, ein Vetorecht für ihn, wenn immer etwas im Gemeindeleben ihm nicht passt. Er muss nur laufend schmollen. Zum Teil mag es der begeisterte Redeschwung sein (vgl. auch 1Kor 8,13), der Paulus die Aussage auf die Spitze treiben ließ. Denn keinesfalls verlangt er, dass das Meinen und Wollen des Schwachen allen anderen Befehl sei. Übergeordnet sind im Gemeindeleben vielmehr diese beiden Punkte: das Herrsein Christi (14,1-12) und unsere Schutzfunktion für den Bruder (14,13-23). Den zusammenfassenden Höhepunkt wird der dritte Abschnitt bringen (15,1-6).

22-23 Der folgende Vers scheint den Starken in Schutz zu nehmen: **Den Glauben, den du hast, habe ihn bei dir selbst vor Gott.** Der Glaube hat zwar eine den Menschen zugewandte Seite (vgl. dazu die Auslegung zu V. 9 am Ende), ist aber wesensmäßig Leben vor Gott und entzieht sich insofern den Menschen. Ähnlich klangen schon V. 4 und 5c, wenn dort auch stärker auf den Glauben des anderen bezogen. Diesen Respekt, der im Grunde Respekt vor Gott als dem Schöpfer des Glaubens ist, darf man nun auch getrost für den eigenen Glauben beanspruchen. Darum 1Kor 7,23: »Werdet nicht Knechte der Menschen!« Paulus plädiert für die Unverfügbarkeit des Glaubens.

Für den Starken im Glauben, der unter der Verurteilung des Schwachen leben muss (V. 3b.10a), folgt eine Seligpreisung: **Glückselig, der sich nicht selbst verurteilt in dem, was er prüft (und zu tun für gut befindet).** Für den Zweifler[79] wird V. 23 ein Wehe fol-

[79] Dieser ist nach Jak 1,8 »ein Mann mit zwei Seelen«, zwischen denen er unschlüssig hin- und herschwankt.

gen. Bei ihm spalten sich Glaube und Tun und gehen je ihren eigenen Weg. Er tut nicht, was er glaubt, und glaubt nicht, was er tut. Das muss ihn langsam, aber sicher zerrütten, selbst wenn er das sachlich Richtige tut. **Der Zweifler, wenn er** unter Abkoppelung seiner persönlichen Bindung an Christus **isst, ist verurteilt, denn (er tut es) nicht aus Glauben.** Solch Essen ist kein Glaubenstun und ist deswegen nicht dem Herr getan (V. 6). **Alles aber, was nicht aus Glauben (getan wird), ist Sünde.** Hier schrillt noch einmal ein Alarmzeichen für den Starken, der drauf und dran ist, seinen schwachen Bruder in die »Freiheit« zu locken, zu drängen, zu stoßen. Er stößt ihn ja in die Trennung von seinem Herrn, also in Sünde. Zwar hat er so sein Prinzip durchgesetzt, aber des Bruders Heil geopfert.

c) In Eintracht den Weg Christi gehen (15,1-6)

1 **Wir aber, wir Starken, schulden, die Schwachheiten derer, die nicht stark sind, zu tragen und nicht uns selbst zu gefallen.**
2 **Ein jeder von uns gefalle seinem Nächsten zum Guten, für die Auferbauung.**
3 **Denn auch der Christus gefiel nicht sich selbst, sondern wie geschrieben ist (Ps 69,10): »Die Schmähungen derer, die dich schmähen, fielen auf mich.«**
4 **Denn was immer zuvor geschrieben wurde, wurde zu unserer Belehrung geschrieben, damit wir durch Geduld und (trostvolle) Ermahnung Hoffnung haben.**
5 **Der Gott aber der Geduld und der (trostvollen) Ermahnung gebe euch, auf ein und dasselbe bedacht zu sein untereinander, gemäß Christus Jesus,**
6 **damit ihr einmütig aus *einem* Mund Gott verherrlicht, den Vater unseres Herrn Jesus Christus.**

Wie soll eine Gemeinde mit ihren vielfältigen Spannungen erträglich weiterleben? Welche Methode der Konfliktbewältigung, welches System von Werten und Wahrheiten hat Paulus in Kap.14 angeboten? Er hat mit seiner Antwort von Anfang an nicht hinter dem Berg gehalten. Methoden, Systeme, Prinzipien in Ehren, wenn sie nur zu den Füßen Jesu Platz nehmen. Schon die Verse 7-9 verkündigten das Herrsein Jesu als die eigentliche Ermöglichung christlicher Gemeinschaft. In seiner Gegenwart kann Glaubende nichts unüberbrückbar trennen. Hier sieht Paulus den gangbaren Weg, den er seinen Lesern jetzt noch einmal konzentriert ans Herz legt. Vgl. auch den Rückblick unter V. 5.

1 Obwohl Paulus kürzlich in den Korintherbriefen eine »Theologie der Schwachheit« entwickelt hatte[a], zählt er sich hier in anderer Weise den Starken zu: **wir aber, wir Starken.** Er teilte nur ihre Überzeugung, nicht ihr Ichgefühl. Im griech. Text steht voran: **Wir schulden.** Gerade wir stehen unter einer besonderen Verpflichtung, **die Schwachheiten derer, die nicht stark sind, zu tragen.** Das sollte unter dem Gesichtspunkt ausgleichender Gerechtigkeit jedermann einleuchten.[80] In jeder Gemeinschaft gibt es nun einmal Glieder, die immer nur kosten, und andere, die die Kosten tragen. Deswegen aber kann von einem besonderen Heroismus der »Starken«, in dem sie sich bespiegeln **und sich selbst gefallen,** keine Rede sein.[81]

[a] 1Kor 1,24.27 2Kor 12,9.10 13,4

2 Dann aber verallgemeinert Paulus: **Ein *jeder* von uns gefalle seinem Nächsten zum Guten, für die Auferbauung** (14,19). Wie das Leben so spielt, kann es unversehens zum Rollentausch kommen. Morgen schon könnten es die bisher Starkgläubigen sein, die der Herr fragen muss: »Wo ist nun euer Glaube?« (vgl. Lk 8,25). Oder ein Starker ist unter die Räuber gefallen und liegt ausgeraubt und halb tot am Wege. Dann ist jeder, der vorbeikommt, im Vergleich zu ihm ein »Starker« und der bisher »Starke« ein bedürftiger Nächster. Christi Grundgesetz gilt unbedingt: »Einer trage des andern Last!« (Gal 6,2). Natürlich sind nicht des andern Launen und Verschrobenheiten zu befriedigen. Aber selbst ein kratzbürstiger Nächster, der sich die größte Mühe gibt, uns unsympathisch zu erscheinen, bleibt in Person eine stumme Bitte an uns: Sei kein Unmensch, sei mir Mitmensch! Wir können dreifach reagieren: a) Ich gestalte jede Begegnung zum eigenen Nutzen und lebe in diesem Sinn mir selbst zu Gefallen. b) Ich weiche in die Neutralität aus, indem ich sein und mein Leben säuberlich voneinander trenne. c) Ich sehe seine berechtigten Erwartungen, anerkenne sie und versuche sie zu erfüllen.

3 Die Mahnungen von V. 1-2 ergingen nicht auf der rein moralischen Ebene, etwa: Auf eigene Faust in dieser schlechten Welt unbedingt gut sein! So gut das klingt, es macht nicht gut. Darum holt Paulus ein Stück Vergangenheit hervor, das aber nicht einfach vergangen ist, sondern bleibt und gegenwärtig weiterwirkt. **Denn auch der Christus gefiel nicht sich selbst.** Die enge Verknüpfung unseres Handelns mit seinem Handeln setzt sich in V. 5 fort:

[80] Beispiel: Gebrechliche Teilnehmer einer Bergwanderung können einen Weg ohne Geländer nicht begehen. Also entscheiden sich die Rüstigen um des gemeinsamen Weges willen für die gesicherte Strecke. Sie bringen gewiss ein Opfer, aber unter dem Gesichtspunkt der Gemeinschaft tun sie nichts Besonderes. Wer nämlich ohne Geländer gehen kann, kann es auch mit Geländer. Aber umgekehrt geht es nun einmal nicht.

[81] Die Wendung »sich selbst gefallen« prägt hier die drei ersten Verse und gewinnt in V. 3 große Tiefe.

»gemäß Christus Jesus«, dann in V. 7: »wie auch der Christus«. Hier und V. 7 ist »Christus« nicht wie so oft im NT mit dem Eigennamen »Jesus« verschmolzen. Gesondert, mit dem Artikel versehen, kehrt er Jesu messianisches Amt heraus. Dieses Amt umfasst weit mehr als die Rolle eines Vorbildes und die Aufstellung einer Handlungsnorm. Zum Vergleich: Die Wandergruppe, die einen Berg besteigen will, marschiert nicht in breiter Fünferfront los. Sie folgt einem Bergführer. Dieser macht den Teilnehmern nicht nur etwas vor, sondern macht auch etwas für sie durch. Er stemmt sich Sturm und Wetter entgegen, sichert Schritt für Schritt jeden einzelnen Fußstapfen, trägt die Verantwortung für sie. So ist Christus Anführer, Bahnbrecher und Vollender[b].

[b] Joh 14,2 Apg 3,15 5,31 1Petr 2,21 Hebr 2,10; 5,9 6,20; 12,2

Diese Deutung von Jesu Dienst verdankte die Urchristenheit entscheidend dem AT, z.B. dem Passions-Psalm 69[82]. **Wie geschrieben ist: Die Schmähungen derer, die dich** (nämlich Gott) **schmähen, fielen auf mich** (nämlich Christus). Der Geber aller Güte wurde von der rebellierenden Menschheit geschmäht. Nicht Lob und Dank, sondern grundlose Feindschaft erntete er. Staunend steht die Bibel vor seiner unbegreiflichen Geduld. Geschah das aber Gott dem Vater, wie sollte es Gott dem Sohn anders ergehen? Kaum bekamen die Sünder den Sohn in die Hände (Mk 12,7f; 14,41b), stürzte sich die ganze Gottesfeindschaft auf ihn. Die Leidenswoche zeigte es: Sie wollten ihn nicht nur körperlich beseitigen, sondern darüber hinaus entehren und moralisch vernichten, eben schmähen. Die Berichte bringen tunlichst nach jedem Verhör eine Verspottungsszene. Auf Golgatha erlitt er sowohl den Hohn der Zuschauer als auch der Maßgeblichen, der Soldaten und sogar der Mitgekreuzigten. Er wurde der schlechthin Geschmähte[c]. Doch stieß er diese Schmach nicht ab, warf sie nicht auf die Urheber zurück, schalt nicht zurück, fluchte nicht zurück, sondern betete für sie (Lk 23,34). Er lebte und starb seinen Nächsten zu Gefallen. Das ist die »Liebe des Christus« (8,35). Diesem Herrn und seiner gestaltenden Macht ist die christliche Gemeinde ausgesetzt.

[c] Mt 26,67 27,30.39. 41.44 Mk 10,34 14,65 15,19. 29.32 Lk 22,63 23,11.39 Joh 18,22 19,2f Ps 22,7 Jes 50,6

4 Eine einzigen Zeile aus dem AT ließ den Passionschristus aufleuchten. So rühmt Paulus die Nützlichkeit und Wohltat der Schrift überhaupt. **Denn was immer zuvor geschrieben wurde,** hat diese Qualität. Es **wurde zu unserer Belehrung geschrieben, damit wir durch Geduld und durch (trostvolle) Ermahnung** der Schriften **Hoffnung haben.** Die Worte »Geduld« und »Hoffnung« standen schon 5,2-5; 8,24f und 12,12 beisammen. Der erste Begriff wird sogleich hier in V. 5 genutzt, der zweite in V. 13.

[82] Ps 69 diente neben Ps 22 zur Begleitung des Geschehens am Kreuz: Mt 27,34.48; Mk 15,23.36; Lk 23,36; Joh 19,28; vgl. Joh 15,25; Hebr 11,26.

5-6 Angesichts der festgefahrenen Lage in Rom legt sich dem Apostel ein Gebetswunsch auf die Lippen. Dazu wählt er eine erstaunliche Gottesbezeichnung. Er adelt das Wort »Geduld«, indem er es gar in Gott selbst hineinhebt: Gott ist ein **Gott der Geduld**. Nach gewöhnlicher Ansicht benötigt Gott keine Geduld, denn er kann, hat und weiß alles.[83] Aber das AT sagt es anders. Sein zentraler Glaubenssatz lautet: »HERR, HERR, Gott, barmherzig und gnädig und *geduldig* und von großer Gnade und Treue.«[d] »Geduld« ist hier Ausfluss seiner Gnade. Da ist eine wundersame Nichtausführung seines Zorngerichts, und zwar nicht aus Unschlüssigkeit oder Gleichgültigkeit gegenüber dem Bösen, sondern im Blick auf noch zu erwartende Eingriffe Gottes. Seine Geduld erklärt sich aus seinem Herrsein über die Zukunft (Klgl 3,22).

[d] 2Mo 34,6 4Mo 14,18 Neh 9,17.31 Ps 86,15 103,8 111,4 116,5 145,8 Jona 4,2 Nah 1,3

Hier ist ein Rückblick auf Kap.14 am Platz. Psychologisch betrachtet ist es ein Dokument zartester Einfühlung. Aber überzog Paulus nicht die Rücksichtnahme (besonders V. 21)? Auch nach den Korintherbriefen befremdete seine merkwürdig schonende Art. Er erschien wenig konsequent und durchsetzungsfähig. Er nutzte weder seine Rechte noch seine Freiheit und spielte seine Autorität nicht voll aus. Besaß er keine? Dabei fuhr er doch einmal im entgegengesetzten Fahrwasser. Er erinnert selber an seinen gewalttätigen »Eifer« zur Reinigung der jüdischen Volksgemeinde (Gal 1,13f; Phil 3,6). Doch er war in Christus dem »Gott der Geduld« begegnet[e]. Er hatte begriffen, dass nicht die Gewalt, sondern die Geduld die Verheißung hat (Spr 16,22). Darum bedrängte er nicht mehr in geistlichen Dingen. Wer hier ungeduldig kurzen Prozess macht, scheidet aus den fruchtbaren Prozessen der Gemeinde aus.

[e] Hebr 12,1-3 Mt 11,28-30

Ermahnung und Fürbitte des Apostels hatten für die an getrennten Tischen Sitzenden dieses Ziel: **auf ein und dasselbe bedacht zu sein untereinander** (s. zu 12,16), **gemäß Christus Jesus**. Dies »gemäß Christus Jesus« tritt jetzt an die Stelle von »gemäß der Liebe« in 14,15a. Schon dort zeigte die Fortsetzung, dass Paulus speziell die gekreuzigte Liebe ins Gedächtnis rief. Auch hier steht schon ab V. 3 der Passionschristus vor Augen. In dessen Kraftfeld gelingt die Eintracht. Paulus hofft: **Damit ihr einmütig aus *einem* Mund Gott verherrlicht.** Das »einmütig« ist Lieblingswort der Apg[f] und bezeichnet dort nicht ein nur seelisches, sondern auch soziales Ereignis. Die in Spannung liegenden Gemeindeteile finden sich in örtlicher Geschlossenheit zusammen. Diese ermöglicht auch gültiges Handeln: Laut und gemeinsam erschallt das Lob Gottes an allen Tischen. Damit erfüllt die Gemeinde ihre

[f] Apg 1,14 2,46; 4,24 5,12; 7,57 8,6; 12,20 15,25 18,12 19,29

[83] »Von Gott ist keine Geduld auszusagen, da er nie unter Drangsal steht« (Hauck, ThWNT IV, S. 591).

höchste Berufung. Als Vorausabteilung der Menschheit tut sie heute schon das, was schlussendlich alle Geschöpfe tun werden (Phil 2,11; Offb 5,13). Sie **verherrlicht Gott, den Vater unseres Herrn Jesus Christus.**

d) Durch Christus Juden und Heiden vereint zum endzeitlichen Lob Gottes (15,7-13)

7 Darum: Nehmt einander an, wie auch der Christus euch angenommen hat zur Herrlichkeit Gottes.
8 Ich sage nämlich, dass Christus Diener geworden ist der Juden (»Beschneidung«) für die Wahrheit Gottes, zu bestätigen die Verheißungen an die Väter,
9 dass aber die Heiden Gott verherrlichen (sollen) für die Barmherzigkeit, wie geschrieben ist (Ps 18,50): »Deswegen werde ich dich bekennen unter den Heiden und auf Saiten spielen deinem Namen.«
10 Und wiederum sagt sie (die Schrift, in 5Mo 32,43): »Frohlockt, ihr Heiden, mit seinem Volk!«
11 Und wiederum (Ps 117,1): »Lobt, alle Heiden, den Herrn und lobpreist ihn, alle Völker!«
12 Und wiederum sagt Jesaja (Jes 11,10): »Es wird kommen der Wurzelspross Isais, sich erhebend, zu herrschen über die Heiden, auf ihn werden die Heiden hoffen.«
13 Der Gott aber der Hoffnung erfülle euch mit aller Freude und (allem) Frieden im Glauben(sleben), damit ihr reich werdet in der Hoffnung, durch die Kraft des Heiligen Geistes.

Dieser Zielabschnitt nimmt noch einmal die Mahnung auf, die ab 14,1 verhandelt wurde, hebt sie aber auf eine andere Ebene. Nicht mehr individuell wie bisher wird gedacht (der Bruder, seine Ansichten, sein Angenommensein, seine persönliche Bindung an den Herrn, sein Gewissen, sein Anstoßnehmen usw.), sondern gruppenbezogen. Die Anrede »ihr« bekommt den Sinn: Ihr beiden Gemeindeteile aus dem Judentum und Heidentum! Alle zusammen mögen jetzt ihren Blick über den örtlichen Konflikt emporheben und sich heilsgeschichtlich orientieren. Von daher wird Hoffnung und Geduld für den Alltag zuteil.

Paulus behält seine Generallinie von 14,1 bei: **Darum: Nehmt** 7
einander an! Aber der erregt abwehrende Zusatz von dort weicht hier einer positiven Verlängerung. In ihrem Mittelpunkt steht wieder (wie V. 3) ausdrücklich der gekreuzigte Heilskönig: **wie auch**

[a] Eph 4,32 5,2.25.29

der Christus[a] **euch,** gleichsam vom Kreuz herab, **angenommen hat.** Sein Ziel dabei ist die **Herrlichkeit** und Verherrlichung[84] **Gottes.** Zu dieser Sicht hatte schon der letzte Abschnitt geführt (V. 6). Jetzt weitet sich die Schau zum brausenden Jubel aller Völker vor Gott (V. 9-12).

8 Paulus ist sich der Auseinandersetzung um seine Person und Lehre bewusst, besteht aber auf seiner Zuständigkeit als Lehrer der Heilsgeschichte: **Ich sage nämlich.** Er lehrt zweierlei über das Amt des Christus. Zunächst, **dass Christus Diener geworden ist der Juden (»Beschneidung«,** vgl. 3,30). Der Ausdruck »Diener« hat wie »Sklave« in der biblische Sprache nichts Erniedrigendes, sondern kann den Empfänger höchster Aufträge bezeichnen (s. 1,1). Der irdische Jesus war zum Retter und Wiederhersteller der »verlorenen Schafe des Hauses Israel« bestellt (Mt 15,24). Der innere Sinn seiner Sendung galt dabei der **Wahrheit Gottes,** d.h. er hatte **die Verheißungen an die Väter** (9,5; 11,28) **zu bestätigen.** Die aufwühlende Frage nach der Bundestreue Gottes stand auf dem Spiel: Hatte er getäuscht, als er den Vätern für alle Zeiten eine Fülle von Segen zusicherte? Weil Paulus diese Frage schon 3,1-8 angeschnitten und in Kap. 9-11 gründlich behandelt hat, muss er an dieser Stelle das Wie nicht ausführen. Aber eines stellt er klar: Die Verheißungen sind durch den Dienst Christi als zuverlässig erwiesen, eingelöst und somit in Kraft (2Kor 1,20).

9a Paulus bleibt der Grundthese seines Briefes von 1,16 treu: »die Juden zuerst«, doch nicht sie allein! Nicht umsonst hob er unentwegt an Abraham hervor, dass er Vater *aller*[b], auch der Heiden sei.[85] Darum gehörte zum Werk Jesu zweitens auch das Wirken für die Heiden: **dass aber die Heiden Gott verherrlichen (sollen) für die Barmherzigkeit.** Das Heil für die Heiden hat der Brief ebenfalls in zahlreichen Kapiteln entfaltet. Zum umfassenden Ausdruck »Barmherzigkeit« s. zu 12,1.

[b] Röm 4,11.12. 13.16.17. 18; 3,29f

9b-12 Eine Zitatenkette untermauert das Gesagte, ausgewählt aus solchen Schriften des AT, die Paulus auch sonst am häufigsten benützt. Zuerst aus Ps 18,50: **»Deswegen werde ich dich bekennen unter den Heiden und auf Saiten spielen deinem Namen.«** Worte von König David gelten hier offenbar als Worte des Davidsohnes.

[84] Die Übersetzung »ehren« ist hier zu schwach, »loben« zu dünn. Es geht um mehr als um Bezeugung von Achtung und Anerkennung. »Herrlichkeit« ist Fülle des Herrseins. Wer Gott »verherrlicht«, ist hingerissen zu restloser Ergebung vor seiner aufstrahlenden Macht.

[85] Die Aussage, dass die Heiden »ausgeschlossen sind von den Verheißungen« (Eph 2,12), ist insofern nicht absolut. Darum trifft auch die Auslegung nicht zu, wonach sich hier in V. 8f Verheißungen und Barmherzigkeit so verteilen, dass die Verheißungen den Juden, Barmherzigkeit aber den Heiden gilt. Beides gilt nach dem Plan Gottes letztendlich schon immer beiden, aber den Juden zuerst.

Dieser dankt Gott für die Heilstat an sich selbst. Aber er tut es unter den Heiden. Sein messianisches Königtum weitet sich übernational aus. Während die Heiden hier noch als Zuhörer erscheinen, fordern die beiden folgenden Worte sie zum eigenen Loben auf. **Und wiederum sagt sie** (die Schrift, in 5Mo 32,43): **»Frohlockt, ihr Heiden, mit seinem Volk!«** Zusammen mit dem glaubenden Israel sollen sie einen gemeinsamen Chor bilden. Später verdeutlicht Sach 2,15: »Viele Völker sollen sich zum Herrn wenden und sollen mein Volk sein.« **Und wiederum** (Ps 117,1): **»Lobt, alle Heiden, den Herrn und lobpreist ihn, alle Völker!«** So sah die Schrift Heidenmission und Bildung einer Gemeinde aus Juden und Heiden[86] längst voraus. Ein Wort, das typisch ist für eine durchgängige Linie des gesamten Jesaja-Buches, bezeugt abschließend, dass sich das Heil für Israel sofort universal ausdehnt. **Und wiederum sagt Jesaja** in 11,10: **»Es wird kommen der Wurzelspross Isais, sich erhebend, zu herrschen über die Heiden.«** Zwar ist die israelitische Sippe Isais zu Bethlehem der Wurzelboden des Retters (vgl. Joh 4,22), aber im Zuge einer Erhebung[87] empfängt der Wurzelspross alle Gewalt im Himmel und auf Erden. Für christliche Hörer legt sich die Gedankenverbindung mit der Auferstehung Jesu nahe. Folge ist, dass es von den Heiden, die doch ausgesprochenermaßen »keine Hoffnung haben« (1Thess 4,13), heißt: **auf ihn werden die Heiden hoffen.** Sie sind in Christus dem »Gott der Hoffnung« begegnet (V. 13). Hoffen ist nun gemeinsames Seinsmerkmal aller Glaubenden aus Juden und Heiden.

Paulus versteht viel zu viel von den Nöten einer christlichen Gemeinde, als dass er mit blanken Anweisungen arbeiten würde. Darum mündet er wie schon im letzten Abschnitt (V. 5f) in einen Segensspruch. In beiden Fällen verbindet er ihn mit einem Aufblick zu Gott, dort zum »Gott der Geduld«, hier zum »Gott der Hoffnung«. **Der Gott aber der Hoffnung erfülle euch mit aller Freude und (allem) Frieden im Glauben(sleben), damit ihr reich werdet in der Hoffnung, durch die Kraft des Heiligen Geistes.** Gott erscheint hier geschmückt mit einem Kranz von sechs strahlenden Begriffen: Hoffnung, Freude, Friede, Glaube, Kraft und Geist. Die doppelte, zusammen mit V. 12 gar dreifache Erwähnung der »Hoffnung« sticht hervor und gestaltet das Ganze zu einem wahren Hohelied der Hoffnung. 13

[86] Das jesajanische Stichwort »alle Heiden« begegnet im NT immer wieder: Mt 25,32; 28,19; Lk 24,47; Apg 14,16; Röm 1,5; 16,26; 2Tim 4,17.

[87] Im hebr. Text dieser Stelle vermisst man sowohl eine besondere »Erhebung« als auch die Rede vom »Hoffen« der Heiden. Wie meist zitiert Paulus hier aus dem griech. AT (LXX).

Die römische Gemeinde drohte auf heidnische Maßnahmen zu verfallen. Hilflosigkeit neigt zu gewalttätigen Lösungen. Paulus jedoch überantwortet seine Leser nach 36 Versen des Zuredens dem Gott der Hoffnung. Die bereits geschehene Heilstat, in ihrer ganzen Tragweite erfasst, enthält unwiderstehliche Elemente der Zukunft, so dass sich die Zuversicht nicht an den Widerständen verbraucht, sondern reich (10,12) und immer reicher anschwillt. Der Gott der Hoffnung schenkt Geist der Hoffnung und damit eine Kraft, die nach 1,4 und 8,11 als Auferstehungsmacht ausgewiesen ist. Welche Gemeinde wird sich aus diesem dynamischen Geschehen ausklinken und hoffnungslos auseinanderlaufen?

Briefschluss (15,14-16,27)

Paulus konnte an dieser Stelle auf eine gewaltige geistige Anstrengung zurückblicken. Kaum waren seine Leser unbeeindruckt geblieben. Unter dieser Voraussetzung greift er noch einmal die Themen des Briefeingangs 1,1-17 auf. Erneut besteht er auf seiner Zuständigkeit als Apostel der Heiden, wiederholt die Besuchsabsicht, ebenso seine uneingeschränkte Anerkennung der römischen Gemeinde und versichert sich der Gemeinschaft im Gebet. Aber er verbindet damit jetzt einen genaueren Einblick in seine persönlichen Verhältnisse, Pläne und Wünsche und auch in seine Rombeziehungen (Grußliste!). Dies Verfahren entspricht übrigens ganz den Gepflogenheiten des Altertums bei Briefschlüssen (vgl. unter Einleitungsfragen Punkt 4), wenngleich dieser Briefschluss ungewöhnlich lang ausfällt.[1]

a) Erläuterung zum Wagnis des Römerbriefs (15,14-21)

14 Ich bin aber überzeugt, meine Brüder, auch ich selbst in Bezug auf euch, dass auch ihr selbst voll guter Gesinnung seid, erfüllt mit aller Erkenntnis, befähigt auch einander zu mahnen.

15 Sehr gewagt habe ich euch aber geschrieben – teilweise, gewissermaßen euch wieder erinnernd kraft der Gnade, die mir von Gott gegeben ist,

16 zu sein ein (priesterlicher) Diener Christi Jesu für die Heiden, (priesterlich) das Evangelium Gottes zu verwalten, damit die Darbringung der Heiden (als Opfer) geschehe annehmbar (für Gott), geheiligt durch den Heiligen Geist.

17 Folglich habe ich (Grund zum) Ruhm in Christus Jesus vor Gott.

18 Denn ich werde nicht wagen, etwas zu reden, was nicht Christus durch mich bewirkt hat hin zum Gehorsam der Heiden, durch Wort und Tat,

[1] Die LÜ macht zu 16,23 durch eine Anmerkung darauf aufmerksam, dass der Schluss des Röm in den alten Handschriften sehr uneinheitlich ist. Mindestens vierzehn verschiedene Textfassungen sind belegt. Bestimmte Versgruppen fehlen in einem Teil der Abschriften oder sind an andere Stelle gerückt oder erscheinen gar zweimal. Dieser Umstand hat begreiflicherweise zahlreiche Erklärungsversuche ausgelöst, denen wir in diesem Rahmen nicht nachgehen können. Die beste Lösung, der zunehmend die Forschung zustimmt, ist die, dass mit 1,1-16,27 die ursprüngliche Fassung des Röm vorliegt.

19 **in der Kraft der Zeichen und Wunder, in der Kraft des Geistes**
Gottes, so dass ich von Jerusalem aus und im Bogen bis Illyri-
en hin das Evangelium des Christus vollstreckt habe,
20 **(dabei) aber Ehre einlegend, folgendermaßen zu evangelisie-**
ren: nicht wo Christus (schon) genannt worden ist, damit ich
nicht auf fremdem Fundament baue,
21 **sondern (ich handelte so), wie geschrieben ist (Jes 52,15): »De-**
nen nichts über ihn verkündet wurde, die werden (seine Herr-
lichkeit) sehen, und die nicht gehört haben, werden verste-
hen.«

Schon 1,14-16a sah Paulus klar vor sich, dass er bei einem Rombesuch etwas riskierte, jedenfalls dann, wenn er auch dort seiner »Schuldigkeit« ungeschmälert nachkäme. Ihm waren die judaisierenden Strömungen außerhalb, aber auch innerhalb der römischen Gemeinde bekannt. Schon durch diesen offenen Brief hatte er's drauf ankommen lassen. Aber soviel an ihm lag, wollte er Frieden (12,18). Um die heikle Lage zu versachlichen, machte er sie durch das zweimalige Stichwort »Wagnis« in V. 15 und 18 bewusst.

14 Zunächst versichert er seine Leser noch einmal (vgl. schon 1,7-8.12) seiner ehrlichen Zuwendung, und zwar mit einer Eindeutigkeit und Herzlichkeit[2], die jedes Misstrauen verbannen sollte: **Ich bin aber überzeugt, meine Brüder, auch ich selbst in Bezug auf euch, dass auch ihr selbst voll guter Gesinnung seid.** Die Wendungen »ich selbst« und »ihr selbst« halten sich die Waage. Beiden Seiten ist Selbständigkeit zugestanden – Voraussetzung für wahre Gemeinschaft. Das umfassende Urteil: »voll guter Gesinnung, erfüllt mit aller Erkenntnis, befähigt auch einander zu mahnen«, gesteht den Römern zu, eine urteils-, handlungs- und lebensfähige Körperschaft zu sein. Freilich, auch mit aller Erkenntnis erfüllte Christen bedürfen nach 12,2 ständiger Erneuerung[3], nicht zuletzt durch gegenseitiges Zurechthelfen. Wo das nicht begriffen wird, wäre »volle Erkenntnis« gerade fragwürdig. So tönte es ganz gefährlich in Laodizäa: »Du sprichst: Ich bin reich und habe genug und brauche nichts! *und weißt nicht*, dass du elend und jämmerlich bist, arm, blind und bloß« (Offb 3,17).

[2] Die Anrede »*meine* Brüder« nur noch 7,4, sonst im Röm achtmal ohne besitzanzeigendes Fürwort.

[3] Man darf also die Tatsache, dass Paulus eine Gemeinde reichlich ermahnt, nicht ausspielen gegen seine dankbare Feststellung des geistlichen Zustandes eben dieser Gemeinde. Er serviert an solchen Stellen nicht höfliche Nettigkeiten, um sich die Geneigtheit der Leser zu ergattern (*captatio benevolentiae)*, sondern steht staunend vor geistlichen Wirklichkeiten auch im »irdenen Gefäß« (2Kor 4,7), vgl. Einführung zu 1,8-15.

15 Paulus wird V. 24 nicht zögern, das Werk in Rom als seine »Erquickung« zu bezeichnen. Das hindert ihn aber nicht, seinen eigenen Beitrag einzubringen. **Sehr gewagt habe ich euch aber geschrieben – teilweise.** Keinesfalls entschuldigt er sich wegen seiner brieflichen Ermahnungen.[4] Auch auf andere Passagen seines Briefes spielt er nicht an. In der Einführung zu diesem Abschnitt wurde dagegen der Bezug auf 1,14-16a hergestellt. Paulus war sich der Gefahr bewusst, die er überall durch sein Einstehen für das Evangelium heraufbeschwor, nahm sie aber auf sich.[5] Seine ungeheure Zumutung für damalige Hörer, für spätere Generationen und im Grunde auch für uns Heutige verdichtet sich z.B. in einem Einschub zu Beginn seines Kernabschnitts 3,21-26 – er besteht im Griechischen aus nur zwei Wörtern: Offenbarung der Gerechtigkeit Gottes *»ohne Einschaltung des Gesetzes«*! Welchen Missverständnissen und Missbräuchen war dies Sätzchen nicht schon ausgesetzt! Verkündete Paulus, wenn er das heilige, gerechte und gute Gesetz aushebelte, wie es schien, nicht Heil ohne Heil? War das nicht gar Sabotage an der gesamten Heilsgeschichte? Der Römerbrief stellt eine einzige Anstrengung dar, diese Fehlschaltung zu beheben.

Das angehängte Wörtchen »teilweise« zielt also nicht auf bestimmte Teile des Briefes, die im Unterschied zu anderen besonders kühn ausgefallen wären, sondern bereitet die Fortsetzung vor: **Ich habe euch** doch nur **gewissermaßen wieder erinnernd geschrieben.** Will sagen: Befremdete auch meine Darstellung des Evangeliums, so müsste sich dies Befremden bei euch, die ihr erfüllt seid von geistlicher Erkenntnis (V. 14!), in Grenzen halten. Nur teilweise, nur eingeschränkt dürfte euch dieser Brief verunsichern, denn ich habe lediglich Konsequenzen gezogen aus euch längst Bekanntem. Hatte er nicht immer wieder das gemeinsame Stehen im überlieferten Evangelium anklingen lassen[a] und eine Fülle von Hinweisen auf die gemeinsame Schrift geliefert! Doch woher nahm er den Wagemut, sich als Außenstehender in dieser Weise auch in Rom einzumischen? Es geschah **kraft der Gnade, die mir von Gott gegeben ist.** »Gnade« spielt hier wie häufig bei ihm nicht allgemein auf sein Christsein an, sondern auf die ihm zuteil gewordene Apostelgnade.

[a] Röm 1,3-4; 2,2; 3,19; 6,3.6.9.17; 7,1.14; 8,28; 13,11; 14,14; 16,17

16 So wiederholt er die Tatsache seiner speziellen Beauftragung, dem Heidentum das Evangelium zu erschließen. Man vgl. die Aus-

[4] Fitzer (ThWNT VIII, S. 187) übersetzt *tolmäroteron* »ein wenig kühn« und deutet die Wendung als höfliche »Entschuldigungsformel« auf der Linie der Anbiederung. Es sei daran erinnert, dass das griech. Wort eine Steigerungsform von *tolmäros* darstellt, also rein sprachlich nicht gerade von einer Minderung des Wagnisses spricht.

[5] Vgl. besonders die Auslegung zu 1,16a: »Ich schäme mich des Evangeliums nicht.«

legung zu 1,1.5f.14, beachte aber hier die Erweiterungen. **Zu sein ein (priesterlicher) Diener Christi Jesu für die Heiden, (priesterlich) das Evangelium Gottes zu verwalten, damit die Darbringung der Heiden (als Opfer) geschehe annehmbar (für Gott), geheiligt durch den Heiligen Geist.** Der kurze Hinweis 1,9 auf seinen »Gottesdienst im Geist« wird jetzt ausgebaut. Priester und Opfer aus dem AT kehren hier vergeistigt wieder, ähnlich 12,1. Dort sind allerdings alle Christen aktiv Opfernde, während sie hier als Heidenchristen selber das Opfer bilden, das Paulus seinerseits zelebriert und verantwortet. Er sieht sich in diesem weltweiten Gottesdienst in priesterlicher Aufsichtspflicht.[6] Ein Priester hat darauf zu achten, dass die Opferbestimmungen eingehalten werden, denn das Dargebrachte muss für Gott annehmbar, d.h. gereinigt und fehlerlos sein[b]. Damit tritt die spezielle Apostelgnade des Paulus (V. 15) in Erscheinung. Obwohl er unbedingt im Einklang mit dem ganzen Apostelkreis stand (1Kor 1,13; 15,11) und mit ihm gemeinsam das unverfälschte Evangelium, wie der österliche Herr es übergab (2Kor 5,18), garantierte, ragte er in einer Hinsicht heraus. In der »Sinfonie« der Apostel fiel ihm eine »Solopartie« zu. Zwar hatte er nicht mit der Heidenmission begonnen noch sie als Einziger vorangetrieben, aber er hat sie theologisch am klarsten vertreten. Unleugbar war ihm diesbezüglich die »Wahrheit des Evangeliums« anvertraut (Gal 2,5.14).[7] Ihre Eckpunkte sind Gehorsam des Glaubens und Freiheit vom Gesetz. Der Röm ist das klassische Dokument dieser Klarsicht.

[b] 3Mo 1,3 19,5 22,19f Jes 56,7 Jer 6,20 Phil 4,18 1Petr 2,5

Im AT wurden Personen und Gegenstände durch äußerliche Riten für den Gottesdienst annehmbar gemacht[c], sprich: geheiligt. Hier dagegen steht an dieser Stelle ein Geschehen durch den Heiligen Geist, auf das er V. 19 zurückkommen wird.

[c] 3Mo 11-26

17-19 Unverkennbar reagiert Paulus jetzt auf Anfragen an sein apostolisches Selbstbewusstsein: Was machst du aus dir selbst? (vgl. Joh 8,53). **Folglich habe ich (Grund zum) Ruhm in Christus Jesus vor Gott.** Zunächst versichert er, dass er keinesfalls seine Grenzen überschreitet: **Denn ich werde nicht wagen, etwas zu reden, was nicht Christus durch mich bewirkt hat hin zum Gehorsam der Heiden.** Was ihm überhaupt den Mut gab, das V. 15 erwähnte Wagnis einzugehen, erwuchs daraus, dass er sich vor einem zweiten, anderen Wagnis unbedingt hütete. Es bestände in Untreue gegenüber dem Erhöhten, der ihn bei Damaskus mit der Heidenmission betraut hatte. Fortan hängt über ihm ein Wehe: »Wehe mir, wenn

[6] Auch nach 2Kor 11,2 weiß er sich für die Gemeinde entscheidend verantwortlich, dort aber im Bild des Brautführers.

[7] Vgl. Galater, WStB, S. 79-81.

ich das Evangelium nicht predigte« (1Kor 9,16) und wenn er es losgelöst von seinem Wirken wirkte![d] Doch nun positiv. Er darf auf die Legitimationszeichen seines Herrn verweisen. Christus wirkte in ihm umfassend, **durch Wort und Tat.** Zum kräftigen[e] Wort traten bei ihm als »Zeichen eines Apostels« (2Kor 2,4) auch Taten **in der Kraft der Zeichen und Wunder**[8]. Beide Kraftwirkungen, Wort und Tat, drangen **in der Kraft des Geistes Gottes** erobernd in den Bereich gegnerischer Mächte ein (8,38). Sie »schleiften Festungen und rissen hohe Gedankengebäude nieder« (2Kor 10,4f), brachen herrschende Strukturen auf, unter denen die Hörer gefangen waren und wirkten »hin zum Gehorsam der Heiden« (hier V. 18, ausführlich dazu schon zu 1,5). An vielen Orten entstanden und bestanden als wahres Wunder von Auferstehungskraft (8,11) christliche Gemeinden, die Gott verherrlichten (V. 9-12). Paulus konnte seinen ganzen Dienst als »Dienst des Geistes« bezeichnen (2Kor 3,6.8).

[d] 2Kor 2,19 4,5; 6,3f Gal 1,10 1Thess 2,3-9

[e] 1Kor 2,4f 3,3; 4,19f 2Kor 2,3-5; 6,7 12,12 Eph 3,6f 1Thess 1,5-10 Apg 1,8 4,33

Jetzt lässt er vor den Augen seiner Leser das Bild seines bisherigen »Feldzuges« (2Kor 10,4) erstehen: **so dass ich von Jerusalem aus und im Bogen bis Illyrien hin das Evangelium des Christus vollstreckt habe.** Auch in der denkwürdigen Versammlung von Apg 15 spielte das Verfahren, sein bisheriges Missionswerk vor Augen zu stellen, eine entscheidende Rolle (Apg 15,12; Gal 2,8f). In ihm sprach sich ein Gottesurteil aus: Paulus hat die Apostelgnade empfangen! Die heidenchristlichen Gemeinden waren sein »Empfehlungsschreiben«, »Siegel seines Apostelamtes« (2Kor 3,2f; 1Kor 9,2). Ausgangspunkt dieses Wirkens war Jerusalem.[9] Wohl hat er dort nie evangelisiert, aber in der erwähnten Versammlung in dieser Stadt gewann er für sein eigenes Bewusstsein und für das Urteil der Mitapostel und Urchristenheit sein Profil als Heidenmissionar. Jeder spätere Zeitpunkt hinge für ihn ohne jenen Jerusalemer Entscheid in der Luft (Gal 1,18; 2,2). Der Sonnenbahn folgend führte sein Weg von Ost nach West[10], bis an die Küste des adriatischen Meeres. Illyrien entsprach etwa der Gegend des heutigen Albanien. Dort hätte man per Schiff 200 km übersetzen können und befände

8 Zu diesem Thema s. Galater, WStB, S. 119 zu 3,5.

9 Die zwei bis drei Jahre Tätigkeit in der Gegend von Damaskus (Gal 1,17) erwähnt er hier nicht. Offenbar ordnete er sie anders ein.

10 Diese Richtung wollte er also über Rom bis Spanien (V. 24) fortsetzen. Von einer »Durchquerung der Welt« (Harnack) ist aber deswegen keine Rede, höchstens von einer solchen des damaligen Römischen Reiches. Keinesfalls setzte Paulus sein eigenes Wirken gleich mit dem Siegeszug des Evangeliums in der ganzen Welt, der selbstverständlich in alle Himmelsrichtungen ging. Bei seinem Bildungsstand (schon aufgrund seiner Kenntnis des AT!) wusste er um Ägypten, Nordafrika, Innerafrika, Babylonien, Persien und um die Völker des Nordens, auch von Gallien und Germanien. Es fehlte wahrhaftig nicht »nur noch Spanien« (gegen J. Jeremias, Sprachliche Beobachtungen, S. 198). Er sah sich nicht als All-Apostel für alle Länder und Völker, sondern bezeugt hier nur seinen eigenen Weg.

sich schon auf der Höhe von Rom. Wir besitzen hier den einzigen Beleg, dass Paulus in Illyrien gewirkt hat. Nach 2Tim 4,10 arbeitete sein Mitarbeiter Titus in Dalmatien, das mit Illyrien vereint war. Paulus hat also in diesem großen Halbrund das Evangelium des Christus vollstreckt. Der Ausdruck setzt ein befohlenes Tun voraus, das auftragsgemäß ausgeführt und abgeschlossen wurde. Hieran wird Paulus V. 23 anknüpfen.

20 Überraschend gibt Paulus einen Grundsatz bekannt, der sich weniger aus seiner Berufung ergab als eher aus späteren Erfahrungen. **(Dabei) legte ich aber Ehre ein, folgendermaßen zu evangelisieren: nicht wo Christus (schon) genannt worden ist, damit ich nicht auf fremdem Fundament baue.** In 2Kor 10,12-18, wo er die gleiche Haltung einnimmt, verrät sich auch sein Motiv. Er will sich absetzen von jenen Missionaren, die ihm selber nachreisten, nachmissionierten, nachspionierten und sein Werk ruhmsüchtig an sich rissen. Er vermied jeden Anstoß. Aus ähnlichem Grund nutzte er in neu gegründeten Gemeinden auch nicht sein Recht auf materielle Unterstützung: »Alles aber tue ich um des Evangeliums willen« (1Kor 9,23). Indirekt gibt er den Römern wieder zu verstehen: Ich werde bei euch nur eine Gastrolle spielen, doch helft mir bei meiner Pionierarbeit in Spanien – allein um des Evangeliums willen!

21 Auch für individuelle Entscheidungen fand er biblische Stütze. **Sondern (ich handelte so), wie geschrieben ist (Jes 52,15): »Denen nichts über ihn verkündet wurde, die werden (seine Herrlichkeit) sehen, und die nicht gehört haben, werden verstehen«** (vgl. 9,30a; 10,20).

b) Die speziellen Erwartungen an die Christen in Rom (15,22-33)

22 Darum wurde ich auch die vielen Male gehindert, zu euch zu kommen.
23 Jetzt aber, da ich keinen Raum mehr in diesen Gegenden habe, aber Verlangen habe, zu euch zu kommen seit vielen Jahren,
24 (werde ich zu euch kommen[11]), wenn ich nach Spanien reise. Ich hoffe nämlich, euch auf der Durchreise zu sehen und durch euch zur Weiterreise dorthin ausgestattet zu werden, wenn ich mich zuerst an euch ein wenig gesättigt habe.
25 Jetzt aber reise ich nach Jerusalem, zu dienen den Heiligen.

[11] Dem Satz fehlt ein regierendes Verb, so dass ein späterer Abschreiber diese ergänzenden Worte einschob.

26 Mazedonien und Achaia hatten nämlich ein gewisses (Zeichen der) Gemeinschaft beschlossen für die Armen von den Heiligen in Jerusalem.
27 Das haben sie nämlich (als gut) beschlossen, sie sind auch ihre Schuldner. Denn wenn die Heiden an ihren (der Jerusalemer) geistlichen (Gütern) Gemeinschaft hatten, schulden sie auch mit fleischlichen (Gütern) ihnen Dienst zu erweisen.
28 Nachdem ich dies also vollendet habe und ihnen den Ertrag versiegelt (übergeben) habe, werde ich über euch nach Spanien weiterreisen.
29 Ich weiß aber, wenn ich zu euch komme, werde ich in der Fülle des Segens Christi kommen.
30 Ich ermahne euch aber, Brüder, durch unsern Herrn Jesus Christus und durch die Liebe des Geistes, mit mir gemeinsam zu kämpfen in den Gebeten für mich zu Gott,
31 damit ich entrissen werde den Ungehorsamen in Judäa und mein Dienst für Jerusalem angenehm sei den Heiligen,
32 damit ich mit Freuden zu euch kommend durch den Willen Gottes, mich zusammen mit euch erquicke.
33 Der Gott des Friedens aber sei mit euch allen! Amen.

Bisher begegnete Paulus den römischen Christen in diesem Brief auf dem Boden geistlicher Erkenntnis, um so ihr volles Ja zu seiner Verkündigung zu gewinnen. In der Hoffnung, es errungen zu haben, kommt er jetzt mit zwei handfesten Erwartungen heraus.

Dazu knüpft er wieder bei seiner Absicht an, endlich Rom zu besuchen. In 1,9-16a hatte er die Redlichkeit dieses Wunsches beteuert, inzwischen in 15,19 auch auf den sachlichen Hinderungsgrund verwiesen (sein Arbeitspensum im Osten). Jetzt fasst er zusammen: **Darum wurde ich auch die vielen Male gehindert, zu euch zu kommen. Jetzt aber, da ich keinen** (Wirkungs)**Raum mehr in diesen Gegenden** für meine apostolische Aufgabe **habe** (s. Einleitungsfragen 4b), **aber Verlangen habe, zu euch zu kommen seit vielen Jahren …** **22-23**

Erst an dieser Stelle erfahren die Römer, in welch großen Rahmen sein Besuchsplan eingebunden ist: … werde ich zu euch kommen, **wenn ich nach Spanien reise. Ich hoffe nämlich, euch auf der Durchreise zu sehen** (1,11) **und durch euch zur Weiterreise dorthin ausgestattet zu werden, wenn ich mich zuerst an euch ein wenig**[12] **gesättigt**, also mich gestärkt **habe.** Den Besuch wird er ganz im Sinne von 2Kor 1,24 gestalten, ohne autoritär in ihre Befugnisse **24**

12 Wörtlich wieder »teilweise« wie V. 15, aber hier nicht wie dort nachgestellt, sondern im Sinn höflicher Selbstbeschränkung.

einzugreifen. Spanien war damals ähnlich wie das Gegenstück Palästina im Osten eine viel umkämpfte, belebte Landbrücke zwischen Europa und Afrika, dazu Anlauf reich verzweigter Seewege, schon seit Jahrhunderten in die griechische Weltkultur einbezogen und Heimat bedeutender Philosophen, Künstler und Kaiser. Längst lebte dort auch eine Judenschaft in Synagogengemeinden. Paulus sieht sich also durch eine neue gewichtige Epoche der Mission herausgefordert. Die römischen Christen sind geladen, dafür die neue Trägergemeinde zu bilden (Einleitungsfragen 4c). Diese Aufgabe steht hinter dem Wort ausstatten[13]: Ein ganzer Stab von Mitarbeitern war mit Proviant und Geld zu versorgen. Hinzu kam die Bereitschaft zu geistlicher Mitverantwortung, gottesdienstlicher Aussendung, womöglich auch zum Reisegeleit durch einen sprachkundigen Begleiter.

25-27 Aber das hoffnungsfreudige »Jetzt zu euch!« von V. 23 wird überraschend noch einmal durch ein anderes »jetzt« zurückgedrängt: **Jetzt aber reise ich nach Jerusalem, zu dienen den Heiligen,** also der Gemeinde dort (vgl. 1,7). Sachlich ging es, wie sogleich deutlich wird, um einen Geldtransport. Aber warum musste Paulus unbedingt dabei sein und deswegen wieder einmal seine Romreise aufschieben? Den Lesern war die Besonderheit dieses »Dienstes« zu erläutern. **Mazedonien und Achaia hatten nämlich ein gewisses (Zeichen der) Gemeinschaft beschlossen für die Armen[14] von den Heiligen in Jerusalem.** Es ging um eine karitative Aktion für den verarmten Teil der Jerusalemer Gemeinde, die aber zugleich der ganzen Gemeinde ein Signal geben sollte. Dabei scheint der Ausdruck »ein gewisses Zeichen« zu besagen, dass Paulus hier nicht in die Einzelheiten gehen wollte. Er erwähnt z.B. nicht das Zustandekommen der Aktion[a], nicht seine eigene Betriebsamkeit darin, nicht das Mittun auch der kleinasiatischen Gemeinden, nicht die Überbringung durch eine große Abordnung nach Apg 20,4; 1Kor 16,3. Wichtiger ist ihm, dass seine Leser den inneren Sinn der Geldsammlung erkennen. **Das haben sie nämlich (als gut) beschlossen, sie sind auch ihre Schuldner,** zwar nicht juristisch, sondern moralisch. **Denn wenn die Heiden an ihren (der Jerusalemer) geistlichen (Gütern) Gemeinschaft hatten, schulden sie ihnen auch mit fleischlichen (Gütern) Dienst zu erweisen.** Paulus hat das geschichtliche Verdienst der Urgemeinde unbeirrt hochgehalten[b]: Sie war es, die der Heidenwelt das Evangelium übergeben hat. »Von Jerusalem aus« (V. 19) nahm die Überlieferungskette ihren Anfang,

[a] 1Kor 16,1-4 2Kor 8; 9 Gal 2,10 Apg 24,17

[b] 1Kor 9,11 14,26 Gal 2,2 6,6

[13] *propempô*, wörtlich: vorschicken, bei Paulus achtmal für: zur Weiterreise ausstatten.

[14] Das Problem der überdurchschnittlichen Überalterung und Verarmung der Jerusalemer Gemeinde von Anfang an ist in Apg 2-6 zu studieren.

und Anfängen muss man treu bleiben. Nun drängte Paulus darauf, dass es zu einem *beiderseitigen* Geben und Nehmen käme, eben zur Gemeinschaft der jüdischen und der heidnischen Gemeinden. Die jeweils gegebenen und empfangenen Güter mochten noch so unterschiedlich sein, aber jeder gab eben, was er hatte, und empfing, was ihm fehlte. So leben alle in gegenseitiger Schuldigkeit[15] und »Verdanktheit« (Josef Hainz). So sollte ein handfestes Zeichen die Wahrheit von Gal 3,28 verkörpern: »Hier ist nicht Jude noch Grieche, sondern allesamt einer in Christus Jesus.«

Nachdem Paulus die Notwendigkeit seiner Jerusalem-Mission **28-29**
einsichtig gemacht hat, kann er wieder an V. 24 anknüpfen. **Nachdem ich dies also vollendet habe und ihnen den Ertrag versiegelt (übergeben) habe, werde ich über euch nach Spanien weiterreisen.** Das »Versiegeln« erscheint im NT fast immer im übertragenen Sinn[c], so dass man auch hier damit rechnen kann. Paulus legt Wert auf eine ordnungsgemäße, unanfechtbare Abwicklung, damit das Zeichen auch wirklich aufleuchtet. Wie schon Ende V. 24 beschwingt ihn jetzt wieder die Aussicht auf die bevorstehende Glaubensstärkung in Rom: **Ich weiß aber, wenn ich zu euch komme, werde ich in der Fülle des Segens Christi kommen.** In V. 32 spricht er im gleichen Zusammenhang und in gleicher Zuversicht von erwarteter »Freude« und »Erquickung«.

[c] Joh 3,33 6,27 2Kor 1,22 Eph 1,13 4,30 Offb 10,4 22,10

Doch jetzt holt ihn wieder die sorgenvolle Gegenwart ein, der **30**
Aufbruch nach Jerusalem. Damit hängt sein zweites Ansinnen zusammen: Betet für mich! Das ist hier deutlich mehr als Routine in Briefschlüssen[d]. Er beschwört die Römer geradezu, ermahnt sie bei allem, was ihnen heilig ist: **Ich ermahne euch aber, Brüder, durch unsern Herrn Jesus Christus und durch die Liebe des Geistes, mit mir gemeinsam zu kämpfen in den Gebeten für mich zu Gott.** Obwohl sie ihn nur aus der Ferne kennen, obwohl sie nach 3,8 und 16,17 auch der Ausstrahlung der Gegenpropaganda ausgesetzt sind, geht er davon aus, dass dies große Schreiben ihm in Rom Kredit eingebracht hat. Dies Guthaben aktiviert er nun. Er drängt sie zur Entscheidung: Tretet in ein Kampfbündnis mit mir ein, gebt mir Rückendeckung – gewiss vor Menschen, aber bis hin zur höchsten Instanz, vor Gott! Solch Kämpfen mit Gott im Gebet mag uns befremden, gehört aber zur biblischen Tiefe des Gebets[e].

[d] Eph 6,19 Kol 4,3 1Thess 5,25 2Thess 3,1 Hebr 13,18

[e] Apg 20,22f. 37ff; 21,11-14. 21-24

Im Gedanken an Jerusalem wühlen ihn schwerste Befürchtungen **31**
auf[f]. Er sieht eine doppelte Gefahr. Erstens: Betet für mich, **damit ich entrissen werde den Ungehorsamen in Judäa,** also den Juden außerhalb der Gemeinde, die dem Evangelium nicht Folge leiste-

[f] Röm 10,3.16.21 11,30.31

[15] Dabei ist etwas schuldig sein und es dennoch willig und frei tun, kein Gegensatz. Es gibt einen Gehorsam des Herzens (2Kor 9,7; Phlm 14).

[g] 1Mo 32,27-29 Lk 11,8 18,4

ten[g]. Fast unbegreiflich und doch real war die andere Gefahr: Betet für mich, damit **mein Dienst für Jerusalem angenehm sei den Heiligen.** Das »Zeichen der Gemeinschaft« (V. 26) und damit auch eine neue Anerkennung seiner gesetzesfreien Heidenmission könnte von der Urgemeinde verweigert werden, je nachdem welche Kreise dort die Oberhand bekämen, Jakobus oder die Judaisten.[16] Dann käme es nicht zur »Eintracht, einmütig mit einem Mund Gott zu loben« (V. 5-6). Verdammungssprüche würden die Dankgebete verhindern – für Paulus zum Entsetzen.

32 Wie wir es aus den Psalmen kennen, mischen sich auch im Gebet des Paulus bedenkenvolle mit hoffnungsvollen Teilen. Hier bricht Zuversicht durch: **damit ich mit Freuden zu euch kommend durch den Willen Gottes, mich zusammen mit euch erquicke.** Der Hinweis auf den Willen Gottes zeigt die Grundhaltung biblischen Betens: Der Beter bleibt Mensch, und Gott bleibt Gott. Darum unterstellt Paulus Gott auch seine eben geäußerten Vorstellungen vom Ablauf der Mission. Tatsächlich kam alles sehr anders. Das siebenfache freudige »Ich komme!«[h] im Röm lief ins Leere. In Jerusalem wurde Paulus sogleich verhaftet und verschwand für Jahre im Gefängnis (etwa 58-60, vor allem in Cäsarea). Erst im Frühjahr 61, mit fünfjähriger Verspätung, erreichte er Rom – im Gefangenentransport. Erst nach weiteren zwei Jahren Haft kam er frei. Das scheint jedenfalls Apg 28,30f vorauszusetzen. Ob die Spanienmission überhaupt noch stattfand, sagt uns das NT nicht, während spätere Nachrichten darüber umstritten sind.[17]

[h] Röm 16,20 2Kor 13,11 Phil 4,9 1Thess 5,23 2Thess 3,16 Hebr 13,20

33 Mit dem folgenden Gebetswunsch schließt noch nicht der Brief (vgl. Phil 4,9; 1Thess 2,11-13), wohl aber das Bemühen des Apostels, die Römer für sein praktisches Hauptanliegen zu gewinnen. **Der Gott des Friedens aber sei mit euch allen! Amen.** Nachdem er alles gegeben hat, kann er ihre Entscheidung nur noch Gott anheim stellen. In V. 5 hatte er ihn als den »Gott der Geduld« und in V. 13 als den »Gott der Hoffnung« bezeugt, jetzt findet er eine dritte Bezeichnung: der Gott des Friedens. Dieser Beistandswunsch hatte seinen Platz offenbar in der gottesdienstlichen Praxis der Aussendung, wenn Versammelte wieder auseinander gingen, denn er begegnet häufig am Schluss der Briefe[i]. Jeder Einzelne gehe jetzt seinen Weg, geborgen in der mitwandernden Heilsgegenwart Gottes, die **Friede** heißt.

[i] Röm 1,10.13 15,22.23. 29.32

16 Vgl. Apg 21,20ff. Zum dortigen Kräfteverhältnis s. Galater, WStB, S. 78 zu Jakobus.

17 Die früheste Notiz findet sich im 1. Clemensbrief, geschrieben vom Bischof Clemens um 96 aus Rom nach Korinth. In Korinth lebten damals noch genug Personen, die persönlich mit Paulus verkehrt hatten. Dort nach 5,7 ist Paulus als Missionar bis ans äußerste Ende des Westens gelangt, was ziemlich eindeutig auf Spanien weist. Bei aller Skepsis muss der Historiker die Frage beantworten, ob das nach nur dreißig Jahren Abstand gesponnen sein kann. Noch nach über fünfzig Jahren haben wir Fakten der politischen und kirchlichen Ereignisse um 1945 so fest im Gedächtnis, dass wilde Behauptungen über diese Zeit bei uns keine Chance hätten.

c) Empfehlung der Phöbe (16,1-2)

1 Ich empfehle euch aber unsere Schwester Phöbe, die auch Diener/Diakon der Gemeinde in Kenchreä ist.
2 Nehmt sie auf in dem Herrn, würdig der Heiligen, und steht ihr bei, in welcher Angelegenheit auch immer sie euch benötigt. Auch sie ist nämlich vielen Beistand gewesen, auch mir selbst.

Bei den unsicheren damaligen Verhältnissen benötigten Reisende, vor allem Frauen, an fremden Orten Empfehlungsschreiben. Diese Einrichtung war allgemein und auch zwischen christlichen Gemeinden üblich[a].

Die den Römern unbekannte Person von auswärts, die Paulus hier empfiehlt, war sicher die Überbringerin des Röm; die Empfehlung hinge sonst in der Luft. Phöbe ist mit dem Brief im Gepäck erschienen. **Ich empfehle euch aber unsere Schwester Phöbe.** Sonst nennt Paulus weibliche Personen lediglich bei ihrem Namen, diese Frau aber bezeichnet er empfehlend als Schwester[b] im geistlichen Sinn, d.h. als Christin. Um ihr darüber hinaus das Vertrauen zu sichern, fügt er ergänzend hinzu: **die auch Diener/Diakon der Gemeinde in Kenchreä ist.** Das »dienen« ist zwar zentral für die christliche Grundhaltung, so dass alle Glaubenden in einer Weise Diener sind, aber hier bezieht sich »Diener« auf eine feste Beauftragung durch eine Ortsgemeinde, der Gemeinde in Kenchreä, dem östlichen der beiden Häfen von Korinth. Ihr Amt war den Römern ein Begriff, wurde es doch auch von Männern ausgeübt (12,7).[18] 1

[a] Apg 18,27 15,25-27 1Kor 16,3.10f 2Kor 3,1 8,22f Kol 4,7-9
[b] 1Kor 7,15 9,5 Phlm 2 Jak 2,15

Auf die Vorstellung der Person folgt ähnlich dem Wortlaut von Phil 2,29 die Bitte, mit dem Gast christlich umzugehen: **Nehmt sie auf in dem Herrn, würdig der Heiligen, und steht ihr bei, in welcher Angelegenheit auch immer sie euch benötigt.** Dann wendet er auf sie noch einen zweiten Amtsbegriff an, diesmal aber in seiner weiblichen Form: **Auch sie ist nämlich vielen Beistand[19] gewesen.** Das zurückweisende »auch« verbindet die Gastfreundschaft, die er für sie erbittet, mit den zahlreichen Fällen von Gastfreundschaft, die sie anderen geleistet hat. Sie arbeitete also auf dem weiten Feld der Fürsorge und Betreuung – eine wahre Gemeindemutter. Stuhlmacher meint S. 217, Paulus habe hier die Phöbe mit dem Titel »Patronin« versehen, was bedeuten würde, dass sie eine Gemeinde lei- 2

[18] Darum hier auch die männliche Form *diakonos*. Die weibliche Form *diakonissa* taucht erst im 2. Jh. auf. Wie sich Schwester Phöbes Dienst praktisch gestaltete, deutet sich im nächsten Vers an.
[19] Griech. *prostatis* (weiblich) von *prostatäs* (männlich): Vorsteher, Rechtsbeistand, Schirmherr, Patron.

tete. Aber ihre Tätigkeit bezieht sich ganz allgemein auf »viele« Einzelpersonen, nicht irgendwie auf einen Bereich, eine Körperschaft. Der Amtsbegriff gilt in diesem Fall also nur übertragen. Darum hier auch die verallgemeinernde Übersetzung mit »Beistand«. Nicht unwichtig ist das nachgestellte **»auch mir selbst«.** Dieser Punkt ist im folgenden Abschnitt zu bedenken.

d) Bitte um Weitergabe von Grüßen (16,3-16)

3 Grüßt Priska und Aquila, meine Mitarbeiter in Christus Jesus,
4 die für mein Leben ihren Hals hingehalten haben, denen nicht ich allein danke, sondern auch alle Gemeinden der Heiden –
5 und die Gemeinde in ihrem Haus. Grüßt Epänetus, meinen Geliebten, der die Erstgabe der (Provinz) Asia für Christus darstellt.
6 Grüßt Maria, die sich mannigfach für euch abgemüht hat.
7 Grüßt Andronikus und Junias, meine Volksgenossen und Mitgefangenen, die hervorragend sind unter den Aposteln, die auch vor mir in Christus waren.
8 Grüßt Ampliatus, meinen Geliebten im Herrn.
9 Grüßt Urbanus, unsern Mitarbeiter in Christus, und Stachys, meinen Geliebten.
10 Grüßt Apelles, den Bewährten in Christus. Grüßt die aus dem Haus des Aristobul.
11 Grüßt Herodion, meinen Volksgenossen. Grüßt die aus (dem Haus) des Narzissus, die im Herrn sind.
12 Grüßt Tryphäna und Tryphosa, die sich abmühen im Herrn. Grüßt Persis, die Geliebte, die sich mannigfach abgemüht hat im Herrn.
13 Grüßt Rufus, den Auserwählten im Herrn, und seine Mutter, (die) auch meine (Mutter wurde).
14 Grüßt Asynkritus, Phlegon, Hermes, Potrabas, Hermas und die Brüder bei ihnen.
15 Grüßt Philologus und Julia, Nereus und seine Schwester und Olympas und alle Heiligen bei ihnen.
16 Grüßt einander mit dem heiligen Kuss. Es grüßen euch alle Gemeinden des Christus.

Paulus bittet jetzt die Empfänger des Briefes, namentlich genannten Personen in ihrer Mitte (!) Grüße zu übermitteln. Ähnliches liefert kein zweiter Gemeindebrief. Das Verfahren lässt sich auch nur aus den römischen Verhältnissen erklären.[20] Dort gab es auf der einen Seite eine Gemeinde, die Paulus im Ganzen noch nicht kannte und auch nicht geprägt hatte, die er aber trotz aktiver Gegenkräfte (3,8; 16,17f) für seine gesetzesfreie Heidenmission gewinnen wollte. Auf der anderen Seite bestand dort eine Enklave zugezogener Christen aus dem Wirkungsfeld und Lehrkreis des Paulus. Auf diese ihre Prägung weist Paulus hier mehrfach deutlich genug hin. Seine Liste nennt nicht ihre geistlichen Qualitäten an sich, sondern ihr früheres Wirken zusammen mit ihm und in seinem Sinn. Als solche empfiehlt Paulus sie der Gemeinde, ganz ähnlich wie zuvor in V. 2 die Phöbe: »Sie hat vielen beigestanden, *auch mir selbst*!« Wenn er nun die Gesamtgemeinde in dieser Nachdrücklichkeit[21] bittet, diese Repräsentanten »seines« Evangeliums (2,16) in ihrer Mitte zu grüßen, fällt der Vorgang aus dem Rahmen des nur Üblichen und entlockt dem Grußakt einen besonderen, nämlich seinen ursprünglichen Sinn[22]: Eine eventuelle Teilnahmslosigkeit oder gar Distanziertheit wird aufgehoben, Gemeinschaft wird geknüpft, Beziehung in Fluss gebracht. Das alles geschieht, wie Paulus hofft, inspiriert durch den tiefen Eindruck, den sein öffentlich verlesener Brief hinterlassen hat. Ein Grußakt mit Bruderkuss soll besiegeln (V. 16), dass man sich in diesem Augenblick im Sinne von Kap. 14-15 gegenseitig annimmt, wie Gott einen selbst in Christus angenommen hat.

Seitdem A. Deißmann 1908 in seinem Buch »Licht aus dem Osten« die griechischen, lateinischen und jüdischen Namen dieser Liste untersucht hat, werden aus diesen Namensformen m.E. zu

[20] Zahlreiche Forscher vertreten die These, Kap.16 sei ursprünglich an Ephesus gerichtet. Nur dort habe Paulus aufgrund zweieinhalbjährigen Wirkens diesen Bekanntenkreis besessen. Irrtümlich sei das Stück aber in den Röm hineingeraten. Doch »die Ephesus-Hypothese schafft wohl mehr und schwerere Probleme, als sie löst« (Josef Schmid, Einleitung, S. 462; sinngemäß auch Kümmel, Einleitung, S. 280). Auch gibt Käsemann, wenn auch vorsichtig, einen zusätzlichen Grund gegen die Echtheit der Grußliste im Röm zu bedenken (S. 396). Er meint, wenn Paulus »so viele Freunde in Rom« besaß, die ihn sowieso verteidigten, hätte sich doch der lange Röm »erübrigt« (S. 396). Dazu: a) Der Paulusgruppe von sechzig Personen (oder mehr, wie Käsemann schätzt) stand in der Stadt eine Gesamtgemeinde von sicher einigen Hundert oder gar einem Tausend von Gläubigen gegenüber (Einleitungsfragen 2b); b) Diese große Schar konnte sich nicht an einem Ort versammeln, sondern lebte dezentralisiert in ungezählten Hausgemeinden. Die fragliche Gruppe aber war nach V. 5.10.11.14.15 auf nur bestimmte dieser Häuser konzentriert und isoliert; c) Die Zugewanderten konnten erst mit der Zeit in die Mitte des Gemeindegeschehens vordringen; d) Vor allem: Nicht jeder von ihnen hatte das Format, einen Römerbrief zu »erübrigen«, so dass ihre Anzahl nichts besagt. Das alles zog ihrem Einfluss Grenzen.

[21] 21-mal »grüßen« in V. 3-23!

[22] Das griech. Wort für grüßen, *aspazomai*, könnte von *spaô*, an sich ziehen, abgeleitet sein. Eine Umarmung ist vorausgesetzt. Sie versinnbildlicht die »Eröffnung zwischenmenschlicher Kommunikation« (Trummer, EWNT I, Sp. 416f). Umso teuflischer der Missbrauch, die Beziehung zu jemand gerade durch Umarmung und Begrüßungskuß *abzubrechen* (Lk 22,48)!

weit reichende Folgerungen gezogen. Man entnimmt der Liste über die Volkszugehörigkeit des Trägers hinaus auch seinen sozialen Stand (Freier, Begüterter, Sklave, Freigelassener, Beziehung zu fürstlichen Häusern) und steuert manchmal wahre Romanzen bei. Aber griechische Namen machten keinen Griechen, lateinische Namen banden nicht an Rom. Paulus selbst ist Beispiel genug, dass ein Jude mit bestem Stammbaum dennoch unter seinem lateinischen Beinamen bekannt war. Wir vergegenwärtigen uns auch, mit welcher Leichtigkeit in deutschen Familien südeuropäische, amerikanische oder nordische Modenamen vordringen.

3-5a Grüße nach Rom bedeuteten für Paulus, als Erstes an dies Ehepaar zu denken: **Grüßt Priska**[23] **und Aquila!** Der Bibelleser kann in den sechs ntl. Stellen ihren bewegten Lebensweg verfolgen[a], von Pontus im nördlichen Kleinasien über Rom, Korinth, Ephesus, wieder Rom und wieder Ephesus. Einerseits zeigt diese Route, wie mobil Menschen und gerade Juden jener Zeit sein konnten, andererseits erklärt sich diese Biographie aber zusätzlich aus der Sache des Evangeliums: Sie sind **Mitarbeiter** (vgl. V. 9.21). Eintritt in das christliche Werk bedeutet nicht selten und zu wiederholten Malen Abschied von Haus, Stadt und Land.[24] Des Weiteren fügt Paulus hier und in den folgenden Versen kennzeichnend viermal **»in Christus«** (V. 3.7.8.10) und sicher sinngleich fünfmal »im Herrn« (V. 8.11.12.17) hinzu. Wer unterscheiden möchte, kann im ersten Fall das Erfahren des Heils und die Gleichgestaltung mit Jesus (Phil 3,9ff), im zweiten Fall die Tätigkeit unter seinem Herrsein in den Vordergrund stellen. Nach dieser kurzen Erwähnung der Christusbeziehung dieses Ehepaars läuft der Satz auf ihre Beziehung zu Paulus zu. Er hatte sie schon anfänglich erwähnt: »**meine** Mitarbeiter«. Jetzt: **die für mein Leben ihren Hals hingehalten haben.** Sie haben gleichsam ihren Kopf unter das Henkerbeil gelegt oder, wie wir sagen, Kopf und Kragen für Paulus riskiert. Es ist müßig, den Zwischenfall örtlich und zeitlich bestimmen zu wollen, aber wichtig, seine für immer zusammenschweißende Wirkung zu begreifen: **denen nicht ich allein danke, sondern auch alle Gemeinden der Heiden.** Dies Ehepaar ist aus dem Werk, das Christus durch Paulus bisher im Osten tun konnte, nicht wegzudenken. In ihrer Person hatten die Römer Werk und Wollen des Paulus in ihrer Mitte.

[a] Röm 16,3f Apg 18,1-3.18-21.24-26 1Kor 16,19 2Tim 4,19

[23] Lukas verwendet immer die Verkleinerungsform »*Priscilla*« (Apg 18,2.18.26).

[24] Darum ist die Aufforderung G. Bornkamms überflüssig, man möge einmal genau erklären, »wie die vielen Bekannten des Paulus inzwischen aus dem Osten nach Rom gekommen sind«. Eine »derartige ›Völkerwanderung‹« sei doch eine »phantasievolle Annahme« (Der Römerbrief als Testament des Paulus, S. 128).

Die Annahme dieser beiden Menschen schloss selbstverständlich auch **die Gemeinde in ihrem Haus** ein. Bemerkenswert ist hier wie auch in Eingangs- und Schlussgrüßen einiger Briefe der Wortverbund »Gemeinde« und »Haus«[b]. Unterstützt durch zahlreiche Notizen der Apg[c] ergibt sich, dass das Werk von Paulus weithin in Gestalt von Hausgemeinden lebte und überlebte, die also jeweils nur bis zu ein paar Dutzend Gläubige umfassten. Wie es kein wahres Judentum gab ohne überschaubare Zusammenschlüsse zu regelmäßiger Gemeinschaft um Wort und Gebet, gegenseitiger Lebensberatung und Fürsorge, so dass sich überall Haussynagogen bildeten[25], ging auch das Urchristentum von Anfang an einen vergleichbaren Weg. Man erinnere sich hier an den Ausspruch von Zinzendorf (1700-1760): »Ich statuiere kein Christentum ohne Gemeinschaft.«

[b] 1Kor 16,19 Kol 4,15 Phlm 2

[c] Apg 1,13 2,46; 5,42 8,3; 12,12 16,15 18,7f 20,8.20

5b-7

Der nächste zu Grüßende ist **Epänetus**. Der Zusatz **mein Geliebter** kommt sicher der Bruderbezeichnung gleich. Wie in V. 8.9.16 bekennt dabei »mein« die persönliche Verbundenheit.[26] Doch wie Priska und Aquila steht auch Epänetus in einem besonderen Bezug zum ganzen Missionswerk: Er war der Erstbekehrte, die **Erstgabe der (Provinz) Asia für Christus.** Wieder sieht Paulus sein Wirken als priesterliches Geschehen vor Christus (vgl. 15,16). Was **Maria** anbetrifft, hebt Paulus hervor, dass die Römer selber schon erfahren haben, wie sie sich für die Gemeinde **abgemüht hat** (der Ausdruck zweimal auch in V. 12). Im Unterschied zu »arbeiten« hebt er die Schwere der Tätigkeit hervor: schuften[27]! Bemerkenswert, wie oft im NT gerade dieses Wort für Missions- und Gemeindetätigkeit verwendet wird[d]. Während von Priska und Aquila die jüdische Herkunft allgemein bekannt war, bezeichnet Paulus die beiden Nächsten ausdrücklich als seine **Volksgenossen,** vgl. auch V. 11, so dass die Liste fünf Judenchristen hervorhebt. Paulus redet also deutlich die heidenchristliche Mehrheit an. **Andronikus und Junias**[28] nennt er sehr allgemein **meine Mitgefangenen,** vielleicht nur sinnbildlich. Vor allem erfahren wir hier zwei Namen aus der Schar der urchristlichen Wandermissionare, die »Apostel« genannt

[d] 1Kor 3,8 15,10.58 16,16 2Kor 10,15 Gal 4,11 Phil 2,16 Kol 1,29 1Thess 1,3; 3,5

25 In Jerusalem soll es 480 Synagogen gegeben haben (Bill II, S. 662), neben offiziellen Gebetshäusern eben auch solche Haussynagogen.

26 In V. 16 scheint er in Bezug auf eine Frau dieses »meine« bewusst zu vermeiden.

27 Griech. *kopiaô* von *kopos*, Schlag. Man arbeitet sich schief und krumm und fühlt sich wie zerschlagen. Kein Schonposten!

28 Die griech. Textform *junian* ist ein Akkusativ, der sowohl vom männlichen Vornamen Junias als auch vom weiblichen Vornamen Junia gebildet sein kann. Sie unterscheidet sich dann nur durch andere Akzentuierung, die man sich aber selbst denken muss, da die alten Handschriften noch keine Akzente trugen. Die Ausleger entschieden sich seit den Kirchenvätern unterschiedlich. Von den neueren Kommentaren lesen hier Wilckens und Stuhlmacher von einem weiblichen Apostel Junia.

[e] Apg 14,4.14 1Kor 15,7 2Kor 8,23 Gal 1,19

werden konnten[e], ohne zum Zwölferkreis zu gehören: **die hervorragend sind unter den Aposteln, die auch vor mir in Christus waren.** Da Paulus etwa zwei, drei Jahre nach dem Tode Jesu zum Glauben kam, gehörten diese beiden zu den allerersten Zeugen, vielleicht zu den 500 Brüdern, die nach 1Kor 15,6 den Herrn gesehen hatten. Es war für Paulus wesentlich, dass er sich mit diesen Männern eins wissen durfte (1Kor 1,10-13).

8-15 Die restlichen Namen sind mit keinen oder nur mit knappen Beifügungen versehen, die hier zumeist schon erläutert wurden. Doch noch ein Wort zu V. 13: **Grüßt Rufus, den Auserwählten im Herrn, und seine Mutter, (die) auch meine (Mutter wurde).** Ist die Vermutung, dass uns der Vater des Rufus bekannt ist und dass es sich dabei um den Kreuzträger Simon von Kyrene von Mk 15,21 handelte, »nur eine erbauliche Spekulation« (Käsemann, S. 395)? Man stelle sich der auffallenden Notiz bei Markus. Vorausgeschickt sei, dass alle Indizien dafür sprechen, dass dies Evangelium nach Rom weist. Dann ist der Hinweis auf die beiden in Mk 15,21 genannten Söhne Alexander und Rufus allein sinnvoll, wenn die römischen Leser diese beiden kannten.[29]

16 Nachdem Paulus diese Glaubensgeschwister aus seinem eigenen Lehr- und Lebenskreis mit großem Nachdruck anempfohlen hat, fordert er die Gläubigen unterschiedlichen Herkommens zu einem Zeichen willentlicher Gemeinschaft heraus: **Grüßt einander mit dem heiligen,** also gottesdienstlichen[f] **Kuss.** Unsichtbar schlösse sich damit auch der geistliche Ring um alle abwesenden Gemeinden: **Es grüßen euch alle Gemeinden des Christus**. Nicht zuletzt wäre auch Paulus selbst und damit seine Verkündigung vom gesetzesfreien Heil einbezogen. Insofern ist dieser Grußteil weder ein Nachtrag noch ein Irrläufer im Röm, sondern verlängert sinnvoll sein Grundanliegen.

[f] Apg 20,37 1Kor 16,20 2Kor 13,12 1Thess 5,26 1Petr 5,14

e) Warnung vor den Spaltern (16,17-20)

17 Ich ermahne euch aber, Brüder, Acht zu geben auf die, die die Spaltungen und die Ärgernisse (zum Abfall vom Glauben) verursachen, entgegen der Lehre, die ihr gelernt habt – und wendet euch von ihnen ab.

18 Solche nämlich dienen nicht unserm Herrn Christus, sondern ihrem Bauch, und durch Schönrednerei und (schmeichlerische) Segenssprüche täuschen sie die Herzen der Arglosen.

[29] Es war selten, nach BDR § 162,3 »unmöglich«, sonst einen Mann nach seinen Söhnen zu benennen.

19 Doch euer (Glaubens)Gehorsam ist (als Nachricht) zu allen hingedrungen. So freue ich mich über euch. Ich will aber, dass ihr weise seid in Bezug auf das Gute, unversehrt dagegen in Bezug auf das Schlechte.
20 Der Gott des Friedens aber wird den Satan zermalmen (und) unter eure Füße (legen) auf die Schnelle. Die Gnade unseres Herrn Jesus sei mit euch.

Dem Aufruf zur gegenseitigen Annahme in allen römischen Hausgemeinden schließt sich sinnvoll eine Warnung vor den Spaltern an.[30] Auch dieser Abschnitt lässt sich kaum woanders vorstellen als in Rom, setzt er doch voraus, dass die Spalter zwar schon agitierten (3,8; V. 17), aber noch nicht wie in den Gemeinden des Ostens Fuß gefasst hatten (V. 19). Wenn fünf Jahre später die römischen Brüder den heranziehenden Apostel so ehrenvoll empfingen (Apg 28,15), könnte das auch ein Erfolg dieses rechtzeitigen Alarmrufs gewesen sein. Dieser Ruf war es, der die Gemeinde in kritische Wachsamkeit versetzte, und gehört so zu den besonders gesegneten Stücken des Briefs.

Kap. 14 und 15 haben die Weite und die Langmut dokumentiert, in der Paulus unterschiedliche theologische Meinungen in der Gemeinde anging. Ähnliches zeigen Stellen wie 1Kor 1,10-17 und Phil 3,15. Ganz anders behandelt er jedoch gezielte Angriffe auf das gemeinsame tragende Fundament, nämlich jene umtriebigen Elemente, die sich wiederholten Vorhaltungen nicht stellen und nicht aufhören, die Gutgläubigen zu verunsichern und schließlich die Glaubensgemeinschaft zu zersetzen (vgl. Gal 5,15.26). Mindestens objektiv erweisen sie sich als »Feinde des Kreuzes Christi«, wie Paulus Phil 3,18-19 unter Tränen feststellen musste. Aus diesem Leiden für die Gemeinde ist auch seine leidenschaftliche Strenge geboren oder die bittere Ironie in 2Kor 11,1-5. Der ganze Galaterbrief ist hier einzuordnen.[31]

Nicht allgemein vorbeugend, sondern schon im Blick auf eine bestimmte Gefahr schärft Paulus den Blick: **Ich ermahne euch aber, Brüder, Acht zu geben auf die, die die Spaltungen und die Ärgernisse (zum Abfall vom Glauben) verursachen.** Während 14,13.21 vor Anstoß durch den Wandel warnte, droht hier Anstoß durch falsche Lehre: **entgegen der Lehre, die ihr gelernt habt**[a]. In der Urchristenheit hatte verlässliche Lehre einen hohen Rang. Sie wurde nicht gegen das Leben ausgespielt, konnte doch als der eigentliche »Lehrstoff« Jesus bezeichnet werden, indem es hieß: »Ihr habt Jesus 17

[a] Röm 6,17 1Kor 15,1ff Eph 4,20f 1Thess 4,1 2Thess 2,15

30 Er »sprang« also nicht »überraschend in wilde Polemik« (Käsemann, S. 400).
31 Zur Schärfe des Paulus vgl. WStB, Galater, zu 1,6-9; 5,11-12; 6,12-13, besonders auch S. 244ff zum Thema »Ketzerpolemik«.

gelernt!« (Eph 4,20f). Durch das Festhalten an dieser Lehre verschwamm ihr Glaube nicht zu unkontrollierbaren Phantasien, sondern blieb in den Bahnen disziplinierter objektiver Aussagen, was sie auch gemeinschaftsfähig bleiben ließ. Darum erwartete Paulus gegenüber diesen fremden Lehrern, die schon die Hausgemeinden zu durchwandern begannen, eine klare Absage: **Wendet euch von ihnen ab.** In ihrem Fall galt kein Bruderkuss (V. 16) und keine Annahme im Glauben (14,1).

18 Paulus kennzeichnet die Gegenposition dieser Leute, die offenbar vorgaben, ebenfalls Christus zu dienen. Dadurch, dass er keine Namen nennt, schult er umso mehr den Blick für den Typ. **Solche nämlich dienen nicht unserm Herrn Christus, sondern ihrem Bauch.** Da »Bauch« auch in der vergleichbaren Stelle Phil 3,19 erscheint, handelt es sich hier nicht um eine momentane unbeherrschte Beschimpfung, sondern um ein wohl bedachtes Ergebnis einer längeren Prüfung. Die letzten zwei Jahre Erfahrungen in den Gemeinden des Ostens haben ihn gelehrt, in den Verführern bei allen Unterschieden doch eine letztlich einheitliche Bewegung zu sehen (Einleitungsfragen 1b-e). Doch wie ist der Grundvorwurf, nur dem Bauch zu dienen, zu verstehen? Deckt Paulus ihre Triebhaftigkeit auf (so die Ausleger mehrheitlich) oder ihre materiellen Interessen (Stuhlmacher, S. 223) oder ihren Geltungsdrang (de Boor, S. 359)? Doch wollte er mit einem so krassen Wort etwas so Blasses sagen? Hat er vielleicht mit »Bauch« wirklich »Bauch« gemeint, nicht allgemein fleischliches Wesen? Kommen wir von V. 17 her, dürfen wir eine Aussage über die *Lehre* dieser Spalter und Verführer erwarten. Sie beharrten zäh auf zwei Stücken: Speisevorschriften und Beschneidungsgebot. Damit landen sie also immer wieder beim Bauch.[32] Das macht Paulus den Gemeinden bewusst. Gewiss, unser Körper steht unter dem Urteil des Schöpfers von 1Mo 1,31: »Siehe, sehr gut!« Aber auch die besten Elemente der Schöpfung sind »schwach und erbärmlich« (Gal 4,9) im Vergleich mit dem Schöpfer und Neuschöpfer. Wer vom auferstandenen Herrn herkommt, sollte sich nicht mehr von diesen penetranten Anpreisungen angeblichen Heils durch körperliche Zeremonien belästigen lassen.

Jedoch traten die fremden Lehrer außerordentlich werbewirksam auf. **Durch Schönrednerei und (schmeichlerische) Segenssprüche täuschen sie die Herzen der Arglosen.** »Man scheint geradezu ein böser Mensch zu sein, wenn man sich gegen so milde

[32] griech. *koilia*, »Leibeshöhle«, auch »Unterleib«. Verwendet als Sitz des Verdauungsapparats z.B. Mt 12,40; Mk 7,19; Lk 15,16; 1Kor 6,13a; Offb 10,9f, als Sitz der Geschlechtsorgane z.B. 2Sam 7,12; 16,11; Ps 132,11 (nach LXX Ps 131,11); Sir 23,6; 1Kor 6,13b.

Leute wendet, die doch nur das Gute und den Segen wollen« (de
Boor, S. 360). So stand zu befürchten, dass in den Hausgemeinden
so mancher der Ausstrahlung dieser »Lichtgestalten«[b] und ihrer
vorgespiegelten Scheinwelt erliegen würde. Waren die urchristli-
chen Versammlungen denn zu langweilig und ihre Glieder darum
anfällig für solche Angebote? Das wohl kaum. Nach 14,17 konnte
Paulus für das Beisammensein der Christen allgemein »Friede und
Freude im Heiligen Geist« voraussetzen. Aber hier lag ein Unter-
schied: Das apostolische Evangelium koppelte nicht vom Alltag ab,
es verabreichte nicht seelische Drogen nur für den Sonntag, es
machte das komplizierte Dasein nicht viereckig und die Tiefe der
Sünde nicht platt, es sparte sich nicht das AT und bekannte vor al-
lem das uneingeschränkte Herrsein Jesu. Das alles hätte die
menschliche Natur gern einfacher und bequemer.

[b] 2Kor 11,13-15 2Tim 4,3f 2Petr 1,3

Im Unterschied zur äußerst bedrohlichen Lage in den galati- 19
schen Gemeinden schien das christliche Werk in Rom noch stabil.
**Doch euer (Glaubens-)Gehorsam ist (als Nachricht) zu allen hin-
gedrungen** (vgl. 1,8). **So freue ich mich über euch.** Aber noch ein-
mal schärft er abrundend ein: **Ich will aber, dass ihr weise seid
in Bezug auf das Gute, unversehrt dagegen in Bezug auf das
Schlechte.** Wahres Christsein heißt immer auch »Köpfchen haben«,
merken, was zwar schön aussieht, aber nicht gut ist und darum
doch nicht wirklich schön ist. Gegen das Unschöne, ja Schlechte
muss auf der Stelle das Nein aufstehen, ein Nein ohne jedes Ja[c].
Man erinnert sich an Jesu Wort Mt 10,16b.

[c] Röm 12,21 1Kor 13,6 14,20 Eph 4,14

Wieder einer der erstaunlichen Umschwünge bei Paulus. Ob- 20
wohl durchfurcht von der »Sorge für alle Gemeinden« (2Kor 11,28),
dennoch diese geistliche Kraft bei ihm zum prophetischen Trost-
amt: **Der Gott des Friedens aber wird den Satan zermalmen (und)
unter eure Füße (legen) auf die Schnelle.** Der Gott des Friedens,
eben noch Inbegriff der Geborgenheit (15,33), wird jetzt als siegrei-
cher Held gegen den hintergründigen Widersacher Gottes ange-
kündigt. Dessen Macht wird gebrochen, und zwar auf die Schnelle.
Der Ausdruck[33] gehört nach dem AT zum Bild des Blitzkrieges[d].
Überfallartig kommt der Eroberer, und weil völlig unerwartet[e], ab-
solut überlegen. Für den Überrumpelten ist Widerstand zwecklos.
Es kommt zu keinem Handgemenge mehr. So wird Gottes Sieg
über seine heute noch so großmächtigen Feinde von fabelhafter
Leichtigkeit sein: Nur schon »durch sein Erscheinen«, durch »den
Hauch seines Mundes« ist die Sache erledigt (2Thess 2,8).

[d] Ps 2,12 Jes 5,26 Jer 4,13 Hes 7,8 Joel 4,4 Mal 3,1 Offb 1,2 2,16; 3,11 11,14 22,6.7. 12.20

[e] Mt 24,39 1Thess 5,2-3 Offb 3,3 16,15

[33] Vom griech. *tachos* leiten wir Tachometer ab. Ein Tachometer ist kein Chronometer, er misst nicht die Zeit, sondern die Gangart, die Schnelligkeit der Fortbewegung.

Zwei bildkräftige Aussagen sind hier miteinander verbunden: Vernichtung der Satansmacht durch Gott und Erhöhung der Erlösten zur Mitregierung. Ihre Füße auf dem Hals des Besiegten veranschaulichen dessen vollständige Überwindung. Der große Bogen von 1Mo bis Off ist hier gegenwärtig[f], wird aber im Einzelnen nicht mehr nachgezeichnet.

[f] 1Mo 3,15; Ps 2,9; Offb 2,27; 12,5; 19,15; 20,6; 22,5

Bemerkenswert ist, dass Paulus noch nicht im Zusammenhang mit der Herkunft und Verbreitung der Sündenmacht in Kap. 1 und 5, auch nicht im Zusammenhang mit dem verzweifelten Leiden unter ihrer Herrschaft in Kap. 7 vom Satan spricht, sondern erst hier. Wer zu schnell und zu viel und zu leichthin (Jud 9) vom Satan spricht, macht ihn zum Kinderschreck.

In die sicher aufgewühlte Gemeinde hinein ergeht ein segnendes Wort: **Die Gnade unseres Herrn Jesus sei mit euch.** Solche Gnadenwünsche finden sich in den Briefen des NT in großer Zahl, besonders an ihren Anfängen und Schlüssen (über zwanzigmal). Sie sind im Einzelnen unterschiedlich gestaltet, ergehen also nicht als trockene Floskel, sondern sind jedes Mal ein Ereignis: Die Hörer wissen sich jetzt »der Gnade übergeben« (Apg 14,26; 15,40).

f) Übermittlung von Grüßen (16,21-23)

21 Es grüßen euch Timotheus, mein Mitarbeiter, und Luzius, Jason und Sosipater, meine Volksgenossen.
22 Ich, Tertius, der ich diesen Brief geschrieben habe, grüße euch in dem Herrn.
23 Es grüßt euch Gajus, mein und der ganzen Gemeinde Gastgeber. Es grüßt euch Erastus, der städtische Beamte, und Quartus, der Bruder.

Gesondert von seinen eigenen Grüßen mit ihrer anderen Funktion (s. Einführung in V. 3-16) entledigt Paulus sich jetzt der Grüße aus seiner Umgebung. Nur einige der acht Namen versieht er mit sparsamen Anmerkungen. Offenbar durften diese Männer davon ausgehen, dass man sie in Rom kannte und sich über ihr Gedenken freute.[34]

21-23 V. 21-23 nennt drei Judenchristen, an der Spitze **Timotheus**[35], den Paulus wie keinen anderen Weggefährten **»meinen Mitarbeiter«** bezeichnen konnte (Phil 2,19-22). In V. 22 räumt Paulus seinem

[34] V. 24 ist ein späterer Zusatz. Vielleicht vermissten spätere Abschreiber an diesem Briefschluss den üblichen Segensspruch und ergänzten ihn.

[35] Die Apg erwähnt den Namen sechsmal, Paulus in seinen Briefen 17-mal.

Schreiber nach dessen enormer Arbeitsleistung[36] die Möglichkeit ein, seinen Gruß selber anzubringen. **Ich, Tertius, der ich diesen Brief geschrieben habe, grüße euch.** Er arbeitete nicht als namenloser Schreibsklave. Durch das angehängte »**in dem Herrn**« betont er sein Christsein. V. 23 erfahren wir das gastliche Haus zu Korinth, in dem der Röm entstand. **Es grüßt euch Gajus, mein Gastgeber.** Weil es im gleichen Atemzug heißt, dass Gajus auch Gastgeber **der ganzen Gemeinde** war, ist hier nicht herauszulesen, dass er der Gesamtgemeinde zu Korinth ein Versammlungslokal zur Verfügung stellte, sondern dass er jedem durchreisenden Bruder, eben wie dem Paulus, Unterkunft gewährte 12,13). »Ganze Gemeinde« (in der Welt!) ist also eher schmunzelnd gesagt, aus ehrlicher Anerkennung und Dankbarkeit. **Erastus** wird im Unterschied zu allerlei Verwaltern in der Privatwirtschaft als »Verwalter der Stadt« gekennzeichnet. Die Wiedergabe »**städtische Beamte**« soll hier offen lassen, in welchem Bereich er wirkte und in welchem Rang er stand. Man sollte aus solch knappen Ausdrücken nicht zu viel herauslesen.

g) Lobpreis des geschichtsmächtigen Gottes (16,25-27)

25 Dem aber, der die Macht hat, euch zu befestigen nach meinem Evangelium und der Predigt von Jesus Christus, nach der Offenbarung des Geheimnisses, in ewigen Zeiten verschwiegen gewesen,
26 offenbart aber jetzt (und) – (bezeugt) auch durch prophetische Schriften – nach dem Auftrag des ewigen Gottes zum Gehorsam des Glaubens für alle Heiden kundgemacht,
27 (also:) dem allein weisen Gott, ihm (gebührt) durch Jesus Christus die Herrlichkeit in die Zeitalter hinein, Amen.

Unsere Bibelausgaben folgen auch in diesen Schlussversen den ältesten und besten Handschriften. Der Text begegnet demnach als Paulustext. Punkt für Punkt berührt er noch einmal Inhalte des Briefs, gebündelt wie in einem Brennpunkt (vgl. die zahlreichen Hinweise in der Auslegung). Einige Ausdrücke heben sich allerdings stilistisch vom restlichen Brief ab. Doch nur zur Not sollte man aus diesem Grund einen späteren Bearbeiter einführen, der

36 Im Altertum schrieb man selten eigenhändig, denn Schreiben war anstrengend. Der Beschreibstoff war rauh, die Tinte lief leicht aus, Feder oder Pinsel mussten laufend frisch geschärft oder geformt werden. Wegen des mäßigen Schreibtempos diktierte man nicht Wort für Wort, sondern Silbe für Silbe.

hier einen Nachtrag formulierte. Der Satz erhebt sich eben zur Gebetssprache, und Beter lassen gerade beim Lobpreis ihren individuellen Sprachstil stärker hinter sich und rücken in ihrer Ausdrucksweise eng mit der anbetenden Gemeinde aller Zeiten zusammen. Es bilden sich ein ganzer Stapel typischer Begriffe und überladener Aufzählungen mit einer Neigung etwa zum Dreier-Rhythmus (vgl. Einf. zu 11, S. 33-36). Der Kern dieses schwer überschaubaren Satzgebildes beginnt in V. 25 mit den Worten »Dem aber« und vollendet sich erst in V. 27: »sei die Herrlichkeit in die Zeitalter hin«. Dazwischen wird, ehrfurchtsvoll das Wort »Gott« vermeidend, zu diesem Gepriesenen aufgeschaut und sein Walten in Vergangenheit, Gegenwart und Zukunft beschrieben.

25-26 Der Aufschwung zu diesem Lobpreis ist durch die Sorge um den Fortbestand der Gemeinde ausgelöst. Notgedrungen sucht der Blick des Beters den, **der die Macht hat, euch zu befestigen.** Wie zerbrechlich waren diese kleinen Christengrüppchen, die sich irgendwo im riesigen Häusermeer von Rom versammelten![37] Da fehlte jeglicher anerkannte gesellschaftliche Status. Es fehlte aber auch, wie vor allem Kap. 14 und 15 zeigen, die lehrmäßige Abklärung in den eigenen Reihen, so dass die Gemeinde zu zerreißen drohte. Vor allem wollten in Rom wie in den Gemeinden aller Orte und Zeiten geistige Kräfte den Glauben wieder auslöschen (V. 20 wies auf Satans Macht hin), so dass das Anliegen der Festigung diesen Brief wie viele ntl. Schriften erfüllt.[a] Aber gegen den Tod der Gemeinde gibt es Auferstehungs**macht** Gottes.[b] Wo, wie, wodurch wirkt sie? Das **Evangelium** im Verein mit seiner **Predigt** ist diese unwahrscheinliche Lebensmacht (1,17). Paulus darf es »**sein** Evangelium« nennen (noch 2,7), nicht weil er sein Erfinder und Besitzer wäre, denn das ist Gott (1,1) und Christus (1,9), aber weil er sein ganz besonderer Diener ist, nämlich bezüglich seiner Universalität für Juden und Heiden (1,5.16).

[a] Lk 22,32 Apg 14,22 15,32.41 16,5 18,23 Röm 1,11 1Thess 3,2.13 2Thess 2,17; 3,3 Jak 5,8 Offb 3,2
[b] 5,10; 6,8 8,11 Mt 16,18 Joh 14,19

Eine zweite Zeile kennzeichnet den Inhalt der Lebensmacht »Evangelium«. Sie wirkt **Offenbarung** (1,16; 3,21). Es gibt mancherlei Offenbarung, z.B. enthüllt sich nach 1,20 seit der Schöpfung die unendliche Macht Gottes jeder betrachtenden menschlichen Vernunft. Aber jene Offenbarung hat keine rettende, sondern nur anklagende Wirkung. Hier aber offenbart Gott sein Innerstes, sein Gutsein, sein eigentliches Gottsein für alle Geschöpfe, eben seine Gerechtigkeit (3,26b). Das aber geschieht im **Geheimnis,** nämlich im Unterschied zu 1,20 gerade in Form einer Macht*begrenzung,*

[37] Schon einmal hatten die Christen Roms die harte Hand der Politik zu spüren bekommen, nämlich das Edikt von Kaiser Claudius im Jahre 49 (vgl. Einleitungsfragen 2b). Im Jahre 64 brach die schlimme Verfolgung unter Nero herein.

d.h. in der Ohnmacht des Geschmähten am Kreuz (5,8; 15,3). Das ist der zentrale Inhalt der apostolischen Missionspredigt. Sie ist »Wort vom Kreuz« (1Kor 2,2.7-8). Indem sie dies Geheimnis gewissenhaft verkündet (1Kor 4,1), ist sie Offenbarung, und dadurch, nur dadurch lebt und überlebt christliche Gemeinde.

Das Geheimnis wird am Ende von V. 25 und am Anfang und Ende von V. 26 mit drei Ausdrücken versehen: **verschwiegen, offenbart, kundgemacht**. In früheren Epochen war es verhüllt; Gott schwieg in erstaunlicher Zurückhaltung zur Schuldfrage (3,26). **Jetzt** aber ist Wendezeit; jenes Geheimnis Gottes dringt in die Geschichte ein und enthüllt sich (3,21.26; 11,30f). Fortan wird es auftragsgemäß universal kundgemacht. Diesem offenbaren Gott gebührt ein einsichtiger, nicht ein blinder **Gehorsam des Glaubens** (1,5). Als unerlässlich fügt Paulus den Hinweis auf das Zeugnis der **prophetischen Schriften** Israels ein. Sie bestätigen das Evangelium, wie sie im Nachhinein durch das Evangelium selber bestätigt werden. Das ist für den Röm in seiner ganzen Länge wichtig (so grundlegend 1,2.3; 3,21).

Unter dem Eindruck göttlichen Waltens in der Geschichte wen- 27
det sich der Beter rühmend Gott und seiner herrlichen Zukunft zu, **in die Zeitalter hinein**. Schon 11,33-36 pries Paulus die Weisheit der Wege Gottes, jetzt fügt er hinzu: Er ist der **allein** Weise. Damit tönt der Hauptbegriff aus dem Urbekenntnis Israels an, dem sog. »Sch^e^ma-jisrael« nach 5Mo 6,4: »Höre Israel, der Herr ist unser Gott, der Herr allein …« Dies Bekenntnis zu Gott als dem einzigartig Einen wurde und wird von frommen Juden seit Jahrtausenden täglich morgens und abends gebetet und noch auf dem Sterbebett oder im Martyrium als Inbegriff der Seligkeit gehaucht: Einer – in diesem Fall weit mehr als Zahlenangabe, nämlich Gütezeichen. Dem vielfach zerbröckelnden und zerfallenden Weltzustand wird die ungebrochene Felsenhaftigkeit Gottes gegenübergestellt. Sie wird sich als das universale Heilungszentrum erweisen: »Zu der Zeit (des Heils) wird der Herr der Einzige sein und sein Name der Einzige« (Sach 14,9). Auch Jesus, Paulus und die ersten Christen lebten und beteten in diesen Zusammenhängen, denn **durch Jesus Christus** wird dieser Gott und seine Alleinverherrlichung erschlossen (Phil. 2,9-11). Die christliche Gemeinde versteht sich als Vorbeterin der Schöpfung und spricht heute schon von ganzem Herzen, von ganzer Seele und mit aller ihrer Kraft das **Amen** zu seiner **Herrlichkeit.**[c]

[c] Mk 12,30.33 Joh 5,44 17,3 Röm 3,30 1Kor 8,4 Gal 3,20 1Tim 1,17 6,15 Jud 25

LITERATURVERZEICHNIS

Barth, Karl, Die Kirchliche Dogmatik, Zürich 1960-1975
ders., Kurze Erklärung des Römerbriefs, München 1959
Betz, Otto, Wie verstehen wir das Neue Testament, 1981, S. 57-63
ders., Die heilsgeschichtliche Rolle Israels bei Paulus, in: Theologische Beiträge 9, 1978, S. 1-21
de Boor, Werner, Der Brief des Paulus an die Römer (Wuppertaler Studienbibel), Wuppertal (1962) 1983
Bornkamm, Günther, Der Lobpreis Gottes (Röm 11,33-36), in: Gesammelte Aufsätze I, München 1958, S. 70-75
ders., Der Römerbrief als Testament des Paulus, in: Gesammelte Aufsätze IV, München 1971, S. 120-139
ders., Die Offenbarung des Zornes Gottes (Röm 1-3), in: Gesammelte Aufsätze I, München 1958, S. 9-33,
ders., Glaube und Vernunft bei Paulus, in: Gesammelte Aufsätze II, München 1959, S. 119-136
ders., Paulus, Berlin ²1977
ders., Taufe und neues Leben (Röm 6), in: Gesammelte Aufsätze I, München 1958, S. 51-69
Borse, Udo, Die geschichtliche und theologische Einordnung des Römerbriefes, in: BZ 16, 1972, S. 70-83
Brandenburger, Egon, Adam und Christus. Exegetisch-religionsgeschichtliche Untersuchungen zu Röm. 5,12-21 (1. Kor 15) (WMANT 7), Neukirchen 1962
Breytenbach, Cilliers, Versöhnung. Eine Studie zur paulinischen Theologie (WMANT 60), Neukirchen 1989
Bruce, F.F., Zeitgeschichte des Neuen Testaments, (TVG) Wuppertal 1986
Bultmann, Rudolf, Theologie des Neuen Testamentes, 6., durchgesehene A., Tübingen 1968

Calvin, L. Porter, Romans 1,18-32: Its role in the developing argument, in: New Test. Stud. Vol. 40, 1994, pp. 210-228
Cullmann, Oskar, Die urchristliche Zeit- und Geschichtsauffassung, Zollikon-Zürich ²1948,
ders., Die Christologie des Neuen Testaments, Tübingen, 2., durchgesehene A.
ders., Heil als Geschichte. Heilsgeschichtliche Existenz im Neuen Testament. Christus und die Zeit, Tübingen 1965

Delling, Gerhard, Der Kreuzestod Jesu in der urchristlichen Verkündigung, Berlin 1971

Eichholz, Georg, Die Theologie des Paulus im Umriß, Neukirchen 1972

Fitzer, F., Der Ort der Versöhnung nach Paulus. Zur Frage des »Sühnopfers Jesu«, in: ThZ 22/3 (1966), S. 161-183

Gaugler, Ernst, Der Brief an die Römer (Prophezei), 1. Teil, Zürich 1958
Gollwitzer, Helmut, Römer 11,25-32, in: GPM 1963/64, S. 274-283
ders. und *Wilhelm Weischedel*, Denken und Glauben. Ein Streitgespräch, ²1965
Goppelt, Leonhard, Israel und die Kirche, heute und bei Paulus, in: Christologie und Ethik, Aufsätze, 1968, S. 165-189
ders., hrsg. von *Jürgen Roloff*, Theologie des Neuen Testaments, 1. Jesu Wirken in seiner theologischen Bedeutung, 2. Vielfalt und Einheit des apostolischen Christuszeugnisses, Göttingen 1975 und 1976

Haacker, Klaus, Exegetische Probleme des Römerbriefs (NT 20), Leiden 1978, S. 1-21
Hahn, Ferdinand, Das Verständnis der Mission im Neuen Testament (WMANT 13), Neukirchen 1963
ders., Zum Verständnis von Römer 11,26a: ›... und so wird ganz Israel gerettet werden‹, in: Paul and Paulinism. FS C.K. Barrett, Hg. v. M.D. Hooker – S.G. Wilson, 1982, S. 221-234
Härle, Wilfried, Die Rede von der Liebe und vom Zorn Gottes, (ZThK.B 8), Tübingen 1990, S. 50-69
Hartenstein, Karl, Israel im Heilsplan Gottes, Stuttgart 1952
Haubeck, Wilfried, Befreites Leben. Römer 6-8 in der christlichen Existenz (Christsein Heute forum 78), Witten o.J.
ders., Loskauf durch Christus. Herkunft, Gestalt und Bedeutung des paulinischen Loskaufmotivs, Gießen 1985
Hofius, Otfried, Das Evangelium und Israel. Erwägungen zu Römer 9-11, in: ZThK 83, 1986, S. 297-324

Jeremias, Joachim, Einige vorwiegend sprachliche Beobachtungen zu Röm 11,25-36, in: Lorenzo De Lorenzi (Hrsg.), Die Israelfrage nach Röm 9-11, Rom 1977, S. 193-205
ders., Neutestamentliche Theologie. Erster Teil, Die Verkündigung Jesu, Gütersloh 1971
Jervell, J., Der Brief nach Jerusalem. Über Veranlassung und Adresse des Römerbriefs, in: StTh 25 (1971)
Jüngel, Eberhard, Das Gesetz zwischen Adam und Christus. Eine theologische Studie zu Röm 5,12-21 (ZthK 60), Tübingen 1963, S. 42-74

Käsemann, Ernst, An die Römer (HNT 8a), Berlin ²1974
ders., Geist und Buchstabe, in: Paulinische Perspektiven, Tübingen 1969, S. 237-288
ders., Gottesdienst im Alltag der Welt. Zu Römer 12, in: EVB II, S. 198-294
ders., Der Glaube Abrahams in Röm 4, in: Paulinische Perspektiven, Tübingen 1969, S. 140-177
Kertelge, Karl (Hrsg.), Das Gesetz im Neuen Testament (QD; 108), Freiburg 1986
ders., Der Brief an die Römer (Geistliche Schriftlesung 6), Leipzig 1971
Klaiber, Walter, Rechenschaft über den Glauben: Römerbrief (Bibelauslegung für die Praxis 21), Stuttgart 1989
Klein, Günter, »Christlicher Antijudaismus«. Bemerkungen zu einem semantischen Einschüchterungsversuch, in: ZThK 79/1982, S. 411-450
Koch, Klaus (Hrsg.), Um das Prinzip der Vergeltung in Religion und Recht des Alten Testaments, Darmstadt 1972
Kümmel, Werner Georg, Die Theologie des Neuen Testaments nach seinen Hauptzeugen Jesus-Paulus-Johannes (NTD), Berlin 1971
ders., Die Probleme von Römer 9-11 in der gegenwärtigen Forschungslage, in: Lorenzo De Lorenzi (Hrsg.), Die Israelfrage nach Röm 9-11, Rom 1977, S. 13-33
ders., Einleitung in das Neue Testament, Berlin 1989
ders., paresis und *endeixis.* Ein Beitrag zum Verständnis der paulinischen Rechtfertigungslehre, in: Heilsgeschichte und Geschichte, Ges. Aufsätze 1933-1964, 1965, S. 260-270.
Kuss, Otto, Der Römerbrief, Regensburg 1957 (Römer 1,1 bis 6,11) und 1963 (Römer 6,11 bis 8,19)
ders., Paulus. Die Rolle des Apostels in der theologischen Entwicklung der Urkirche, Regensburg 1971

Luck, Ulrich, Gerechtigkeit in der Welt – Gerechtigkeit Gottes, in: Wort und Dienst (Jahrbuch der kirchlichen Hochschule Bethel N.F. 12 Bd), 1973
ders., Inwiefern ist die Botschaft von Jesus Christus »Evangelium«? in: ZThK, Tübingen 1980
ders., Die Bekehrung des Paulus und das Paulinische Evangelium. Zur Frage der Evidenz in Botschaft und Theologie des Apostels, in: ZNW 1985, S. 185-208
Luz, Ulrich, Das Geschichtsverständnis des Paulus (BEvTh 49), München 1968
ders., Zum Aufbau von Röm. 1-8 (ThZ 25/3), 162-181

Marquardt, Friedrich-Wilhelm, Die Juden im Römerbrief (ThSTB), Zürich 1971
Michel, Otto, Der Brief an die Römer (KEK), Göttingen 1955
Minde, von der, Hans-Jürgen, Schrift und Tradition bei Paulus, München 1976
Moltmann, Jürgen, Der Weg Jesu Christi. Christologie in messianischen Dimensionen, München 1989
ders., Theologie der Hoffnung. Untersuchungen zur Begründung und zu den Konsequenzen einer urchristlichen Eschatologie (BEvTh 38), München 1965
Müller, Ulrich B., Prophetie und Predigt im Neuen Testament. Formgeschichtliche Untersuchungen zur urchristlichen Prophetie (StNT 10), Gütersloh 1975

Neugebauer, Fritz, In Christus, Berlin 1961
Nygren, Anders, Der Römerbrief 3.A., Göttingen 1959

Osten-Sacken, Peter von der, Die Heiligkeit der Tora. Studien zum Gesetz bei Paulus, München 1989

Plag, Christoph, Israels Weg zum Heil. Eine Untersuchung zu Römer 9-11, in: AzTh 1,40, 1967
Pohl, Adolf, Der Brief an die Galater (WStB), Wuppertal 1995
ders., Staunen, daß Gott redet. Die Bibel im Rahmen der Offenbarung Gottes, Wuppertal 1988
Popkes, Wiard., CHRISTUS TRADITUS. Eine Untersuchung zum Begriff der Dahingabe im Neuen Testament (AThANT 49), Zürich 1967
ders., Zum Aufbau und Charakter von Römer 1,18-32, in: New Testament Studies, vol. 28, S. 490-501
Porsch, Felix, Viele Stimmen, ein Glaube. Anfänge, Entfaltung und Grundzüge neutestamentlicher Theologie (Die Botschaft Gottes, Neutestamentliche Reihe 35), Leipzig 1988

Ratschow, Carl Heinz, Rechtfertigung. Diakritisches Prinzip des Christentums zu den anderen Religionen, in: ders., Von den Wandlungen Gottes. Beiträge zur systematischen Theologie, hrsg. von Chr. Keller-Wenttorf u. M. Repp, Berlin 1986, S. 336-376
Rengstorf, Karl Heinrich, Das Ölbaum-Gleichnis in Röm 11,16ff. Versuch einer weiterführenden Deutung, in: Donum Gentiliciumm (FS D. Daube), S. 127-164
Ridderbos, Herman, Paulus. Ein Entwurf seiner Theologie, Wuppertal 1966
Rießler, Paul, Altjüdisches Schrifttum außerhalb der Bibel, Augsburg 1928
Roloff, Jürgen, Neues Testament (Neukirchner Arbeitsbücher), Neukirchen ²1979

Saß, Gerhard, Röm 15,7-13 – als Summe des Römerbriefs gelesen, in: EvTh, 53. Jg. (1983), Heft 6, S. 510-527

Schelbert, Georg, Sprachgeschichtliches zu »Abba«, in: Melanges Dominique Barthelemy, Orbis Biblicus et Orientalis 38, Freiberg-Göttingen 1981, S. 395ff
Schelkle, Karl Hermann, Israel im Neuen Testament, Darmstadt 1985
ders., Paulus Lehrer der Väter. Die altkirchliche Auslegung von Römer 1-11
Schlatter, Adolf, Gottes Gerechtigkeit. Ein Kommentar zum Römerbrief, Stuttgart (1935) [4]1965
ders., Der Brief an die Römer (Erläuterungen zum NT 5), 1974
Schlier, Heinrich, Die Taufe nach dem 6. Kapitel des Römerbriefes, in: Die Zeit der Kirche. Exegetische Aufsätze und Vorträge, Freiburg 1966, S. 47-56
ders., Vom Wesen der apostolischen Ermahnung nach Römer 12,1-2, in: Die Zeit der Kirche. Exegetische Aufsätze und Vorträge, Freiburg 1966, S. 74-89
ders., Von den Juden. Römerbrief 2,1-29, in: Die Zeit der Kirche. Exegetische Aufsätze und Vorträge, Freiburg 1966, S. 38-47
Schlink, Edmund, Ökumenische Dogmatik. Grundzüge, Göttingen 1983
Schmid, Hans Heinrich, Rechtfertigung als Schöpfungsgeschehen. Notizen zur alttestamentlichen Vorgeschichte eines neutestamentlichen Themas, in Rechtfertigung, FS f. Käsemann, S. 403-414
Schmid, Josef, Einleitung in das Neue Testament, Leipzig [6]1972
Schmidt, Hans Wilhelm, Der Brief des Paulus an die Römer (ThHK 6), Berlin 1962
Schmithals, Walter, Der Römerbrief als historisches Problem (StNT 9), Gütersloh 1975
Schneider, Dieter, Der Prophet Jesaja, Kapitel 40-66 (Wuppertaler Studienbibel), Wuppertal 1990
Schnepel, Erich, Die befreiende Botschaft. Bibelstudien zum Römerbrief Kap. 5 bis 8, Stuttgart 1980
Schweitzer, Wolfgang, Die Herrschaft Christi und der Staat im Neuen Testament (BEvTh 11), München 1949
Schumacher, Heinz, Glaubensgerechtigkeit und Geistesherrlichkeit. Der Römerbrief, Stuttgart 1967
Ströter, Ernst Ferdinand, Die Judenfrage und ihre göttliche Lösung nach Römer Kapitel 11, Kassel o.J.
Stuhlmacher, Peter, Der Brief an die Römer (NTD 6), Göttingen 1989
ders., Versöhnung, Gesetz und Gerechtigkeit. Aufsätze zur biblischen Theologie, Göttingen 1981
ders., Zur Interpretation von Römer 11,25-42, in: Probleme biblischer Theologie, FS f. Gerhard von Rad, München 1971, S. 555-570

Walter, Nikolaus, Zur Interpretation von Römer 9-11, in: ZThK, 1984, S. 172-195
Weber, Otto, Grundlagen der Dogmatik, Neukirchen, Erster Band [3]1964, Zweiter Band 1962
Wilckens, Ulrich, Der Brief an die Römer (EKK), Neukirchen 1978 (Römer 1-5), 1980 (Römer 6-11) und 1982 (Römer 12-16)
Wiesemann, Heinrich, Das Heil für Israel. Was sagt darüber das Neue Testament? Stuttgart 1965
Zahn, Adolf, Der Brief des Paulus an die Römer (KNT VI), Erlangen [3]1925
Zeller, Dieter, Der Brief an die Römer (RNT), Regensburg 1985

Evangelisches Lexikon für Theologie und Gemeinde

3 Bände

Herausgegeben von Helmut Burkhardt und Uwe Swarat in Zusammenarbeit mit Otto Betz, Michael Herbst, Gerhard Ruhbach und Theo Sorg

2.280 Seiten, ca. 2.800 Artikel, ca. 555 Abbildungen, Register, 3 Bände im Format 17,2 x 25,2 cm, gebunden, mit Schutzumschlag

Themen und Gestalten der Biblischen Theologie, der Kirchen- und Theologiegeschichte, der Dogmatik und Ethik sowie der Missionswissenschaft und der Konfessionskunde: ein umfassendes Standardwerk mit ca. 2.800 Artikeln in drei Bänden.

Das ELThG faßt den gegenwärtig erkennbaren Ertrag evangelisch-theologischer Arbeit zusammen und leitet zu dessen konstruktiv-kritischer Verarbeitung an. Damit wird sowohl dem Bedürfnis nach kurzgefaßter, überblickartiger Informationen über die wesentlichen theologischen Arbeitsgebiete entsprochen als auch eine Hilfestellung zu eigener Urteilsbildung gegeben.

Die Artikel stehen auf der Höhe des gegenwärtigen Standes der Wissenschaft und sind zugleich weitgehend allgemeinverständlich geschrieben. "Theologie und Gemeinde" im Titel des Lexikons bezeichnen nicht nur seinen Gegenstand, sondern auch den Adressatenkreis: Theologen in Wissenschaft und Praxis, aber auch theologisch interessierte Gemeindeglieder und nicht zuletzt außerkirchliche Personenkreise.

Ein besonderes Element der Anschaulichkeit weist das ELThG dadurch auf, daß zu vielen biographischen Artikeln ein Bild geboten wird.

Atlas Bibel und Geschichte des Christentums

Herausgegeben von Tim Dowley

160 Seiten, Format 22,6 x 30,4 cm, geb. mit Schutzumschlag
Best.-Nr.: 224 666

Viele Informationen zu Bibel und Kirchengeschichte bietet dieser neue Atlas. Ca. 160 vierfarbige, computererzeugte, hochwertige Karten zeigen anschaulich biblische Ereignisse und kirchen-geschichtliche Entwicklungen. Das Spektrum der Karten reicht von der Zeit der Erzväter bis in die Gegenwart und ist damit höchst aktuell.

Zum Beispiel: Wie sah der Reiseweg Abrahams aus? Wie gestaltete sich die politische Landschaft zur Zeit Davids? Auf welchem Weg reiste Jesus durch Israel? Was waren wichtige christliche Zentren in der Antike? Wie breitete der Islam sich in Europa aus? Wo führten die Kreuzzüge hin? Wie geschahen die großen Klosterreformen? Auf welche Weise breiteten sich die Franziskaner aus? Wie verbreitete sich dier Einfluss des Pietismus in Europa? Wie kamen evangelische und katholische Missionare in alle Welt? Wie dehnte sich die Pfingstbewegung aus?

Durch die Begleittexte zu den Karten wird ein anschaulicher historischer Überblick geliefert, der durch Farbfotos, Diagramme und Illustrationen ergänzt wird. Ein vollständiges Ortsregister findet sich am Ende des Buches. Ein Atlas, der mehr als nur ein Werkzeug ist, sondern auch ein repräsentatives Geschenk für alle, die an Bibel und Kirchengeschichte interessiert sind.

R. BROCKHAUS VERLAG WUPPERTAL